国家示范性中职院校工学结合一体化课程改革教材

Qiche Cheshen Xiufu Jichu

汽车车身修复基础

广西交通技师学院　　组织编审

冯培林　韦军新　　主　编

赵　文　劳一民　　副主编

樊海林　　主　审

上官登仁　　副主审

人民交通出版社股份有限公司
China Communications Press Co.,Ltd.

内 容 提 要

本书是国家示范性中职院校工学结合一体化课程改革教材，是按照"以工作过程为导向、以项目建设为载体"的教学模式，由广西交通技师学院组织本院专业教师编写而成的重点建设专业课程教材。本书知识点清晰，内容编排新颖，图文并茂，直观性强，通俗易懂。

本书以企业车身修复技术人员实际工作内容为导向，内容包括：汽车车身修复规范及常用工具设备使用、车身结构、车身焊接、汽车车身修复安全与防腐，共计4个学习项目。

本书供中等职业院校汽车类专业师生教学使用，亦可供汽车维修行业汽车车身修复、汽车钣金技术人员学习参考。

图书在版编目(CIP)数据

汽车车身修复基础／冯培林，韦军新主编．—北京：人民交通出版社股份有限公司，2015.3

国家示范性中职院校工学结合一体化课程改革教材

ISBN 978-7-114-11880-7

Ⅰ.①汽… Ⅱ.①冯…②韦… Ⅲ.①汽车—车体—车辆修理—中等专业学校—教材 Ⅳ.①U472.4

中国版本图书馆CIP数据核字(2014)第277851号

国家示范性中职院校工学结合一体化课程改革教材

书　　名：汽车车身修复基础
著 作 者：冯培林　韦军新
责任编辑：闫东坡
出版发行：人民交通出版社股份有限公司
地　　址：(100011)北京市朝阳区安定门外外馆斜街3号
网　　址：http://www.ccpress.com.cn
销售电话：(010)59757973
总 经 销：人民交通出版社股份有限公司发行部
经　　销：各地新华书店
印　　刷：北京市密东印刷有限公司
开　　本：787×1092　1/16
印　　张：18.75
字　　数：407千
版　　次：2015年3月　第1版
印　　次：2016年5月　第2次印刷
书　　号：ISBN 978-7-114-11880-7
定　　价：42.00元

国家示范性中职院校工学结合一体化课程改革教材编审委员会

前　言

随着我国汽车产业的迅速发展，汽车保有量快速攀升，汽车后市场空前繁荣，汽车维修行业面临机遇和挑战。目前，汽车维修行业专业人才紧缺现象日益突出，从业人员文化水平、业务知识、操作技能、环保意识、道德素养等方面亟待提高，迫切需要加强学习能力培养和职业技能训练。为此，广西交通技师学院在国家级中等职业教育改革发展示范学校建设过程中，依托校企合作、工学结合，根据汽车检测与维修、汽车钣金技术、汽车营销、物流管理四个重点建设专业培养方案，组织编写了这套国家示范性中职院校工学结合一体化课程改革教材。

本套教材由广西交通技师学院组织，通过校企合作的形式编写，是学校与保时捷、丰田、大众、现代等汽车公司以及北京史宾尼斯机电设备有限公司、北京运华天地科技有限公司深度校企合作成果的展示。在教材编写过程中，充分调研市场，认真总结课程改革与专业教学经验，按照"工学结合四对接"（学习过程对接工作过程、专业课程对接工作任务、课程内容对接岗位标准、顶岗实习对接就业岗位）的人才培养机制，以及"产训结合，能力递进"的人才培养模式；基于学校专业人才培养方案、教学过程监控与考核评价体系，兼顾企业典型工作项目、技术培训内容，贯穿企业"7S"（整理、整顿、清扫、清洁、素养、安全和节约）管理模式；从汽车维修企业岗位需求出发，相应组织和调整教材内容，力争体现汽车专业新知识、新技术、新工艺及新方法，满足培养学生成为"与企业零接轨、能力持续发展的高技能人才"的教学需要。

本套教材是广西交通技师学院重点建设专业课程改革教材，共计4个子系列、13种教材，包含了汽车检测与维修专业7种教材：《汽车检测与维修技术（初级学习领域一）》、《汽车检测与维修技术（初级学习领域二）》、《汽车检测与维修技术（中级学习领域一）》、《汽车检测与维修技术（中级学习领域二）》、《汽车检测与维修技术（高级学习领域一）》、《汽车检测与维修技术（高级学习领域二）》、《汽车电学基础》，汽车钣金技术专业2种教材：《汽车车身修复基础》、《汽车车身修复技术》，汽车营销专业2种教材：《二手车销售实务》、《汽车商务口语》，物流管理专业2种教材：《仓储与配送》、《运输实务管理》。教材内容编排新颖，知识点清晰，图文并茂，直观性强，通俗易懂。这些教材分则独立成卷，合则融为整体，主要供中等职业院校汽车类专业教学使用，也可供汽车维修行业相关技术人员学习参考用。

本书是《汽车车身修复基础》，由广西交通技师学院汽车钣金技术专业教师编写，其中：冯培林编写学习项目1之学习任务1～学习任务6，赵文编写学习项目2之学习任务1～学习任务3，黄家敏编写学习项目2之学习任务4、学习任务5，韦海峰编写学习项目2之学习任务6、学习任务7，罗宗港编写学习项目2之学习任务8、学习任务9，陆润宗编写学习项目2之学习任务10、学习任务11，吴子怡编写学习项目2之学习任务12、学习任务13，张俊华编写学习项目2之学习任务14、学习任务15，陈荣昌编写学习项目2之学习任务16、学习任务17，刘志强编写学习项目2之学习任务18～学习任务20，劳一民编写学习项目3之学习任务1～学习任务5，覃卫国编写学习项目3之学习任务6～学习任务9，梁国伟编写学习项目4之学习任务1，韦军新编写学习项目4之学习任务2；全书由冯培林、韦军新担任主编，赵文、劳一民担任副主编，樊海林担任主审，北京史宾尼斯机电设备有限公司上官登仁担任副主审。

本套教材编写还得到了中国汽车工程学会汽车运用与服务分会、南宁市汽车维修企业以及其他兄弟院校的支持与帮助，在此致以诚挚的谢意！由于时间仓促，加之我们的经验和学识方面的欠缺，书中难免存在着诸多不足之处，恳请从事职业教育理论研究和汽车相关专业教学的各位同仁不吝赐教、代为斧正，我们期待着你们对我们不懈追求的支持，也诚望大家批评和指正。

教材编写委员会
2014年9月

目　录

学习项目1　汽车车身修复规范及常用工具设备使用

情景描述

随着新材料、新技术、新工艺在现代车身上的应用，车身修复工作不再是简单的、劳苦的、技术含量低的工作；相比汽车机械维修，电气维修等，车身修复技术难度更大，同样要使用技术先进的设备。所以车身修复技术人员在对车身进行维修时，必须按照汽车车身修复规范进行，针对不同维修工作选用好相应的工具和设备，才能提高车身修复的效率，达到恢复汽车车身原来形状及状态的要求。

学习目标

知识目标

1. 知道车身修复内容；
2. 熟悉车身规范要求；
3. 熟悉车身修复常用手动工具和气、电动工具的使用和安全注意事项；
4. 了解剪板机、折弯机的作用和使用方法；
5. 熟悉剪板机、折弯机的安全技术和操作安全规程。

技能目标

1. 能通过汽车 VIN 码解读汽车有关信息；
2. 能正确测量车身配合间隙；
3. 能熟练使用车身修复常用手动工具、动力工具和设备；
4. 会安全操作剪板机、折弯机；
5. 操作过程中要保持场地整洁及工量具有序放置，养成良好的职业素养，操作完毕要清洁工量具及操作场地。

学习内容

1. 汽车车身修复的内容及车身修复规范和汽车信息的收集；
2. 常用车身修复手动工具的使用和安全注意事项；
3. 常用车身修复气、电动工具的类型、使用和安全注意事项；
4. 车身修复常用设备的类型、使用和安全注意事项；
5. 剪板机、折弯机的用途和使用方法。

建议课时

36 课时

学习任务1　汽车车身修复规范

学习过程

一、任务要求

(1)正确认识汽车VIN码。

(2)严格按照车身修复要求测量车身配合间隙。

二、资料收集

1.汽车车身修复的内容

汽车车身修复工作主要是对车身变形或受损的钣金件进行修理、调整、更换和对各个附件进行调整和更换。比如对汽车碰撞产生的钣件凹陷、弯曲、褶皱等变形进行修复,调整车门、发动机舱盖及其门锁机构等。

2.汽车车身修复规范

(1)拆装件装回原车要按原来连接方式安装在原位置。铆钉、螺钉应紧固,原来用螺钉连接的不可用卡扣或焊接方法连接。

(2)撞击严重钣金件需拆蒙皮整形的,施工完毕后恢复时,必须进行焊接,且要求焊点均匀(距离10cm左右),如原车有焊点必选原车焊点焊接。

(3)所有动火部位必须对内侧进行打磨并做防锈处理。

(4)需拆装内饰板进行钣金施工的,必须对门锁机构、升降机、天窗等附件进行润滑、安装调试,润滑油须适量均匀涂抹。与拆装相关的电器部件、开关等要一一检查其有效性。

(5)所有整形部位必须平整无凹凸,曲面线条要圆顺均匀,整形部位无异常延展,用手触摸表面光滑。

(6)更换翼子板侧围或底板边要求对接焊,焊接前,必须有检验和检查两道工序;焊接口不能超过2mm,焊接处不能用气焊切割,必须使用锯割,焊接处平整牢固。

(7)车身骨架整形或更换新配件后连接处应牢固,符合车身原来的强度要求;各加强板和覆盖件无裂纹和脱焊现象,车身骨架及钣金件外形等各部分尺寸和工作性能应基本达到原厂要求。

(8)拆装件不管有无钣金项目,装复原位不仅要注意部件之间的装配关系,还要做到边安装边调试,施工过程中若发现配合不当或不易装配的情况,应认真观察分析,确保装配质量。

(9)钣金施工完交漆工之前,要用整形后配件或新配件进行装车调试,且必须达到汽车两侧同一位置缝隙一致,方可进入下道工序。如:灯与翼子板间隙、灯与发动机盖和保险杠间隙、发动机盖与翼子板间隙等都必须符合上述要求。

3. 汽车维修信息

1)汽车识别代号

(1)VIN码的定义和作用:汽车识别代号,也称VIN码。VIN是"Vehicle Identification Number"的简称,VIN码是由字母、数字共17位组成的编码。汽车VIN码经过排列组合,可以使车型生产在30年之内不会发生重号现象,是汽车的"身份证"。汽车VIN码包含了汽车的生产厂家、年代、车型、车身形式及代码、发动机代码及组装地点等信息。正确理解VIN码,对于我们正确地区别车型,以及进行正确地诊断和维修等都是十分重要的。

(2)VIN码的含义:不同国家或汽车生产厂家,其VIN含义有细微的不同,17位编码的具体含义如下:

①1~3位:世界制造商识别代码,表明汽车是由谁生产的;

②4~8位:汽车特征;

③第9位:校验位,通过一定的算法防止输入错误;

④第10位:车型年份;

⑤第11位:装配厂;

⑥12~17位:汽车生产顺序号。

如VIN码JHMCB7667LC868138,其含义见表1-1-1所示。

JHMCB7667LC868138码的含义　　　　表1-1-1

VIN码	J H M	C	B	7	6	6	7	L	C	868138
位置	1~3	4~8					9	10	11	12~17
含义	日本本田客用车	车型和发动机号		四门房车四速自动挡		汽车型号	厂家内部代号	汽车的年份	组装厂	生产序号

又如VIN码LSGTC52M08Y100211,其含义见表1-1-2所示。

LSGTC52M08Y100211码的含义　　　　表1-1-2

VIN码	LSG	TC	5	2	M	0	8	Y	100211
位置	1~3	4~8				9	10	11	12~17
含义	中国上海通用	车型	三厢4门	手动安全带,带前气囊	发动机类型	工厂校检码	2~8年	装配工厂,Y代表烟台	生产序号

2)其他汽车维修信息

一般的汽车维修信息在维修手册或者相关资料上能找到,但有些维修信息必须在维修厂的维修管理计算机上才能找到。

4. 车身配合间隙

1）车身配合间隙参考数据

车身修复后，必须使其形状恢复原来状态。车身是由各个部件巧妙装配起来的一个组合体，各个部件装配时产生许多配合的间隙，这些间隙的大小是否合适、是否匀称、是否对称，对汽车的美观影响很大，同时也是检查车身修复是否到位的一个检验指标。常见车身配合间隙参考数据如图 1-1-1 所示。

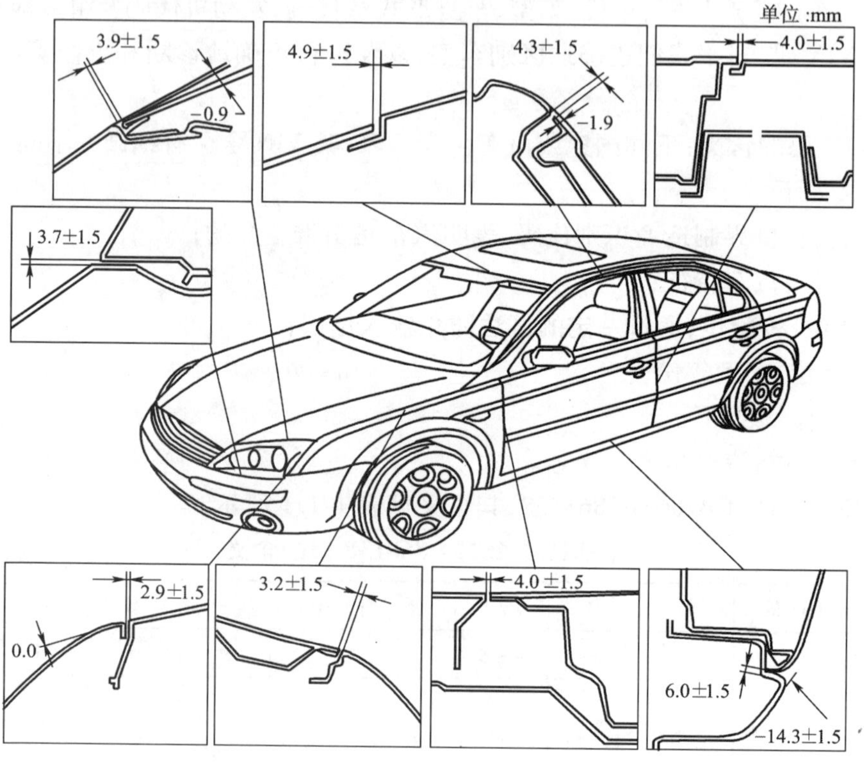

图 1-1-1　车身配合间隙的参考数据

2）车身配合间隙测量方法

车身配合间隙测量可以使用塞规或游标卡尺进行测量。游标卡尺测量车身配合间隙的方法，如图 1-1-2 所示。

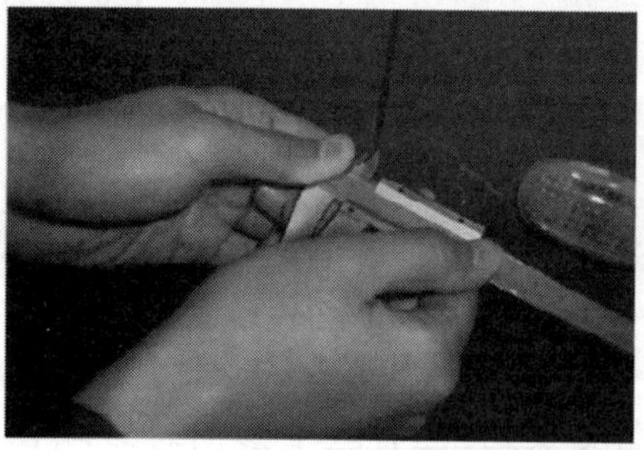

图 1-1-2　游标卡尺测量车身配合间隙

三、任务准备

1. 工位准备

准备相关图纸、笔和记录表格；清洁车身和实习场地。

2. 安全检查

检查工位周围有无阻碍物，保证足够的空间检查车辆。

四、任务实施

1. 识读汽车 VIN 码

找到汽车 VIN 码，并填写表格解释其含义。见表 1-1-3 所示。

识读汽车 VIN 码　　表 1-1-3

<table>
<tr><td>VIN 码</td><td></td><td></td><td></td><td></td><td></td><td></td><td></td><td></td><td></td></tr>
<tr><td>位置</td><td>1～3</td><td colspan="4">4～8</td><td>9</td><td>10</td><td>11</td><td>12～17</td></tr>
<tr><td>含义</td><td></td><td></td><td></td><td></td><td></td><td></td><td></td><td></td><td></td></tr>
</table>

2. 测量车身配合间隙

在钣金车间找到两辆汽车，测量各个地方的配合间隙，并将测量结果填写到表格进行比较。见表 1-1-4 所示。

车身配合间隙测量结果　　表 1-1-4

<table>
<tr><td rowspan="2">序　　号</td><td rowspan="2">测　量　位　置</td><td>车辆一：</td><td>车辆二：</td></tr>
<tr><td>VIN：</td><td>VIN：</td></tr>
<tr><td>1</td><td>发动机盖与前翼子板</td><td></td><td></td></tr>
<tr><td>2</td><td>前翼子板与车灯</td><td></td><td></td></tr>
<tr><td>3</td><td>前保险杠与车灯</td><td></td><td></td></tr>
<tr><td>4</td><td>前保险杠与前翼子板</td><td></td><td></td></tr>
<tr><td>5</td><td>前翼子板与前车门</td><td></td><td></td></tr>
<tr><td>6</td><td>前挡风窗与车顶</td><td></td><td></td></tr>
<tr><td>7</td><td>前车门与车顶</td><td></td><td></td></tr>
<tr><td>8</td><td>前车门与后车门</td><td></td><td></td></tr>
<tr><td>9</td><td>车门与门槛</td><td></td><td></td></tr>
<tr><td>10</td><td>后车门与 C 柱</td><td></td><td></td></tr>
<tr><td>11</td><td>行李舱盖与翼子板</td><td></td><td></td></tr>
<tr><td>12</td><td>行李舱盖后保险杠</td><td></td><td></td></tr>
</table>

五、任务评价

1. 自我评价

(1)通过本学习任务的学习，你是否已经清楚以下问题：

①汽车车身修复内容主要有哪些？____________________

____

____。

②汽车车身修复规范要求有哪些？____

____

____。

③什么叫汽车“VIN 码”？一般上在汽车什么地方可以找到？______________________

____

____。

④一般车身配合间隙大小是多少？____

____

____。

⑤车身配合间隙有哪些？其测量工具有什么？__________________________________

____

____。

(2)实训工具设备及其他用品使用情况。

评价：____

____

____。

(3)实训过程完成情况。

评价：____

____

____。

(4)工作着装是否规范？

评价：____

____

____。

(5)在实训中你是否意识到安全防护的问题并提醒其他同学注意，是否出现了不规范的情况，是如何处理的？

评价：____

____

____。

(6)7S 管理。能否积极主动参与工作现场的清洁和整理工作？

评价：____

____

____。

(7)在完成本学习任务的过程中，你是否主动帮助过其他同学？并和其他同学探讨操作过程中出现的有关问题？具体问题是什么？结果是什么？

评价：____

____。

(8)通过本学习任务的学习，你认为哪些方面还有待进一步改善？

评价：____

____。

(9)在进行本学习任务的学习过程中，你是从本教材的“资料收集”中收集还是从其他方面进行收集与操作相关的内容？有何收获？

评价：____

____。

(10)在本学习任务中你遇到的困难是什么？如何解决的？

评价：____

____。

签名：____________　　　　　　　　　　________年____月____日

2. 小组评价

小组评价见表1-1-5所示。

小组评价　　表1-1-5

序号	评价项目	评价情况
1	学习态度是否积极主动	
2	是否服从教学安排	
3	是否达到全勤	
4	着装是否符合要求	
5	是否合理规范的使用仪器和工具、设备	
6	是否按照安全和规范的规程操作	
7	是否遵守学习、实训场地的规章制度	
8	是否积极主动地和他人合作、探讨问题	
9	是否能保持学习、实训场地整洁	
10	团结协作情况	

参与评价的同学签名：____________　　　　________年____月____日

3. 教师评价

____

____。

六、学习拓展

汽车 VIN 位置

汽车 VIN 码一般处于仪表板左侧、前横梁、行李舱内、悬架支架上、纵梁上和翼子板内侧，或者直接标注在汽车铭牌上。我国轿车的 VIN 码大多可以在仪表板左侧、前风窗玻璃下面找到。如图 1-1-3 所示。

a)在前风窗玻璃左下角仪表板上

b)在副驾驶座椅下中地板右侧

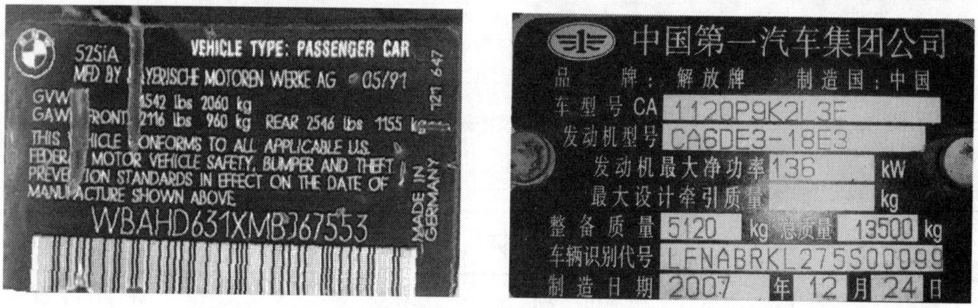

c)在铭牌上

图 1-1-3　汽车 VIN 位置

学习任务 2　汽车车身修复常用手动工具

学习过程

一、任务要求

正确和安全使用钣金锤、垫铁、匙形铁、撬棍等车身整形工具。

二、资料收集

1. 通用工具

通用工具指扳手、螺丝刀、錾子和冲子等，在此不作介绍，请参考其他汽车维修有关教材。

2. 钣金锤

各种钣金锤形状如图1-2-1所示。

1) 橡皮锤

橡皮锤能柔和地锤击薄钢板而不会损坏漆面。橡皮锤通常用于修复光滑的“凹陷”型压痕，常和吸盘一起使用；在使用时，一边向上拉住吸盘，一边用橡皮锤轻轻敲击四周的高处，当高处“啪”的一声低下去时，低的地方就弹回，恢复原来的形状。如图1-2-1a)所示。

2) 铁锤

铁锤用来进行大强度的钣金加工，例如：用来校正和拉直质量较重的车身内部结构，以及校正车架、横梁、重型车身和保险杆支撑、支架等。如图1-2-1b)所示。

3) 钳工锤

该锤的一头为方形平面锤头，另一头为扁形锤面。可以用来校直直角的车架零件、保险杠、保险杠托架等直条状结构件。如图1-2-1c)所示。

4) 圆头锤

圆头锤(球头锤)有多种质量和尺寸规格。该锤有一个圆形平面锤头和一个球形锤头组成。球形锤头用来敲击和校正金属部件，以及敲平铆钉的头部。圆形平面锤头可以用来进行所有的手工钣金加工。如图1-2-1d)所示。

5) 冲击锤

冲击锤，也叫重头锤，锤头一头为圆头，另一头为方头。这种锤顶面大，打击力散布在较大的面积上，适于矫正凹陷板面的初始作业或加工不外露的钣件。如图1-2-1e)所示。

6) 鹤嘴锤

鹤嘴锤也叫镐锤，属于精修锤。鹤嘴锤不能用于修复大的凹陷表面，使用时要小心，若用力过猛，其尖顶端可能戳穿车身的钢板。如图1-2-1f)所示。

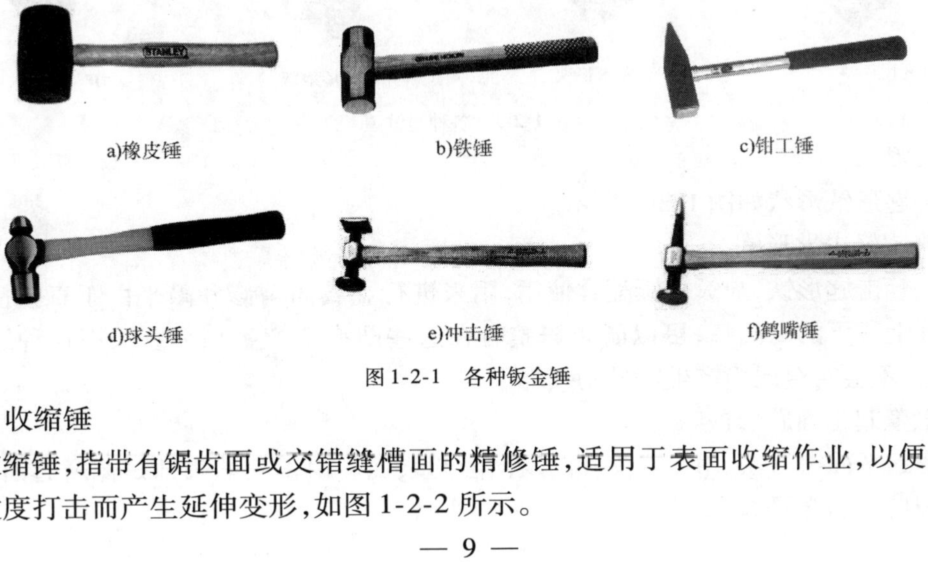

a)橡皮锤　b)铁锤　c)钳工锤

d)球头锤　e)冲击锤　f)鹤嘴锤

图1-2-1　各种钣金锤

7) 收缩锤

收缩锤，指带有锯齿面或交错缝槽面的精修锤，适用于表面收缩作业，以便修理位置被过度打击而产生延伸变形，如图1-2-2所示。

图 1-2-2　收缩锤

3. 垫铁

各种垫铁形状如图 1-2-3 所示。

1）通用垫铁

该垫铁可以用来粗加工挡泥板的隆起部分和车身的相同曲面，校正挡泥板凸缘、装饰条和轮缘，收缩平的金属面和隆起的金属面，修正焊接区。如图 1-2-3a）所示。

2）足跟形垫铁

足跟形垫铁，因形状像足跟而得名。用来在钣件上形成较大形状的凸起，校直高隆起或低隆起的金属板、长形结构件和平面钣件。如图 1-2-3b）所示。

3）足尖形垫铁

足尖形垫铁是一种专门设计的组合平面垫铁，用来收缩车门板、挡泥板裙板、柱杆顶部和汽车各种盖板，也可以用来在挡泥板的底部形成卷边和凸缘。该垫铁特别适合于加工还没有精加工过的金属钣件，因为它的一个面非常平而另外一面微微隆起。但是，使用该垫铁时，不应过度锤击。如图 1-2-3c）所示。

4）楔形垫铁

楔形垫铁也叫逗号垫铁，用来在柱杆顶部和宽的挡泥板凸缘上生成隆起。也可以用来加工与支架或其他车身内部构件形成一个封闭结构的钣件；在柱杆顶部粗加工出一些小的凹痕，特别是在顶盖梁和横杆的后部，以及在车身其他地方产生皱褶等。如图 1-2-3d）所示。

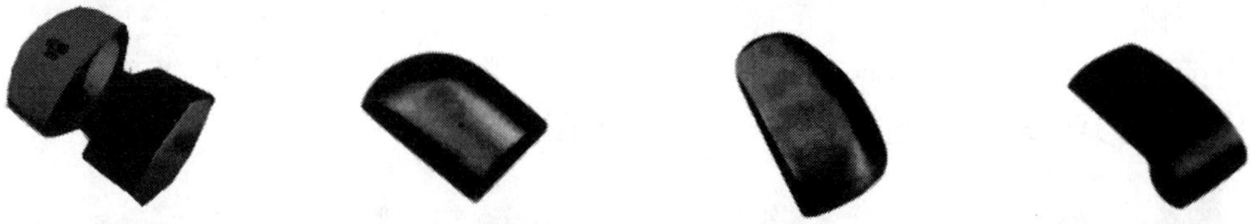

a)通用垫铁　b)足跟形垫铁　c)足尖形垫铁　d)楔形垫铁

图 1-2-3　各种垫铁

4. 匙形铁

各种匙形铁形状如图 1-2-4 所示。

1）平头轻击匙形铁

平头轻击匙形铁，与钣金锤配合使用，用来进行金属面精修和敲平由于直接撞击而在金属面上留下的高凸痕；可以防止修整时在这些凸痕上产生划痕。采用这种匙形铁进行加工，不会对金属面产生额外的损坏。

2）低隆起平面匙形铁

低隆起平面匙形铁，用在有弹性的反向隆起表面。由于它的头部是低隆起面，可以用在修理低凹的金属面。

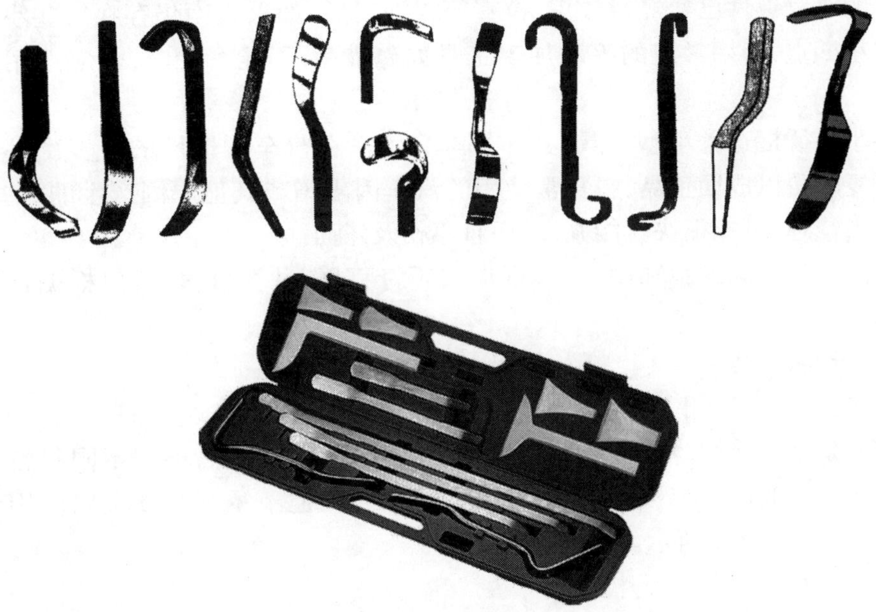

图 1-2-4　各种匙形铁

3）模压平面匙形铁

该匙形铁有一个带有一定斜度的、半圆的面，用来对已损坏的较深凹面重新成形或把凹面上的高隆起敲平，并且不会对金属面带来其他损坏。

4）双钩修边器

双钩修边器的两端均为钩状，一端用来直接进行拉、撬动作，另一端用来进行错位拉、撬或弯曲工作，可以防止在金属面边缘进行修理时划伤边缘面，常用来矫直导水槽、车门、行李舱盖、发动机舱盖、散热器罩和栅格等的边缘。

5. 撬棍

撬棍是用来通过车身的某些洞口或者缝隙伸进狭窄的空间，不需要在薄钢板上钻孔就能把凹陷撬平的工具，一般用来把车门、后翼子板和其他封闭式车身板等的凹陷撬平。撬棍有不同的长度和形状，大多数的末端是 U 形的，用作把手。各种撬棍形状如图 1-2-5 所示。

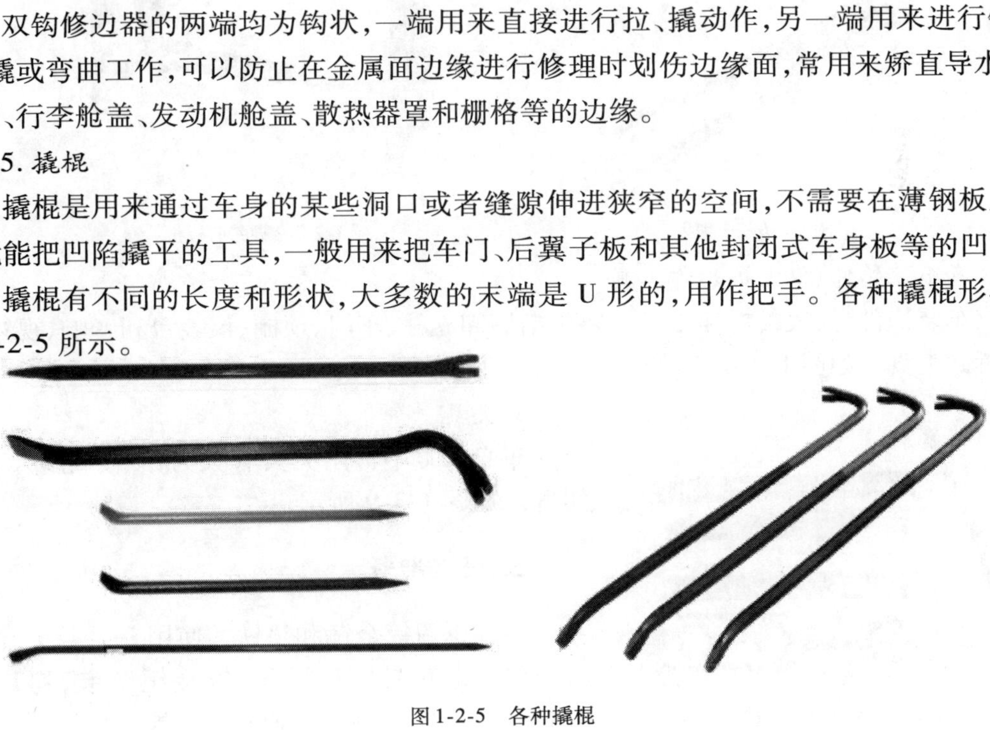

图 1-2-5　各种撬棍

损坏的车身钣件已经经过校正、拉直等粗加工后，如果表面仍存在一些小的不规则的麻点或小凹点，而用常规的手动加工工具如鹤嘴锤，不能去除时，也应选用撬棍进行精加工。

不要小看撬棍这种小型工具，其作用非常大。在汽车制造厂的许多次品车身就是靠它来修复才得以成回正品；在日常使用的汽车因剐蹭或其他原因产生的一些凹陷，通过用撬棍来修理，可能很快就能修好，而且不伤及漆面。

根据汽车的不同品牌和型号，撬棍形状千奇百怪，种类繁多，可以根据自己实际需要来制作。

6. 金属切割工具

1）手剪刀

手剪刀是手工剪切薄钢板的常用工具。在使用时应注意，根据不同材料和不同需要选择。比如一般低碳钢板可以用常用的铁皮剪刀，但不锈钢等硬金属应用专业的金属切割剪。如图 1-2-6 所示。

2）脚踏剪板机

在车身修复中，脚踏剪板机是一个相当好的帮手，可以满足一般薄金属板料的剪切工作。如图 1-2-7 所示。

图 1-2-6　手剪刀

图 1-2-7　脚踏剪板机

7. 汽车装饰件、仪表板拆卸工具

汽车装饰件、仪表板拆卸工具主要包括拆卸立柱、车门、顶棚、仪表台和音响、视频电气的拆卸工具。如图 1-2-8 所示。

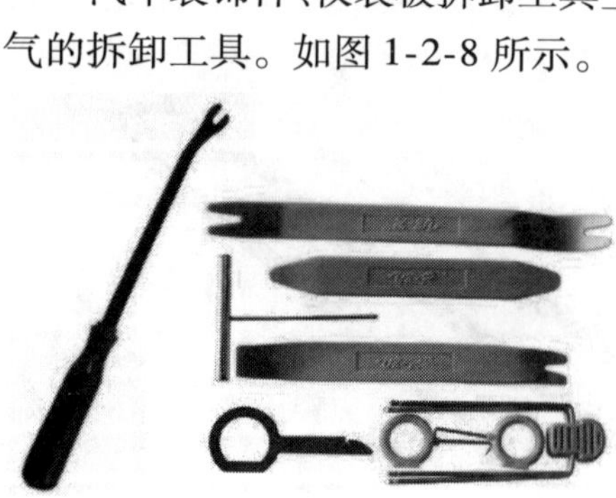

图 1-2-8　装饰件、仪表板拆卸工具

8. 夹具

车身修复中常用夹具有大力钳、手虎钳、C 形钳等。如图 1-2-9 所示。

三、任务准备

主要练习钣金锤和垫铁的使用。

（1）准备工具和材料：钣金锤套装，厚度为 0.8 ~ 1mm 低碳钢板，或者利用旧钣金件。

（2）检查工具有无松动、油腻，强调安全注意事项。

a)大力钳　　b)手虎钳和C形钳

图 1-2-9　夹具

四、任务实施

1. 练习凸鼓变形整平

（1）下料：按照尺寸要求剪切钢板。

（2）制造板料中间凸起变形缺陷。

（3）操作时由四周开始锤击并逐渐向中间移动，并注意锤击力力度要由大逐渐变小，锤击点密度由密逐渐变疏，如图 1-2-10 所示。

（4）用钢直尺检查修复的平整度。

（5）平整度不符合要求再次整平，直到符合技术要求。

2. 练习翘曲变形的整平

操作步骤与“练习凸鼓变形”的整平方法相同。

板料四周翘曲、扭动的变形，矫正时，锤击应从板料的中间部位开始，并逐渐呈放射性地向四周边缘扩散；敲击力度由强到弱，锤击点由密变疏。如图 1-2-11 所示。

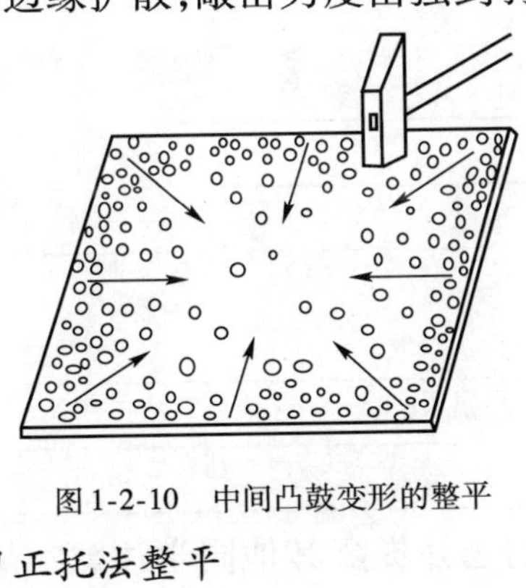

图 1-2-10　中间凸鼓变形的整平

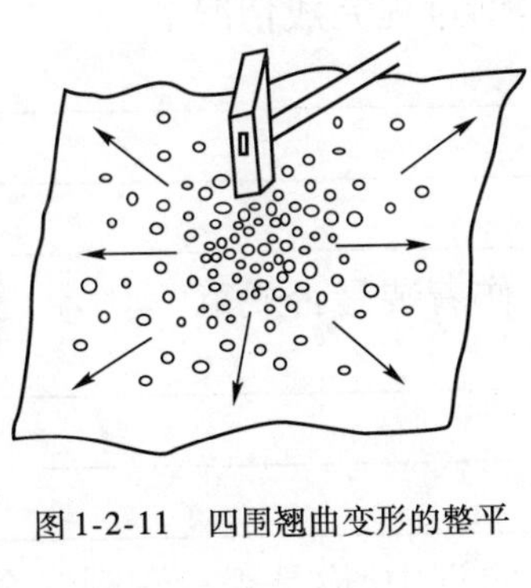

图 1-2-11　四围翘曲变形的整平

3. 练习正托法整平

操作步骤与“练习凸鼓变形”的整平方法相同。如图 1-2-12 所示。

4. 练习偏托法整平

操作步骤与“练习凸鼓变形”相同。如图 1-2-13 所示。

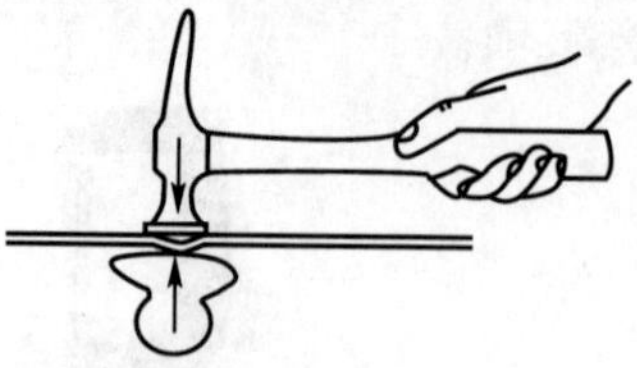

图 1-2-12　正托法

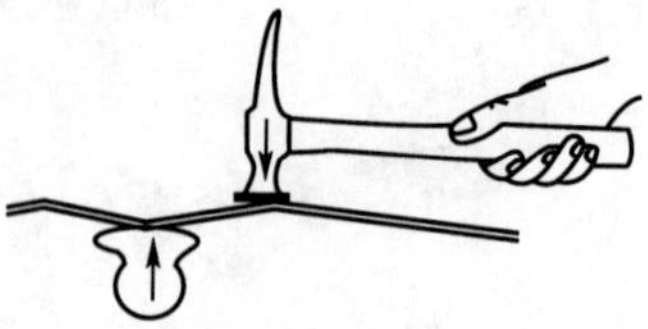

图 1-2-13　偏托法

5. 清洁场地和整理工具。

五、任务评价

1. 自我评价

(1)通过本学习任务的学习,你是否已经清楚以下问题:

①常用钣金手工工具有哪些?各有何作用?____。

②如何整平金属板料的凸鼓变形和翘曲变形?____。

③什么叫正托法和偏托法?在钣金件整平时如何选择使用?____。

(2)实训工具设备及其他用品使用情况。

评价:____。

(3)实训过程完成情况。

评价:____。

(4)工作着装是否规范?

评价:____。

(5)在实训中,你是否意识到安全防护的问题并提醒其他同学注意?是否出现了不规范的情况?是如何处理的?

评价:____

____。

(6)7S 管理。能否积极主动参与工作现场的清洁和整理工作?

评价:____

____

____。

(7)在完成本学习任务的过程中,你是否主动帮助过其他同学?并和其他同学探讨操作过程中出现的有关问题?具体问题是什么?结果是什么?

评价:____

____

____。

(8)通过本学习任务的学习,你认为哪些方面还有待进一步改善?

评价:____

____

____。

(9)在进行本学习任务的学习过程中,你是从本教材的“资料收集”中收集还是从其他方面进行收集与操作相关的内容?有何收获?

评价:____

____

____。

(10)在本学习任务中你遇到的困难是什么?如何解决的?

评价:____

____

____。

签名:____________　　　　　　　________年____月____日

2. 小组评价

小组评价见表 1-2-1。

小组评价　　　　表 1-2-1

序号	评价项目	评价情况
1	学习态度是否积极主动	
2	是否服从教学安排	
3	是否达到全勤	
4	着装是否符合要求	
5	是否合理规范的使用仪器和工具、设备	
6	是否按照安全和规范的规程操作	

续上表

序　号	评　价　项　目	评价情况
7	是否遵守学习、实训场地的规章制度	
8	是否积极主动地和他人合作、探讨问题	
9	是否能保持学习、实训场地整洁	
10	团结协作情况	

参与评价的同学签名：＿＿＿＿＿＿＿　　　　　＿＿＿＿＿年＿＿＿月＿＿＿日

3. 教师评价

＿＿＿。

六、学习拓展

正托法和偏托法

利用垫铁和钣金锤一起修复钣件，按垫铁的顶放位置，可分为正托法和偏托法两种方式。正托法是将垫铁直接顶在钣件背面不平的位置上，同时用钣金锤正对着垫铁位置敲击；偏托法是用垫铁从背面抵住凹陷最低处，使用钣金锤敲击凹陷周围拱起的地方，垫铁和钣金锤错位。

用偏托法修整平面，一般不会造成钣件伸展拉长，因为垫铁击打的是板料背面的凹陷处，而钣金锤击打的则是板料正面的鼓起部位；而正托法容易造成板料的伸展拉长，适用于修理较小、较浅的凹陷和皱褶，操作时，一定要注意“轻敲密打”。

正确的做法是：当钣件凹凸变形比较大时，应先用偏托法修理，在修平到一定程度时，再改用正托法进一步敲平。

学习任务3　汽车车身修复常用动力工具与设备

学习过程

一、任务要求

(1)严格按照各种气、电动工具的操作规程进行。

(2)严格按照各种设备的操作规程进行。

二、资料收集

1. 气动工具

1)气动扳手

气动扳手有两种结构，通用扳手和气动棘轮扳手，如图1-3-1所示。

2)气动旋具

气动旋具即气动螺丝刀,可用于各种螺钉的旋紧,如图 1-3-2 所示。

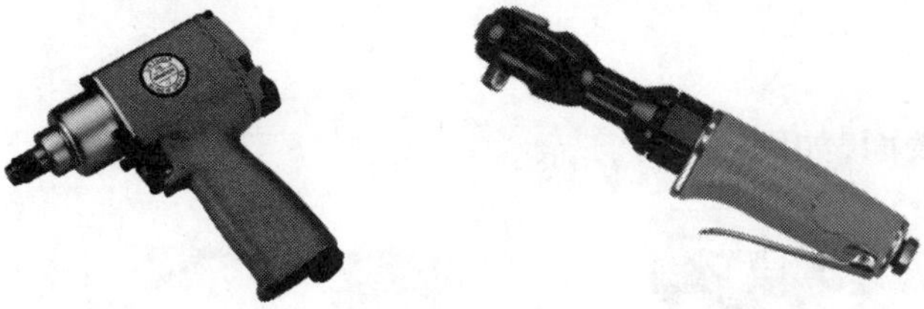

图 1-3-1　气动扳手

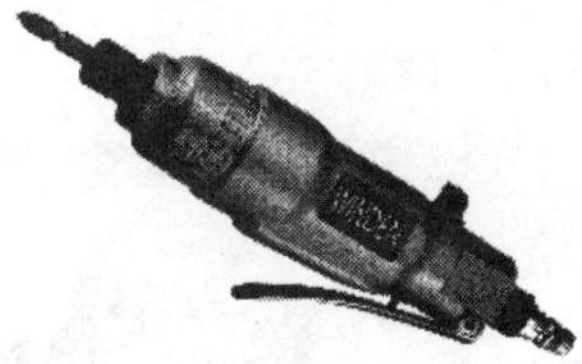

图 1-3-2　气动旋具

3)气动钻

气动钻包括气动钻、气动焊点钻。气动焊点钻是用来方便将车身上的电阻点焊焊点去除的气动钻,配有专用钻头,如图 1-3-3 所示。

a) 气动钻　　b) 气动焊点钻

图 1-3-3　气动钻

4)气动打磨工具

气动打磨工具一般用于金属的磨削和切割、油漆层的去除、腻子的研磨等工作。主要有打磨机和砂带机,打磨较窄区域时,可用砂带机,如图 1-3-4 所示。

图 1-3-4　气动打磨工具

5)气动切割工具

气动切割工具主要有气动砂轮、气动切割锯、气动剪和气动錾等,它们主要是用于去除车身钣件的焊点或者切割钣件等,如图 1-3-5 所示。

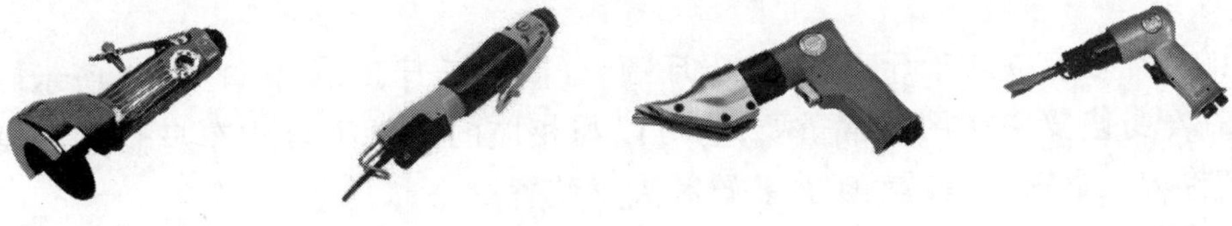

图 1-3-5　切割工具

6)气动锉

气动锉是车身钣件切割后精确修整的工具,如图 1-3-6 所示。

7）打孔机

打孔机用于对新钣件进行打孔，便于塞焊。打孔机有气动、手动两种结构，如图1-3-7所示。

8）吹气枪

吹气枪主要用来除尘、清洁物体表面，如图1-3-8所示。

图1-3-6　气动锉

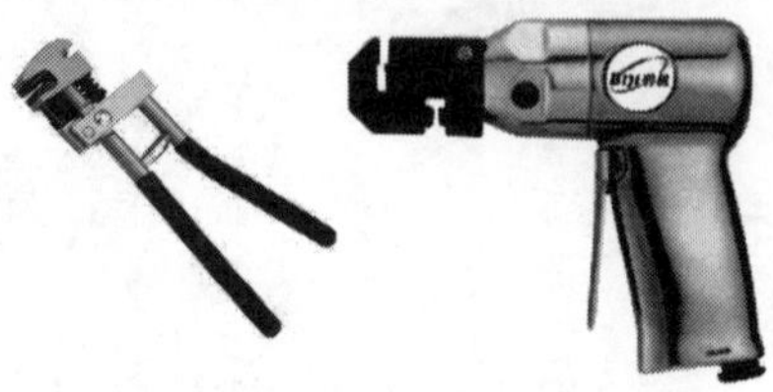

图1-3-7　打孔机

图1-3-8　吹气枪

2. 电动工具

1）手电钻

手电钻是以电为动力的手持式钻孔工具，如图1-3-9所示。使用手电钻时，应注意用电安全，同时在钻孔过程中，手电钻应握稳。

2）角磨机

角磨机，也即手提砂轮机，如图1-3-10所示。主要用来磨削不易在固定砂轮机上磨削的零件。如发动机舱盖、驾驶室、翼子板及车身蒙皮等以及经过焊修的焊缝、焊点，可用手提砂轮机磨削平整，更换上切割砂轮可以进行切割。

3）砂轮切割机

砂轮切割机，如图1-3-11所示，是一种经常用来切割长条形型材的工具。

图1-3-9　手电钻

图1-3-10　角磨机

图1-3-11　砂轮切割机

3. 液压设备

1）千斤顶

常用的千斤顶有立式千斤顶、卧式千斤顶、分离式千斤顶，如图1-3-12所示。分离式千斤顶在车身修复中作用非常重要，它可以与相应的附件组合成车身修复需要的各种设备，如推力装置、拉力装置、扩张装置和夹紧装置等。

2）液压举升机

汽车维修车间少不了液压举升机，常用的有双柱举升机、四柱举升机和剪式举升机，动力就是液压泵或气动泵，如图1-3-13所示。

图 1-3-12　各种千斤顶

图 1-3-13　各种举升机

4. 车身大梁校正系统

1)简易式车身校正架

简易式车身校正架,即“L”形车身校正架,也称为推力器,如图 1-3-14 所示。它可以校正车架和车身,并且能在任意方向施加校正力。这种推力器不仅体积小,而且完全省去了在车辆上拆下损坏的零件再进行校正的时间,可以在小型钣金修理厂使用,但只适合一些小碰撞的修理,并且不能进行精确的修复。

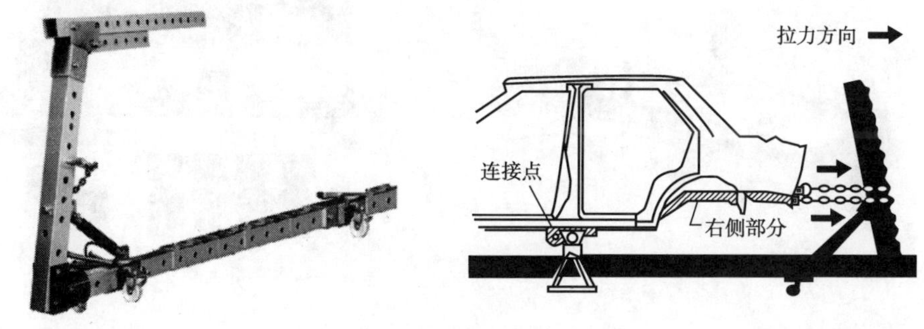

图 1-3-14　简易式车身校正架

2)地框式校正系统

地框式校正系统,是在建造维修车间地面时就把地框系统的锚孔或轨道用水泥固定在车间地板上的校正设备,比较经济实用,也配有手动或气动液压泵和合适的液压顶杆(液压油缸),如图 1-3-15 所示。

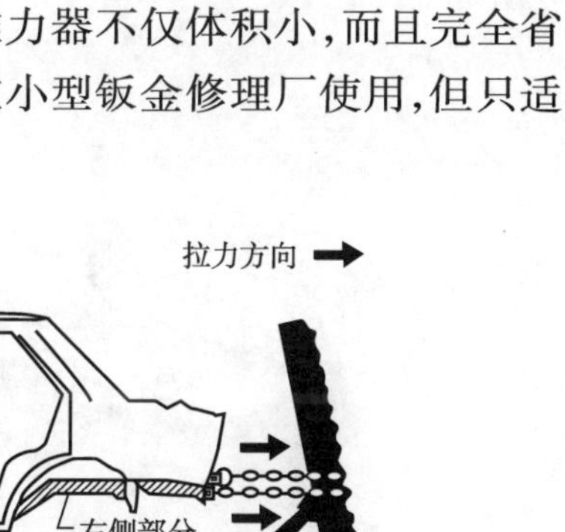

图 1-3-15　地框式校正系统

3)框架式校正系统

传统的框架式校正系统有固定式和可移动式两种,它的定位夹具有单一性,只能利用在某品牌某些型号的汽车修理上,如图 1-3-16 的示。

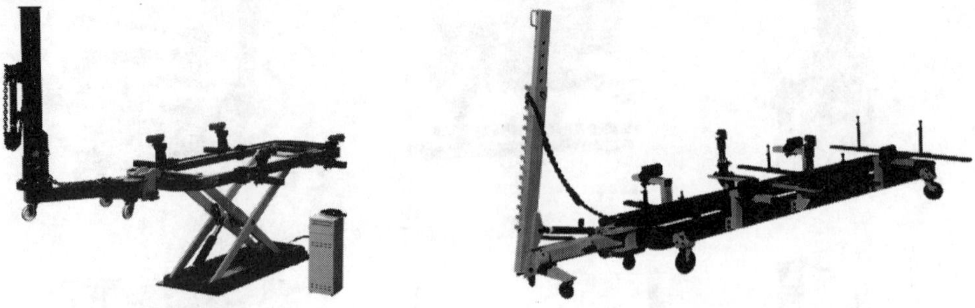

a)固定式框架式校正系统　　b)移动式框架式校正系统

图 1-3-16　框架式校正系统

4)平台式校正系统

平台式校正系统,是现在的车身修复车间看到最多的一种校正系统,适用于各种国产和进口轿车、面包车、越野车的校正工作。它的工作台面精度高,底盘操作空间较大,有坚固的、可沿工作台导轨作 360°移动的液压双塔柱配置,通过控制气动泵,塔柱轻易地产生 10t 的拉力;可方便配置机械式或电子式三维测量系统,同时还配置有实用、安全的各种夹具、辅具,可满足任何变形的校正、修理。平台校正系统及常用夹具,如图 1-3-17 所示。

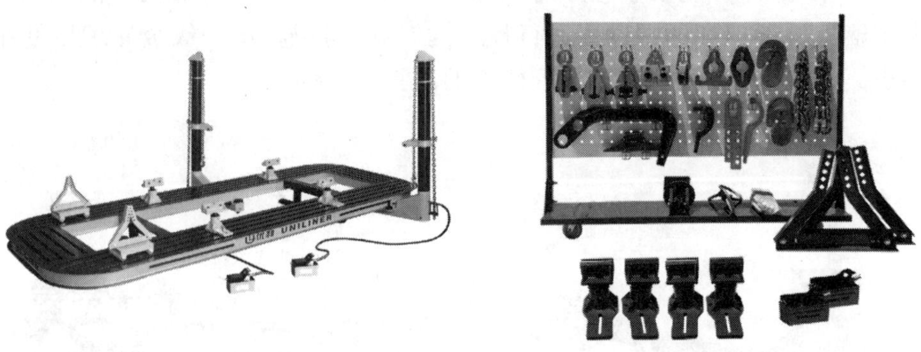

a) 校正平台　　b) 拉伸夹具

图 1-3-17　平台校正系统及常用夹具

5)数码定位夹具式大梁校正仪

图 1-3-18　数码定位夹具式大梁校正仪

数码定位夹具式大梁校正仪是从框架式校正系统演变过来的一种设备,它克服了传统框架式校正系统只能用专用夹具的缺点,增加了许多可以对应于不同车辆的坚固夹具和滑尺。通过所配套的车身夹具选择图和车身尺寸图表,就可以组合成所需要的任何一辆汽车定位夹具方式,是一种比较实用的车身校正设备。SPANESI(斯潘内锡)定位夹具式大梁校正仪结构如图 1-3-18 所示。

5. 其他常用设备

其他常用设备主要指车身三维测量系统、二氧化碳气体保护焊机、电阻点焊机、车身修复机、氧－乙炔焊设备和等离子切割机等,这些设备在相应项目内容中有具体介绍。

三、任务准备

(1)工具准备:气动打磨机、砂带机、气动锯、气动钻,电动角磨机、手电钻、砂轮切割机等。

(2)检查气动管道是否完好,空压机电源线、插座、插头等是否良好;检查所使用气动设备气管是否松脱、表面是否干净、是否有开裂、开关是否处于关闭状态、开通是否漏气等;检查电动工具电源线、插头、插座、开关等是否良好;开关是否处于关闭状态。保证操作安全和设备安全,如果存在问题必须先处理好才能进行下一步工作。

四、任务实施

1. 气动工具的使用

1)选择练习用材料

根据练习需要选择合适的材料。

2)连接气动工具

通过快速接头连接气动工具。

3)启动工具

用手按下开关,气动工具即启动。

4)使用工具

必须等到转动的气动工具转速平稳时才能使用,有必要时可以调整速度。

5)注意事项

使用中气管或其他线管不能缠绕,以免被割伤;转动部分不能碰到身体任何地方。

6)关闭气动工具

手移开开关位置,即关闭了气动工具;有必要时要拨出快速接头、断开压缩机电源。

7)操作结束

操作结束按照7S要求整理工具,清洁工位。

2. 电动工具的使用

1)选择练习用材料

根据练习需要选择相应材料。

2)连接电动工具的电源

把电动工具插头插进电源箱插座,并合上电源箱开关。

3)启动工具

按下工具上的电源开关,即能启动工具。

4)使用工具

必须等待转动的电动工具转速平稳时才能使用,施加压力要适当。

5)注意事项

电动工具使用中要注意电线或其他线管不能缠绕,以免被割伤。

6)关闭电动工具

关闭电动工具上的开关,拉下电源箱上的插座电源开关,拨出电动工具插头。

7)操作结束

操作结束按照7S要求整理工具,清洁工位。

3.分离式千斤顶的使用

主要练习分离式千斤顶液压泵与各种液压缸的连接方式。

1)连接圆柱液压缸

(1)取出液压泵和圆柱液压缸。

(2)用快速接头将其连接在一起,如图1-3-19a)所示。

(3)关闭单向阀,手摇液压泵手柄,使液压缸里的活塞伸出来。

(4)当活塞伸出到一定位置时,把圆柱液压缸立起来或者用手压活塞,打开单向阀,使活塞退回液压缸里。

(5)清洁所使用配件。

2)连接扩张液压缸

(1)取出液压泵和扩张液压缸。

(2)用快速接头将其连接在一起,如图1-3-19b)所示。

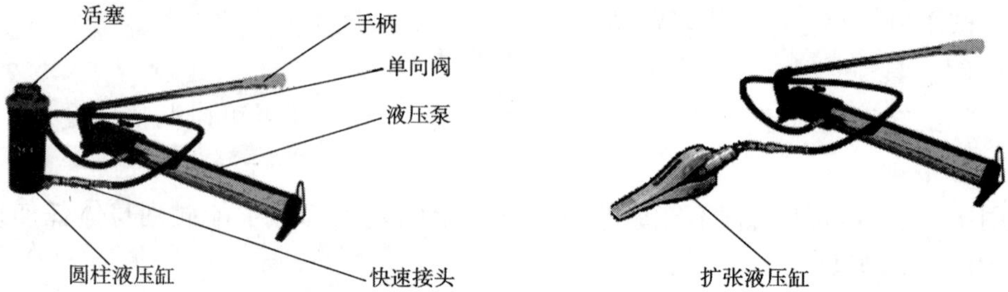

a)连接圆柱液压缸　　b)连接扩张液压缸

图1-3-19　分离式千斤顶的使用

(3)关闭单向阀,手摇液压泵手柄,使扩张液压缸上两个扩张块张开。

(4)当两个扩张块开到一定位置时,打开单向阀,使两个扩张块闭合。

(5)清洁所使用配件,并把千斤顶和配件装回专用箱。

五、任务评价

1.自我评价

(1)通过本学习任务的学习,你是否已经清楚以下问题:

①钣金常用的气动工具有哪些?____________________

____

____。

②分离式千斤顶可以组成哪几种装置？____

____。

③使用砂轮切割机时要注意什么？____

____。

④动力工具有哪些安全注意事项？____

____。

(2)实训工具设备及其他用品使用情况。

评价：____

____。

(3)实训过程完成情况。

评价：____

____。

(4)工作着装是否规范？

评价：____

____。

(5)在实训中你是否意识到安全防护的问题并提醒其他同学注意？是否出现了不规范的情况？是如何处理的？

评价：____

____。

(6)7S管理。能否积极主动参与工作现场的清洁和整理工作？

评价：____

____。

(7)在完成本学习任务的过程中，你是否主动帮助过其他同学？并和其他同学探讨操作过程中出现的有关问题？具体问题是什么？结果是什么？

评价：____

____

____。

(8)通过本学习任务的学习,你认为哪些方面还有待进一步改善?

评价:____

____

____。

(9)在进行本学习任务的学习过程中,你是从本教材的“资料收集”中收集还是从其他方面进行收集与操作相关的内容?有何收获?

评价:____

____

____。

(10)在本学习任务中,你遇到的困难是什么?如何解决的?

评价:____

____

____。

签名:____________　　　　________年____月____日

2. 小组评价

小组评价见表1-3-1。

小　组　评　价　　　　表1-3-1

序　号	评　价　项　目	评价情况
1	学习态度是否积极主动	
2	是否服从教学安排	
3	是否达到全勤	
4	着装是否符合要求	
5	是否合理规范的使用仪器和工具、设备	
6	是否按照安全和规范的规程操作	
7	是否遵守学习、实训场地的规章制度	
8	是否积极主动地和他人合作、探讨问题	
9	是否能保持学习、实训场地整洁	
10	团结协作情况	

参与评价的同学签名:____________　　　　________年____月____日

3. 教师评价

____

____。

六、学习拓展

分离式千斤顶的应用方式

分离式千斤顶可以根据修理的需要组合成推力装置、拉力装置、扩张装置和夹紧装置,满足使用的要求。各种装置在车身修理中使用情况如图1-3-20所示。

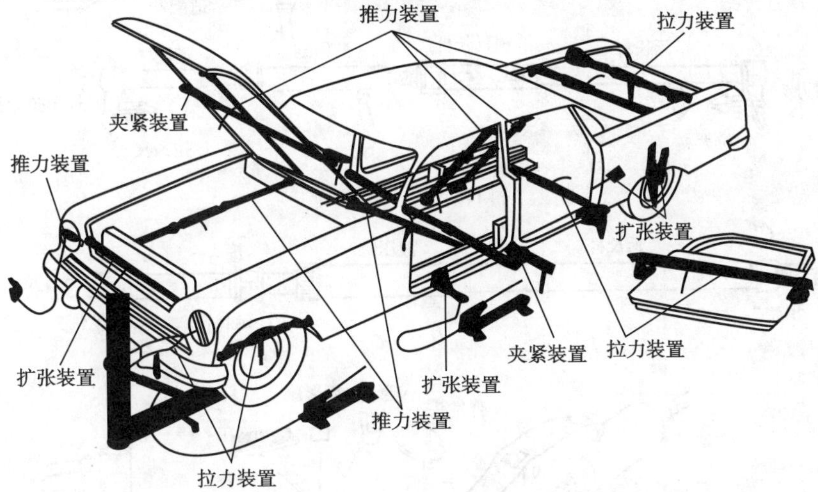

图1-3-20　汽车车身修复中各种液压装置使用情况

1. 推力装置

当修理车身某一变小的尺寸,或者在拉伸某一位置需要借助推力时要用到推力装置。推力装置如图1-3-21所示。

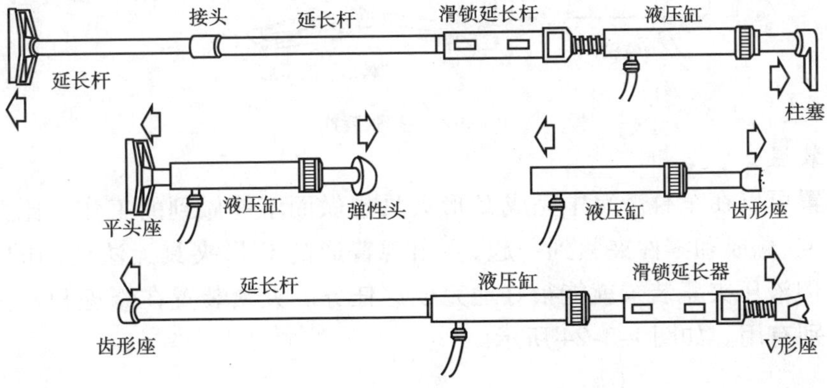

图1-3-21　推力装置

2. 拉力装置

车身钣件和部件在碰撞中最容易出现凹凸不平和压缩变形,这可以通过施加拉力对其进行拉伸校直修理。拉力装置组成如图1-3-22所示。

3. 扩张装置

扩张装置,可以方便撬开车身变形造成的窄小空间位置,其配件及组合方式如图1-3-23所示。

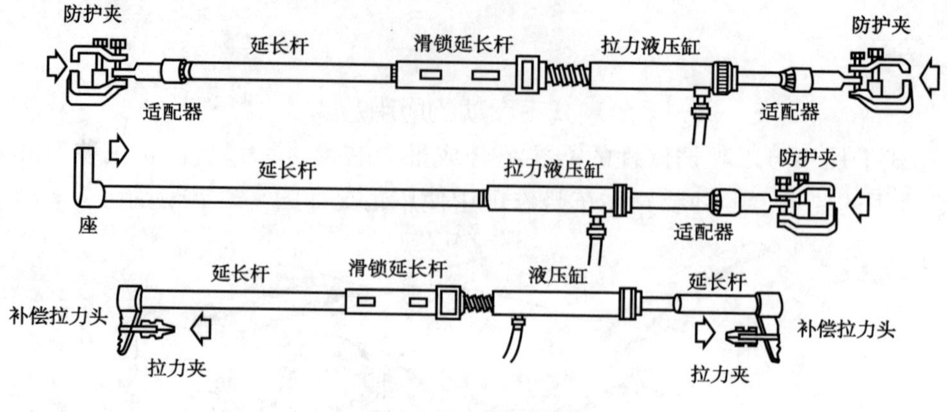

图 1-3-22　拉力装置

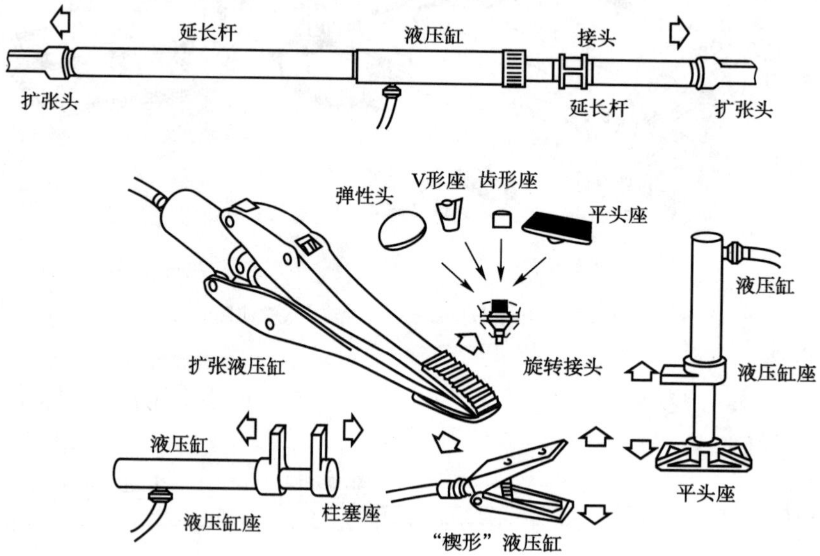

图 1-3-23　扩张装置

4. 夹紧装置

夹紧装置可以在车身修复中完成 C 形夹具想做而不能做到的工作。比如经常需要把修理的部位、总成和零件夹紧到一起，会出现普通的 C 形夹具无法使用的情况（夹具空间不足），但液压夹紧装置就能很好地完成这任务。夹紧装置在修理和校正保险杠前横梁时也特别有用。如图 1-3-24 所示。

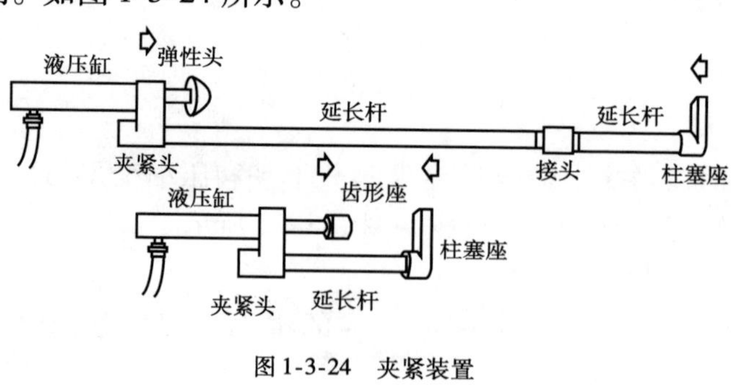

图 1-3-24　夹紧装置

学习任务4　气动焊点钻的使用

学习过程

一、任务要求

(1)按正确操作方法练习焊点钻。
(2)焊点去除后的钣件符合技术要求。

二、资料收集

1. 气动焊点钻的结构

气动焊点钻是在车身修复时用来去除车身上钣金件焊点的一种工具,也叫气动焊点钻削机。一般由钻头、微调钮、底托、开关、出气孔、进气孔和油水分离器等组成,如图1-4-1所示。

图1-4-1　气动焊点钻

2. 焊点去除的原理

焊点去除是焊点钻利用高压气体所提供的能量,转换为钻头的动能,进而使用钻头把钣件的焊点去除一半,也就是使原来焊在一起的两块钣件,一块留有焊点,而另一块上的焊点被钻削掉,从而达到将两块金属板件分离的目的。

3. 焊点钻的应用

焊点钻在汽车车身修复中非常有用,主要用来快速、有效的钻除电阻点焊的焊点。现代汽车车身上,车身钣件连接的地方,超过90%使用的是电阻点焊。在对车身钣件进行切割更换时,为了方便焊接和保证焊接的强度达到车身修复的要求,经常需要把钣件上层板的焊点去除,焊点钻是最好的工具,如图1-4-2所示。

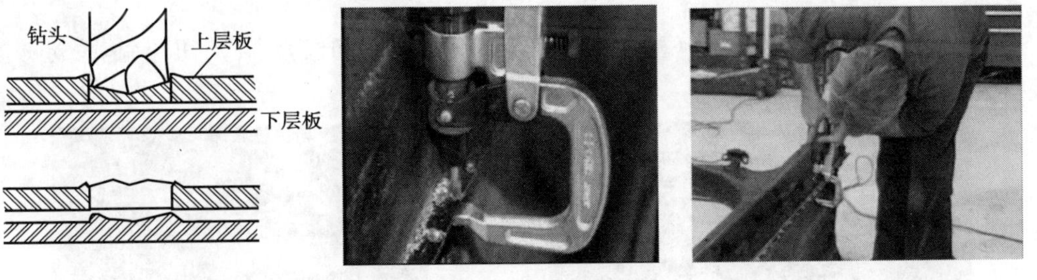

图1-4-2　焊点钻的应用

4. 焊点去除的工艺参数

焊点去除的工艺参数会直接影响到去除焊点的质量,这些参数主要有可钻厚度、工作压力、钻头的直径等。

1）可钻厚度

焊点钻的可钻厚度一般为1～1.2mm。现代轿车车身钢板一般为0.8～1mm，这对大多数的汽车车身已经够用了。当要去除焊点的钣件厚度超过1.2mm时，焊点钻就无法把钣件上层钻透，也就无法达到去除焊点的要求。焊点钻的微调钮从最小值到最大值是50μm。

2）工作压力

焊点钻的工作压力为0.5～0.7MPa。如果工作的压力高于0.7MPa，会使钻头的转速过高，焊点钻很容易损坏；如果工作压力低于0.5MPa，钻头的转速过低，钻头无法钻入钣件，或者钻出的孔有毛刺、不圆，无法达到标准要求。

3）钻头的直径

钻头的直径一般为ϕ4mm、ϕ6.5mm、ϕ8mm。钻头的直径选取要依据去除焊点的直径来选择，一般来说钻头的直径比焊点的直径大一点点就可以了。钻头的直径过小无法把焊点全部除去，而钻头的直径过大会引起车身修复的困难，所以钻头的直径要选择适当。

三、任务准备

1. 准备工具及设备

焊点钻一套、电阻点焊工件若干等。

2. 安全检查

检查焊点钻各部件是否运转正常；检查操作区域附近是否有易燃易爆物品。如有问题先要处理好。

四、任务实施

1. 清洁

清洁要去除焊点的地方，特别是油污。

2. 连接气源

在焊点钻的进气口处接上合适的接头，再通过气管接上气源，如图1-4-3所示。

3. 调节钻除厚度

转动微调钮调节厚度，调节量为50μm，向“－”号方向转动微调钮可钻薄金属板，如图1-4-4所示。

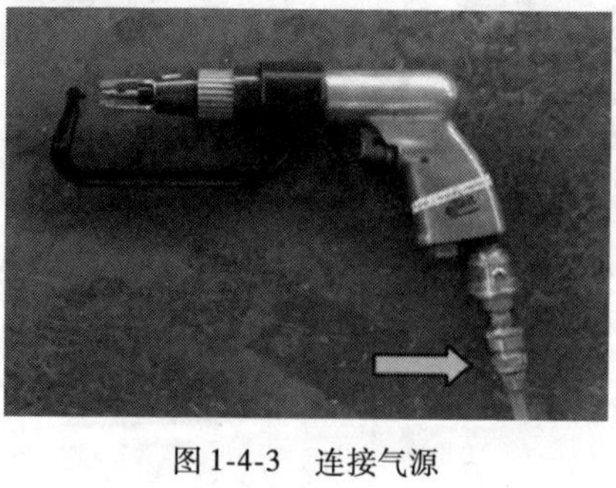

图1-4-3　连接气源

图1-4-4　调节钻除厚度

4. 固定工件

将准备钻除焊点的电阻点焊焊接件固定在台虎钳上。注意不要使用二氧化碳气体保护焊的焊接件，否则，会损坏钻头。电阻点焊的焊接件如图1-4-5所示。

5. 钻除焊点

焊点钻放在工件上方，并使工件落在钻头和底托中间，使需要钻除焊点的那面钣件的焊点正对着钻头，按动开关就可以去除焊点了，如图1-4-6所示。

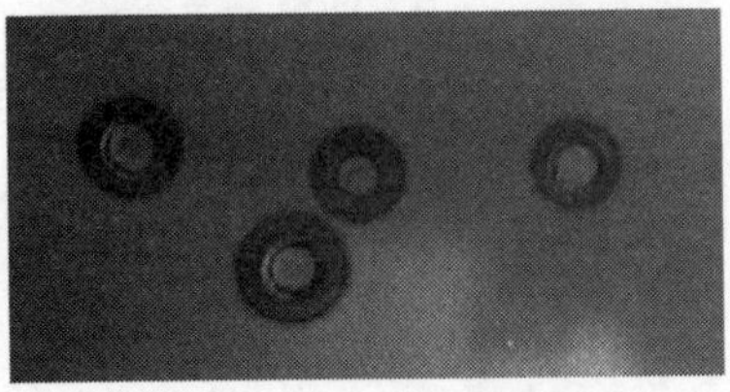

图1-4-5　电阻点焊的焊接件

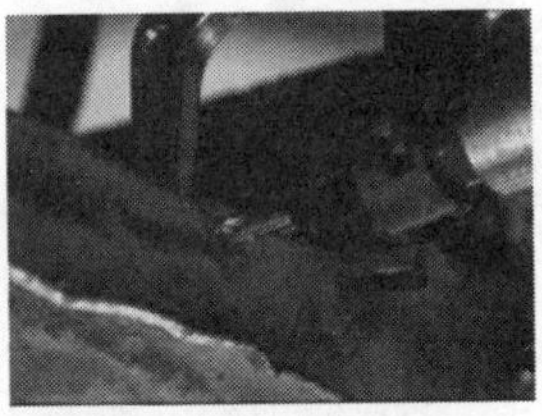

下层板效果

图1-4-6　钻除焊点

6. 操作结束

操作结束，关闭气源，清洁工位和整理工具与设备。

五、任务评价

1. 自我评价

(1) 通过本学习任务的学习，你是否已经清楚以下问题：

①焊点去除的原理是什么？____

____

____。

②焊点去除的工艺参数有哪些？____________________________________

____

____。

③焊点钻的操作步骤有哪几步？____________________________________

____

____。

(2) 实训工具设备及其他用品使用情况。

评价：____

____

____。

(3) 实训过程完成情况。

评价：____

____

____。

(4)工作着装是否规范？

评价：____。

(5)在实训中你是否意识到安全防护的问题并提醒其他同学注意？是否出现了不规范的情况？是如何处理的？

评价：____。

(6)7S 管理。能否积极主动参与工作现场的清洁和整理工作？

评价：____。

(7)在完成本学习任务的过程中，你是否主动帮助过其他同学？并和其他同学探讨操作过程中出现的有关问题？具体问题是什么？结果是什么？

评价：____。

(8)通过本学习任务的学习，你认为哪些方面还有待进一步改善？

评价：____。

(9)在进行本学习任务的学习过程中，你是从本教材的“资料收集”中收集还是从其他方面进行收集与操作相关的内容？有何收获？

评价：____。

(10)在本学习任务中你遇到的困难是什么？如何解决的？

评价：____。

签名：__________　　　　　　　　　　__________年____月____日

2. 小组评价

小组评价见表1-4-1。

小　组　评　价　　表1-4-1

序　号	评　价　项　目	评 价 情 况
1	学习态度是否积极主动	
2	是否服从教学安排	
3	是否达到全勤	
4	着装是否符合要求	
5	是否合理规范的使用仪器和工具、设备	
6	是否按照安全和规范的规程操作	
7	是否遵守学习、实训场地的规章制度	
8	是否积极主动地和他人合作、探讨问题	
9	是否能保持学习、实训场地整洁	
10	团结协作情况	

参与评价的同学签名:____________　　________年____月____日

3. 教师评价

____

____。

六、学习拓展

1. 如何更换钻头

(1)使用随机配的开紧匙扭松钻头下的螺丝,此时钻头可转动。

(2)转动底托使其凹孔对住机身的凸起,向钻头方向将底托拔下。

(3)更换钻头,并用开紧匙旋紧。

(4)转动底托,使其凹孔与机身的凸起错开。

2. 焊点钻使用的注意事项

(1)不可用于钻带电的孔洞。

(2)工作时会产生火花,故不可在易燃气附近使用。

(3)钻头很锋利,小心受伤。

(4)工作时小心长发或松散衣服被卷入。

(5)不要拉着气管拖移工具。

(6)工作中要把工件夹紧。

(7)工作结束或者更换钻头时断开气源,以防意外启动。

(8)开紧匙及其他工具不可挂在机器上进行操作。

学习任务5　剪板机的使用

学习过程

一、任务要求

安全操作，产品符合形状及尺寸要求。

二、资料收集

1. 剪板机的主要用途

剪板机用于剪切钢板，在产品生产中完成下料的工作，不同规格的机器可以剪切不同尺寸、不同厚度的钢板。

2. 剪板机的结构

剪板机如图1-5-1所示。

图1-5-1　剪板机（液压摆式剪板机QC12Y）

1）机架

机架是由钢板焊接的框形结构，具有良好的刚性，两个液压缸固定于左右立柱上，工作台面上设有辅助刀座，便于下刀片作微量调节；工作台面上还装有送料球，操作轻便。

2）上刀架

上刀架为钢板焊接结构，具有良好的刚性，它以偏心套为支点在左右油缸及氮气回程缸的驱动下做往复摆动完成剪切。

3）压料装置

压料装置由安装在机架前面支承板上的10～15个压料油缸组成，压料油缸进油后，压料头在克服拉力弹簧的拉力后下压，压紧板料。

4）前托架

前托架置于工作台面上，用标尺指示数值，以调节活动挡块达到所需的挡料值，在剪切薄钢板时使用前挡料剪切较方便。

5)后挡板

后挡板安装在上刀架上,随上刀架作上下摆动。后挡板的调节范围为20~600mm,当剪切板料长度大于后挡料最大挡料距离时,可将后挡板开至最后位置,即可剪切任意长度的板料。

6)电气系统

机器的电气箱中装有机械连锁结构,控制整机电源。机器的操作元件,除脚踏开关外,全部集中在机床前面的按钮站上,每个操作元件的功能由其上方的形象符号标志。

7)脚踏开关

在进行剪切板料时,需要通过脚踏开关来控制操作。半自动剪板时,踏下脚踏开关,注意要直到板料被全部剪断后才能松开脚踏开关,以防板料被剪坏;在再次剪切时要再次踏下脚踏开关。自动剪板时,只要踏下脚踏开关一次并松开,机器就会进行连续剪切,再踏下脚踏开关剪切就停止;注意踏下的时间不要过长,否则成为半自动的单次剪切。脚踏开关如图1-5-2所示。

图1-5-2 脚踏开关

3. 按钮站各按钮、旋钮的作用

按钮站如图1-5-3所示。

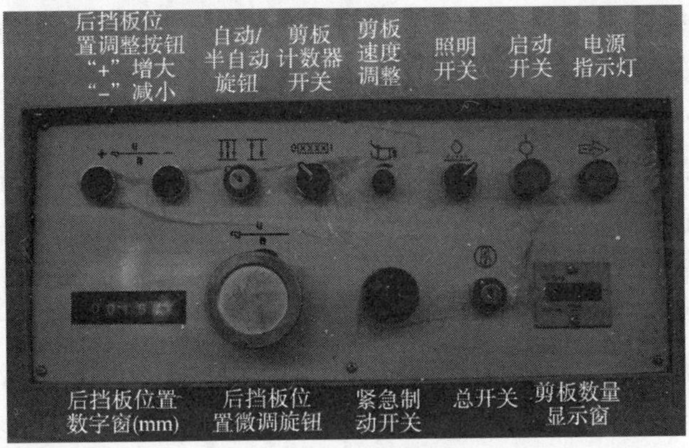

图1-5-3 按钮站

1)后挡板位置调整按钮

按动后挡板位置调整按钮,按下"+"按钮使后挡板开距增大,按下"-"按钮使后挡板开距减小。

2)自动/半自动选择旋钮

自动/半自动选择旋钮需要用钥匙打开,旋转到自动位置时为"连续行程",机器连续工作,旋转到半自动位置时为"单次行程",机器点动工作。

3)剪板计数器开关旋钮

转动剪板计数器开关到计数位置"1",便可以进行剪切计数,"0"位时不计数。剪板数量可在剪板数量显示窗上显示出来。

4）剪板速度调节旋钮

调整此旋钮可以控制剪板机工作速度的快慢。

5）照明开关旋钮

旋转到打开照明位置，启动日光灯，可清楚看到剪切位置，方便剪板工作。

6）启动开关按钮

当其他工作准备就绪，按下启动开关，机器开始工作。启动开关按钮本身带有指示灯，指示机器油泵电动机在工作。

7）电源指示灯

当电气箱电源接通，打开总开关时，电源指示灯亮。

8）后挡板位置数字窗

后挡板位置数字窗用数字显示后挡板的精确距离，也即确定板料被剪切的尺寸，单位是 mm，如“00060”表示剪板尺寸是 60mm。

9）后挡板位置微调旋钮

当用“＋”、“－”调整按钮难以得到精确的剪切尺寸时，转动后挡板位置微调旋钮就可以得到。

10）紧急制动开关按钮

当有意外事情，尤其是危险情况时，要及时停止机器，可通过按下紧急制动按钮实现。要取消紧急制动控制时，稍为转动一下按钮再拉出来即可。紧急制动开关按钮在剪板机前后各有一个。

11）总开关旋钮

总开关旋钮控制整个机器的电路，需要用钥匙打开。左旋切断电源，右旋接通电源。

12）剪板数量显示窗

剪板数量显示窗，显示已经剪切钣件的数量，按一下复位按钮，机器就可以从零计算。显示窗要显示数量，必须使剪板计数器开关处于“1”位置才有效。

4. 刃口间隙的调整

剪板前刃口间隙调整非常重要，它是影响剪切质量和延长刀片寿命的重要因素，建议按下表选用间隙值，如图 1-5-4 所示。

间隙调整时先将调整盘的锁紧螺钉松开，然后转动手柄至调整盘标记线对准所需的刻度值，再将螺钉锁紧，如图 1-5-5 所示。

5. 剪板机的安全技术和维护

（1）操作者必须熟悉本机器的结构和性能，本机器为多人同时操作故必须有专人负责指挥生产。

（2）切忌将手伸入上下刀片之间，以免发生事故。

（3）一切杂物工具，切勿放在工作台上以免进入刀口，造成事故。

（4）应定期检查刀口锋利的情况，如发生刀口用钝，应及时磨砺或调换，刀片的磨砺，只需磨砺刀片的厚度。

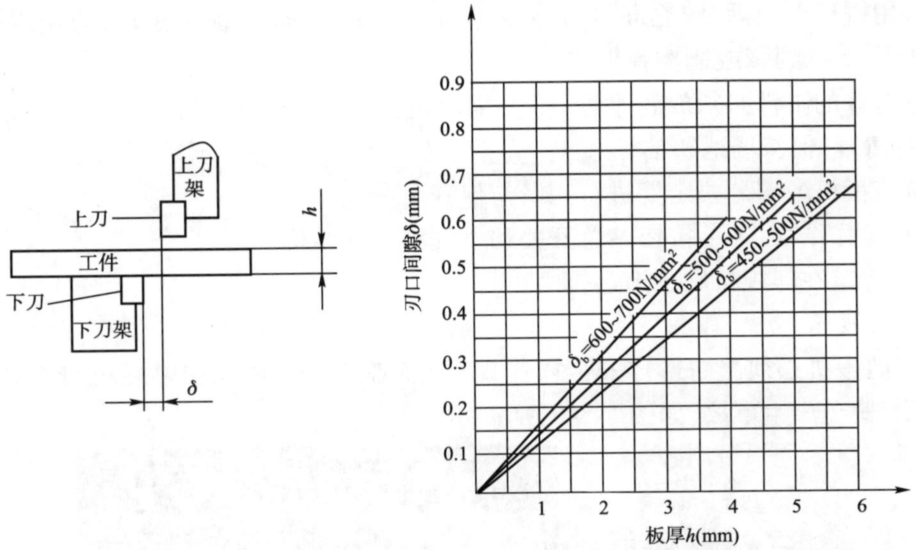

图1-5-4　刃口间隙的调整

图1-5-5　刃口间隙调整盘

(5)应定期检查机器各部分,并保持机器及周围场地清洁,电线绝缘良好。

(6)装于油泵吸油口上的网式滤油器应经常检查清洁,使滤油器保持应有的通油量,若滤油器被阻塞,通油量减少,将使油泵吸空,影响油泵的寿命。

(7)回程缸只能充装氮气,充装时应缓慢进行。严禁充装氧气、压缩空气或其他易燃气体。

(8)回程缸充氮气,用充气工具进行。

(9)卸下回程缸前必须泄去压力气体。

(10)操作时,如发现有不正常杂音或油箱过热现象,应立即停机检查。油箱最高温度<60℃。

(11)机器必须可靠接地。

6.剪板机安全操作规程

(1)剪板机应有专人负责使用和保管。操作者必须熟悉机床的结构、性能。

(2)严禁超负荷使用剪板机。不得剪切淬火钢料和硬质钢、高速钢、合金钢、铸件及非金属材料。

(3)刀片刃口应保持锋利,刃口钝或损坏,应及时磨修或调换。

(4)多人操作时应有专人指挥,配合要协调。

(5)剪板机上禁止同时剪切两种不同规格的材料,不准重叠剪切。

(6)剪板入料时禁止把手伸进压板下面操作。剪短料时应另用铁板压住,剪料时手指离开刀口至少200mm。

(7)用撬棒对线后,应立即将撬棒退出后方可剪切,如铁板有走动,应用木枕塞牢,以免钢板滑下压到脚或撬棒弹出伤人。

(8)剪好的工件必须放置平稳,不要堆放过高,不准堆放在过道上。边角余料及废料要及时清理,保持场地整洁。

(9)剪板机各部分要定期进行润滑与保养。

(10)操作结束,锁上按钮站总开关和电气箱连锁结构。

(11)严禁在剪板机周围追逐打闹!

7. 安全提示

操作剪板机必须严格遵守安全操作规程,还必须十分重视张贴在机身上的各方面安全提示,避免产生事故,如图1-5-6所示。

图1-5-6 安全提示

三、任务准备

1. 工位准备

准备所需剪切的板料、操作者所使用的防护用品。

2. 安全检查

检查工位周围,清理杂物、地板油污,保证工作环境宽松有度;检查电气箱中插座、接线座及开关,保证接触良好,无乱搭线现象;设置一名安全员,防止拥挤,及时发现安全隐患并及时处理,紧急情况出现时及时按下折弯机紧急制动按钮。

注意电气箱中的电源开关,保证其处于断开状态,以免合上墙壁电源开关时电流冲击机器。如图1-5-7所示。

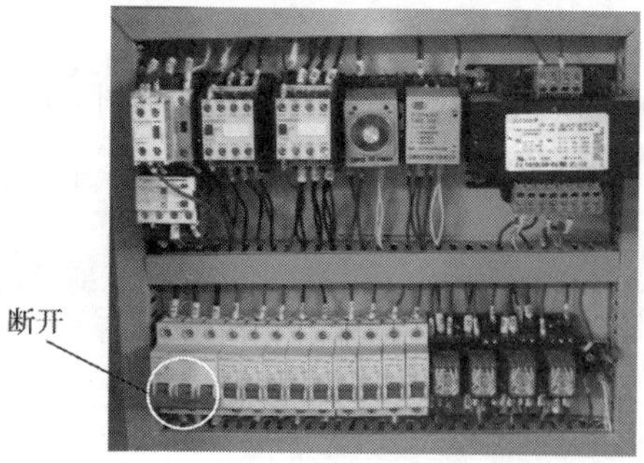

a)断开

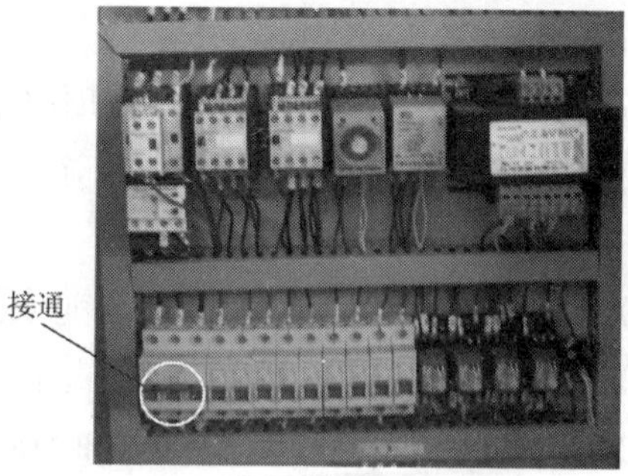

b)接通

图1-5-7 电气箱中的电源开关状态

四、任务实施

(1)根据所剪切板材厚度,通过刃口间隙调整盘调整好相应参数,0.8～1mm厚板材选择大约一个大格,2mm厚板材选择二个大格多点。

(2)合上墙壁电源开关。

(3)用钥匙开启电气箱的机械连锁,扳动电气箱电源开关手柄到"闭合"位置,接通机器电源,关闭电气箱门。

(4)用钥匙打开按钮站上的总开关,接通控制电路电源,电源指示灯亮。

(5)用钥匙打开自动/半自动旋钮,旋转到半自动位置,采用点动操作。

(6)根据剪切尺寸,通过按下调整后挡板位置调整按钮和转动后挡板位置微调旋钮调整好后挡板位置。剪切60mm,显示窗显示如图1-5-8所示。

(7)打开照明开关,启动日光灯。

(8)按下启动开关按钮,启动油泵电动机工作。启动开关自带指示灯亮。

(9)剪板。把板料伸入剪切口,顶到后挡板位置,踏下脚踏开关即可剪板,如图1-5-9所示。

图1-5-8 显示剪切尺寸

(10)剪板时,简单的角度也可以把板料转动某个角度来剪切,如图1-5-10所示。

图1-5-9 剪板

图1-5-10 剪角

(11)操作结束,先关闭按钮站上的总开关,再关闭电气箱中的电源开关,最后关闭墙壁电源开关。

(12)清洁工位和设备。

五、任务评价

1.自我评价

(1)通过本学习任务的学习,你是否已经清楚以下问题:

①剪板机有什么用途?____

____

____。

②剪板机按钮站有什么功能?________________________________

____

____。

③剪板机的安全操作规程有哪些？____

____

____。

④剪板机上有什么安全提示？____

____

____。

⑤简述剪板机的基本操作过程。____

____

____。

⑥为什么特别要强调不能在剪板机和折板机周围追逐打闹？________________________

____

____。

(2)实训工具设备及其他用品使用情况。

评价:____

____

____。

(3)实训过程完成情况。

评价:____

____

____。

(4)工作着装是否规范？

评价:____

____

____。

(5)在实训中你是否意识到安全防护的问题并提醒其他同学注意？是否出现了不规范的情况？是如何处理的？

评价:____

____

____。

(6)7S 管理。能否积极主动参与工作现场的清洁和整理工作？

评价:____

____

____。

(7)在完成本学习任务的过程中,你是否主动帮助过其他同学？并和其他同学探讨

操作过程中出现的有关问题？具体问题是什么？结果是什么？

评价：____

____

____。

(8)通过本学习任务的学习,你认为哪些方面还有待进一步改善？

评价：____

____

____。

(9)在进行本学习任务的学习过程中,你是从本教材的“资料收集”中收集还是从其他方面进行收集与操作相关的内容？有何收获？

评价：____

____

____。

(10)在本学习任务中你遇到的困难是什么？如何解决的？

评价：____

____

____。

签名：______________　　　　　　　　　　________年____月____日

2. 小组评价

小组评价见表1-5-1。

小　组　评　价　　　　表1-5-1

序　　号	评　价　项　目	评 价 情 况
1	学习态度是否积极主动	
2	是否服从教学安排	
3	是否达到全勤	
4	着装是否符合要求	
5	是否合理规范的使用仪器和工具、设备	
6	是否按照安全和规范的规程操作	
7	是否遵守学习、实训场地的规章制度	
8	是否积极主动地和他人合作、探讨问题	
9	是否能保持学习、实训场地整洁	
10	团结协作情况	

参与评价的同学签名：______________　　　　________年____月____日

3. 教师评价

____

____。

六、学习拓展

1. 剪板机的主要技术参数

剪板机的技术参数指可剪板厚度、可剪板宽度、剪切角度以及行程次数等。

2. 剪板机的分类

(1)剪板机按传动方式不同,分为机械传动式和液压传动式剪板机。

剪切厚度小于 10mm 的剪板机多为机械传动,剪切厚度大于 10mm 的多为液压传动。

(2)剪板机按上刀片对下刀片的位置不同可分为平刃剪切和斜刃剪切式。

平刃剪切时,板料与上下刃口全长同时接触,剪切力大,消耗功率大,振动也大。但是剪切质量较好,剪切的板料比较平直,无扭曲变形。平刃剪切剪板机的传动方式多为机械传动,多用于小型剪板机和薄板下料。

斜刃剪切是采用渐入剪切的方式,故瞬间剪切尺寸小于板料宽度。斜刃剪切质量不如平刃剪切,有扭曲变形。但是剪切力和能量消耗比平刃剪切要小,故在大、中型剪板机中采用。

(3)剪板机按其刀架运动方式不同分为直线式和摆动式。

直线式结构比较简单(形状如闸门,故又称闸式),制造方便,刀片截面为矩形,四个边均可做刀刃,故较耐用。

摆式剪板机的刀架在剪切时围绕一固定点做摆动运动,优点是上、下剪切刃之间的摩擦及磨损较小,刀片变形小,剪切精度高。但摆动刀架在剪切过程中承受正、反交替扭矩,故刀架宽度不能过大。因而摆式结构主要用于板厚大于 6mm,板宽不大于 4000mm 的剪板机。

学习任务6　折弯机的使用

学习过程

一、任务要求

安全操作,产品符合形状及尺寸要求。

二、资料收集

1. 折弯机的用途

折弯机是一种完成金属板料折弯的通用设备,采用较简单的通用模具,可把金属板料压制成一定的几何形状。采用不同形状的模具可折弯各种形状的工件,与配备相应的工艺设备还可作冲孔、压波纹、浅拉伸等,广泛应用于电器、汽车、造船、日用五金、机械制造等工艺部门。

2. 结构简述

折弯机由机身、扭轴、滑块、行程调节、前托料架、后挡料架、模具、液压系统、电气控制系统（电气控制箱）等九个部分组成，主要组成如图 1-6-1 所示。

图 1-6-1　折弯机主要组成部分（WC67Y 型）

1）滑块及行程调节

滑块由整块钢板制成，左右油缸安置在滑块两端，并通过活塞杆与滑块连接在一起，油缸固定在机身上，通过液压驱动使活塞杆带动滑块运行，在油缸内设有机械挡块，用以控制滑块在下死点位置，由挡块调节电动机，通过蜗轮副传动可调节机械挡块的位置。

2）同步机构

滑块在运行中的同步，采用扭轴同步机构，扭轴连杆与滑块相连，结构简单，稳定可靠。

3）模具

折弯机的模具分为上模具和下模具，如图 1-6-2 所示。

图 1-6-2　折弯机模具

3. 三种典型工件的折弯工序

折弯机加工常见的三种典型工件，折弯工序如图 1-6-3 所示。

4. 板料折弯表

本表与计算公式均按 $\delta_b = 450\text{N/mm}^2$ 抗拉强度的材料为计算依据，在折弯其他不同的材料，折弯力为表中数据与下列系统的乘积。板料折弯表如图 1-6-4 所示。

5. 电气控制箱

折弯机的工作主要通过电气控制箱来实现，电气控制箱上各个按钮的作用如图 1-6-5 所示。

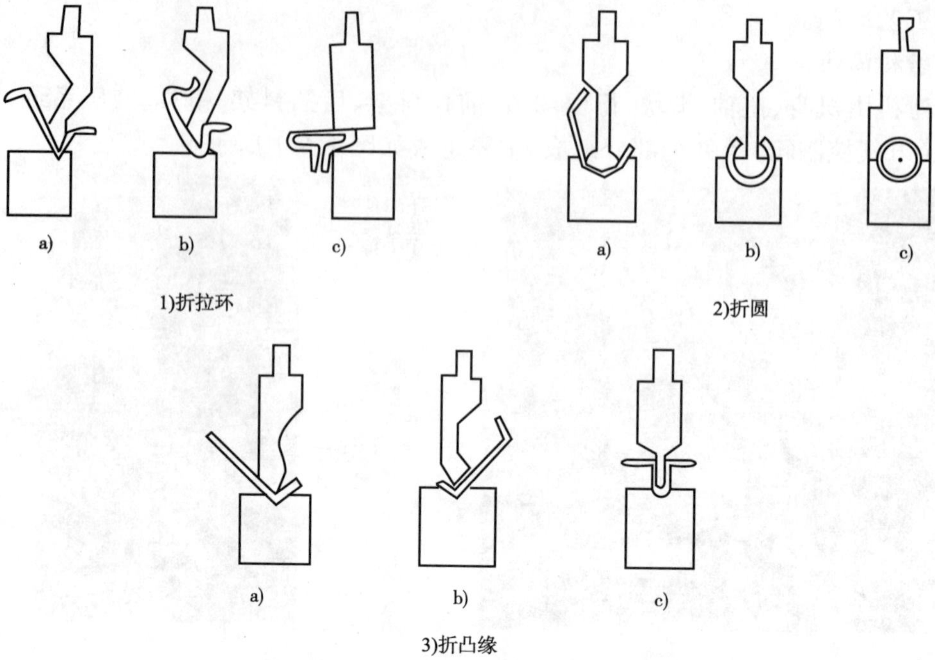

图 1-6-3　三种典型工件的折弯工序

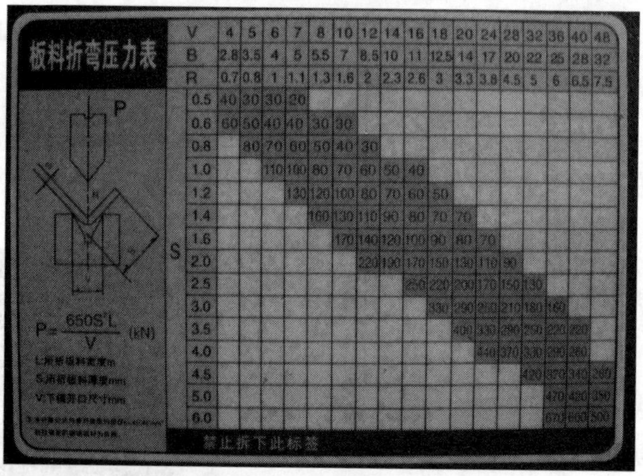

V	4	5	6	7	8	10	12	14	16	18	20	24	28	32	36	40	48
B	2.8	3.5	4	5	5.5	7	8.5	10	11	12.5	14	17	20	22	25	28	32
R	0.7	0.8	1	1.1	1.3	1.6	2	2.3	2.6	3	3.3	3.8	4.5	5	6	6.5	7.5
S 0.5	40	30	30	20													
0.6	60	50	40	40	30	30											
0.8		80	70	60	50	40	30										
1.0			110	100	80	70	60	50	40								
1.2				130	120	100	80	70	60	50							
1.4					160	130	110	90	80	70	70						
1.6						170	140	120	100	90	80	70					
2.0							220	190	170	150	130	110	90				
2.5									250	220	200	170	150	130			
3.0										330	290	250	210	180	160		
3.5											400	330	290	250	220	200	
4.0												440	370	330	290	260	
4.5														420	370	340	280
5.0															470	420	380
6.0															670	600	500

图 1-6-4　板料折弯表

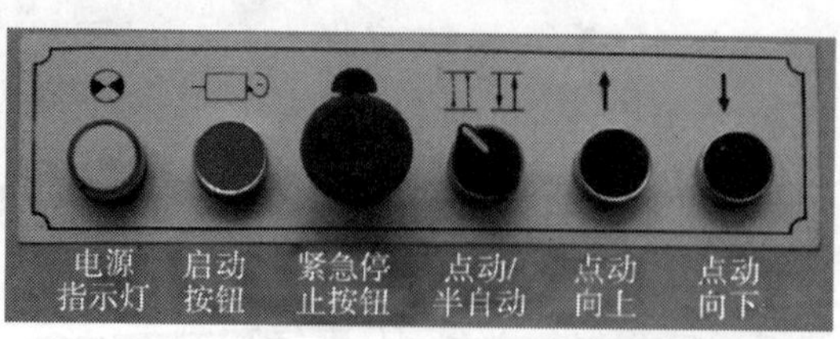

图 1-6-5　电气控制箱上按钮的作用

6. 安全提示

在使用折弯机时必须严格按照操作说明书进行，严禁在机器旁边追逐打闹，预防碰撞到机器特别是放料架，造成人身伤害；在机身上许多位置张贴有重要安全提示，在操作过程中务必遵守。重要警示如图 1-6-6 所示。

禁止将手放入
上下模之间！

a)身体部位警告

b)操作警告

图 1-6-6　折弯机各种重要警示

折弯机上除了重要的警示外，还有一些十分有用的安全提示，操作者一定要领会其含义，避免产生事故，如图 1-6-7 所示。

(1)两手切勿伸入上、下模具之间，谨防发生模具夹手事故，如图 1-6-7a)所示。

(2)注意手持工件的位置，谨防将手夹在工件与模具之间，如图 1-6-7b)所示。

(3)折弯力切勿超过模具耐压值，谨防模具破损弹射，如图 1-6-7c)。

(4)折弯较大工件时，注意站立姿势要站直，谨防工件弹起伤人，如图 1-6-7d)。

a)模具夹手

b)工件和模具夹手

c)模具破损弹射伤人

d)工件弹起伤人

图 1-6-7　折弯机安全提示

7. 折弯机的安全操作规程

操作者在操作折弯机时，要严格按照折弯机的安全操作规程进行操作，避免在操作过程中因操作不当而发生危险。安全操作规程如下：

(1)启动前须认真检查电动机、开关、线路和接地是否正常和牢固，检查设备各操纵部位、按钮是否在正确位置。

(2)由板料折弯力数据或折弯力计算公式得出工件的折弯力,工件折弯力不得大于1000kN。

(3)开机前应将上、下模具清理、擦拭干净。

(4)折弯狭板料时,应将系统工作压力适当降低,以免损坏模具。

(5)折弯前,应将上下模具间的间隙调整均匀一致。

(6)检查油箱油位,启动油泵检查液压管道、油泵有无异常。

(7)折弯时,不可将手放在模具间,狭长小料不可用手扶。一次只许折弯一块料,不许多块分节同时折弯。

(8)调节滑块行程时,应保证调量小于100mm,以免损坏机器。

(9)按所折板料厚度、选择适当模口,模口尺寸一般等于或大于8倍板料厚度。

(10)检查托料架、挡料架及滑块上有无异物,如有异物,应清理干净。

(11)折弯板料应放在模具中间,机器不宜单边载荷,以免影响工件和机器精度,如某些工件确需单边工作时,其载荷不得大于250kN,而且必须二边同时折弯。

(12)严格遵守机床工安全操作规程,按规定穿戴好劳动防护用品。

三、任务准备

以制作凹陷修复练习用的门板为例介绍折弯机的操作规范,共折弯6次完成门板的制作。

1. 工位准备

准备工具和材料:划线工具(如粉笔、划针、钢直尺、直角尺等)、手锤、和手剪刀等,线手套;按制作要求经剪板机或手工剪切下来的板料。

2. 安全检查

检查工位周围,清理杂物、地板油污,保证工作环境宽松有度;检查电源插座、设备接线座及开关,保证接触良好;设置一名安全员,防止拥挤,及时发现安全隐患并及时处理,紧急情况出现时及时按下折弯机紧急停止按钮。

检查折弯机电气箱中的电源开关,保证其处于断开状态,以免合上墙壁电源开关时电流冲击机器,如图1-6-8所示。

a)断开　　b)接通

图1-6-8　折弯机电路状态

四、任务实施

1. 调整折弯间隙

(1)根据被折弯板件厚度检查下模“V”口，是否选择正确，不正确根据“V 口宽度≥8 倍板厚”调整好，如图 1-6-9 所示。

(2)启动机器，通过点动折弯动作检查上、下模之间在折弯时是否有间隙，禁止没有间隙就进行折弯工作。

(3)折弯动作可以通过踏下脚踏开关的“上”开关使上模向上移动，踏下脚动开关的“下”开关使上模向下移动；也可手动按下“点动上”、“点动下”按钮调节上模的上下移动。脚踏开关如图 1-6-10 所示。

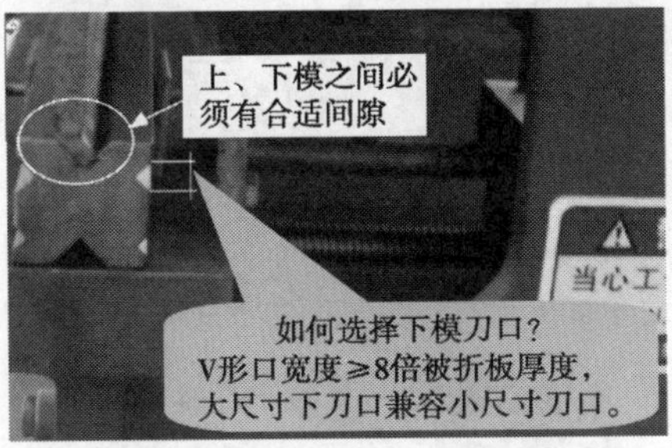

图 1-6-9　折弯间隙检查

图 1-6-10　脚踏开关

(4)折弯间隙调整方法：调整时转动“上模具位置调节手轮”，顺时针转调大间隙，逆时针转调小间隙。

2. 划线

按照制作要求进行划线，可用划针进行精确划线，也可以用粉笔划辅助线来突出划线位置，如图 1-6-11 所示。

3. 试折弯

按照制作要求，用相同材质和厚度的边角料或者废板料进行试折弯。

图 1-6-11　划线

(1)合上墙壁电源开关，合上折弯机电气箱中所有开关，把电气箱门关闭。

(2)把点动/半自动旋钮旋转到点动位置。

(3)按下“启动”按钮启动机器。

(4)踏下脚踏开关的“向上”开关使上模向上移动，把试折弯的板料放进上下模之间，再踏下脚动开关的“向下”开关使上模向下移动折弯板件。

(5)根据弯曲情况，通过转动间隙调节手轮调整上、下模之间间隙，直到折弯角度正确为止。

在折弯过程中必须严格遵守折弯机安全操作规程，十分小心，避免出现安全提示中或其他方面的事故。

4. 正式折弯

根据制作要求折弯钣件各边，方法基本与试折弯相同，但必须对准折弯线条折弯，才能得到合格的产品；在制作某一产品时，讲究折弯顺序，制订折弯方案会得到更好的效果和效率。

有必要时可通过转动后挡料架位置调节手轮调整后挡料架位置，方便折弯。后挡料架如图 1-6-12 所示。

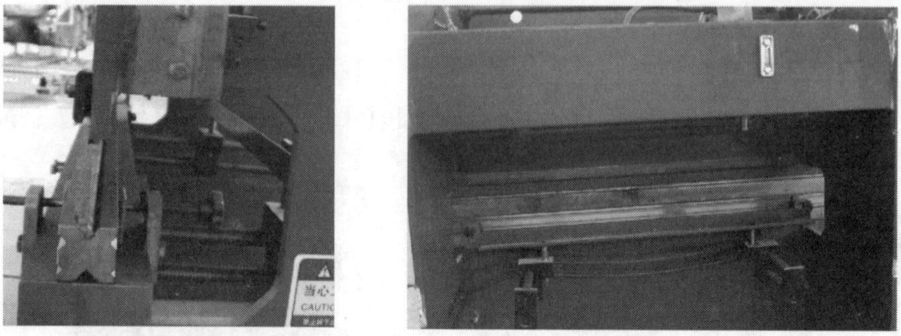

图 1-6-12　后挡料架

（1）折弯第一边，如图 1-6-13 所示。

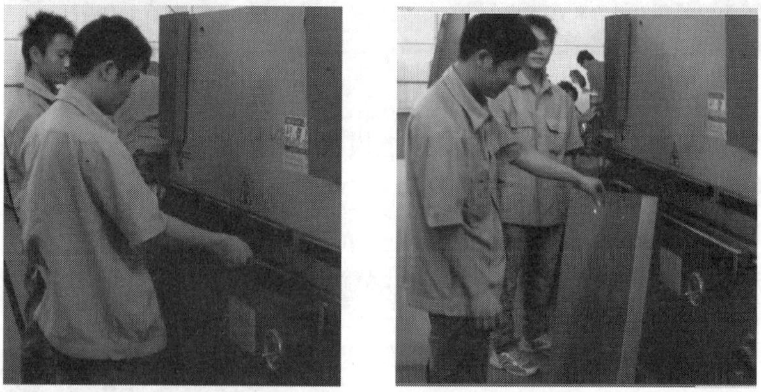

图 1-6-13　折弯第一边

注意手拿工件位置，以免手被工件和机身夹伤；站立姿势要站直，以免工件伤人。小心不要让手靠近模具，禁止把手放进两模具之间。

（2）折弯第二边，如图 1-6-14 所示。

图 1-6-14　折弯第二边

(3)折弯第三边,如图 1-6-15 所示。

图 1-6-15　折弯第三边

(4)折弯第四边,如图 1-6-16 所示。

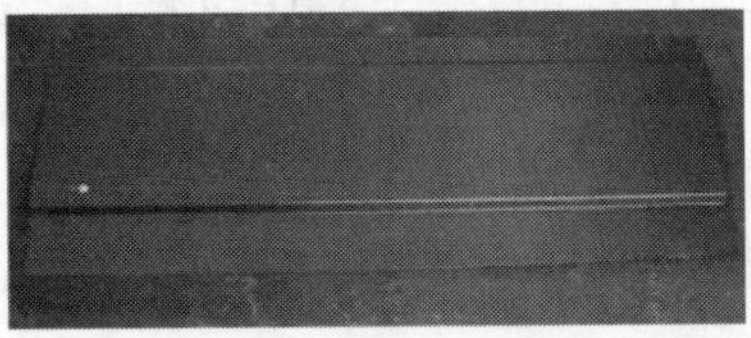

图 1-6-16　折弯第四边

(5)折弯第五边,如图 1-6-17 所示。

图 1-6-17　折弯第五边

(6)折弯第六边,完成门板制作,如图 1-6-18 所示。

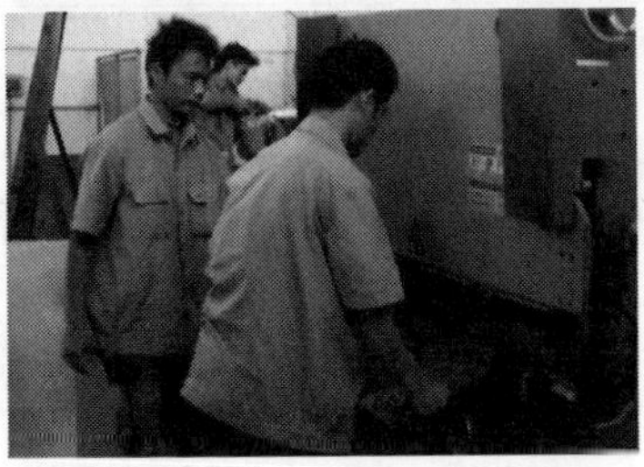
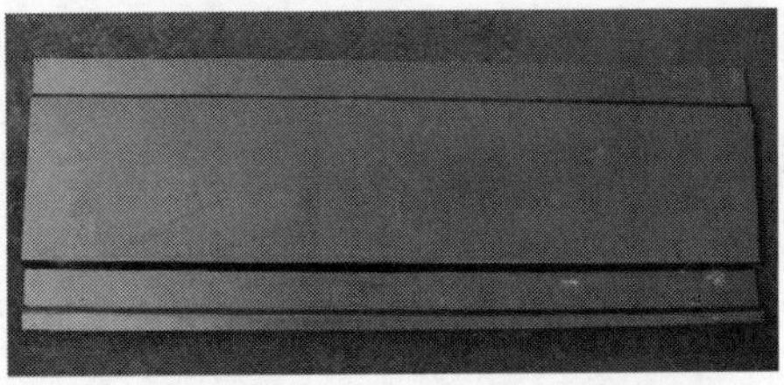

图 1-6-18　折弯第六边和完成产品

5. 操作结束,先关闭电气箱中的电源开关,最后关闭墙壁电源开关。
6. 清洁工位和设备。

五、任务评价

1. 自我评价

(1)通过本学习任务的学习,你是否已经清楚以下问题:

①折弯机有何用途? ____。

②折弯机的安全操作规程有哪些? ____。

③简述折弯机的基本操作过程。 ____。

④使用折弯机,一定要注意安全,稍不注意就会出现事故,折弯机上有哪些警示和安全提示? ____。

(2)实训工具设备及其他用品使用情况。

评价: ____。

(3)实训过程完成情况。

评价: ____。

(4)工作着装是否规范?

评价: ____。

(5)在实训中你是否意识到安全防护的问题并提醒其他同学注意?是否出现了不规范的情况?是如何处理的?

评价: ____。

(6)7S 管理。能否积极主动参与工作现场的清洁和整理工作？

评价：____

____

____。

(7)在完成本学习任务的过程中，你是否主动帮助过其他同学？并和其他同学探讨操作过程中出现的有关问题？具体问题是什么？结果是什么？

评价：____

____

____。

(8)通过本学习任务的学习，你认为哪些方面还有待进一步改善？

评价：____

____

____。

(9)在进行本学习任务的学习过程中，你是从本教材的“资料收集”中收集还是从其他方面进行收集与操作相关的内容？有何收获？

评价：____

____

____。

(10)在本学习任务中你遇到的困难是什么？如何解决的？

评价：____

____

____。

签名：____________　　　　　　　　　　　　________年____月____日

2. 小组评价

小组评价见表1-6-1。

小　组　评　价　　　　　　表1-6-1

序　　号	评　价　项　目	评 价 情 况
1	学习态度是否积极主动	
2	是否服从教学安排	
3	是否达到全勤	
4	着装是否符合要求	
5	是否合理规范的使用仪器和工具、设备	
6	是否按照安全和规范的规程操作	
7	是否遵守学习、实训场地的规章制度	

续上表

序　　号	评　价　项　目	评 价 情 况
8	是否积极主动地和他人合作、探讨问题	
9	是否能保持学习、实训场地整洁	
10	团结协作情况	

参与评价的同学签名：＿＿＿＿＿＿　　　　＿＿＿＿年＿＿月＿＿日

3. 教师评价

＿＿

＿＿。

六、学习拓展

折弯机生产的产品形状主要依靠各种各样的上、下模具来配合完成，如图 1-6-19 所示。

a) 各种各样折弯模具

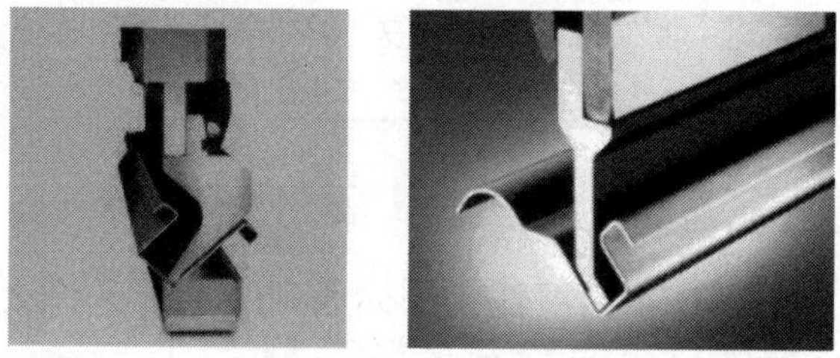

b)折弯方法

图 1-6-19　各种各样的模具和折弯方法

学习项目2 车 身 结 构

情景描述

对于事故车车身修复的技术人员来说，不管是进行车身附件的拆装和调整，还是进行钣件的拉伸校正或切割更换，熟悉车身结构是非常重要的。而且对于车身修复工作，许多维修项目能进行的前提就是要事先对相关车身附件进行拆卸，项目维修完成后还要把拆卸下来的附件正确安装回去。

学习目标

知识目标

1. 知道车身结构分类及特点；
2. 熟悉汽车车身主要零部件及附件；
3. 熟悉车身主要附件的拆装方法。

技能目标

1. 能准确判断车身结构类型，正确区分车身主要零部件及附件；
2. 能按照车身各附件拆装规范进行拆装各种附件；
3. 养成良好的职业素养，操作完毕要清洁工量具及操作场地。

学习内容

1. 汽车车身结构种类；
2. 汽车车身主要零部件；
3. 汽车车身主要附件；
4. 汽车车身主要附件的拆装。

建议课时

120 课时

学习任务1　汽车车身结构认知

学习过程

一、任务要求

(1)按规范名称找出车身零部件及附件。

(2)按规范步骤拆卸车身主要附件。

(3)按规范步骤安装和调整车身主要附件。

(4)熟练使用汽车附件拆装工具。

二、资料收集

1.汽车车身结构种类

汽车车身结构根据受力情况可分为三种:非承载式车身、半承载式车身和承载式车身。

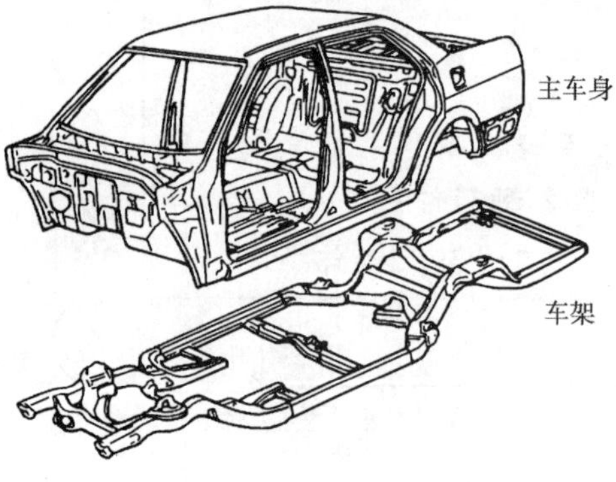

图2-1-1　非承载式车身

1)非承载式车身

非承载式车身指有车架的车身,车身实际上还分为车架和主车身(壳体)两部分。汽车的所有载荷,包括装载质量、驱动力、制动力以及来自不同方向的冲击、振动,几乎全部由车架来承受。非承载式车身如图2-1-1所示。

非承载式车身的车架主要有六种,分别是框架型车架、梯形车架、X形车架、脊梁式车架、平台式车架和空间桁架式车架。车架形状如图2-1-2所示。

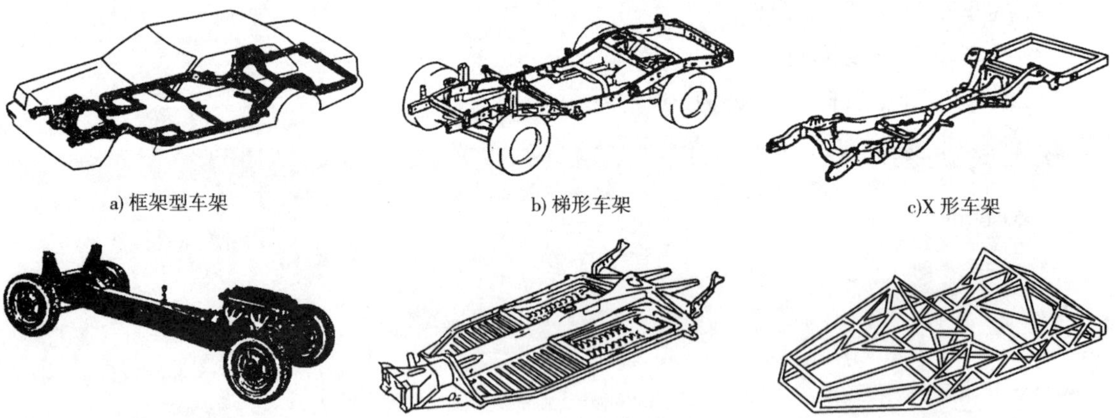

a)框架型车架　b)梯形车架　c)X形车架

d)脊梁式车架　e)平台式车架　f)空间桁架式车架

图2-1-2　车架类型

2)半承载式车身

半承载式车身指有部分车架的车身,汽车所承受的载荷,大概一半由车架来承受,一半由车身承受。如图2-1-3所示。

3)承载式车身

承载式车身是指没有车架的车身,车身上的各个结构件都是通过焊接连接起来的,形成一个刚性整体,也叫整体式车身。它在力学上是一种类似鸡蛋壳的“应力壳体结构”。汽车的所有载荷,包括装载质量、驱动力、制动力以及来自不同方向的冲击、振动全部由车身来承受。承载式车身如图2-1-4所示。

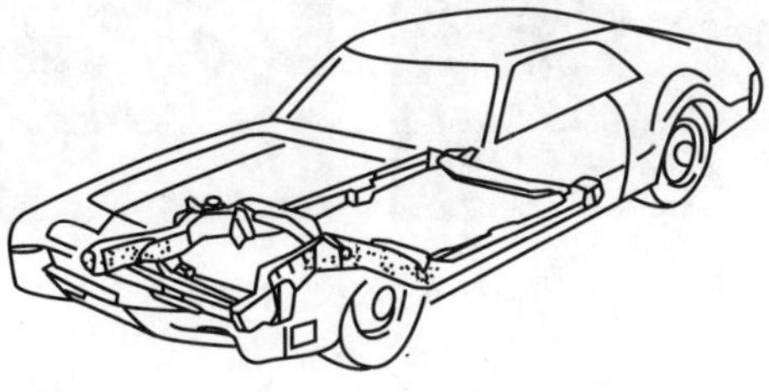

图2-1-3 半承载式车身

图2-1-4 承载式车身

(1)承载式车身与非承载式车身的区别:承载式车身与非承载式车身的结构特点、优缺点及应用车型见表2-1-1所示。

非承载式车身与承载式车身的区别　　表2-1-1

特点＼形式	承载式车身	非承载式车身
结构特点	各个结构件,如底板、骨架、内外蒙皮、车顶等都是通过焊接的方法连接起来,形成一个整体刚性框架	车身与车架主要利用螺栓通过弹簧、橡胶垫等减振材料挠性连接
优点	利用高强度钢板,使整车质量轻,制造成本低,油耗小;生产工艺性好,适合现代化大生产;结构紧凑,室内空间相应增大;整车重心降低,在平坦道路上行驶稳定性好;安全性好,刚性车身结构和吸能区的设计大提高了车室内乘员的安全	减振性能好,车架和车身之间的减振材料能吸收大部分振动和车架的扭转变形;安全性好,在汽车碰撞时,坚固的车架可确保车室内乘员的安全;可以细化支柱,加大风窗玻璃面积,改善视野;工艺简单,车架与车身分开制造,使整车装配有良好的工艺性,易于改装和修理
缺点	振动与噪声容易直接传到乘客室;车身修理时,不仅难度大,而且须使用专门设备和特定的检查与测量手段	整车质量增加,成本较高,油耗增大;车身高度提高,使上下车方便性受影响;生产制造需要有大型压床和较高的生产技术来保证精度
常用车型	中低档轿车和豪华客车	高级轿车,货车、客车和越野吉普车

(2)承载式汽车的吸能区:现代的汽车车身有意预留在车身前、后的“薄弱环节”,起着良好吸收冲击能量的作用,这些有意设计的“薄弱环节”叫吸能区或溃缩区,也叫压扁区。如图 2-1-5 所示为汽车在碰撞时,前部或后部通过变形吸收了碰撞能量,而保证了中部的安全。

汽车上的吸能结构通常有孔式结构、褶皱式结构、波纹管状结构等。如图 2-1-6 为波纹管状结构的溃缩区。

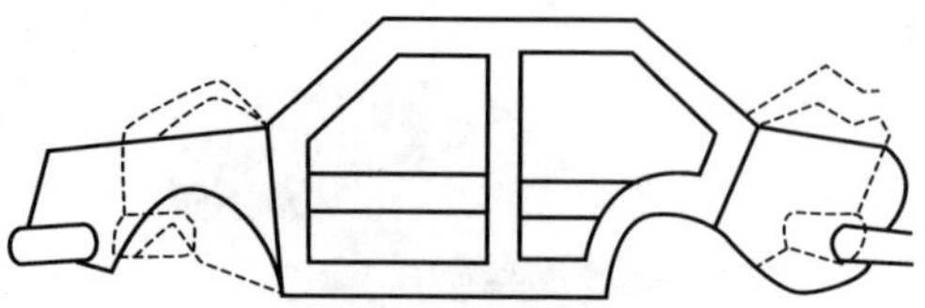

图 2-1-5　前后吸能区的吸能作用

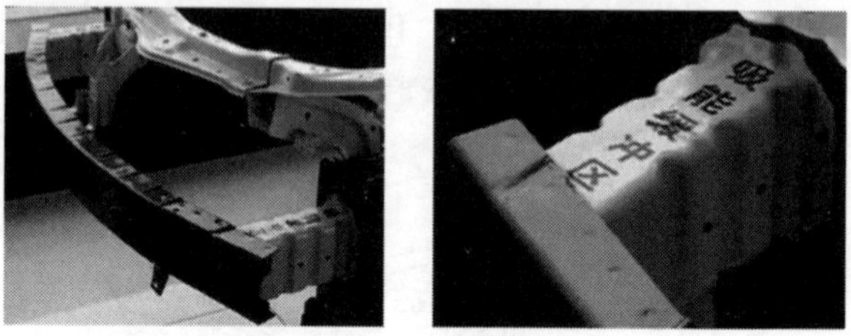

图 2-1-6　波纹管状吸能区

2. 汽车车身主要零部件

汽车车身上有两千多种零件,有二万多个零件。承载式车身主要零部件及其位置关系如图 2-1-7 所示。

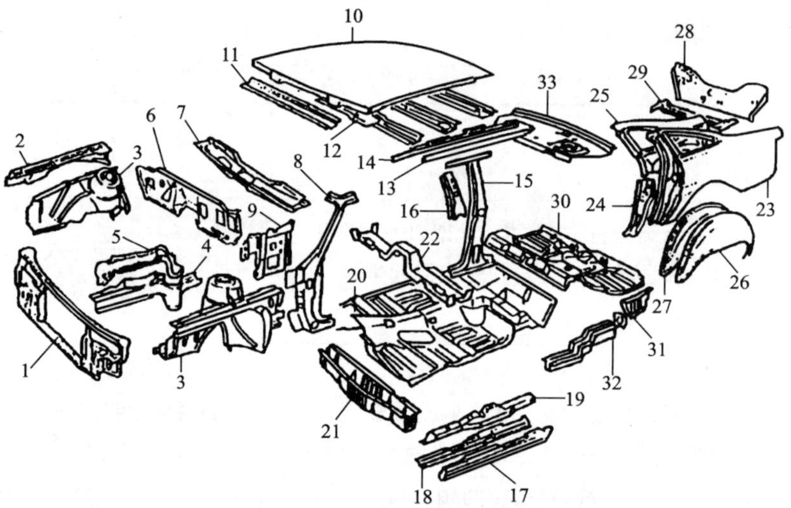

图 2-1-7　车身主要零部件

1-散热器支架;2-挡泥板上板;3-挡泥板;4-前纵梁;5-前纵梁加强板;6-前围板;7-前罩板;8-前立柱(A 柱)外板;9-前立柱内板;10-顶盖;11-前窗顶板;12-顶盖横梁;13-顶盖纵梁外板;14-顶盖纵梁内板;15-中柱(B 柱);16-中柱加强板;17-门槛外板;18-门槛内板;19-门槛加强板;20-前地板;21-前横梁;22-地板横梁;23-后翼子板;24-后立柱(C 柱);25-侧围内衬板;26-挡泥板外板;27-挡泥板内板;28-后围板;29-后横梁;30-后地板;31-地板构件 32-边梁;33-行李舱地板

3. 汽车车身附件

汽车车身附件分为外部附件和内部附件。

1)汽车车身外部附件

汽车车身外部附件主要有发动机盖、行李舱盖、车门、前后保险杠、前后翼子板、前后风窗玻璃、后视镜、车灯等。车身外部附件如图 2-1-8 所示。

图 2-1-8　车身外观组成

2）汽车车身内部附件

汽车内部附件主要包括转向盘、仪表板、座椅、安全带、顶棚、车门装饰件、地板装饰件、内壁装饰件、空调系统出风口、门锁、门铰链、玻璃升降器、各种密封件、风窗玻璃刮水器、风窗洗涤器、遮阳板、后视镜、拉手、点烟器、烟灰盒、收音机天线等各种附件、装饰件等。汽车内部附件如图 2-1-9 所示。

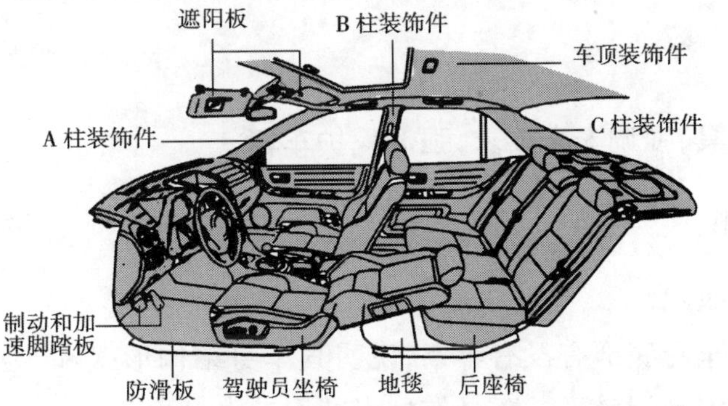

a) 乘客室内的附件

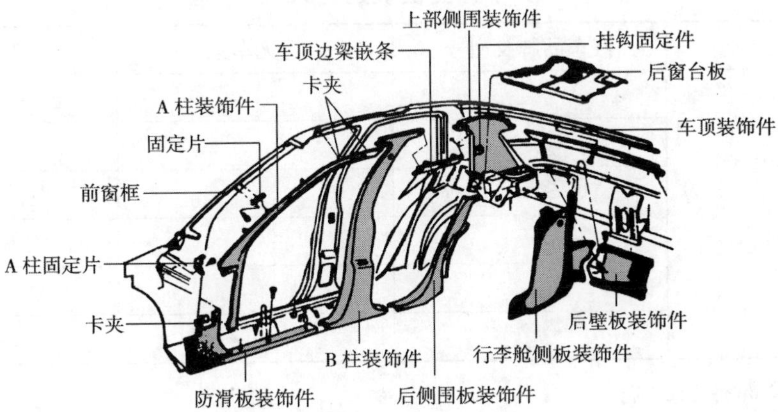

b) 乘客室内的装饰件

图　2-1-9

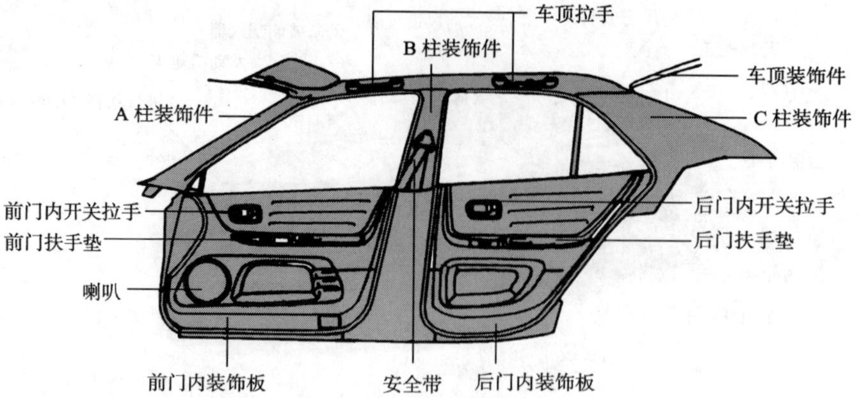

c) 车门立柱内附件及装饰件

图 2-1-9　车身内部附件

三、任务准备

1. 工位准备

清洁实习工位和场地、实习用车辆，检查并排除安全隐患；准备记录表、讲义夹、笔等。

2. 安全检查

检查所用工具，强调安全要求，强调爱护车辆。

四、任务实施

1. 车身类型识别

观察汽车或车身底部有没有车架，说明其车身结构形式和车身结构件的连接方式。并填写车身类型识别记录表。车身类型识别记录表见表 2-1-2。

车身类型识别记录表　　表 2-1-2

学 生 姓 名	汽车品牌及型号	有无车架	车身类型

2. 车身零部件的识别

对承载式车身或非承载式车身具体指出各个零部件名称，并填写车身主要零部件识别记录表。车身主要零部件识别记录表见表 2-1-3。

车身主要零部件识别记录表　　表2-1-3

学生姓名	车身结构	车身连接方式	车身受力特点	车身零部件名称及所在车身位置

3. 车身附件的识别

(1)学生自行识别车身内外主要附件。

(2)学生互评对车身附件识别情况。

(3)教师抽查学生对车身附件识别情况。

五、任务评价

1. 自我评价

(1)通过本学习任务的学习,你是否已经清楚以下问题:

①按车身受力情况分车身有哪些种类? ____

____

____。

②车身主要零部件有哪些? ____

____

____。

③车身主要外部附件有哪些? ____

____

____。

④车身主要内部附件有哪些? ____

____

____。

⑤汽车乘用车有什么类型? ____

____

____。

⑥按照汽车驱动形式汽车分哪些类型? ____

____

____。

⑦什么叫A、B、C、D级汽车？____

____

____。

⑧比较承载式车身与非承载式车身，在结构上、优缺点上、常用车型上有何不同？____

____

____。

⑨什么叫吸能区？吸能区有何作用？____________________________________

____

____。

⑩________是整体式车身前车身的部件。

A. 门槛板　　B. 前纵梁　　C. 中立柱

⑪在整体式车身发动机舱部位，________没有吸能区设计。

A. 纵梁　　B. 横梁　　C. 挡泥板

(2)实训工具设备及其他用品使用情况。

评价：____

____

____。

(3)实训过程完成情况。

评价：____

____

____。

(4)工作着装是否规范？

评价：____

____

____。

(5)在实训中你是否意识到安全防护的问题并提醒其他同学注意？是否出现了不规范的情况？是如何处理的？

评价：____

____

____。

(6)7S管理。能否积极主动参与工作现场的清洁和整理工作？

评价：____

____

____。

(7)在完成本学习任务的过程中，你是否主动帮助过其他同学？并和其他同学探讨操作过程中出现的有关问题？具体问题是什么？结果是什么？

评价：____

____。

(8)通过本学习任务的学习，你认为哪些方面还有待进一步改善？

评价：____

____。

(9)在进行本学习任务的学习过程中，你是从本教材的“资料收集”中收集还是从其他方面进行收集与操作相关的内容？有何收获？

评价：____

____。

(10)在本学习任务中你遇到的困难是什么？如何解决的？

评价：____

____。

签名：____________　　　　　　　　________年____月____日

2. 小组评价

小组评价见表2-1-4。

小组评价　　表2-1-4

序　号	评价项目	评价情况
1	学习态度是否积极主动	
2	是否服从教学安排	
3	是否达到全勤	
4	着装是否符合要求	
5	是否合理规范的使用仪器和工具、设备	
6	是否按照安全和规范的规程操作	
7	是否遵守学习、实训场地的规章制度	
8	是否积极主动地和他人合作、探讨问题	
9	是否能保持学习、实训场地整洁	
10	团结协作情况	

参与评价的同学签名：____________　　　　________年____月____日

3. 教师评价

____

____。

六、学习拓展

汽车的分类

1. 按国标分类

根据 GB/T 3730.1—2001 标准，汽车划分为乘用车和商用车两大类。私人作为代步工具的车辆称为乘用车，公务及商业经营的运输车辆称为商用车。

1）乘用车

其设计和技术特性上主要用于载运乘客及其随身行李或临时物品的汽车，包括驾驶员座位在内最多不超过 9 个座位，它也可以牵引一辆挂车。乘用车按照车身、车顶、座位、车门、车窗结构或数量的不同，分为以下 11 类，见表 2-1-5。

乘用车分类及特点 表 2-1-5

类　型	类 型 特 点
（1）普通乘用车 	车身为封闭式，侧窗中柱有或无。车顶（顶盖）为固定式，硬顶。有的顶盖一部分可以开启。座位 4 个或 4 个以上，至少两排。后座椅可折叠或移动，以形成装载空间。车门为 2 个或 4 个侧门，可有一后开启门
（2）活顶乘用车 	车身为具有固定侧围框架的可开启式。车顶（顶盖）为硬顶或软顶，至少有两个位置是封闭、开启或拆除。可开启式车身可以通过使用一个或数个硬顶部件和/或合拢软顶将开启的车身关闭；座位 4 个或 4 个以上，至少两排；车门有 2 个或 4 个侧门，车窗有 4 个或 4 个以上侧窗
（3）高级乘用车 	车身为封闭式，前后座之间可以设有隔板。车顶（顶盖）固定式，硬顶。有的顶盖一部分可以开启。座位 4 个或 4 个以上，至少两排。后排座椅前可安装折叠式座椅。车门 4 个或 6 个侧门，也可有一个后开启门。车窗 6 个或 6 个以上侧窗
（4）小型乘用车 	车身为封闭式，通常后部空间较小。车顶（顶盖）固定式，硬顶。有的顶盖一部分可以开启。座位有 2 个或 2 个以上，至少一排。车门有 2 个侧门，也可有一个后开启门。车窗有 2 个或 2 个以上侧窗

续上表

类　型	类 型 特 点
(5)敞篷车 	车身为可开启式。车顶(顶盖)可为软顶和硬顶,至少有两个位置:第一个位置遮覆车身,第二个位置车顶卷收或可拆除;座位有2个或2个以上,至少一排,车门有2个或2个以上侧窗
(6)仓背乘用车 	车身为封闭式,侧窗中柱可有可无。车顶(顶盖)固定式,硬顶。有的顶盖一部分可以开启;座位有4个或4个以上,至少两排;后座椅可折叠或移动,以形成装载空间;车门有2个或4个侧门,车身后部有一仓门
(7)旅行车 	车身为封闭式,车尾外形按可提供较大的内部空间设计;车顶(顶盖)固定式,硬顶;有的顶盖一部分可以开启;座位有4个或4个以上,至少两排;座椅的一排或多排可拆除,或装有向前翻倒的座椅靠背,以提供装载平台;车门有2个或4个侧门,并有一后开启门;车窗有4个或4个以上侧窗
(8)多用途乘用车 	上述7种车辆以外的,只有单一车室载运乘客及其行李或物品的乘用车。但是,如果这种车辆同时具有下列两个条件,则不属于乘用车而属于货车:一是除驾驶员以外的座位数不超过6个,只要车辆具有可使用的座椅安装点,就应算座位存在;二是 $P-(M+N\times68)>N\times68$,式中:$P$—最大设计总质量;$M$—整车整备质量与1位驾驶员质量之和;$N$—除驾驶员以外的座位于数
(9)短头乘用车 	一种乘用车,它一半以上的发动机长度位于车辆前风窗玻璃最前点以后,并且转向盘的中心位于车辆总长的前四分之一部分内

续上表

类　　型	类　型　特　点
(10)越野乘用车 	在其设计上所有车轮同时驱动(包括一个驱动轴可以脱开的车辆),或其几何特性(接近角、离去角、纵向通过角、最小离地间隙)、技术特性(驱动轴数、差速锁止机构或其他形式机构)和它的性能(爬坡度)允许在非道路上行驶的一种乘用车
(11)专用乘用车 	运载乘员或物品并完成特定功能的乘用车,它具备完全特定功能所需的特殊车和/或装备。例如:旅居车、防弹车、救护车等

2)商用车辆

商用车辆在设计和技术特点上主要用于运送人员及货物,并可以牵引挂车。商用车辆分类见表 2-1-6。

商用车辆分类　　表 2-1-6

类　　型	举　　例
(1)客车	小型客车、城市客车、长途客车、旅游客车、铰接客车、无轨电车、越野客车、专用客车等
(2)半挂牵车	栏板式半挂牵车、平板式半挂牵车、低板式半挂牵车、厢式半挂牵车、集装箱半挂牵车
(3)货车	普通货车、多用途货车、全挂牵引车、越野货车、专用作业车、专用货车等

2. 按动力装置形式分类

根据动力装置形式分类,汽车可以分为四类,具体见表 2-1-7。

按动力装置形式汽车分类类型　　表 2-1-7

类　　型	汽　　车　　特　　点
(1)活塞式内燃机汽车	根据其使用燃料不同,通常分为汽油车和柴油车。目前还开发了各种代用燃料,如:压缩天然气(CNG)、液化石油气(LPG)、合成液体石油、醇类等
(2)电动汽车	指以电动机为驱动机械的车辆,其供能装置有化学蓄电池、太阳能电池或其他形式的电器
(3)燃气轮机汽车	与活塞式内燃机相比,燃气轮机功率大、质量小、转矩特性好,耐燃油无严格的限制,但耗油量、噪声和制造成本均较高
(4)喷气式汽车	这是依靠航空发动机或火箭发动机及特殊燃料,并以喷气反作用力驱动的轮式汽车

3. 按汽车驱动形式分类

按照汽车驱动形式分类，汽车有八个类型，具体见表2-1-8所示。

按照汽车驱动形式汽车分类类型 表2-1-8

分类及名称	符号	汽车特点
(1)四轮驱动	4WD	可选择以两轮或四轮驱动，驾驶员可以自行通过选择加力箱挡位的高低速设定，即手动控制切换驱动形式
(2)全轮驱动	AWD	与4WD作用几乎一样，但比4WD少了低比率的传动装置，不能人为选择
(3)前轮驱动	FWD	Front-wheel drive，只有前两个前驱动轮
(4)后轮驱动	RWD	Rear-wheel drive，只有后两个后驱动轮
(5)前置后驱	FR	发动机前置，后轮驱动
(6)前置前驱	FF	发动机前置，前轮驱动，一般汽车均使用此方式
(7)后置后驱	RR	发动机后置，后轮驱动，顶级跑车使用此方式
(8)中置后驱	MR	发动机中置，后轮驱动，水平对置发动机会使用

4. 按照轿车级别分类

在GB/T 3730.1—2001标准中取消了“轿车”的名称，但考虑到衔接，标准允许将乘用车中的1～6项(即普通乘用车～仓背乘用车)仍可按通俗叫法称之为“轿车”。轿车的分级方法源自德国大众，大众在开始推广它的平台战略的时候，将车型平台按照大小来定位，制定了一套参考数值，分成A00级、A0级、A级、B级、C级、D级六个级别，具体分级的参数和举例见表2-1-9所示。

按照轿车级别分类 表2-1-9

级别 \ 参数		轴距(m)	车长(m)	发动机排量(L)	装备质量(kg)	车型	
						车型举例	车型特点
A级	A00级	2.00～2.20	3.30～3.70	0.6～1.1	680	SPARK、奇瑞QQ、长安奥拓、福来尔	微型车(两厢车)
	A0级	2.30～2.45	3.70～4.00	1.1～1.6	680～800	POLO、飞度、派力奥、嘉年华、赛欧、威驰	小型车
	A级	2.45～2.65	4.00～4.20	1.6～2.0	800～970	速腾、花冠、凯越、福克斯、宝来、标致307	紧凑型车(经济型车)

续上表

参数 级别	轴距 (m)	车长 (m)	发动机排量 (L)	装备质量 (kg)	车型	
					车型举例	车型特点
B级	2.60~2.75	4.20~4.45	1.8~2.4	970~1150	奥迪A4、雅阁、宝马3、蒙迪欧、凯美瑞、天籁	中级车
C级	2.70~2.80	4.45~4.80	2.4~3.0	1150~1380	奥迪A6L、宝马5、奔驰C、皇冠、沃尔沃S80L	行政级或准豪华型车
D级	2.80以上	大于4.80	大于3.0	大于1380	奥迪A8、奔驰E、宝马7、雷克萨斯LS、赛威SLS	豪华型车

德国大众的这种轿车分级标准，虽然在国际上通行，但它并不是权威的标准。各国在使用这分级标准时，汽车的长度和排量等也没有严格区分，在我国和欧洲、日本、美国这些数字还有差异。

在我国主要是通过车长和排量这两个基本的数据来区分轿车的等级，车长越小车型越紧凑，排量越小动力越小，级别也越低；车长越长的车越豪华，底盘越稳，排量越大，动力越大，级别也越高。如A级车长度小于4.6m，排量低于2.0L；B级车长度为4.6~4.9m，排量2.0到3.0L或3.5L；C级车通常超过5m，排量3.0L以上。

学习任务2　前保险杠的拆装与调整

学习过程

一、任务要求

(1)按正确操作方法拆装保险杠及规范放置。

(2)安装后符合技术要求。

二、资料收集

1. 保险杠的作用及特点

前保险杠是由塑料制作而成的一种装饰部件，既起到美观的作用，同时也能起到吸收车身冲击力的作用。塑料保险杠之所以替代了金属保险杠，是因为它有质地轻、耐磨、防腐、减少噪声等特点。

2. 保险杠的种类

保险杠主要有普通型保险杠和能量吸收型保险杠两种。能量吸收式保险杠具有吸收冲击能量的功能，靠车身一侧为钢制保险杠支架，将合成泡沫塑料或多孔橡胶等填充于防护板(钢支架)与面罩之间，当汽车受到较为轻度冲击时，依靠填充材料受冲击、压迫时的瞬间变形，直接吸收冲击能量。如图 2-2-1 所示。

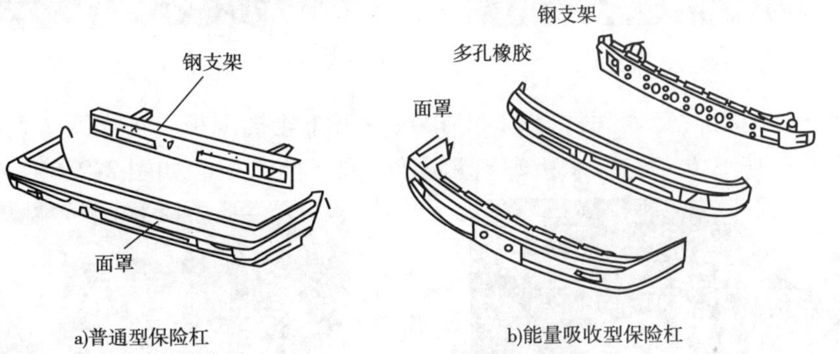

图 2-2-1　汽车保险杠

三、任务准备

保险杠的拆装，要注意不同车型有不同的安装位置，如：桑塔纳的前保险杠安装位置在发动机左右侧的悬挂支架上，拆装前，要拆下电瓶才能看得见左侧的安装螺钉，两侧的固定是直接插入至前翼子板侧面的卡扣上面，然后加固螺钉；奔驰汽车前保险杠固定螺钉在中网的下方和前保险杠通风叶内，两侧是直接插入，无需安装固定螺钉。所以拆装车身结构部件需要我们对更多的车进行不断地了解，才能做得更好。下面以某一车型介绍前保险杠的拆装和调整。

1. 工具准备

准备工具和用品：叉形撬具、10mm 丁字形套筒扳手、套装套筒扳手、三角木和工作车等。如图 2-2-2 所示。

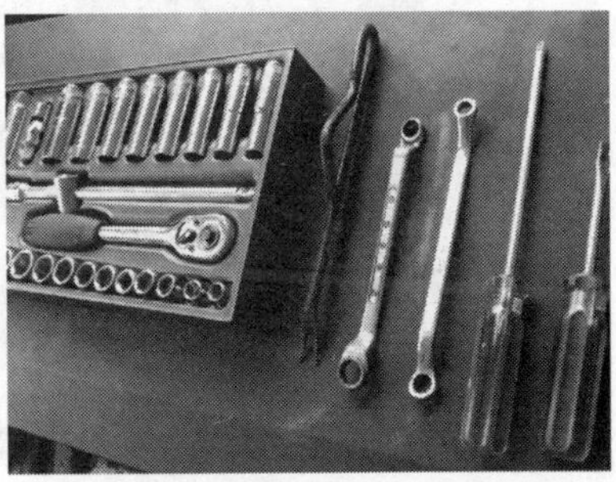

图 2-2-2　拆装工具

2. 安全检查

检查工具有无破损，工位周围有无物品需要清理，有问题必须先行处理。

四、任务实施

(1)将汽车挡位调到驻车挡，拉上驻车制动器，垫上三角木在前后轮下方。

(2)打开发动机盖，拆下中网塑料紧固件，取下中网，将中网放在安全位置。如图 2-2-3 所示。

(3)拆下车前照灯固定螺钉，小心拿下前照灯，放在工作台上。如图 2-2-4 所示。

图 2-2-3　拆中网

图 2-2-4　拆大灯

(4)拆下挡泥板衬套紧固件(塑料卡扣),取下车轮挡泥板。如图 2-2-5 所示。

(5)拆下车身下方左右挡水板塑料紧固件,取下挡水板。如图 2-2-6 所示。

图 2-2-5　拆挡泥板衬套

图 2-2-6　拆挡水板

(6)拆下前保险杠尾部与前翼子板连接的自攻螺钉。如图 2-2-7 所示。

(7)拆下前保险杠上方中部三个塑料紧固件(卡扣)和左右前照灯下方的塑料紧固件。如图 2-2-8 所示。

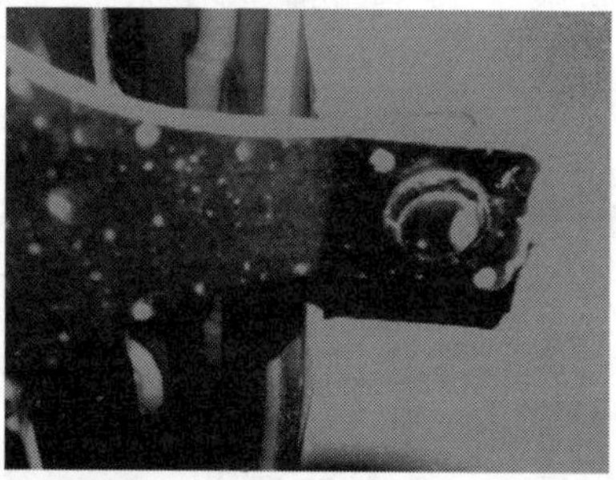

图 2-2-7　拆前保险杠与前翼子板连接

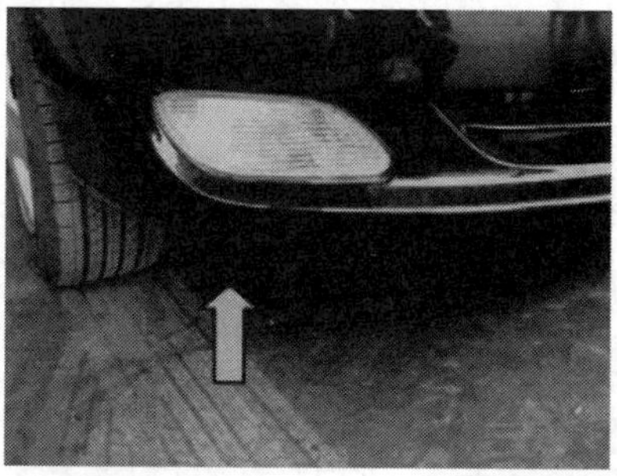

图 2-2-8　拆左右大灯下方紧固件

(8)拆下前保险杠下方与内支架间的紧固件,取下前保险杠,拿出前保险杠内的泡沫垫块,并拆出前防雾灯,然后尾部向下的放在台架上面。

(9)拆下前保险杠支架与悬架支架之间左右的各两个固定螺栓,取下支架,放在货架上面。

(10)清洁保险杠和车身相关位置。

(11)安装顺序按拆卸过程反之;安装过程注意调整保险杠与车身相关附件和钣件

的间隙。

(12)清理工作场地和工具,要保持车间和汽车的整洁。

五、任务评价

1. 自我评价

(1)通过本学习任务的学习,你是否已经清楚以下问题:

①前保险杠有何作用?其总成包括什么?____

____。

②前保险杠的固定位置在哪里?固定方式有哪些?______________________________

____。

③保险杠的连接件有什么,用什么材料?____________________________________

____。

④简述前保险杠的拆装过程。____

____。

⑤保险杠的拆装要注意什么?____

____。

(2)实训工具设备及其他用品使用情况。

评价:____

____。

(3)实训过程完成情况。

评价:____

____。

(4)工作着装是否规范?

评价:____

____。

(5)在实训中你是否意识到安全防护的问题并提醒其他同学注意?是否出现了不规范的情况?是如何处理的?

评价:____

____

____。

(6)7S 管理。能否积极主动参与工作现场的清洁和整理工作?

评价:____

____

____。

(7)在完成本学习任务的过程中,你是否主动帮助过其他同学?并和其他同学探讨操作过程中出现的有关问题?具体问题是什么?结果是什么?

评价:____

____

____。

(8)通过本学习任务的学习,你认为哪些方面还有待进一步改善?

评价:____

____

____。

(9)在进行本学习任务的学习过程中,你是从本教材的"资料收集"中收集还是从其他方面进行收集与操作相关的内容?有何收获?

评价:____

____

____。

(10)在本学习任务中你遇到的困难是什么?如何解决的?

评价:____

____

____。

签名:____________　　　　　　　　________年____月____日

2. 小组评价

小组评价见表 2-2-1。

小组评价　　　　表 2-2-1

序号	评价项目	评价情况
1	学习态度是否积极主动	
2	是否服从教学安排	
3	是否达到全勤	
4	着装是否符合要求	
5	是否合理规范的使用仪器和工具、设备	
6	是否按照安全和规范的规程操作	

续上表

序　号	评　价　项　目	评价情况
7	是否遵守学习、实训场地的规章制度	
8	是否积极主动地和他人合作、探讨问题	
9	是否能保持学习、实训场地整洁	
10	团结协作情况	

参与评价的同学签名：＿＿＿＿＿＿＿＿　　＿＿＿＿年＿＿月＿＿日

3. 教师评价

＿＿。

六、学习拓展

汽车保险杠的发展

二十年前，轿车前后保险杠是以金属材料为主，用厚度为3mm以上的钢板冲压成U型槽钢，表面镀铬，与车架纵梁铆接或焊接在一起，与车身有一段较大的间隙，好像是一件附加上去的部件。今天的轿车前后保险杠除了保持原有的保护功能外，还要追求本身的轻量化，讲究与车体造型的和谐与统一，目前轿车的前后保险杠采用了塑料，人们称为塑料保险杠；许多塑料保险杠没有了边角之间的连接件，形成了整体式保险杠。前保险杠是由合成树脂为基础的一种热塑性塑料加工成形的，常用的有聚乙烯、聚氯乙烯、聚四氟乙烯、聚苯乙烯、聚丙烯、聚苯醛等。

塑料保险杠是由外板、缓冲材料和横梁等三部分组成。其中外板和缓冲材料用塑料制成，横梁用厚度为1.5mm左右的冷轧薄板冲压而成U型槽；外板和缓冲材料附着在横梁上，横梁与车架纵梁螺栓连接，可以随时拆卸下来。

塑料保险杠具有较好的强度、刚性和装饰性，从安全上看，汽车发生碰撞事故时能起到缓冲作用，保护前后车体；从外观上看，可以很自然地与车体结合在一块，浑然成一体，具有很好的装饰性，成为装饰轿车外形的重要部件。塑料保险杠使用的塑料，大体上使用聚酯系和聚丙烯系两种材料，采用注射成型法制成；国外还有一种称为聚碳酯系的塑料，渗进合金成分，加工出来的保险杠具有高强度的刚性，可以焊接。

学习任务3　后保险杠的拆装与调整

学习过程

一、任务要求

(1)安装部件间的间隙保持一致。

(2)安装完毕要目测左右部件是否对称和水平。

二、资料收集

后保险杠的结构、性能及特点等与前保险杠基本相同。后保险杠位置如图 2-3-1 所示。

图 2-3-1　后保险杠位置

三、任务准备

1. 工具及用品准备

叉形撬具、套装套筒扳手、十字螺丝刀、三角木和工作车等。

2. 安全检查

检查工位有无妨碍操作的物品，检查所使用工具是否可用，保证操作安全。

四、任务实施

(1)将汽车挡位调到驻车挡，拉上驻车制动器，垫上三角木在前后轮下方。

(2)打开行李舱盖，拆下行李舱密封条，拿出行李舱底部隔板。

(3)拆下行李舱锁装饰盖紧固件，取下装饰盖。如图 2-3-2 所示。

(4)拆下行李舱左右内装饰板紧固件，取下内饰件。如图 2-3-3 所示。

图 2-3-2　拆行李舱装饰板

图 2-3-3　拆下行李舱内饰件

(5)拆下尾部饰板紧固件，取下尾部饰板。如图 2-3-4 所示。

(6)拆下尾灯，将尾灯放在工具车或安全的地方。如图 2-3-5 所示。

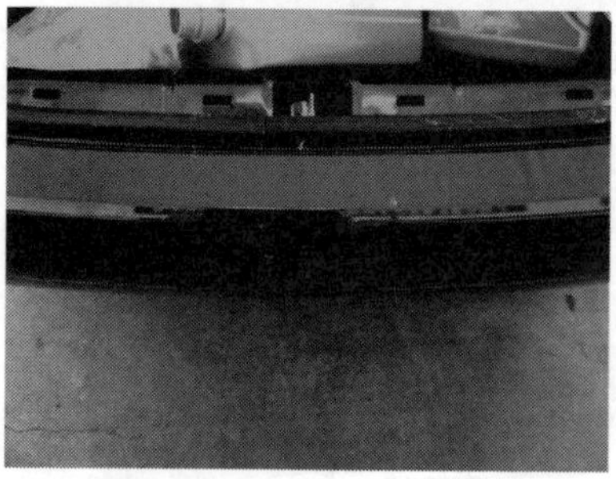

图 2-3-4　拆尾部饰板

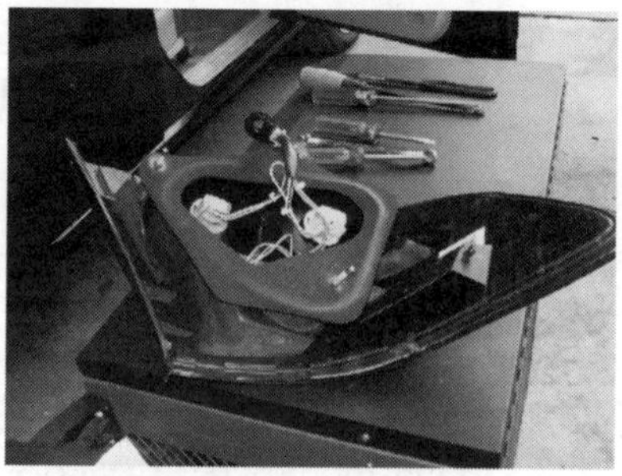

图 2-3-5　拆尾灯

(7)拆下后保险杠与后翼子板相连接的螺栓。如图2-3-6所示。

(8)拆下后保险杠左右固定螺钉,拿出后保险杠,放在工作车上或货架上面。

(9)清洁保险杠和车身相关位置。

(10)安装顺序按拆卸过程反之;安装过程注意调整保险杠与车身相关附件和钣件的间隙。

(11)清理工作场地和工具,要保持车间和汽车的整洁。

图2-3-6 拆后保险杠与后翼子板的连接螺栓

五、任务评价

1. 自我评价

(1)通过本学习任务的学习,你是否已经清楚以下问题:

①后保险杠有何作用?其总成包括什么?____。

②后保险杠的固定位置在哪里?固定方式有哪些?____。

③后保险杠的拆装要注意什么?____。

④保险杠常用什么塑料?____。

(2)实训工具设备及其他用品使用情况。

评价:____。

(3)实训过程完成情况。

评价:____。

(4)工作着装是否规范?

评价:____。

(5)在实训中你是否意识到安全防护的问题并提醒其他同学注意？是否出现了不规范的情况？是如何处理的？

评价：____

____

____。

(6)7S 管理。能否积极主动参与工作现场的清洁和整理工作？

评价：____

____

____。

(7)在完成本学习任务的过程中，你是否主动帮助过其他同学？并和其他同学探讨操作过程中出现的有关问题？具体问题是什么？结果是什么？

评价：____

____

____。

(8)通过本学习任务的学习，你认为哪些方面还有待进一步改善？

评价：____

____

____。

(9)在进行本学习任务的学习过程中，你是从本教材的“资料收集”中收集还是从其他方面进行收集与操作相关的内容？有何收获？

评价：____

____

____。

(10)在本学习任务中你遇到的困难是什么？如何解决的？

评价：____

____

____。

签名：____________　　　　　　　　________年____月____日

2. 小组评价

小组评价见表 2-3-1。

小　组　评　价　　　　表 2-3-1

序　号	评　价　项　目	评 价 情 况
1	学习态度是否积极主动	
2	是否服从教学安排	
3	是否达到全勤	

续上表

序　号	评　价　项　目	评价情况
4	着装是否符合要求	
5	是否合理规范的使用仪器和工具、设备	
6	是否按照安全和规范的规程操作	
7	是否遵守学习、实训场地的规章制度	
8	是否积极主动地和他人合作、探讨问题	
9	是否能保持学习、实训场地整洁	
10	团结协作情况	

参与评价的同学签名：______________　　　　　　________年____月____日

3. 教师评价

____

____。

六、学习拓展

后保险杠的拆装各有不同，原因是根据汽车生产厂家的设计风格而出现不同的安装方式。如：丰田车后保险杠的固定螺钉在车身的后纵梁的下方安装，而比亚迪则是在车身的尾部安装固定螺钉，桑塔纳车后杠安装螺钉则在后纵梁的内侧安装，但绝大部分汽车后保险杠，一般是在后纵梁的下方固定。

学习任务4　发动机盖的拆装与调整

学习过程

一、任务要求

(1)拆装工具使用合理。

(2)拆装工件安全规范放置。

(3)拆装过程部件无损伤。

(4)安装部件间的间隙要与左右前翼子板对称和同一水平。

二、资料收集

1. 发动机盖的作用

发动机盖是一块装饰件，能保护发动机及零部件不被污染和腐蚀。

2. 发动机盖的特点及性能

发动机盖是由金属板材压制而成的一个汽车车身部件，面积大，有一定的修复难度。

3. 发动机盖结构

发动机盖结构及相关附件,如图 2-4-1 所示。

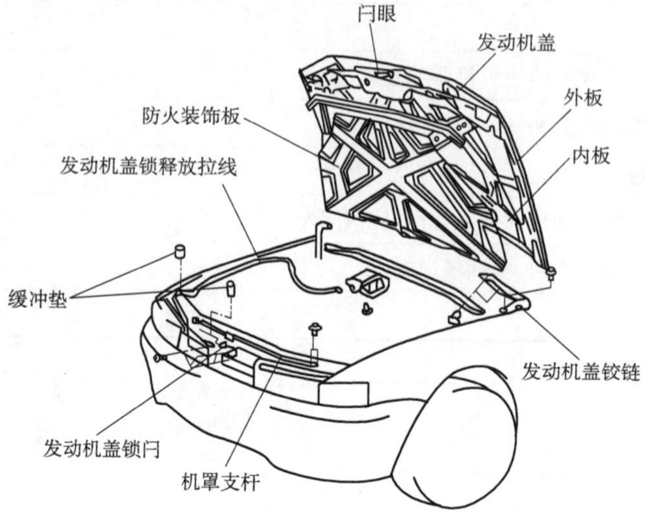

图 2-4-1　发动机盖结构

三、任务准备

1. 工具准备

叉形撬具、套装套筒扳手、十字螺丝刀、三角木、工作车、拆装部件放置平台、垫装物等。

2. 安全检查

检查工具是否完好及车辆周边环境,清理杂物,保证操作及车辆安全。

四、任务实施

(1)将汽车挡位调到驻车挡,拉上驻车制动器,垫上三角木在前后轮下方。

(2)打开发动机盖,用支架杆撑起发动机盖,如图 2-4-2 所示。

(3)用保护布护住左右前翼子板表面,以防损伤,如图 2-4-3 所示。

图 2-4-2　用支架杆撑起发动机盖

图 2-4-3　用保护布保护

(4)拆下发动机盖上喷水嘴胶管和喷水嘴,如图 2-4-4 所示。

(5)由两人左右站立,用靠近发动机盖底部的一只手托住发动机盖的底角,用快速套筒或梅花扳手拆下发动机盖铰链螺栓,如图 2-4-5 所示。

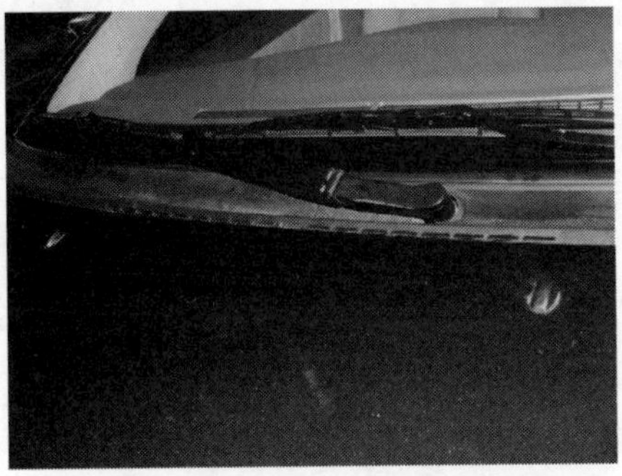

图 2-4-4 拆喷水管和喷水嘴

图 2-4-5 拆发动机盖铰链螺栓

(6)将发动机盖放置在安全的位置,底角处放上纸板或木板,以防底角损伤。

(7)清洁发动机盖和车身相关位置。

(8)安装顺序按拆卸过程反之。

(9)调整发动机盖与周边钣件和附件的配合;调整发动机盖锁,要求开、关顺畅。

(10)清理工作场地和工具,要保持车间和汽车的整洁。

五、任务评价

1. 自我评价

(1)通过本学习任务的学习,你是否已经清楚以下问题:

①发动机盖结构如何?____

____。

②拆卸发动机盖基本步骤有哪些?________________________________

____。

③简述安装发动机盖基本步骤。__________________________________

____。

④拆装发动机盖有哪些注意事项?________________________________

____。

⑤安装发动机盖时要调整配合的附件及钣件有哪些?调整的目标是什么?如何调整?____

____

____。

⑥如何调整,才能保证发动机盖的打开和关闭都顺畅？______________________

____

____。

(2)实训工具设备及其他用品使用情况。

评价:____

____

____。

(3)实训过程完成情况。

评价:____

____

____。

(4)工作着装是否规范?

评价:____

____

____。

(5)在实训中你是否意识到安全防护的问题并提醒其他同学注意？是否出现了不规范的情况？是如何处理的?

评价:____

____

____。

(6)7S 管理。能否积极主动参与工作现场的清洁和整理工作?

评价:____

____

____。

(7)在完成本学习任务的过程中,你是否主动帮助过其他同学？并和其他同学探讨操作过程中出现的有关问题？具体问题是什么？结果是什么?

评价:____

____

____。

(8)通过本学习任务的学习,你认为哪些方面还有待进一步改善?

评价:____

____

____。

(9)在进行本学习任务的学习过程中,你是从本教材的“资料收集”中收集还是从其他方面进行收集与操作相关的内容？有何收获?

评价：____

____。

(10)在本学习任务中你遇到的困难是什么？如何解决的？

评价：____

____。

签名：____________　　　　　　　　　　________年____月____日

2. 小组评价

小组评价见表2-4-1。

小　组　评　价　　　　表2-4-1

序　号	评　价　项　目	评 价 情 况
1	学习态度是否积极主动	
2	是否服从教学安排	
3	是否达到全勤	
4	着装是否符合要求	
5	是否合理规范的使用仪器和工具、设备	
6	是否按照安全和规范的规程操作	
7	是否遵守学习、实训场地的规章制度	
8	是否积极主动地和他人合作、探讨问题	
9	是否能保持学习、实训场地整洁	
10	团结协作情况	

参与评价的同学签名：____________　　　　________年____月____日

3. 教师评价

____

____。

六、学习拓展

无论哪种汽车，发动机盖的拆装基本相同，但也有少数车辆的拆装方法有所不同，比如奔驰车，它的拆装就要事先准备好胶线来系住喷水嘴的尾部，因为奔驰车的喷水嘴胶管走线不在表面，而是在尾部的室内，所以胶线的尾部要系牢在发动机盖的铰链孔上面，以防拉出。胶线长度要宽于发动机盖约500mm，然后才能拉出喷水嘴胶管。

学习任务5　汽车前照灯的拆装与调整

学习过程

一、任务要求

(1)拆装过程部件无损伤。

(2)安装完毕要目测左右车灯是否对称。

二、资料收集

1. 汽车车灯的作用

汽车车灯主要是为了给汽车外部提供照明及信号的作用,汽车灯具体分为夜行灯、信号灯、雾灯、夜行照明灯等。

1)夜行示宽灯

夜行示宽灯也称"小灯",用来在夜间显示车身宽度和长度,可以减少汽车发生碰撞。

2)信号灯

信号灯包括转向灯(双闪灯)和制动灯,在行驶过程中主要向尾随车辆指示自己车辆行驶状态。

(1)转向灯:转向灯是在车辆转向时开启,断续闪亮,以提示前后左右的车辆和行人注意。

(2)制动灯:制动灯灯亮度较强,用来告知后车,前车要减速或停车,此灯如使用不当极易造成追尾事故。

3)雾灯

雾灯可以帮助驾驶员在雾天驾驶时提高能见度,并能保证使对面来车及时发现,以采取措施,安全会车。

4)夜行照明灯

夜行照明灯,也称"大灯"。前照灯对于全车灯来说是"心脏"部位,在汽车夜行中,给予司机足够的光线,保证行驶安全。

2. 汽车车灯的材料

汽车车灯的透镜是由有机玻璃或无机玻璃加工成形的,前照灯一般用 PC 材料,而雾灯用玻璃较多;汽车车灯用配光的反射面板,前照灯一般用 BMC 经表面真空镀铝处理,雾灯一般用铝合金。

三、任务准备

1. 工具准备

准备工具:螺丝刀、开口扳手、套装套筒扳手、三角木、工作车等。

2. 安全检查

检查汽车周围，保证在操作时有足够空间。

图2-5-1　打开发动机盖

四、任务实施

(1)将挡位调到驻车挡，拉上驻车制动器，垫上三角木在前后轮下方。

(2)打开发动机盖，如图2-5-1所示。

(3)拆下汽车前照灯左右两边固定螺钉，如图2-5-2所示。

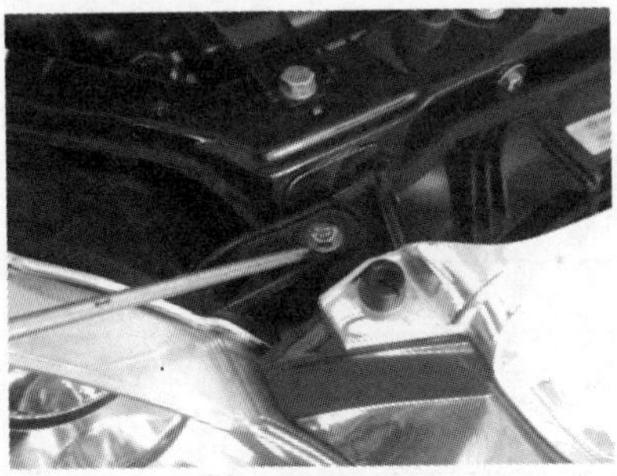

图2-5-2　拆下汽车大灯左右两边固定螺钉

(4)小心拿下前照灯，放在工作台上。

(5)清洁车灯和安装位置。

(6)安装。安装步骤与拆卸步骤相反。

(7)调整车灯的高低、左右位置，保证符合配合要求及照明要求。如图2-5-3所示。

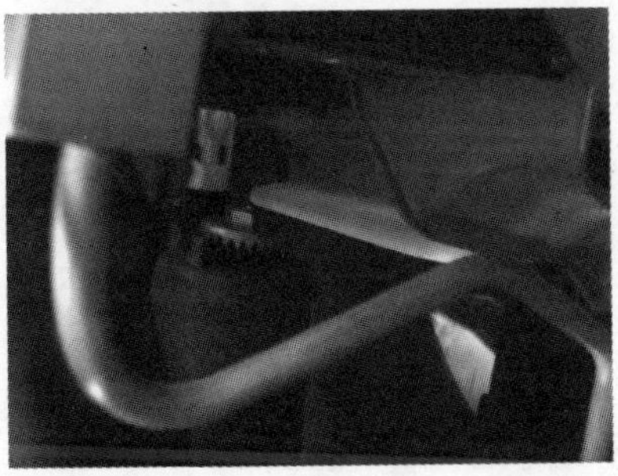

图2-5-3　调整车灯位置

(8)清理工作场地和工具。

五、任务评价

1. 自我评价

(1)通过本学习任务的学习，你是否已经清楚以下问题：

①汽车灯的作用有哪些？____

____。

②简述汽车前照灯的拆装过程。____。

③氙气灯有何优点？____。

④LED 灯现在在汽车上应用情况如何？____。

(2)实训工具设备及其他用品使用情况。

评价：____。

(3)实训过程完成情况。

评价：____。

(4)工作着装是否规范？

评价：____。

(5)在实训中你是否意识到安全防护的问题？并提醒其他同学注意？是否出现了不规范的情况？是如何处理的？

评价：____。

(6)7S 管理。能否积极主动参与工作现场的清洁和整理工作？

评价：____。

(7)在完成本学习任务的过程中，你是否主动帮助过其他同学？并和其他同学探讨操作过程中出现的有关问题？具体问题是什么？结果是什么？

评价：____。

(8)通过本学习任务的学习，你认为哪些方面还有待进一步改善？

评价：____

____。

（9）在进行本学习任务的学习过程中，你是从本教材的“资料收集”中收集还是从其他方面进行收集与操作相关的内容？有何收获？

评价：____

____。

（10）在本学习任务中你遇到的困难是什么？如何解决的？

评价：____

____。

签名：____________　　　　　　　　________年____月____日

2. 小组评价

小组评价见表2-5-1。

小　组　评　价　　　　表2-5-1

序　号	评　价　项　目	评价情况
1	学习态度是否积极主动	
2	是否服从教学安排	
3	是否达到全勤	
4	着装是否符合要求	
5	是否合理规范的使用仪器和工具、设备	
6	是否按照安全和规范的规程操作	
7	是否遵守学习、实训场地的规章制度	
8	是否积极主动地和他人合作、探讨问题	
9	是否能保持学习、实训场地整洁	
10	团结协作情况	

参与评价的同学签名：____________　　　　________年____月____日

3. 教师评价

____。

六、学习拓展

1. 汽车车灯史话

1887年，一个驾驶员在黑暗的旷野上迷路时，一家民用手提灯把他引回家。1989

年，哥伦比亚号电动汽车把电用于前灯和尾灯，这样车灯就诞生了。最初的前大灯不能调光，所以在会车时有些晃眼，为了克服这个缺点，后来采用了附加光度调节器。这种前大灯可以在垂直方向移动，但驾驶员必须下车搬动夹具装置。1925 年，导航公司推广了双丝灯泡，远光和近光的调节通过装在转向柱上的开关来控制。

转向信号灯的使用非常有趣。1916 年，美国一个名叫 C. H. 托马斯的人把一个带电池的灯泡装车时，对方驾驶员就能看到他打的手势。1938 年，别克汽车制造商提供了转向灯作为选用的附件，但当时只在汽车尾部安装，到 1940 年以后汽车前面也装有转向信号灯了，而且信号开关具有随时调节的功能。

1906 年，世界上第一次用一个蓄电池供电的电灯照明。

1909 年，首次把乙炔灯作为变光装置。

1916 年，美国使用了行车灯。

1920 年，当选用倒挡装置时，使用了倒车灯。

1920 年，美国通用汽车公司首次安装了内灯。

1926 年，通用汽车公司把大灯变光开关从转向盘移到地板。

1938 年，第一次采用封闭的内灯。

1898 年，美国电气公司将电灯抛物面反射镜推广于大灯，侧灯和尾灯。

2. 汽车前照明灯类型

汽车的前照灯一般有白炽、卤素、氙气等类型。随着汽车技术的不断发展，过去那种白炽真空灯已被淘汰。现在汽车的前照灯以卤素灯、氙气灯为主。

1）卤素灯

卤素灯就是在灯泡内渗入少量的惰性气碘，从灯丝蒸发出来的钨原子与碘原子相遇反应，生成碘化钨化合物，当碘化钨化合物接触到白热化的灯丝（温度超过 1450℃），又分解还原为钨和碘，钨又重新归回到灯丝中去，碘则重新进入气体中。如此循环不已，灯丝几乎不会烧断，灯泡也不会发黑，所以它要比传统的白炽前照灯寿命更长，亮度更大。现在的汽车普遍采用的都是这种前照灯。

卤素灯有其独特的配光结构，每支灯光内有两组灯丝，一组是主光束灯丝，发出的灯光经灯罩反射镜反射后径直向前射去，这种光源就是我们平时所说的“远光”。另一种是偏光束灯丝，发出的光给遮光板挡到灯罩反射镜子的上半部分，其反射出去的光线都是朝下漫射向地面，不会给对面来车的驾驶者造成眩目，这种光源就是我们平常所说的“近光”。

2）氙气灯

氙气灯英文简称是 HID，它所发出的光照亮度是普通卤素灯的两倍，而能耗仅为其三分之二，使用寿命可达普通卤素灯的十倍。氙气灯极大地增加了驾驶的安全性与舒适性，还有助于缓解人们夜间行驶的紧张与疲劳。驾车者可在第一时间内发现危险，从而获得足够的反应时间，很大程度减少了夜间事故发生率。氙气灯是现在汽车大灯改装的主要方向，以后的汽车会逐渐普及氙气大灯。

3. LED 灯在汽车上的应用

作为一种新兴绿色照明光源，交通运输照明成为 LED 作为照明光源的重要应用市场，在2005上海国际新光源与新能源照明论坛的“新光源与交通运输照明的变革”专题峰会上，来自半导体照明领域以及 LED 相关应用企业的嘉宾围绕着半导体照明在隧道照明、轨道交通照明、汽车灯具等方面的应用进行了热烈的探讨，而各市场的良好发展前景成为焦点。

目前，LED 已应用到汽车内部和外部，尤其是在汽车内部照明，彩色 LED 的应用已经非常成熟，例如用于仪表盘、背光照明开关、汽车阅读灯或抬头显示系统等；汽车外部应用也在不断发展，汽车制动灯、尾灯还有转向灯、倒车灯、高位制动灯等都已经应用 LED，其中制动灯、尾灯还有高位刹车灯应用规模较大。而作为车辆前照灯照明，由于需要大功率的 LED，受到技术以及 LED 性价比的制约，业界也仅在一些豪华高端车型上开始应用。

学习任务6 汽车后视镜的拆装与调整

学习过程

一、任务要求

(1)拆装工件安全规范放置。

(2)拆装过程部件无损伤。

二、资料收集

汽车外后视镜，如图2-6-1所示。

1. 汽车后视镜的作用

汽车后视镜是为了方便驾驶员观察车辆后方情况的装置。

2. 汽车后视镜的特点

汽车后视镜主要采用凸透镜成像原理，使驾驶员容易看到汽车后面及旁边的情况。

图2-6-1 汽车外后视镜

三、任务准备

1. 准备工具

准备螺丝刀、开口扳手、套装套筒扳手、三角木和工作车等。

2. 安全检查

检查工位是否有安全隐患，保证操作安全。

四、任务实施

(1)将挡位调到驻车挡,拉上驻车制动器,垫上三角木在前后轮下方。

(2)打开车门,如图 2-6-2 所示。

(3)拆下车门三角塑料盖,有些汽车此装饰盖是小音箱保护罩,如图 2-6-3 所示。

图 2-6-2　打开车门

图 2-6-3　拆下车门三角塑料盖

(4)拆除后视镜电动机连接线,拆下三颗固定螺钉,取下车门后视镜,如图 2-6-4 所示。

(5)拆车内后视镜。先拆下塑料卡扣,如图 2-6-5 所示。

图 2-6-4　拆除电线和固定螺钉

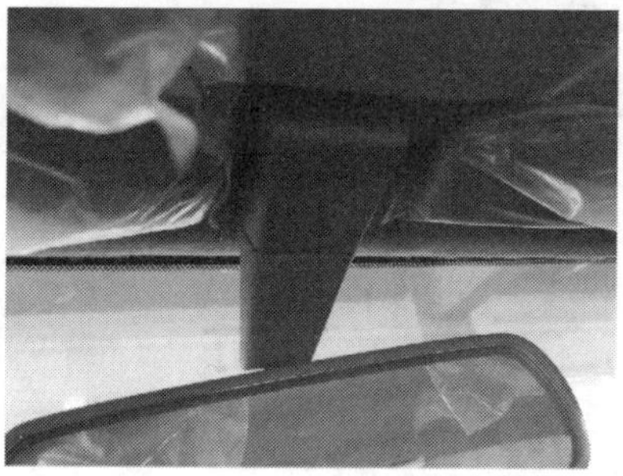

图 2-6-5　拆下塑料卡扣

(6)用十字螺丝刀拆下两颗固定螺钉,拆下车内后视镜,如图 2-6-6 所示。

(7)清洁后视镜及安装位置。

(8)安装后视镜。安装步骤与拆卸过程相反。

(9)清理工作场地和工具,保持车间和车身周边的整洁。

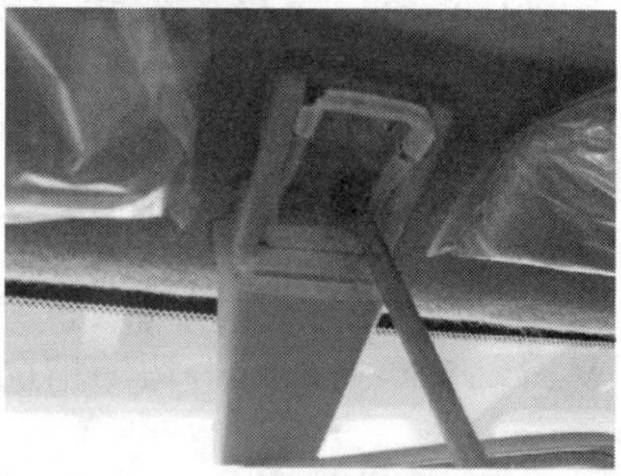

图 2-6-6　用十字螺丝刀拆下固定螺丝

五、任务评价

1. 自我评价

(1)通过本学习任务的学习,你是否已经清楚以下问题:

①简述后视镜的拆装过程。________________________________

____。

②如何保证在拆装后视镜过程中不损坏汽车漆面、内装饰和塑料卡扣等？________

____

____。

(2)实训工具设备及其他用品使用情况。

评价：____

____

____。

(3)实训过程完成情况。

评价：____

____

____。

(4)工作着装是否规范？

评价：____

____

____。

(5)在实训中你是否意识到安全防护的问题并提醒其他同学注意？是否出现了不规范的情况？是如何处理的？

评价：____

____

____。

(6)7S 管理。能否积极主动参与工作现场的清洁和整理工作？

评价：____

____

____。

(7)在完成本学习任务的过程中，你是否主动帮助过其他同学？并和其他同学探讨操作过程中出现的有关问题？具体问题是什么？结果是什么？

评价：____

____

____。

(8)通过本学习任务的学习，你认为哪些方面还有待进一步改善？

评价：____

____

____。

(9)在进行本学习任务的学习过程中，你是从本教材的"资料收集"中收集还是从其他方面进行收集与操作相关的内容？有何收获？

评价：______

______

______。

(10)在本学习任务中你遇到的困难是什么？如何解决的？

评价：______

______

______。

签名：______　　______年____月____日

2. 小组评价

小组评价见表2-6-1。

小　组　评　价　　表2-6-1

序　号	评　价　项　目	评价情况
1	学习态度是否积极主动	
2	是否服从教学安排	
3	是否达到全勤	
4	着装是否符合要求	
5	是否合理规范的使用仪器和工具、设备	
6	是否按照安全和规范的规程操作	
7	是否遵守学习、实训场地的规章制度	
8	是否积极主动地和他人合作、探讨问题	
9	是否能保持学习、实训场地整洁	
10	团结协作情况	

参与评价的同学签名：______　　______年____月____日

3. 教师评价

______

______。

六、学习拓展

正确调整后视镜的方法

根据经验，要获取最大的有效后视角度，可以根据以下方法调整：

1. 中央后视镜的调整

左、右位置调整到镜面的左侧边缘正好切至自己在镜中影像的右耳际，这表示，在一般的驾驶情况下，从中央后视镜里是看不到自己的，而上、下位置则是把远处的地平线置于镜面中央位置。

2. 左侧后视镜

把远处的地平线置于中央，左、右位置则调整至车身占据镜面范围的1/4。

3. 右侧后视镜

驾驶座位于左侧，驾驶员对车耳右侧的掌握不是那么容易，再加上有时路边停车的需要，在右侧后视镜调整上、下位置时地面面积要较大，约占镜面的2/3。而左、右位置则同样调整到车身占1/4面积即可。

注意：调整后视镜之前要先把标准坐姿调整好。

学习任务7　前翼子板的拆装与调整

学习过程

一、任务要求

(1)拆装工具使用合理。

(2)拆装工件安全规范放置，拆装过程部件无损伤。

(3)安装部件间的间隙保持一致。

(4)安装完毕要目测检查和调整，保证前翼子板与发动机盖、前照灯、前保险杠之间的间隙对称和水平。

二、资料收集

1. 前翼子板的作用

左右前翼子板起着装饰车身和部件间的连接作用，如图2-7-1所示。

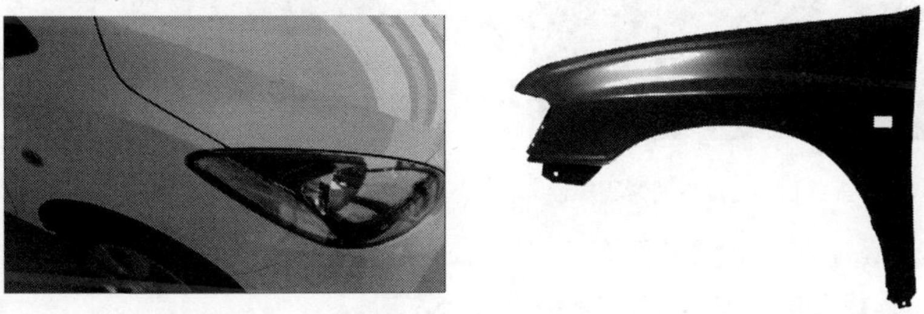

图2-7-1　前翼子板

2. 前翼子板的特点及性能

前翼子板是由金属板材压制而成的一个汽车车身部件，有一定的硬度和强度，当车身受到撞击时，它能起到缓冲和吸收冲击力的特点。

三、任务准备

1. 工位准备

工具用品准备：叉形撬具、套装套筒扳手、十字螺丝刀、三角木、工作车等。

2. 安全检查

检查工具及车辆周边环境，清理杂物，保证操作及车辆安全。

四、任务实施

(1)将汽车挡位调到驻车挡,拉上驻车制动器,垫上三角木在前后轮下方。

(2)打开发动机盖,拆下中网。如图 2-7-2 所示。

(3)拆下轮胎挡泥板和前翼子板与门槛之间的装饰条。

(4)拆下前大灯,拆下前保险杠,用 10mm 丁字形套筒扳手取下前翼子板与前围板之间的紧固螺栓。如图 2-7-3 所示。

图 2-7-2　拆中网

图 2-7-3　拆前大灯和保险杠

(5)用丁字套筒拆下前翼子板与内挡板间的紧固螺栓。如图 2-7-4 所示。

(6)拆下前翼子板与前立柱的紧固螺栓。

(7)拆下前翼子板饰灯和旁边的防雾灯。如图 2-7-5 所示。

图 2-7-4　拆翼子板与内板间紧固螺栓

图 2-7-5　拆翼子板饰灯和防雾灯

(8)取下前翼子板,放在工作车上。

(9)清洁前翼子板和车身相应部位。

(10)按与拆卸过程相反的顺序安装前翼子板。

(11)调整前翼子板和相关钣件和附件之间配合间隙,要求左右对称、均匀,尺寸符合规范要求。

(12)清理工作场地和工具,要保持车间和汽车的整洁。

五、任务评价

1. 自我评价

(1)通过本学习任务的学习,你是否已经清楚以下问题:

①前翼子板的固定有哪些地方?________________

____

____。

②与前翼子板拆卸的相关钣件有哪些？______________________________

____

____。

③简述拆卸前翼子板的基本步骤。__________________________________

____

____。

④拆装前翼子板要注意什么？______________________________________

____

____。

⑤安装前翼子板如何调整其与相关钣件和附件的配合间隙？______________

____

____。

(2)实训工具设备及其他用品使用情况。

评价：____

____

____。

(3)实训过程完成情况。

评价：____

____

____。

(4)工作着装是否规范？

评价：____

____

____。

(5)在实训中你是否意识到安全防护的问题并提醒其他同学注意？是否出现了不规范的情况？是如何处理的？

评价：____

____

____。

(6)7S 管理。能否积极主动参与工作现场的清洁和整理工作？

评价：____

____

____。

(7)在完成本学习任务的过程中，你是否主动帮助过其他同学？并和其他同学探讨

操作过程中出现的有关问题？具体问题是什么？结果是什么？

评价：____

____

____。

(8)通过本学习任务的学习，你认为哪些方面还有待进一步改善？

评价：____

____

____。

(9)在进行本学习任务的学习过程中，你是从本教材的“资料收集”中收集还是从其他方面进行收集与操作相关的内容？有何收获？

评价：____

____

____。

(10)在本学习任务中你遇到的困难是什么？如何解决的？

评价：____

____

____。

签名：____________　　　　　　　　　　________年____月____日

2. 小组评价

小组评价见表2-7-1。

小　组　评　价　　　　　　表2-7-1

序　号	评　价　项　目	评 价 情 况
1	学习态度是否积极主动	
2	是否服从教学安排	
3	是否达到全勤	
4	着装是否符合要求	
5	是否合理规范的使用仪器和工具、设备	
6	是否按照安全和规范的规程操作	
7	是否遵守学习、实训场地的规章制度	
8	是否积极主动地和他人合作、探讨问题	
9	是否能保持学习、实训场地整洁	
10	团结协作情况	

参与评价的同学签名：____________　　　　________年____月____日

3. 教师评价

____

____。

六、学习拓展

翼子板名称的来由及设计要求

翼子板是遮盖车轮的车身外板，因旧式车身该部件形状及位置似鸟翼而得名。按照安装位置又分为前翼子板和后翼子板，前翼子板安装在前轮处，因此必须要保证前轮转动及跳动时的最大极限空间，因此设计者会根据选定的轮胎型号尺寸用“车轮跳动图”来验证翼子板的设计尺寸。后翼子板无车轮转动碰擦的问题，但出于空气动力学的考虑，后翼子板略显拱形弧线向外凸出。现在许多轿车后翼子板已与车身本体成为一个整体，一气呵成；但对于汽车事故来说前翼子板碰撞机会比较多，所以前翼子板一般多是独立装配，这样容易整件更换。

学习任务8　车门的拆装与调整

学习过程

一、任务要求

(1)拆装工具使用合理。

(2)拆装工件安全规范放置，拆装过程部件无损伤。

(3)安装部件间的间隙保持一致。安装完毕后检查车门与前后翼子板是否对称和水平。

二、资料收集

1. 车门的组成

车门是汽车中要经常进行拆装的部件，其装有车门升降器、车门玻璃、车门玻璃走道、玻璃密封条、玻璃饰条，车门饰板、升降器电动机、电路控制板、车门门锁总成、门锁开、关连接拉杆、车门内拉手、车门外拉手、内锁拉线、外锁锁头、车门限位器和电器线路等组成。

2. 车门的特点及性能

车门门内的隔音膜能起到降低车辆噪音的作用，车门和前、后翼子板形成一道漂亮的流线弧型，当车门受到碰撞时，高强度的车门钢板能吸收从旁边来的冲击力，起到保护驾驶员和乘员的安全。

三、任务准备

1. 工位准备

准备工具和用品：叉形工具、套装套筒扳手、十字螺丝刀、三角木、工作车等。

2. 安全检查

检查工具及车辆周边环境，清理杂物，保证操作及车辆安全。

四、任务实施

（1）将汽车挡位调到驻车挡，拉上驻车制动器，垫上三角木在前后轮下方。

（2）拆下车门后视镜。如图 2-8-1 所示。

（3）拆下车门电器线路。如图 2-8-2 所示。

图 2-8-1　拆后视镜

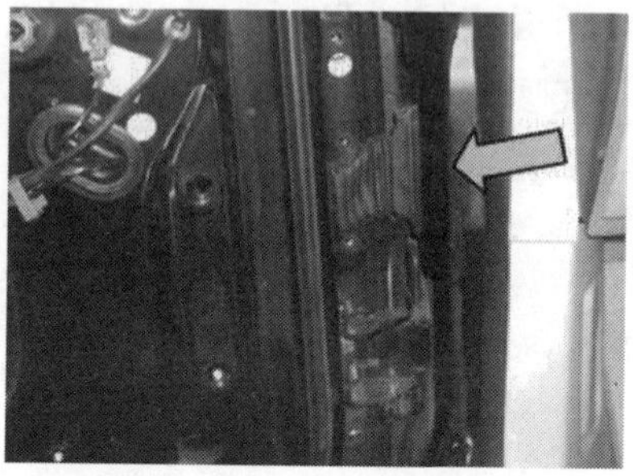

图 2-8-2　拆车门电器线路

（4）拆下车门限位器。先拆除卡簧片，再拆除销钉。如图 2-8-3 所示。

（5）拆下车门铰链，取下车门，将车门放在安全的地方。如图 2-8-4 所示。

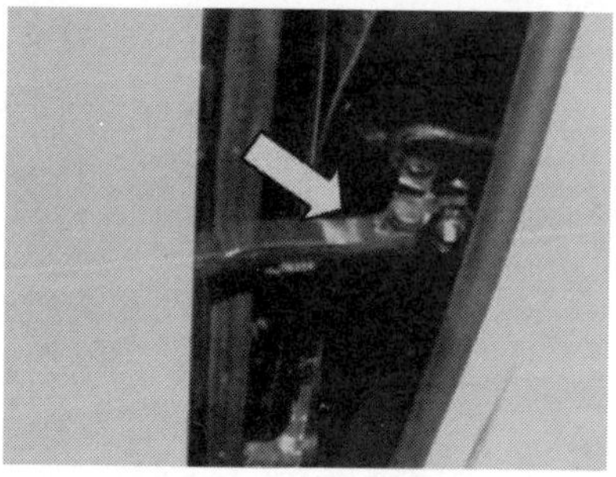

图 2-8-3　拆车门限位器

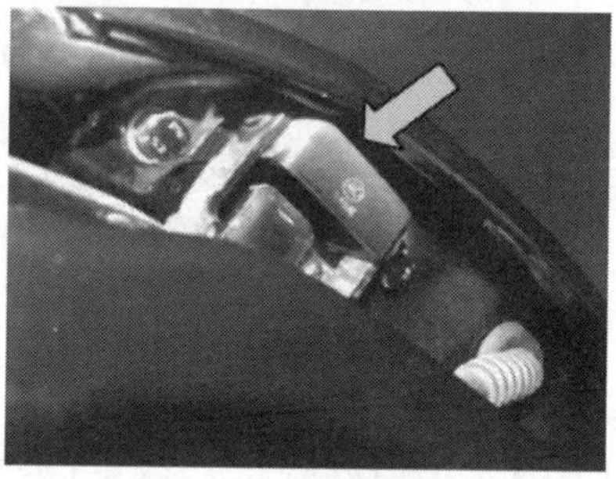

图 2-8-4　拆车门铰链

（6）清洁车门、拆卸部件和车身相关位置。

（7）按与拆卸过程相反的顺序安装车门。

（8）调整车门与立柱、前后翼子板之间配合间隙；车门开、关要顺畅到位。

（9）清理工作场地和工具，要保持车间和汽车的整洁。

五、任务评价

1. 自我评价

（1）通过本学习任务的学习，你是否已经清楚以下问题：

①车门组成、结构如何？____________________

____。

②车门拆卸要注意哪些事项？____

____。

③简述车门拆装过程。____

____。

④车门安装时如何调整？____

____。

⑤各种车门的拆装有什么共同之处？区别可能有什么地方？____

____。

(2)实训工具设备及其他用品使用情况。

评价：____

____。

(3)实训过程完成情况。

评价：____

____。

(4)工作着装是否规范？

评价：____

____。

(5)在实训中你是否意识到安全防护的问题并提醒其他同学注意？是否出现了不规范的情况？是如何处理的？

评价：____

____。

(6)7S 管理。能否积极主动参与工作现场的清洁和整理工作？

评价：____

____。

(7)在完成本学习任务的过程中，你是否主动帮助过其他同学？并和其他同学探讨操作过程中出现的有关问题？具体问题是什么？结果是什么？

评价：____

____

____。

(8)通过本学习任务的学习，你认为哪些方面还有待进一步改善？

评价：____

____

____。

(9)在进行本学习任务的学习过程中，你是从本教材的“资料收集”中收集还是从其他方面进行收集与操作相关的内容？有何收获？

评价：____

____

____。

(10)在本学习任务中你遇到的困难是什么？如何解决的？

评价：____

____

____。

签名：____________ ________年____月____日

2. 小组评价

小组评价见表2-8-1。

小组评价 表2-8-1

序号	评价项目	评价情况
1	学习态度是否积极主动	
2	是否服从教学安排	
3	是否达到全勤	
4	着装是否符合要求	
5	是否合理规范的使用仪器和工具、设备	
6	是否按照安全和规范的规程操作	
7	是否遵守学习、实训场地的规章制度	
8	是否积极主动地和他人合作、探讨问题	
9	是否能保持学习、实训场地整洁	
10	团结协作情况	

参与评价的同学签名：____________ ________年____月____日

3. 教师评价

____

____。

六、学习拓展

由于车门的材质、装饰、板面结构不一样，所以拆装的工具使用也不一样，但其内结构部件基本相同，在拆装时，需要我们仔细观察。

学习任务9 车门内饰板的拆装

学习过程

一、任务要求

(1)拆装工具使用合理。
(2)拆装工件的安全规范放置。
(3)拆装过程车门内饰板和紧固件无损伤。
(4)安装结束后车门内饰板和车门内板无间隙。

二、资料收集

1. 车门内饰板的作用

内饰板是车门的装饰板，上面装有门锁控制开关，升降控制开关、电器控制开关、门灯和车门内拉手。

2. 车门内饰板的特点及性能

车门内饰板是由塑料制成的一种装饰件，它有一定的硬度和弹性，质地轻。

三、任务准备

1. 工位准备

准备工具和用品：叉形工具、套装套筒扳手、十字螺丝刀、三角木、工作车等。

2. 安全检查

检查工具是否完好及车辆周边环境，清理杂物，保证操作及车辆安全。

四、任务实施

(1)将汽车挡位调到驻车挡，拉上驻车制动器，垫上三角木在前后轮下方。
(2)拆下后视镜内装饰板，如图2-9-1所示。
(3)取下车门内拉手固定螺栓，如图2-9-2所示。
(4)拆下内拉手的固定螺栓，如图2-9-3所示。
(5)拆下车门饰板紧固塑料卡扣，各种塑料卡扣形状如图2-9-4所示。

图2-9-1 拆后视镜内装饰板

图 2-9-2　拆车门内拉手固定螺栓

图 2-9-3　拆内拉手固定螺栓

(6)拆开电器接头,取下内饰板,将其放在工作车上。如图 2-9-5 所示。

图 2-9-4　各种塑料卡扣

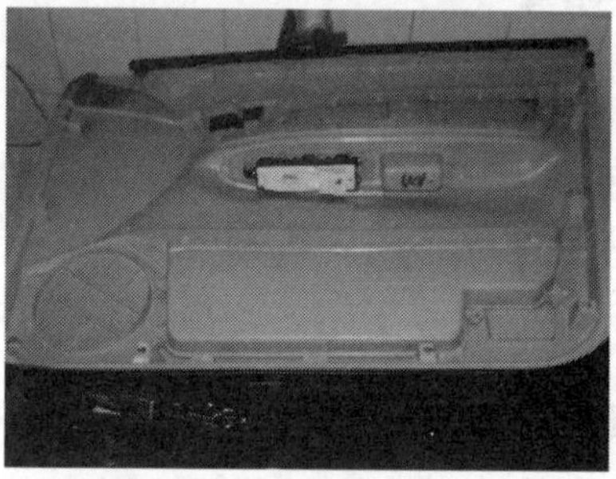

图 2-9-5　拆开电器接头取下内饰板

(7)检查和清洁车门内饰板,清洁车门内腔。

(8)安装顺序按拆卸过程反之。

(9)清理工作场地和工具,要保持车间和汽车的整洁。

五、任务评价

1. 自我评价

(1)通过本学习任务的学习,你是否已经清楚以下问题:

①拆卸车门内饰板时相关的部件主要有哪些?____。

②拆装车门内饰板的主要工具是什么?如何正确使用拆卸工具才能保护车门和内饰板?____。

③简述拆装车门内饰板的基本步骤。____。

④拆装车门内饰板要注意哪些事项?____

____。

(2)实训工具设备及其他用品使用情况。

评价:____

____

____。

(3)实训过程完成情况。

评价:____

____

____。

(4)工作着装是否规范?

评价:____

____

____。

(5)在实训中你是否意识到安全防护的问题并提醒其他同学注意?是否出现了不规范的情况?是如何处理的?

评价:____

____

____。

(6)7S 管理。能否积极主动参与工作现场的清洁和整理工作?

评价:____

____

____。

(7)在完成本学习任务的过程中,你是否主动帮助过其他同学?并和其他同学探讨操作过程中出现的有关问题?具体问题是什么?结果是什么?

评价:____

____

____。

(8)通过本学习任务的学习,你认为哪些方面还有待进一步改善?

评价:____

____

____。

(9)在进行本学习任务的学习过程中,你是从本教材的"资料收集"中收集还是从其他方面进行收集与操作相关的内容?有何收获?

评价:____

____

____。

(10)在本学习任务中你遇到的困难是什么？如何解决的？

评价：____

____

____。

签名：____________　　　　　　　　　　　　________年____月____日

2. 小组评价

小组评价见表2-9-1。

小　组　评　价　　　　表2-9-1

序　号	评　价　项　目	评价情况
1	学习态度是否积极主动	
2	是否服从教学安排	
3	是否达到全勤	
4	着装是否符合要求	
5	是否合理规范的使用仪器和工具、设备	
6	是否按照安全和规范的规程操作	
7	是否遵守学习、实训场地的规章制度	
8	是否积极主动地和他人合作、探讨问题	
9	是否能保持学习、实训场地整洁	
10	团结协作情况	

参与评价的同学签名：____________　　　　　　________年____月____日

3. 教师评价

____

____。

六、学习拓展

车门内饰板的结构一般来说大体相同，不同的是各生产厂家的设计不一样，各有各的风格，但都是由电器控制板、车门内拉手、门锁内拉手、后视镜控制、升降器开关或手动柄、车门灯等组成。

学习任务10　车门门锁的拆装与调整

学习过程

一、任务要求

(1)拆装工具使用合理。

(2)车门打开和关闭要顺畅。

二、资料收集

1. 车门门锁的作用

门锁是控制车门的开与关，内锁装置可防止乘坐人员不小心打开车门而抛出车外，尤其是对儿童的保护。

2. 车门门锁的特点及性能

车门门锁是由锁板、锁舌、锁舌弹簧和开关控制装置组成，一般上这些部件都是使用较好的金属材料来制造。

3. 车门门锁的结构

不同的车型有不同的车门门锁，车门门锁的拆装也各不相同，在练习拆装的同时需要主动去进行更多的了解。常见车门门锁结构如图 2-10-1 所示。

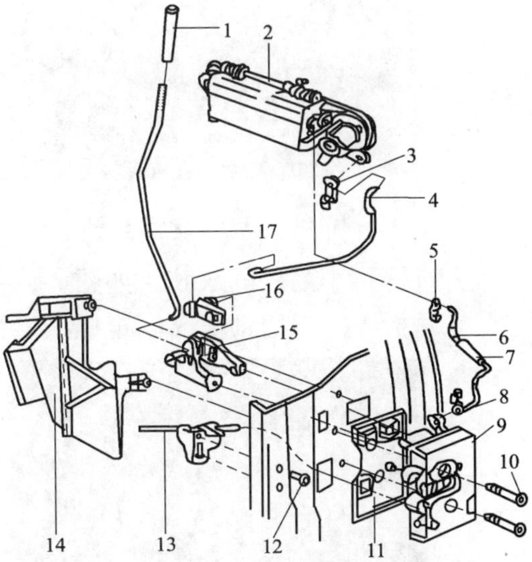

图 2-10-1 门锁结构

1-按钮；2-外手柄总成；3-卡扣；4-锁芯与锁体连动杆；5-卡扣；6-外手柄连动杆；7-调整套；8-卡扣；9-锁体总成；10-内六角螺钉；11-门锁密封垫；12-十字槽螺钉；13-弯曲拉线总成；14-锁体护罩；15-门锁操纵机构转动臂；16-滑动卡扣；17-按钮杆

三、任务准备

1. 工位准备

准备工具和用品：叉形工具、套装套筒扳手、十字螺丝刀、三角木、工作车等。

2. 安全检查

检查工具有无破损及车辆周边环境，清理杂物，保证操作及车辆安全。

四、任务实施

(1)将汽车挡位调到驻车挡，拉上驻车制动器，垫上三角木在前后轮下方。

(2)打开车门，拆下车门内饰板。如图 2-10-2 所示。

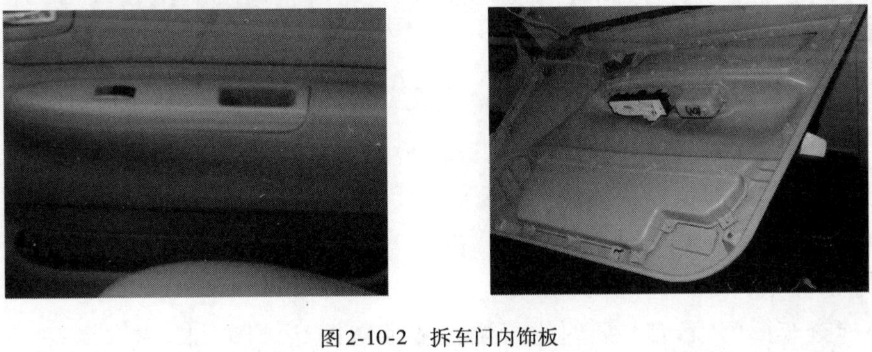

图 2-10-2 拆车门内饰板

(3)在车门内板上，用工具拆下车门内拉手定位座螺栓。如图 2-10-3 所示。

(4)将车门内锁拉手往左方向平推 5mm，取出内拉手。如图 2-10-4 所示。

图 2-10-3　拆车门内拉手螺栓

图 2-10-4　内拉手

(5)拆下车门内隔灰胶。如图 2-10-5 所示。

(6)拆下车门门锁侧面固定螺栓。如图 2-10-6 所示。

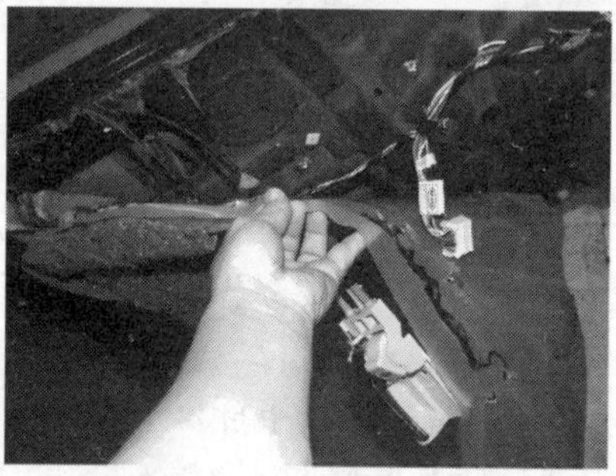

图 2-10-5　拆下车门内隔灰胶

图 2-10-6　拆门锁侧面螺栓

(7)拆下车门门锁头内固定螺栓。如图 2-10-7 所示。

(8)拆下车门门锁头卡片和车门外拉手侧面固定螺栓。如图 2-10-8 所示。

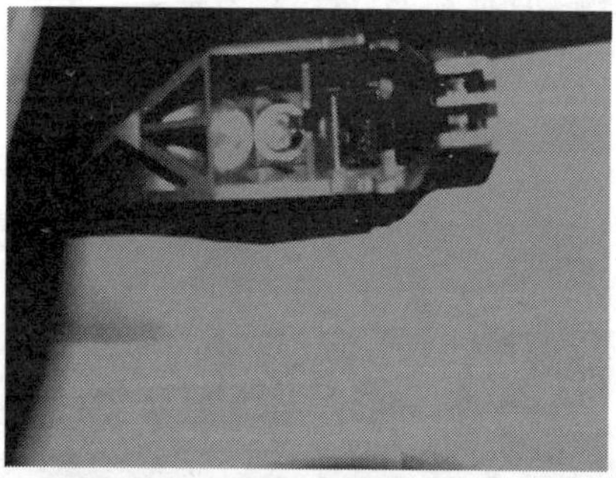

图 2-10-7　拆门锁内固定螺栓

图 2-10-8　拆门锁卡片

(9)拆下车锁内外拉线。如图 2-10-9 所示。

(10)拆下门锁控制拉线的连接头,拆下车门门锁固定螺栓,取下门锁总成。如图 2-10-10 所示。

(11)检查车门门锁,有必要时进行调整和维修;清洁门锁和安装位置。

(12)安装顺序按拆卸过程反之。

(13)清理工作场地和工具,要保持车间和汽车的整洁。

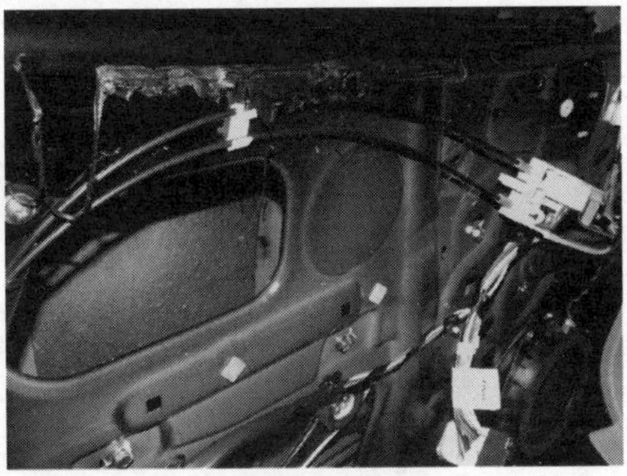

图2-10-9 拆车锁内外拉线

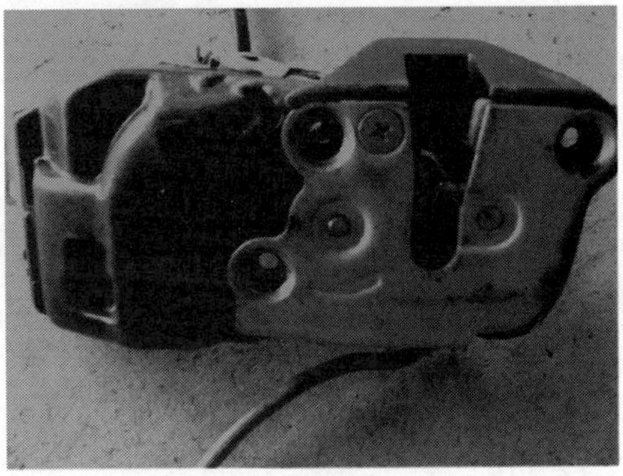

图2-10-10 取下门锁总成

五、任务评价

1. 自我评价

(1)通过本学习任务的学习,你是否已经清楚以下问题:

①车门门锁主要零件有哪些?____。

②简述车门门锁的拆装过程。____。

③车门门锁拆装要注意些什么?____。

④如何调整保证车门关、闭良好?____。

⑤什么叫中控锁?其主要特点如何?____。

(2)实训工具设备及其他用品使用情况。

评价:____。

(3)实训过程完成情况。

评价:____

____

____。

(4)工作着装是否规范?

评价:____

____

____。

(5)在实训中你是否意识到安全防护的问题并提醒其他同学注意?是否出现了不规范的情况?是如何处理的?

评价:____

____

____。

(6)7S 管理。能否积极主动参与工作现场的清洁和整理工作?

评价:____

____

____。

(7)在完成本学习任务的过程中,你是否主动帮助过其他同学?并和其他同学探讨操作过程中出现的有关问题?具体问题是什么?结果是什么?

评价:____

____

____。

(8)通过本学习任务的学习,你认为哪些方面还有待进一步改善?

评价:____

____

____。

(9)在进行本学习任务的学习过程中,你是从本教材的“资料收集”中收集还是从其他方面进行收集与操作相关的内容?有何收获?

评价:____

____

____。

(10)在本学习任务中你遇到的困难是什么?如何解决的?

评价:____

____

____。

签名:____________　　　　　　　　　　________年____月____日

2. 小组评价

小组评价见表 2-10-1。

小 组 评 价 表2-10-1

序 号	评价项目	评价情况
1	学习态度是否积极主动	
2	是否服从教学安排	
3	是否达到全勤	
4	着装是否符合要求	
5	是否合理规范的使用仪器和工具、设备	
6	是否按照安全和规范的规程操作	
7	是否遵守学习、实训场地的规章制度	
8	是否积极主动地和他人合作、探讨问题	
9	是否能保持学习、实训场地整洁	
10	团结协作情况	

参与评价的同学签名：____________ ________年____月____日

3. 教师评价

____

____。

六、学习拓展

什么是中控锁

中控锁全称是中央控制门锁，为提高汽车使用的便利性和行车的安全性而设置，现代汽车越来越多地安装中控锁。如图2-10-11所示。

1. 中控锁的功能

1）中央控制

当驾驶员锁住其身边的车门时，其他车门也同时被锁住，驾驶员可通过门锁开关同时打开各个车门，也可单独打开某个车门。

2）速度控制

当行车速度达到一定时，各个车门能自行锁上，防止乘员误操作车门把手而导致车门打开。

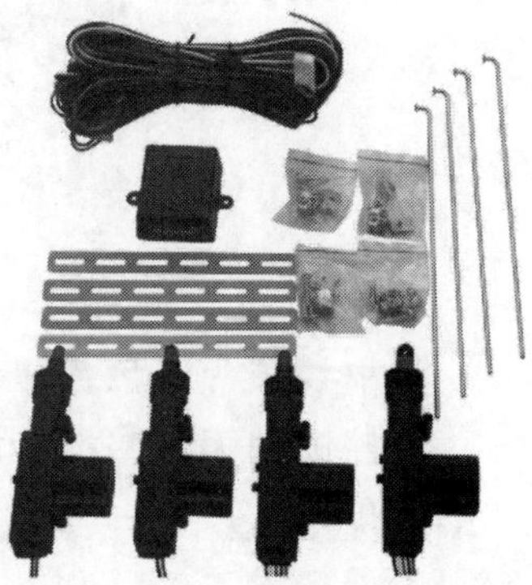

图2-10-11 中控锁

3）单独控制

除在驾驶员身边车门以外，还在其他门设置有单独的弹簧锁开关，可独立地控制一个车门的打开和锁住。

2. 中控锁结构

目前汽车上使用的中控锁种类很多，但其基本组成主要有门锁开关、门锁执行机构和门锁控制器。

1)门锁开关

大多数中控锁的开关都是由总开关和分开关组成,总开关装在驾驶员身旁车门上,驾驶员操纵总开关可将全车所有车门门锁住或打开;分开关装在其他各个车门上,可单独控制一个车门。

2)门锁执行机构

中控锁执行机构是用于执行驾驶员的指令,将门锁锁止或开启。门锁执行机构有电磁式、直流电动机式和永磁电动机式 3 种驱动方式,其结构都是通过改变极性转换其运动方向而执行锁门或开门动作。

3)门锁控制器

门锁控制器是为门锁执行机构提供锁止/开启脉冲电流的控制装置。无论何种门锁执行机构都是通过改变执行机构通电电流方向控制连杆左右移动,实现门锁的锁止和开启。

门锁控制器的种类很多,按其控制原理大致可分为晶体管式、电容式和车带感应式 3 种门锁控制器。

PASSAT 电动车窗及中控锁连接如图 2-10-12 所示。

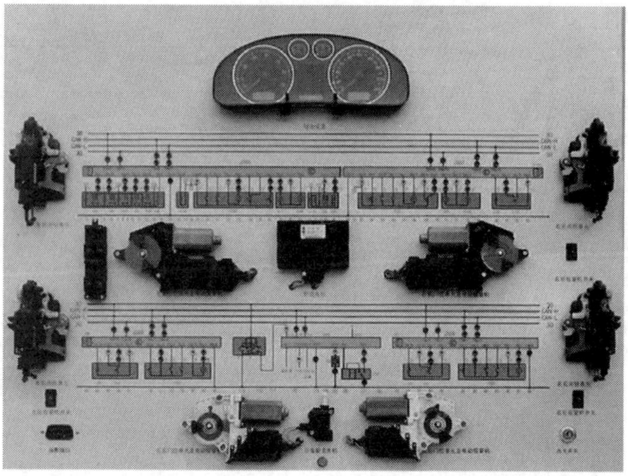

图 2-10-12　PASSAT 电动车窗及中控锁连接

3. 中控锁的遥控原理

中控锁的无线遥控功能是指不用把钥匙键插入锁孔中就可以远距离开门和锁门,其最大优点是:不管白天黑夜,无需探明锁孔,可以远距离、方便地进行开锁(开门)和闭锁(锁门)。

遥控的基本原理是:从车主身边发出微弱的电波,由汽车天线接收该电波信号,经电子控制器 ECU 识别信号代码,再由该系统的执行器(电动机或电磁圈)执行启/闭锁的动作。该系统主要由发射机和接收机两大部分组成。

4. 中控锁的选用

现在市面上的中控锁一般分为通用型和专用型,通用型中控锁适用于大部分车型,而专用型的则按车型来分,例如桑塔纳专用型、捷达专用型、富康专用型等;按启动方式不同,则可分为手动型和遥控型;按外形来分,可分为超短形、扁形和S形等。

现在安装的中控锁一般为遥控型,配一个遥控板匙,能随意控制4个车门和行李舱门的开关,十分方便,只需轻轻按一下遥控器就行了,任何轿车都可以安装中控锁,电压要求为12V,而用于卡车的中控锁则要求24V电压。目前很多类型的中控锁都采用双轨道、防卡死等设计,让车主用起来更加放心。

学习任务11 车门玻璃及玻璃升降器的拆装与调整

学习过程

一、任务要求

(1)拆装工具使用合理。

(2)拆装工件的安全规范放置、拆装过程部件无损伤。

(3)安装部件能正常工作。

二、资料收集

1. 车门玻璃及升降器的作用

车门玻璃安装在车门上面能起到隔音,挡风沙和挡雨水的作用;升降器保证玻璃正常的从玻璃轨道上运行。

2. 玻璃及升降器的特点及性能

玻璃是在玻璃轨道里面由升降器帮助上下移动的,升降器是固定在车门内板上面,由电动机或手动来控制移动,使玻璃升降到所需要的位置。升降器由半月形齿轮、电动机、齿轮固定板、电器、升降器固螺纹板、调节杆和玻璃升降杆组成,如图2-11-1所示。

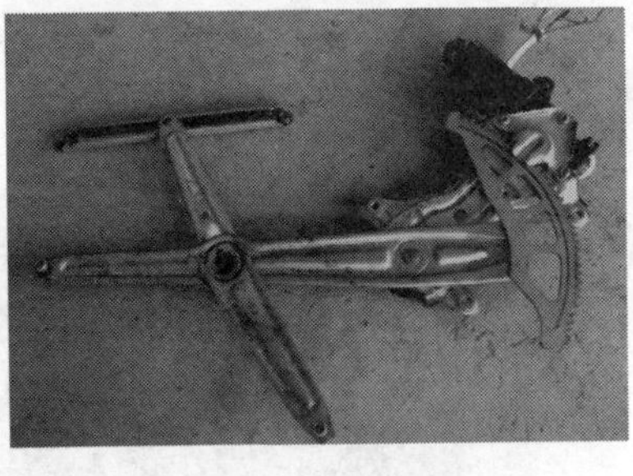

图2-11-1 玻璃升降器

三、任务准备

1. 工位准备

准备工具和用品:叉形工具、套装套筒扳手、十字螺丝刀、三角木、工作车等。

2. 安全检查

检查工具及车辆周边环境,清理杂物,保证操作及车辆安全。

四、任务实施

(1)将汽车挡位调到驻车挡,拉上驻车制动器,垫上三角木在前后轮下方。

(2)取下车门内饰板,如图2-11-2所示。

①取下饰板内门拉手固定螺钉；

②取下内锁拉手固定螺钉；

③拆开车门与车门内支架间的塑料紧固件；

④取下电器插头；

⑤取下车门内饰板，放在工作车上。

(3)拆下车门玻璃饰条，打开电器，如图 2-11-3 所示。

图 2-11-2　拆车门内饰板

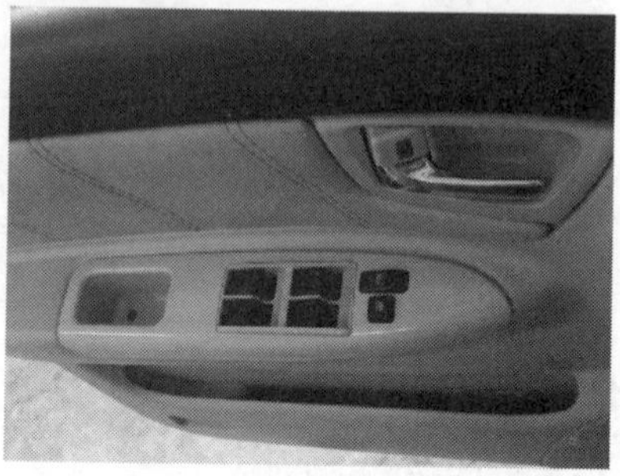

图 2-11-3　拆下车门玻璃饰条

(4)将车门玻璃降至车门内支架升降器与玻璃连接杆定位的拆装基点，用丁字套筒或梅花扳手拆下升降器调节位螺钉和升降器主板螺栓，如图 2-11-4 所示。

(5)拆出玻璃走道密封条，取出车门玻璃，如图 2-11-5 所示。

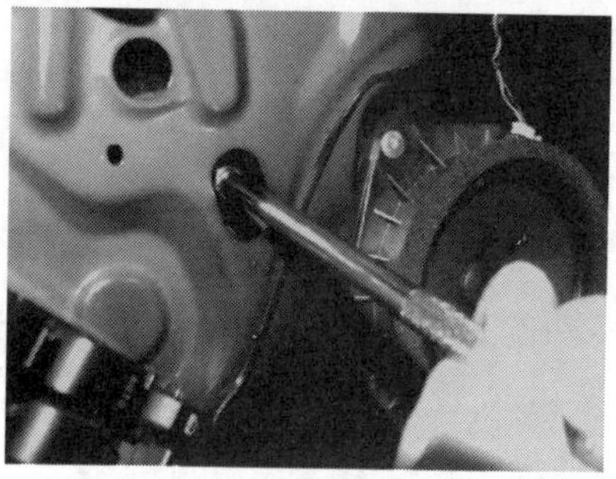

图 2-11-4　拆升降器螺栓

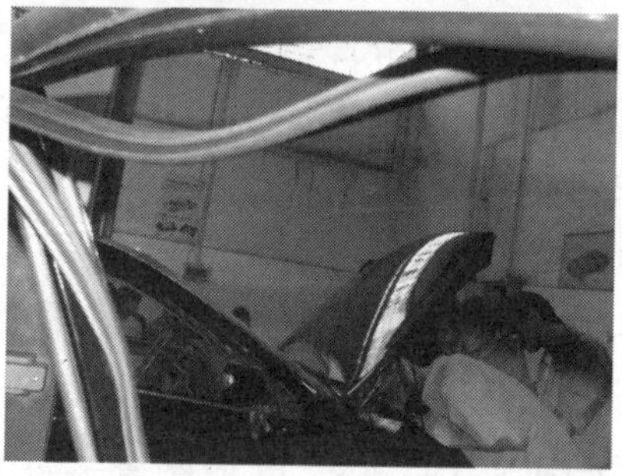

图 2-11-5　拆密封条取出玻璃

(6)如后车门拆装，需先拆三角玻璃再拆车门玻璃，如图 2-11-6 所示。

(7)拆下升降器调节螺栓，如图 2-11-7 所示。

图 2-11-6　先拆三角玻璃

图 2-11-7　拆升降器调节螺栓

(8)拆卸升降器主板螺栓,拿出车门玻璃升降器,如图2-11-8所示。

(9)拆下升降器与玻璃连接螺栓,如图2-11-9所示。

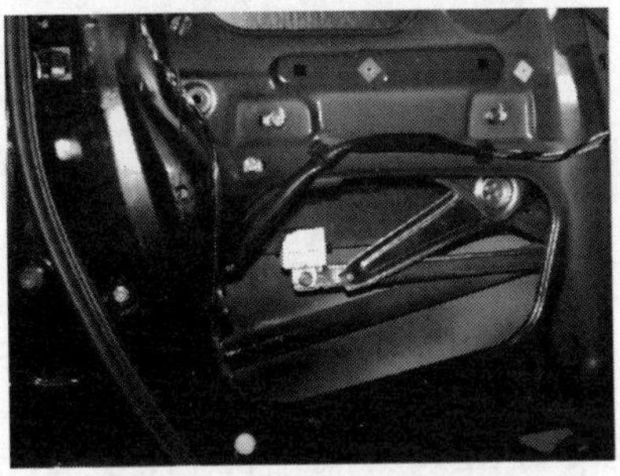

图2-11-8　拆升降器主板螺栓

图2-11-9　拆下升降器连接螺栓

(10)清洁玻璃和玻璃升降器,在必要时对玻璃升降器进行润滑;清洁车门。

(11)安装顺序按拆装过程反之,安装过程注意调整好使玻璃升降自如。

(12)清理工作场地和工具,要保持车间和汽车的整洁。

五、任务评价

1. 自我评价

(1)通过本学习任务的学习,你是否已经清楚以下问题:

①车门玻璃升降器结构包括哪些部件?____。

②拆卸玻璃升降器与车门上什么部件有关?____。

③简述玻璃升降器拆装的基本步骤。____。

④拆卸玻璃升降器有哪些注意事项?____。

⑤玻璃被卡时,如何调整才能使玻璃上下自如?____。

(2)实训工具设备及其他用品使用情况。

评价:____。

(3)实训过程完成情况。

评价:____

____。

(4)工作着装是否规范?

评价:____

____。

(5)在实训中你是否意识到安全防护的问题并提醒其他同学注意?是否出现了不规范的情况?是如何处理的?

评价:____

____。

(6)7S 管理。能否积极主动参与工作现场的清洁和整理工作?

评价:____

____。

(7)在完成本学习任务的过程中,你是否主动帮助过其他同学?并和其他同学探讨操作过程中出现的有关问题?具体问题是什么?结果是什么?

评价:____

____。

(8)通过本学习任务的学习,你认为哪些方面还有待进一步改善?

评价:____

____。

(9)在进行本学习任务的学习过程中,你是从本教材的"资料收集"中收集还是从其他方面进行收集与操作相关的内容?有何收获?

评价:____

____。

(10)在本学习任务中你遇到的困难是什么?如何解决的?

评价:____

____。

签名:____________　　　　　　　　________年____月____日

2. 小组评价

小组评价见表2-11-1。

小组评价　　表2-11-1

序　号	评价项目	评价情况
1	学习态度是否积极主动	
2	是否服从教学安排	
3	是否达到全勤	
4	着装是否符合要求	
5	是否合理规范的使用仪器和工具、设备	
6	是否按照安全和规范的规程操作	
7	是否遵守学习、实训场地的规章制度	
8	是否积极主动地和他人合作、探讨问题	
9	是否能保持学习、实训场地整洁	
10	团结协作情况	

参与评价的同学签名:____________　　　　______年____月____日

3. 教师评价

____

____。

六、学习拓展

1. 小提示

车门玻璃和升降器的结构各有不同,每个生产厂家都有它不同的设计,如:通用公司、大众公司、丰田等汽车车门玻璃和升降器的结构是不一样的,大众公司一般的升降器是单臂作为轨道,由钢丝来控制玻璃升降;通用公司旅行车是用全塑料件制造而成的升降器,整个升降器全固定在车门内板上,在拆装过程中就有一定的难度,丰田汽车的升降器是双臂交叉结构。

2. 门玻璃的调整

调整玻璃轨道,就可调整门玻璃。如图2-11-10所示。

(1)将玻璃轨道的固定螺钉部分拧松。

(2)置门玻璃位于上方,根据玻璃倾斜方向调整玻璃轨道,使玻璃与门框玻璃滑槽对准即可。如果门玻璃向左倾斜,就将轨道向上移动;门玻璃向右倾斜则将轨道向下移动。

(3)门玻璃摇上或摇下其位置须适当。

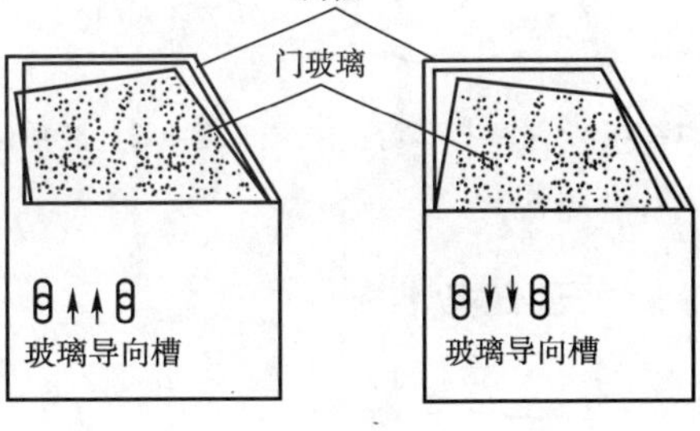

图2-11-10　门玻璃的调整

(4)门玻璃校正后，锁紧轨道的固定螺栓。

学习任务12　行李舱盖的拆装与调整

学习过程

一、任务要求

(1)拆装工具使用合理。

(2)拆装过程部件无损伤。

(3)安装部件间的间隙保持一致。

(4)安装完毕要目测左右部件是否对称和水平。

二、资料收集

1. 行李舱盖的作用

行李舱盖是车身尾部的一种装饰件，同时也是行李物品放置的安全盖。

2. 行李舱盖的特点及性能

行李舱盖是由金属板材压制而成的一个汽车车身部件，当车身受到撞击时，它能吸收外来的冲击力，对驾乘室人员能起到一定的保护作用。

3. 行李舱盖的结构

行李舱盖的结构如图 2-12-1 所示。

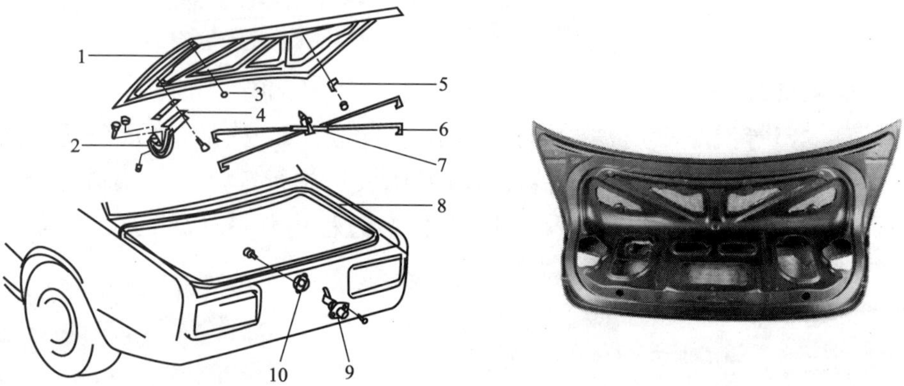

图 2-12-1　行李舱盖结构

1-行李舱盖；2-行李舱盖铰链；3-缓冲器橡胶垫；4-铰链垫圈；5-锁座；6-扭力杆；7-扭力杆固定带；8-防水橡胶条；9-行李舱锁；10-锁筒

三、任务准备

1. 工位准备

准备工具和用品：套装套筒扳手、十字螺丝刀、三角木、工作车、装垫物等。

2. 安全检查

检查工具是否有破损，检查车辆周边环境，清理杂物，保证操作及车辆安全。

四、任务实施

(1)将汽车挡位调到驻车挡，拉上驻车制动器，垫上三角木在前后轮下方。

(2)打开行李舱盖，拆下行李舱盖锁总成，如图 2-12-2 所示。

(3)拆下行李舱锁电器接头，如图 2-12-3 所示。

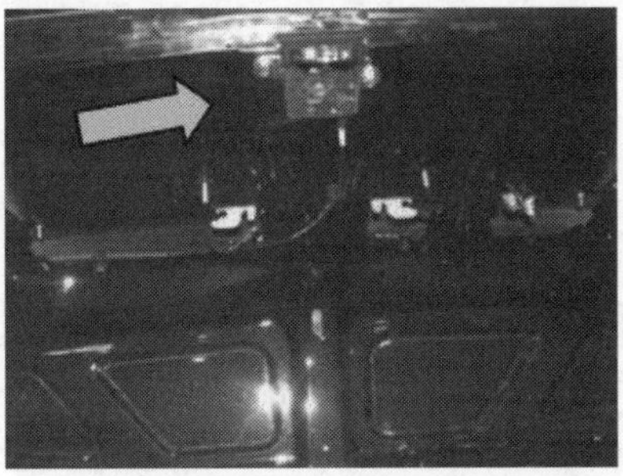

图 2-12-2　拆盖锁总成

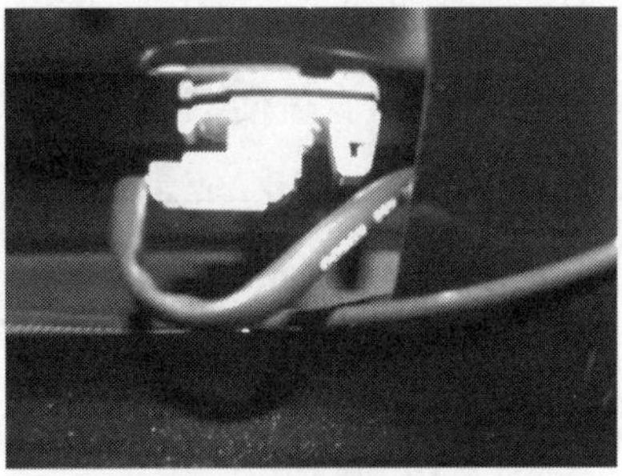

图 2-12-3　拆盖锁电器接头

(4)拆下行李舱电器线路，如图 2-12-4 所示。

(5)由两位同学帮忙，拆下行李舱盖铰链螺栓，如图 2-12-5 所示。

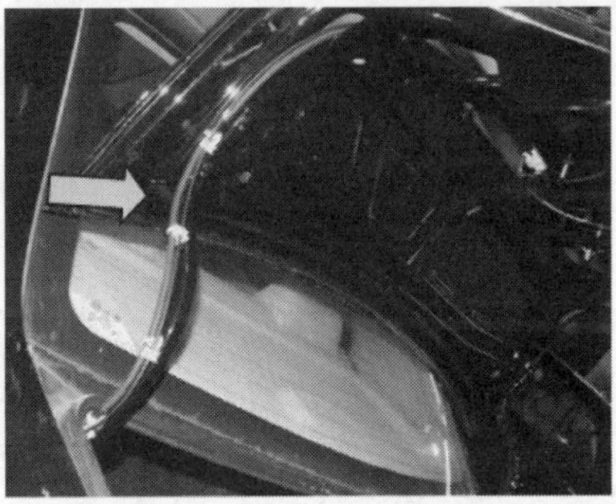

图 2-12-4　拆行李舱电器线路

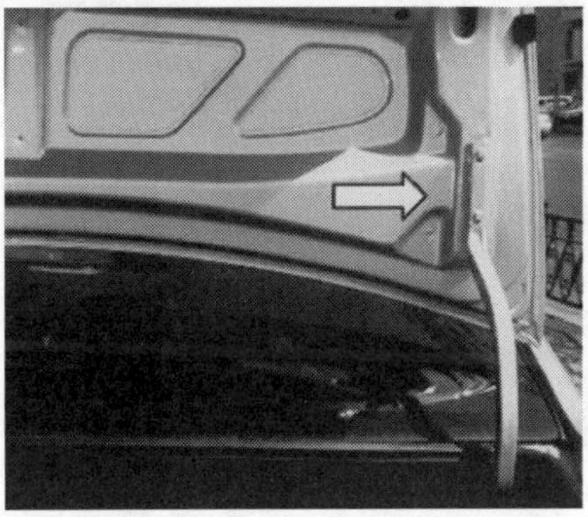

图 2-12-5　拆铰链螺栓

(6)将行李舱盖放在工作台架上。

(7)清洁行李舱盖和车身相关部位。

(8)安装顺序按拆装过程反之。

(9)调整，保证行李舱盖与相邻部件的配合间隙；保证打开、关闭和锁紧顺畅。

(10)清理工作场地和工具，要保持车间和汽车的整洁。

五、任务评价

1. 自我评价

(1)通过本学习任务的学习，你是否已经清楚以下问题：

①拆卸行李舱盖时，有哪些相关部件？________________________________

____

____。

②简述拆装行李舱盖的基本步骤。______________________________________

____

____。

③拆装行李舱盖有哪些注意事项？______________________________________

____

____。

④如何调整行李舱盖使其符合技术要求？________________________________

____

____。

⑤行李舱盖的开启装置有哪些？各有什么特点？__________________________

____

____。

(2)实训工具设备及其他用品使用情况。

评价：____

____

____。

(3)实训过程完成情况。

评价：____

____

____。

(4)工作着装是否规范？

评价：____

____

____。

(5)在实训中你是否意识到安全防护的问题并提醒其他同学注意？是否出现了不规范的情况？是如何处理的？

评价：____

____

____。

(6)7S 管理。能否积极主动参与工作现场的清洁和整理工作？

评价：____

____

____。

(7)在完成本学习任务的过程中，你是否主动帮助过其他同学？并和其他同学探讨

操作过程中出现的有关问题？具体问题是什么？结果是什么？

评价：______________________________

____

______________________________。

(8)通过本学习任务的学习,你认为哪些方面还有待进一步改善？

评价：______________________________

____

______________________________。

(9)在进行本学习任务的学习过程中,你是从本教材的“资料收集”中收集还是从其他方面进行收集与操作相关的内容？有何收获？

评价：______________________________

____

______________________________。

(10)在本学习任务中你遇到的困难是什么？如何解决的？

评价：______________________________

____

______________________________。

签名：__________ ________年____月____日

2. 小组评价

小组评价见表2-12-1。

小 组 评 价 表2-12-1

序 号	评 价 项 目	评 价 情 况
1	学习态度是否积极主动	
2	是否服从教学安排	
3	是否达到全勤	
4	着装是否符合要求	
5	是否合理规范的使用仪器和工具、设备	
6	是否按照安全和规范的规程操作	
7	是否遵守学习、实训场地的规章制度	
8	是否积极主动地和他人合作、探讨问题	
9	是否能保持学习、实训场地整洁	
10	团结协作情况	

参与评价的同学签名：__________ ________年____月____日

3. 教师评价

____

______________________________。

六、学习拓展

行李舱开启装置

行李舱的开启装置分三个档次，最高级的是自动开关，中档的是气压弹簧，最低档的是靠两根金属扭力杆变形后的回弹力将行李舱顶开。一般来说，车子的价格越高，行李舱开启装置的档次也就越高。

高级的自动开关装置，按一下按钮，行李舱就可以自动打开，再按一下，行李舱就自动关闭。如奔驰 S 级、奥迪 A8 的行李舱就配备这种装置。

中档的行李舱开启装置是气压弹簧结构，这种结构使用最为普遍，气压弹簧结构分为裸露式和隐藏式两种。裸露式行李舱开启装置是靠两根气压顶杆，将行李舱盖顶开；而隐藏式的气压弹簧结构，气压弹簧顶杆安装在行李舱内部，通过一根弧形钢管将行李舱盖顶开，如图 2-12-6 所示。

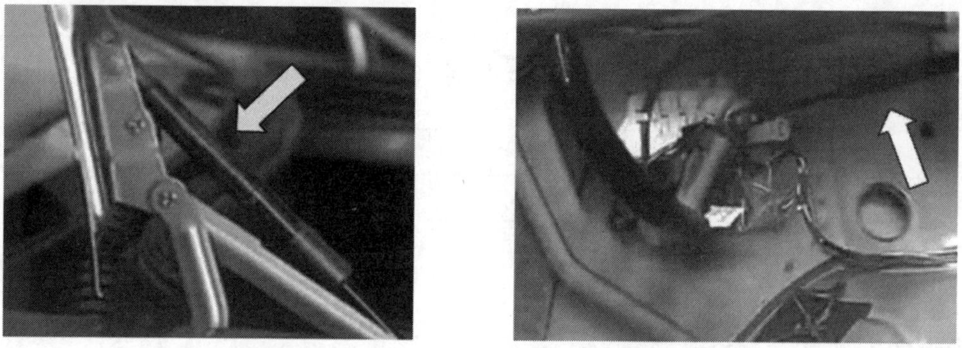

a)裸露式气压弹簧结构　　b)隐藏式气压弹簧结构

图 2-12-6　气压弹簧结构

最低档的行李舱开启装置，是靠两根金属杆变形后的回弹力将行李舱顶开，这种简单的金属扭力杆结构式装置，最大的缺点是在行李舱关闭时，两根连接杆占用了行李舱空间，如图 2-12-7 所示。

图 2-12-7　金属扭力杆结构

A 级车如标致 307、大众速腾、斯柯达明锐、福特福克斯三厢，使用的是气压弹簧结构；丰田卡罗拉、本田思域使用的是金属扭力杆结构开启装置。

学习任务13 汽车挡泥板衬套的拆装

学习过程

一、任务要求

(1)按正确操作方法更换汽车挡泥板衬套。

(2)更换后符合车身修复技术要求。

二、资料收集

1. 汽车挡泥板衬套的位置

汽车挡泥板衬套的位置,如图2-13-1所示。

图2-13-1 挡泥板衬套的位置

2. 汽车挡泥板衬套的的作用

汽车挡泥板衬套主要是防止车轮转动带动的泥沙或者其他腐蚀性物质直接打到车身上,损伤、污染、腐蚀汽车,并起到修饰外观的作用。

三、任务准备

1. 准备工具和设备

汽车一部、举升器,10号内梅花套筒、十字杆套筒、一字螺丝刀、十字螺丝刀各一把、叉形工具,塑料卡扣和干净的抹布。

2. 安全检查

检查所使用电器设备插座、电线、电缆和各种工具有无不良情况,有问题必须先处理好或者更换;检查举升机安全锁是否正常。

四、任务实施

(1)把车停到举升器内。

(2)用三角木把车轮塞死,避免在更换过程中车子滚动发生事故。

(3)拆下车轮装饰板,放到指定区域。

(4)用十字杆拆下车轮的固定螺栓,注意一定要对角交叉上紧或拆下,如图2-13-2所示。

(5)把车子升起,车轮离地面20cm即可,如图2-13-3所示。

(6)检查车子是否稳妥,拿开三角木。

(7)拆下车轮,放到指定区域,如图2-13-4所示。

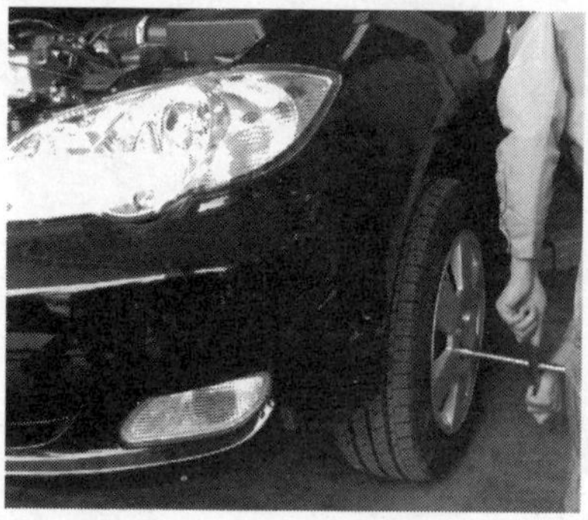

图 2-13-2　拆下车轮固定螺栓

图 2-13-3　举升汽车

(8)用叉形工具拆下固定挡泥板衬套的塑料扣,把塑料扣放到托盘中,如图 2-13-5 所示。

图 2-13-4　拆下车轮

图 2-13-5　拆固定的塑料卡扣

(9)用 10 号内梅花套筒拆下固定挡泥板衬套的螺钉,把螺钉放到托盘中,如图 2-13-6 所示。

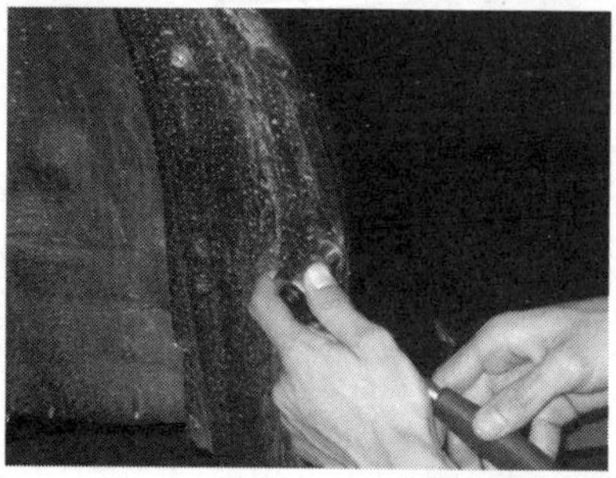

图 2-13-6　拆固定的螺钉

(10)拆下需更换的挡泥板衬套。

(11)安装新挡泥板衬套。安装时要注意要把原有固定挡泥板衬套的螺钉及塑料扣装好。

(12)装上车轮,用螺栓先稍为固定。

(13)把车子降下,塞紧三角木。

(14)紧固车轮,按照对角交叉的方式上紧螺栓,并注意扭矩大小要合适。

(15)清洁车身、工位和整理工具与设备。

五、任务评价

1. 自我评价

(1)通过本学习任务的学习,你是否已经清楚以下问题:

①汽车上有几种挡泥板,分别用什么材料?____

____

____。

②挡泥板的作用是什么？____

____。

③简述塑料轮罩的拆装过程？____

____。

(2)实训工具设备及其他用品使用情况。

评价：____

____。

(3)实训过程完成情况。

评价：____

____。

(4)工作着装是否规范？

评价：____

____。

(5)在实训中你是否意识到安全防护的问题并提醒其他同学注意？是否出现了不规范的情况？是如何处理的？

评价：____

____。

(6)7S 管理。能否积极主动参与工作现场的清洁和整理工作？

评价：____

____。

(7)在完成本学习任务的过程中，你是否主动帮助过其他同学？并和其他同学探讨操作过程中出现的有关问题？具体问题是什么？结果是什么？

评价：____

____。

(8)通过本学习任务的学习，你认为哪些方面还有待进一步改善？

评价：____

____。

(9)在进行本学习任务的学习过程中,你是从本教材的“资料收集”中收集还是从其他方面进行收集与操作相关的内容?有何收获?

评价:____

____

____。

(10)在本学习任务中你遇到的困难是什么?如何解决的?

评价:____

____

____。

签名:____________　　　　　　　　________年____月____日

2. 小组评价

小组评价见表2-13-1。

小　组　评　价　　　　表2-13-1

序　号	评　价　项　目	评价情况
1	学习态度是否积极主动	
2	是否服从教学安排	
3	是否达到全勤	
4	着装是否符合要求	
5	是否合理规范的使用仪器和工具、设备	
6	是否按照安全和规范的规程操作	
7	是否遵守学习、实训场地的规章制度	
8	是否积极主动地和他人合作、探讨问题	
9	是否能保持学习、实训场地整洁	
10	团结协作情况	

参与评价的同学签名:____________　　　　　　　　________年____月____日

3. 教师评价

____

____。

六、学习拓展

汽车挡泥板

在汽车车身结构上有一个用金属材料制造的,起到防止车轮飞溅的脏物对汽车影响的零件叫挡泥板,或叫轮罩;在前轮位置叫前轮罩,在后轮位置叫后轮罩。前轮罩是与前纵梁焊接在一起的,如图2-13-7所示。

另外，在新车上一般不安装，而由自己选择安装的增强保护车轮飞溅物撞击汽车的配件，俗称也叫挡泥板，如图 2-13-8 所示。

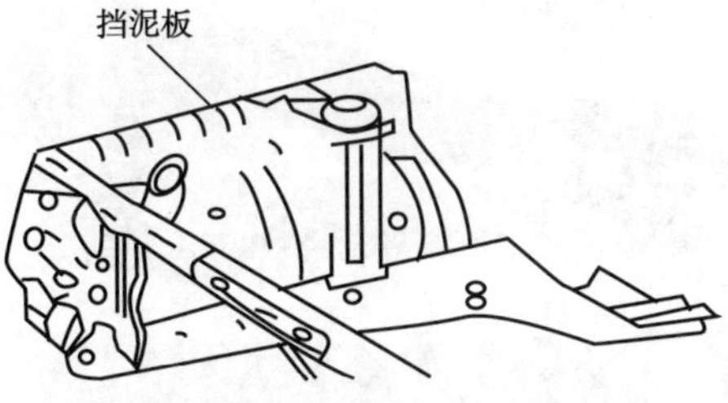

图 2-13-7　前挡泥板（轮罩）

图 2-13-8　挡泥板

学习任务 14　安全带的拆装

学习过程

一、任务要求

（1）按正确操作方法更换汽车安全带。

（2）更换后符合安全技术要求。

（3）安装安全带后立柱护板和车身应配合牢固，不允许出现松动现象；与顶棚、密封条应配合良好。

（4）安装安全带后，B 柱上护板安全带调整滑道挡板活动自如，不影响安全带的调节，B 柱上护板和下护板配合间隙均匀且小于 1mm，B 柱下护板和前后门槛压板配合间隙均匀且间隙小于 1mm。

二、资料收集

1. 汽车安全带的作用

汽车安全带的作用就是在车辆发生碰撞或紧急制动时，预紧装置就会瞬间收束，绷紧佩带时松弛的安全带，将乘员牢牢地拴在座椅上，防止发生二次碰撞；一旦安全带的收束力度超过一定限度，限力装置就会适当放松安全带，保持胸部受力稳定。因此，汽车安全带起着约束位移和缓冲作用，吸收撞击能量，化解惯性力，避免或减轻驾乘人员受伤的程度。当高速行驶的汽车发生碰撞或遇到意外紧急制动时，将产生巨大的惯性力，这个惯性力可能超过驾驶人体重的 20 倍（视行车速度及撞击程度有所不同），使驾驶人及乘客与车内的转向盘、风窗玻璃、座椅靠背、车门等物体发生碰撞，极易造成对驾乘人员的伤害，甚至将驾乘者抛离座位或抛出车外。汽车事故调查表明，在发生正面撞车时，如果系了安全带，可使死亡率减少 57%，侧面撞车时可减少 44%，翻车时可减少 80%。

2. 汽车安全带的结构

汽车安全带主要由安全带织带、卷收器、预紧器、限荷器、卷收器张力减小装置、高度调节器和自动紧急锁止装置等结构组成,如图 2-14-1 所示。

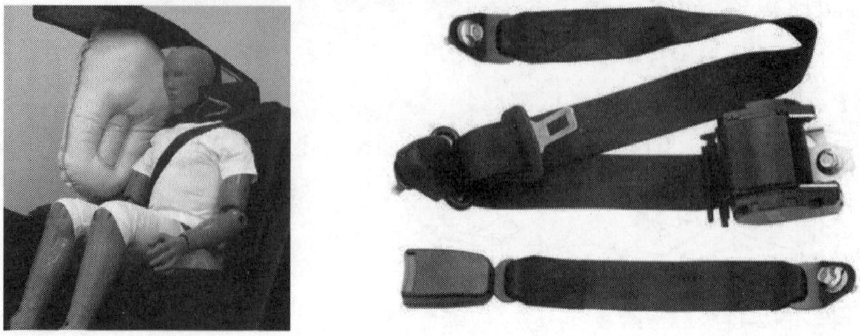

图 2-14-1　安全带结构

1)安全带织带

安全带织带是汽车安全带的主要组成部分,直接束缚在人体上。为了保证在碰撞事故中安全带起作用约束人体向前移动时,既不会因织带过硬伤及被约束者身体,也不会因其弹性过大使乘员产生过量的移动而碰撞到车身内部件,织带要求有足够的强度、良好的耐温湿、耐磨、耐光和阻燃性能。

2)预紧器

安全带预紧器能够在低强度碰撞而安全气囊未打开的情况下,保护乘员的头部;同时由于它能很好地消除在碰撞开始时织带与乘员之间的松弛量,故能使乘员与车体之间的相对运动减小,从而对乘员的胸、腹部起到很好的保护作用。

3)限荷器

限荷器可以改善安全带的能量吸收特性,对乘员施加比较均匀的约束力,从而降低使用安全带所造成的不适感。

4)卡扣

安全带卡扣,也叫带扣,俗称锁舌,主要是使其在正常驾乘状态下将乘员可靠地固定在座椅的正确位置;而在事故发生时,可以尽快让乘员解脱安全带,逃离汽车。

5)卷收器

卷收器是用于收卷、储存部分或全部织带,并在增加某些机构后起到特定作用的装置,该装置使佩带者不必随时调节织带长度。卷收器按其作用可以分为无锁式卷收器、自锁式卷收器和紧急锁止式卷收器,目前应用最为广泛的是紧急锁止式卷收器。

6)卷收器张力减小装置

卷收器的卷收力过大会影响乘员佩戴安全带时的舒适性,造成不舒服的压迫感。张力减小装置可以在不削减织带的回卷能力并保持安全带与乘员接触的前提下,尽量减小织带对乘员的压迫感。改善了安全带的佩戴舒适性,增加了安全带的使用率。

7)高度调节器

高度调节器是一种用于调节安全带上固定点高度的调节装置,可以使安全带佩戴者获得较为舒服的肩带佩戴位置。

8)自动紧急锁止装置

自动紧急锁止装置是为了保证对儿童乘员随时能可靠而牢固地进行约束,成年乘员在没有危险情况出现时可以比较自由地移动的装置。自动紧急锁止装置在织带充分拉出的情况下,通过一定的机构将紧急锁止状态转换到自动锁止状态。

3. 汽车安全带安装注意事项

(1)保持安全带干净,避免沾油,检查安全带有无损伤,急拉锁止,缓拉顺畅。

(2)对于安装有预紧装置的预紧式安全带,取卷收器时要轻拿轻放,以免损坏卷收器。

三、任务准备

以前座椅安全带为例。

1. 准备工具和零件

一字螺丝刀、十字螺丝刀、套筒扳手、力矩扳手、一次性卡扣等。

2. 安全检查

检查所使用工具,检查工作场地并清洁,清除杂物。

四、任务实施

(1)用一字螺丝刀小心撬开前门门槛压板,如图2-14-2所示。

(2)拆下前门洞密封条,如图2-14-3所示。

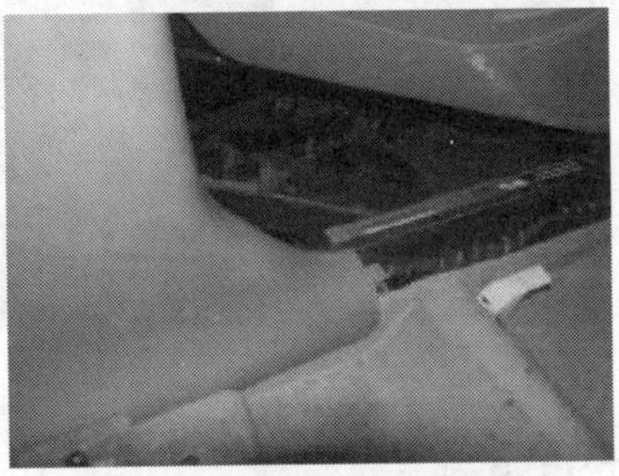

图2-14-2 撬开前门门槛压板

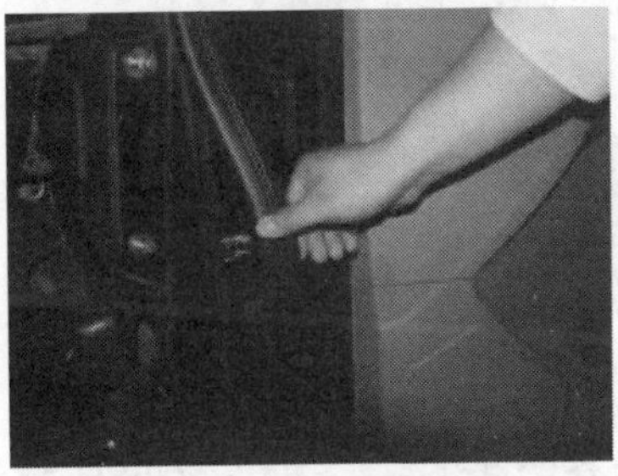

图2-14-3 拆下前门洞密封条

(3)拆下后门槛压板,如图2-14-4所示。

(4)拆下安全带下装饰盖,使用力矩扳手及套筒拆下安全带下方的固定螺栓,如图2-14-5所示。

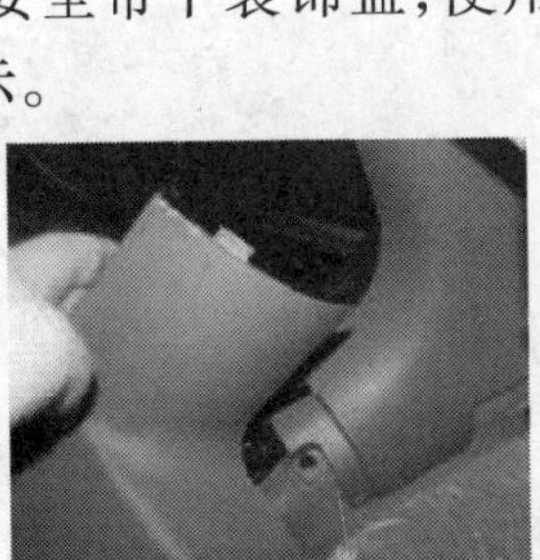

图2-14-4 拆下后门槛压板

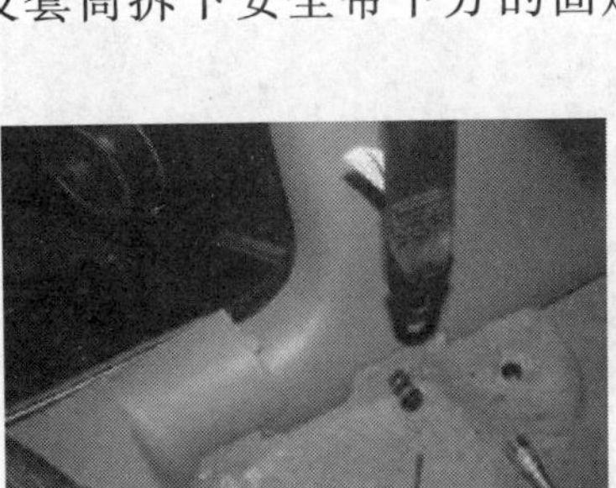

图2-14-5 拆下安全带下方固定螺栓

(5)用一字螺丝刀撬开安全带上方装饰盖,用套筒扳手拆下安全带上吊环螺栓。注意小心里面的卡扣断裂,如图2-14-6所示。

图2-14-6　撬开装饰盖拆下吊环螺栓

(6)用十字螺丝刀拆下B柱上护板固定螺钉,然后取下B柱上护板。小心里面的卡扣断裂,如图2-14-7所示。

(7)拆下B柱下护板螺钉,然后取下B柱下护板,如图2-14-8所示。

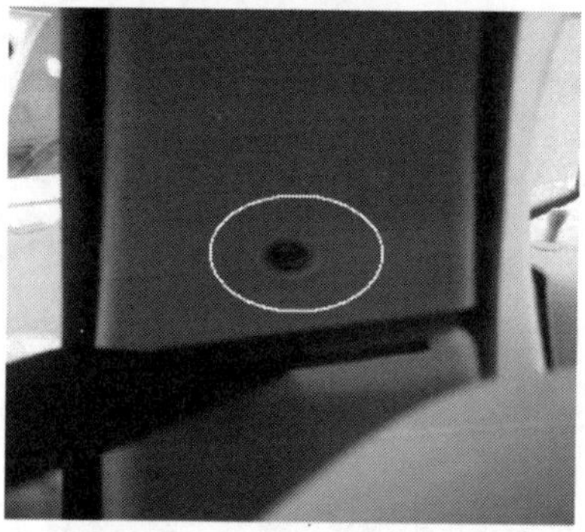

图2-14-7　拆下B柱上护板螺钉

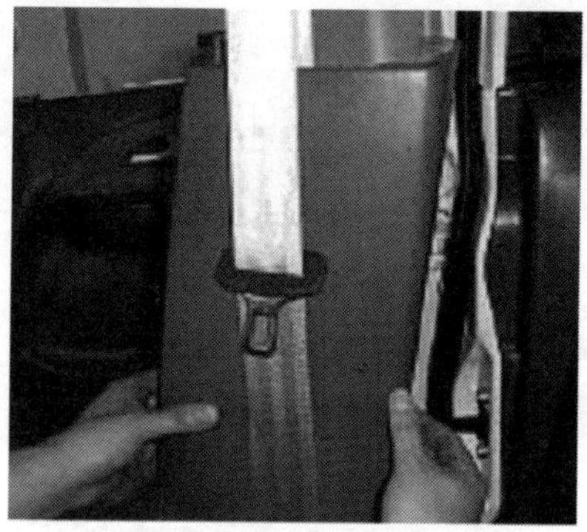

图2-14-8　取下B柱上护板

(8)用套筒拆下安全带上的吊环螺栓,如图2-14-9所示。

(9)用套筒拆下安全带卷收器固定螺栓,然后取下安全带。注意力矩要求,如图2-14-10所示。

图2-14-9　拆下安全带的吊环螺栓

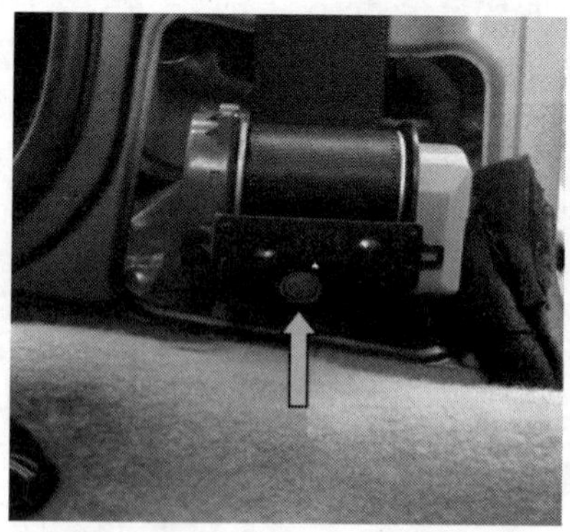

图2-14-10　拆下卷收器

(10)安装步骤:请参考拆卸步骤,以相反的顺序进行。安装完毕必须经过检验,紧固螺栓时要按照力矩要求施加扭力,确保安全带达到其安全性能的要求。

五、任务评价

1. 自我评价

(1)通过本学习任务的学习,你是否已经清楚以下问题:

①汽车安全带的结构组成主要有哪些?______________________________

____

____。

②汽车安全带有什么作用?______________________________________

____

____。

③汽车安全带拆装有哪些注意事项?______________________________

____

____。

④行车时,为了免去汽车报警,如图 2-14-11 使用安全带卡扣正确吗?为什么?___

____

____。

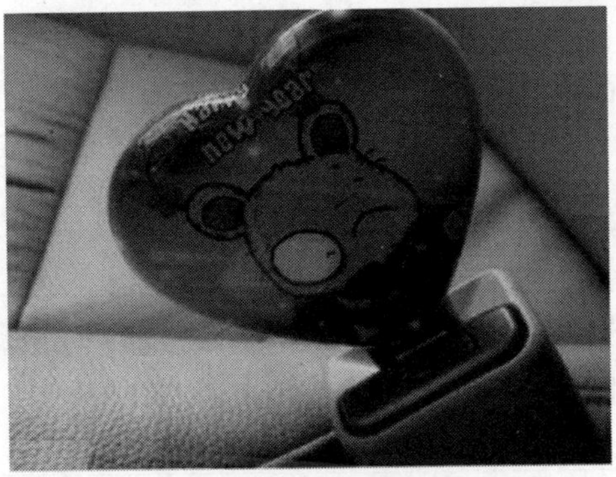

图 2-14-11 安全带卡扣的使用

(2)实训工具设备及其他用品使用情况。

评价:____

____

____。

(3)实训过程完成情况。

评价:____

____

____。

(4)工作着装是否规范？

评价：____

____

____。

(5)在实训中你是否意识到安全防护的问题并提醒其他同学注意？是否出现了不规范的情况？是如何处理的？

评价：____

____

____。

(6)7S 管理。能否积极主动参与工作现场的清洁和整理工作？

评价：____

____

____。

(7)在完成本学习任务的过程中，你是否主动帮助过其他同学？并和其他同学探讨操作过程中出现的有关问题？具体问题是什么？结果是什么？

评价：____

____

____。

(8)通过本学习任务的学习，你认为哪些方面还有待进一步改善？

评价：____

____

____。

(9)在进行本学习任务的学习过程中，你是从本教材的“资料收集”中收集还是从其他方面进行收集与操作相关的内容？有何收获？

评价：____

____

____。

(10)在本学习任务中你遇到的困难是什么？如何解决的？

评价：____

____

____。

签名：______________　　　　　　　　　　　　________年____月____日

2. 小组评价

小组评价见表 2-14-1。

小 组 评 价 表2-14-1

序 号	评 价 项 目	评价情况
1	学习态度是否积极主动	
2	是否服从教学安排	
3	是否达到全勤	
4	着装是否符合要求	
5	是否合理规范的使用仪器和工具、设备	
6	是否按照安全和规范的规程操作	
7	是否遵守学习、实训场地的规章制度	
8	是否积极主动地和他人合作、探讨问题	
9	是否能保持学习、实训场地整洁	
10	团结协作情况	

参与评价的同学签名：____________ ________年____月____日

3. 教师评价

____

____。

六、学习拓展

1. 安全带的产生及发展过程

安全带作为汽车发生碰撞过程中保护驾乘人员的基本防护装置，它的诞生早于汽车。早在1885年，安全带出现并使用在马车上，目的是防止乘客从马车上摔下去。1902年5月20日在纽约举行的一场汽车竞赛场上，一名赛车手为防止在高速中被甩出赛车，用几根皮带将自己和同伴拴在座位上。竞赛时，他们驾驶的汽车因意外冲入观众群，造成两人丧生，数十人受伤，而这几名赛车手却由于皮带的缘故死里逃生。这几根皮带也就成为汽车安全带的雏形，在汽车上首次使用，便挽救了使用者的生命。

1922年，赛车场上的跑车开始使用安全带；1955年，美国福特汽车使用了安全带；1968年，美国规定轿车面向前方的座位均要安装安全带。欧洲和日本等发达国家都相继制定了汽车乘员必须要佩戴安全带的规定，我国公安部于1992年11月15日颁布了通告，规定从1993年7月1日起，所有小客车（包括轿车、吉普车、面包车、微型车等）驾驶人和前排座乘车人必须使用安全带，即《道路交通安全法》第五十一条规定：机动车行驶时，驾驶人、乘坐人员应当按规定使用安全带，摩托车驾驶人及乘坐人员应当按规定戴安全头盔。

目前，世界上安全带的标准形式是尼尔斯发明的三点式安全带，这种汽车安全带开始为人接受始于1967年，尼尔斯在美国发表了《28000宗意外报告》，当中记录了1966

年瑞典国内所有牵涉沃尔沃汽车的交通意外，数字清楚显示，三点式安全带不但在超过半数的个案中，降低甚至避免乘客受伤的机会，更能够保住性命。

2. 安全带的使用误区

安全带是用来保护驾驶员和乘客安全的装置，但还是有不少司机在驾驶过程中不系安全带，或者"用时则信手拈来，不用时则顺手一丢。"甚至有个别私家车主把安全带当成了摆设，只有在遇到警察时才勉强应付一下。安全带是生命的保护神，但在现实生活中，一些人却明显地在安全带使用上走入了误区。

1）可用可不用

把安全带做为摆设，拿自己的生命冒险。当车辆在高速行驶时发生碰撞或紧急制动时，巨大的惯性会使车内乘员与转向盘、风窗玻璃等发生二次碰撞，从而造成对乘员的严重伤害。而安全带能将人束缚在座位上，它的缓冲作用会吸收大量动能，大大减轻乘员的伤害程度。当车仅以40km/h的速度行驶时发生碰撞，身体前冲的力量就会相当于从4层楼上扔下一袋50kg重的水泥，其冲力之大可想而知。

有人认为车内装备有安全气囊，没必要再系安全带。气囊的爆发力非常大，如果丝毫没有安全带的牵引缓冲而直接撞到正在爆发的气囊上，对身体也会有严重的损伤。所以，安全气囊要与安全带配合使用才能起到其安全作用。据统计，由于系了安全带而在交通事故中幸免于难的乘员约占30%。

2）不讲究保养

安全带在使用中也要注意保养，常检查安全带的性能，一旦发现有损坏应及时更换；其所有固定螺栓都应按规定的力矩拧紧，螺栓周围应涂上密封胶；不要让安全带压在坚硬或易碎的物体上，如衣服里的眼镜、钢笔和钥匙等，更不能让安全带在锋利的刃口上摩擦，以免破坏安全带；不要让座椅靠背过于倾斜，否则安全带将不能正常地伸缩；座椅上无人时，要将安全带送回卷收器中；清洁时不要使用染料或漂白剂，以免腐蚀安全带，也不要用硬刷刷洗，否则降低安全带的抗拉强度。

3）不规范使用

有些司机没有正确使用安全带，导致被安全带损伤。被安全带损伤的主要原因源于当汽车突然制动或变速时，由于安全带的束缚，使驾乘人员的体位相对固定，在惯性力的作用下，驾乘人员的头颈部则处于过度伸展状态，由此可对颈椎产生一种剪切冲击力；另外，驾驶员因体位长期固定，而会引起颈肩及腰部、胸部的肌肉、韧带慢性疲劳性损伤，其损伤早期，可表现为颈椎不稳的症状，如颈、肩、手臂和背部的麻木、酸胀、疼痛、腰酸背痛，出现头晕、头痛、耳鸣、视力模糊等症状，甚至有可能产生椎体的楔形压缩性骨折。

为防止上述情况的发生，应避免在非高速公路段高速行车，起步及停车时应平缓变速，以减轻制动及变速时对脊椎产生的剪切冲击力；工作之余要坚持进行颈肩及腰背部的功能锻炼，如做颈椎操，广播操等，以减轻肌肉、韧带的慢性疲劳性损伤，一旦发现有上述症状，当及时去医院就诊。

学习任务 15　座椅的拆装

学习过程

一、任务要求

(1)按正确操作方法拆装汽车座椅。

(2)安装后符合安全使用要求。

二、资料收集

1. 汽车座椅的结构特点

汽车座椅主要由头枕、座垫、靠背、倾斜调节器和有关电器组成,如图 2-15-1 所示。

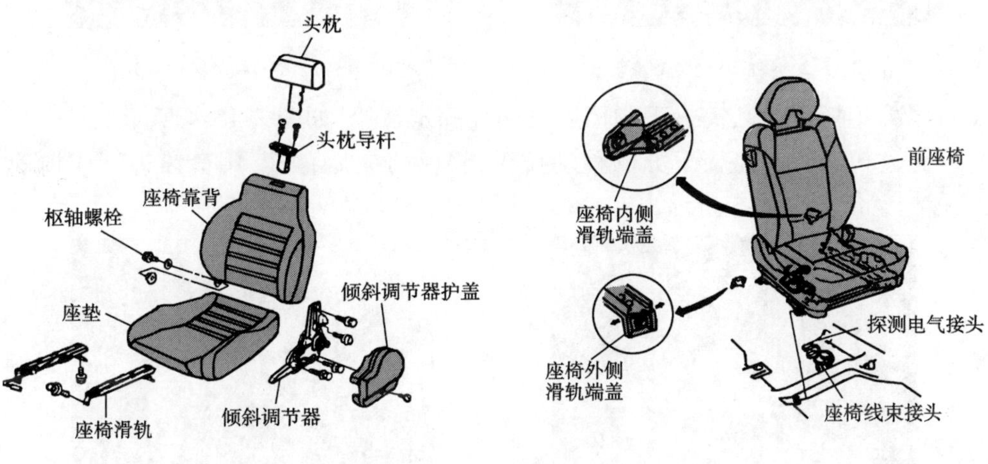

图 2-15-1　汽车座椅结构

2. 拆装汽车座椅操作注意事项

(1)佩带必要的劳保用品,以免发生意外事故,安全第一。

(2)保持座椅表面干净,避免沾油,检查座椅有无划伤。

(3)拆装过程中,要特别注意掌握合适的力度,禁止野蛮操作。

(4)在内饰件的拆装的过程中,要注意保护装饰件表面不被划伤。

三、任务准备

1. 准备工具

套筒扳手、力矩扳手。

2. 安全检查

清洁工位,清除杂物。

四、任务实施

1. 拆装前座椅

（1）通过拉动左前座椅下方的移动拉手，将座椅向后移动，用一字螺丝刀将座椅前固定螺栓装饰盖取下，如图 2-15-2 所示。

（2）通过拉动左前座椅下方的移动拉手，将座椅向前移动，用一字螺丝刀将座椅后固定螺栓装饰盖取下，如图 2-15-3 所示。

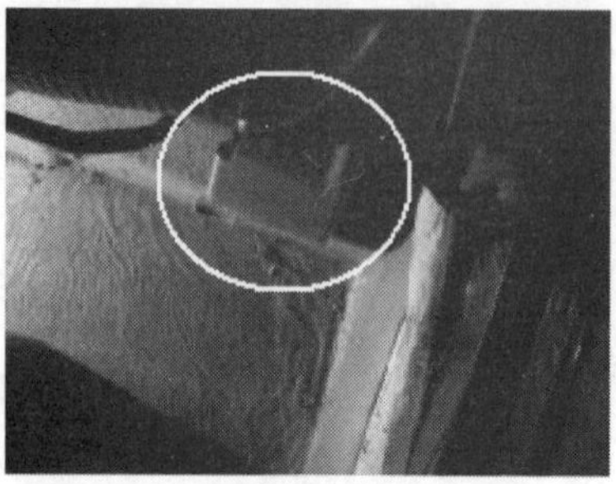

图 2-15-2　将前螺栓装饰盖取下

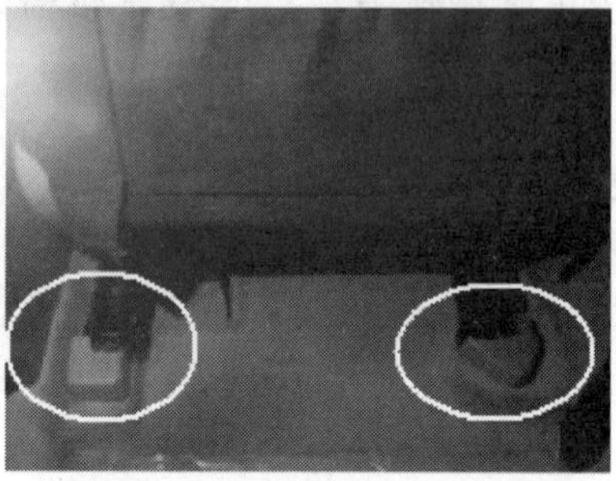

图 2-15-3　将后螺栓装饰盖取下

（3）用力矩扳手及套筒拆下座椅后方两颗固定螺栓，如图 2-15-4 所示。

（4）通过拉动左前座椅下方的移动拉手，将座椅向后移动，用套筒拆下座椅前方两颗固定螺栓，如图 2-15-5 所示。

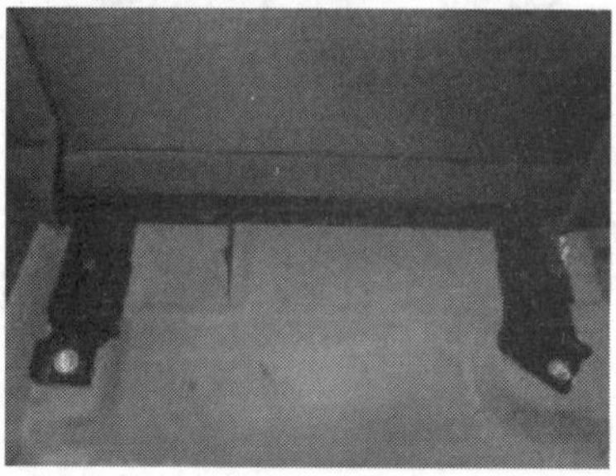

图 2-15-4　拆后方两颗固定螺栓

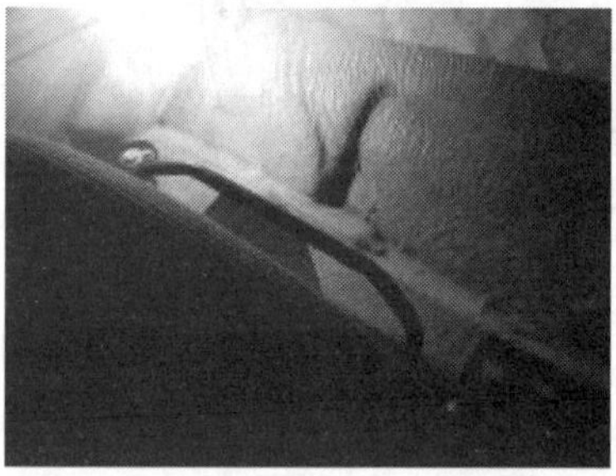

图 2-15-5　拆前方两颗固定螺栓

（5）拔下座椅下方电器插件，拆下座椅。

（6）右前座椅拆装参照左前座椅拆装。

（7）安装。安装步骤请参考拆卸步骤以相反的顺序进行。

2. 拆装后座椅

（1）用一字螺丝刀将后坐垫撬起并取下，如图 2-15-6 所示。

（2）拉动锁止杆将左后靠背掀起，如图 2-15-7 所示。

（3）用十字螺丝刀拆下左侧小靠背，并取下，如图 2-15-8 所示。

（4）断开电器接头，取下靠背，如图 2-15-9 所示。

（5）左后侧靠背拆卸方法请参照右边拆卸。

（6）安装。安装步骤请参考拆卸步骤以相反的顺序进行。

图2-15-6 将后坐垫撬起并取下

图2-15-7 将左后靠背掀起

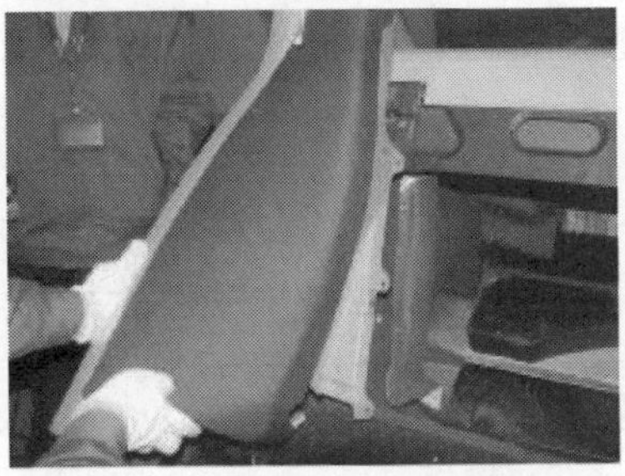

图2-15-8 取下左侧小靠背

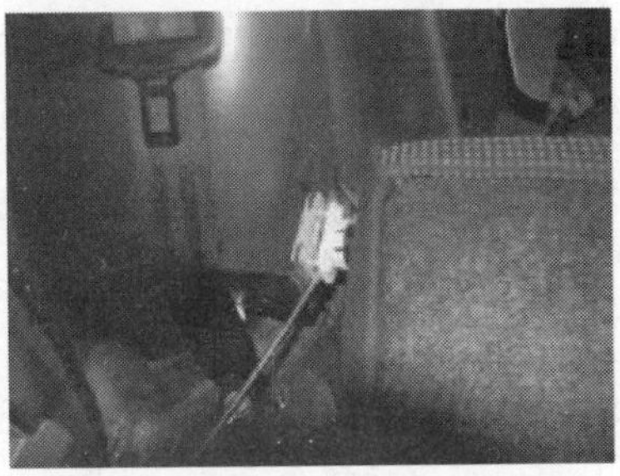

图2-15-9 取下座椅靠背

五、任务评价

1. 自我评价

(1)通过本学习任务的学习,你是否已经清楚以下问题:

①汽车座椅主要由什么结构组成?____。

②汽车座椅的主要拆装步骤有哪些?____。

③汽车座椅的拆装有哪些注意事项?____。

④有儿童乘车时为何要安装儿童座椅?____。

(2)实训工具设备及其他用品使用情况。

评价:____。

(3)实训过程完成情况。

评价:____

____

____。

(4)工作着装是否规范?

评价:____

____

____。

(5)在实训中你是否意识到安全防护的问题并提醒其他同学注意?是否出现了不规范的情况?是如何处理的?

评价:____

____

____。

(6)7S 管理。能否积极主动参与工作现场的清洁和整理工作?

评价:____

____

____。

(7)在完成本学习任务的过程中,你是否主动帮助过其他同学?并和其他同学探讨操作过程中出现的有关问题?具体问题是什么?结果是什么?

评价:____

____

____。

(8)通过本学习任务的学习,你认为哪些方面还有待进一步改善?

评价:____

____

____。

(9)在进行本学习任务的学习过程中,你是从本教材的“资料收集”中收集还是从其他方面进行收集与操作相关的内容?有何收获?

评价:____

____

____。

(10)在本学习任务中你遇到的困难是什么?如何解决的?

评价:____

____

____。

签名:______________　　　　　　　　　　　　__________年_____月_____日

2. 小组评价

小组评价见表2-15-1。

小　组　评　价　　　表2-15-1

序　号	评　价　项　目	评价情况
1	学习态度是否积极主动	
2	是否服从教学安排	
3	是否达到全勤	
4	着装是否符合要求	
5	是否合理规范的使用仪器和工具、设备	
6	是否按照安全和规范的规程操作	
7	是否遵守学习、实训场地的规章制度	
8	是否积极主动地和他人合作、探讨问题	
9	是否能保持学习、实训场地整洁	
10	团结协作情况	

参与评价的同学签名：____________　　　　________年____月____日

3. 教师评价

____

____。

六、学习拓展

汽车儿童安全座椅

汽车儿童安全座椅是一种专为不同体重（或年龄段）的儿童设计，安装在汽车内，能有效提高儿童乘车安全的座椅。在汽车碰撞或突然减速的情况下，可以减少对儿童的冲压力和限制儿童的身体移动，从而减轻对他们的伤害。

1. 为什么要使用儿童安全座椅

（1）车辆内的安全带都是按成人设计的，仅适用于身高140cm、体重36kg以上的乘员。对于身高体形发展尚未健全的儿童来说，若只使用车上安全带，当碰撞发生时，安全带有可能对儿童造成肋骨骨折、窒息甚至颈骨折断的危险。反而会伤害宝宝脆弱的颈部，根本起不到安全保护功能。所以对于4岁及18kg以上的儿童仍建议搭配儿童座椅乘坐。

（2）根据实际研究，当汽车以时速50km/h的车速发生碰撞时，父母怀抱中的宝宝会以自身体重的30倍的冲击力冲出。这种突如其来的冲击力，对父母而言，是无法在一瞬间可以立即反应处理的，即使是再强壮的手臂，宝宝都可能有撞上风窗玻璃的危险。根据美国高速公路交通安全局（NHTSA）的统计：使用儿童安全座椅可以将冲撞意外事故中孩子的死亡率降低71%。儿童安全座椅如图2-15-10所示。

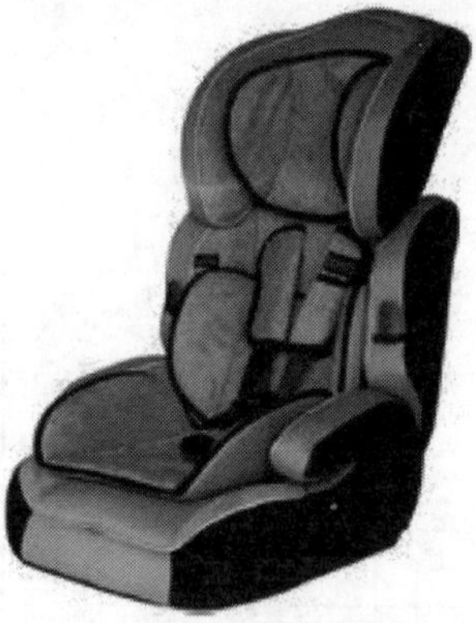

图 2-15-10 汽车儿童安全座椅

2. 使用汽车儿童安全座椅注意事项

(1)汽车的后排座位的中间位置是安装儿童安全座椅的理想位置。

(2)汽车行进过程中，请将孩子始终放置在儿童安全座椅中。

(3)建议每只儿童安全座椅尽量只供同一名儿童使用，以避免经常调整座椅的角度及安全带松紧而可能带来的安全隐患。

(4)每次使用儿童安全座椅时，请确认汽车安全带是否扣紧，及儿童安全座椅与汽车座位是否平贴。

(5)定期检查儿童安全座椅的完好性，并根据儿童的体形及穿着的变化及时调整儿童安全座椅安全带的松紧。

(6)如长时间不用，请将儿童安全座椅收藏至其他安全地方保存，并避开暴晒及潮湿环境。

(7)当汽车紧急制地或受到撞击后，请确认儿童安全座椅的完好并重新绑紧，如有损坏或变形应立即更换，不得再次使用。

(8)炎热天气应等儿童安全座椅充分散热后方能让儿童入座以免灼伤。

学习任务 16 扶手箱和副仪表板的拆装

学习过程

一、任务要求

(1)按正确操作方法更换汽车扶手箱和副仪表板。

(2)更换后符合技术要求。

二、资料收集

扶手箱是一种放置于驾驶室前排两个座椅中间，主要供驾驶员在行车过程中放置胳膊减轻疲劳的汽车内饰配件，是汽车配件中的一种人性化设计。随着汽车功能的开发及其方便操作的需要，一些操作装置或者按键都向扶手箱位置发展，形成副仪表板，现代众多的汽车原装扶手箱与副仪表板往往连成一体，在进行拆装时两者需同时进行。

1. 扶手箱结构

扶手箱主要由箱盖、箱体和底座组成。如图 2-16-1 所示。

1)箱盖

扶手箱最上方的部分被称为箱盖，箱盖与箱体想连接，打开箱盖，可以在箱体中放入饮料、手机等小物件。

2)箱体

扶手箱中间的部分被称为箱体,箱体主要由内部板材和外包层组成,内部板材为扶手箱提供了良好的抗压性能,外包层多为皮革,质地柔软外形美观,感觉更舒适。

3)底座

扶手箱最下方的部分被称为底座,底座根据安装方式不同,可以分为卡固式和倒模式两种。卡固式,顾名思义是指安装扶手箱时,底座是卡在杯坐之上,不容易脱落。倒模式指的是安装扶手箱是直接插在杯座的杯孔中进行固定的。

2. 拆装扶手箱操作注意事项

(1)请佩带必要的劳保用品,以免发生意外事故,安全第一;

(2)拆装过程中,要特别注意掌握合适的力度,禁止粗暴操作;

(3)在内饰件拆装的过程中,要注意保护表面装饰件不被划伤。

三、任务准备

1. 准备工具

一字螺丝刀、十字螺丝刀、套筒等。

2. 安全检查

检查操作场地,消除安全隐患。

四、任务实施

(1)用十字螺丝刀拆下副仪表板两侧的装饰板螺钉,然后取下装饰板,如图2-16-2所示。

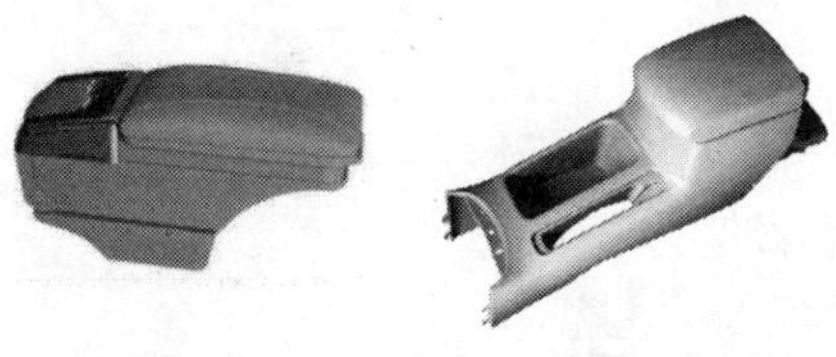

图2-16-1　扶手箱

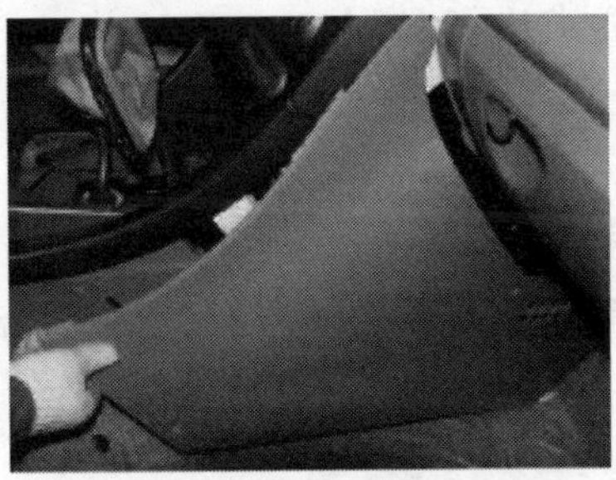

图2-16-2　拆下副仪表板两侧装饰板

(2)用十字螺丝刀拆下副仪表板与中控台连接的两个螺钉,如图2-16-3所示。

(3)取下烟灰盒,用套筒拆下烟灰盒下方位置的两个紧固螺栓,如图2-16-4所示。

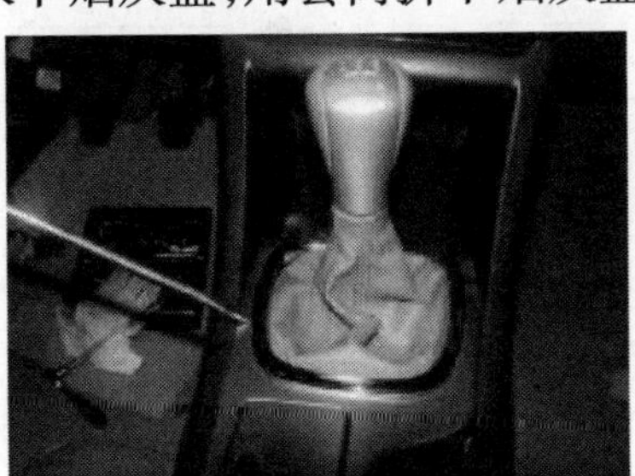

图2-16-3　拆下副仪表板连接螺钉

图2-16-4　拆下烟灰盒下紧固螺栓

(4)用一字螺丝刀拆下手制动护套,如图 2-16-5 所示。

(5)用一字螺丝刀拆下换挡手柄护套,如图 2-16-6 所示。

图 2-16-5　拆下手制动护套

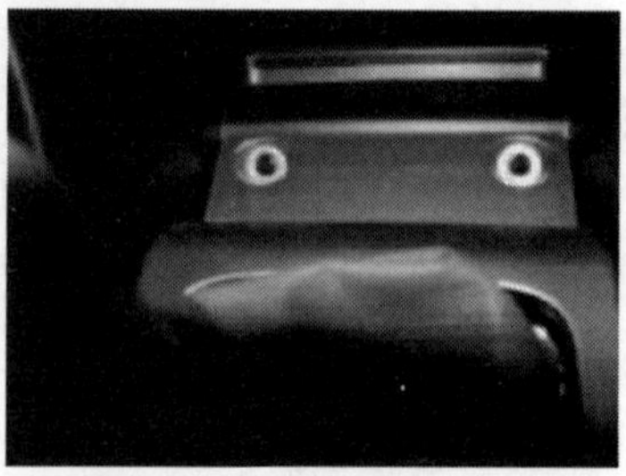

图 2-16-6　拆下换挡手柄护套

(6)用套筒拆下副仪表板与换挡座连接的两个螺栓,如图 2-16-7 所示。

(7)取下副仪表板,并拔下点烟器、外接电器插件等,如图 2-16-8 所示。

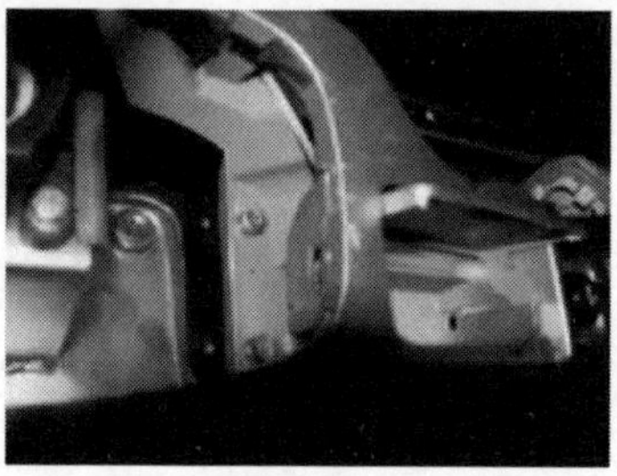

图 2-16-7　拆下副仪表板连接螺栓

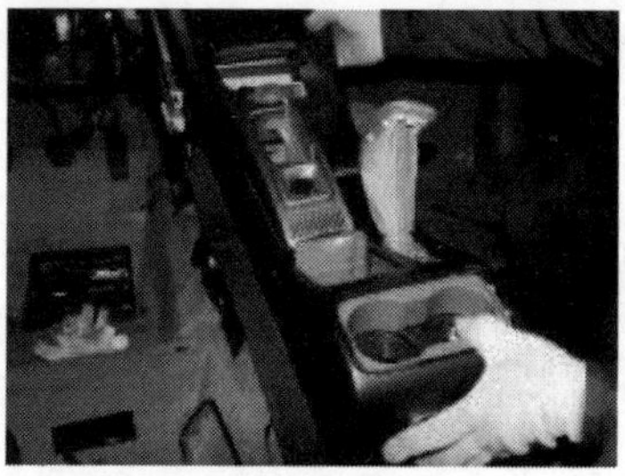

图 2-16-8　取下副仪表板

(8)安装步骤。安装步骤请参考拆卸步骤以相反的顺序进行,注意固定螺栓要按照力矩大小要求进行紧固。

五、任务评价

1. 自我评价

(1)通过本学习任务的学习,你是否已经清楚以下问题:

①什么叫扶手箱?____

____

____。

②原来汽车扶手箱有什么功能?现代的扶手箱又有什么功能?____________

____

____。

③扶手箱和副仪表板拆装主要步骤有哪些?________________________

____

____。

(2)实训工具设备及其他用品使用情况。

评价:____

____。

(3)实训过程完成情况。

评价：____

____

____。

(4)工作着装是否规范？

评价：____

____

____。

(5)在实训中你是否意识到安全防护的问题并提醒其他同学注意？是否出现了不规范的情况？是如何处理的？

评价：____

____

____。

(6)7S管理。能否积极主动参与工作现场的清洁和整理工作？

评价：____

____

____。

(7)在完成本学习任务的过程中,你是否主动帮助过其他同学？并和其他同学探讨操作过程中出现的有关问题？具体问题是什么？结果是什么？

评价：____

____

____。

(8)通过本学习任务的学习,你认为哪些方面还有待进一步改善？

评价：____

____

____。

(9)在进行本学习任务的学习过程中,你是从本教材的“资料收集”中收集还是从其他方面进行收集与操作相关的内容？有何收获？

评价：____

____

____。

(10)在本学习任务中你遇到的困难是什么？如何解决的？

评价：____

____

____。

签名：____________　　　　　　　　　　________年____月____日

2. 小组评价

小组评价见表 2-16-1。

小 组 评 价　　表 2-16-1

序 号	评 价 项 目	评 价 情 况
1	学习态度是否积极主动	
2	是否服从教学安排	
3	是否达到全勤	
4	着装是否符合要求	
5	是否合理规范的使用仪器和工具、设备	
6	是否按照安全和规范的规程操作	
7	是否遵守学习、实训场地的规章制度	
8	是否积极主动地和他人合作、探讨问题	
9	是否能保持学习、实训场地整洁	
10	团结协作情况	

参与评价的同学签名：＿＿＿＿＿＿　　＿＿＿＿年＿＿月＿＿日

3. 教师评价

＿＿。

六、学习拓展

图 2-16-9　新型扶手箱

早期的汽车扶手箱通用的比较多，材质也比较单一。随着汽车用品行业的发展，汽车扶手箱的材质和造型也有了很大的革新和升级，通用型的扶手箱逐渐被专车专用型所取代，材质方便，也越来越高档，能够满足不同车型、不同消费者层次的实际需求。此外，扶手箱又多出了其他附属功能，如储物、放置水杯、出风口、烟灰缸等。新型扶手箱如图 2-16-9 所示。

学习任务 17　地毯的拆装

学习过程

一、任务要求

（1）按正确操作方法更换汽车地毯。

(2)更换后符合技术要求。

二、资料收集

汽车地毯是采用能防水、防污、防静电、防烫等特点做成的高品质面料,不脱毛、不褪色、易清洁、触感舒适、保暖性强、色泽典雅,用于临时容纳有害的、脏的小东西,如尘土、宠物毛、草、潮气和碎屑等。地毯安装位置及相关附件,如图 2-17-1 所示。

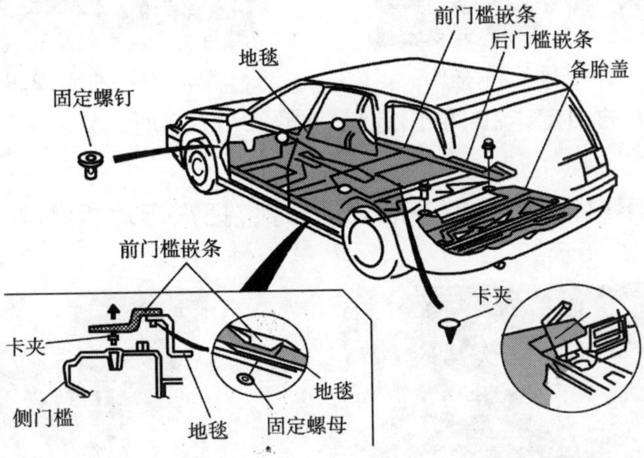

图 2-17-1　汽车地毯安装位置及相关附件

三、任务准备

1. 工位准备

准备好拆装工具,清洁场地。

2. 安全检查

检查所使用工具,尤其是电动、气动工具的安全性能是否正常,保证操作安全。

四、任务实施

(1)将座椅拆下(参见本项目座椅的拆装)。

(2)将门槛压板护板拆下。

(3)拆下 A、B、C 柱下装饰板。

(4)拆下扶手箱与副仪表板(参见本项目扶手箱和副仪表板拆卸)。

(5)用一字螺丝刀撬开驾驶员踏板上的装饰盖,如图 2-17-2 所示。

(6)用套筒扳手拆下驾驶员踏板上的两颗固定螺母,取下踏板,如图 2-17-3 所示。

(7)将与地毯孔相关的中各电器插件拔下,如图 2-17-4 所示。

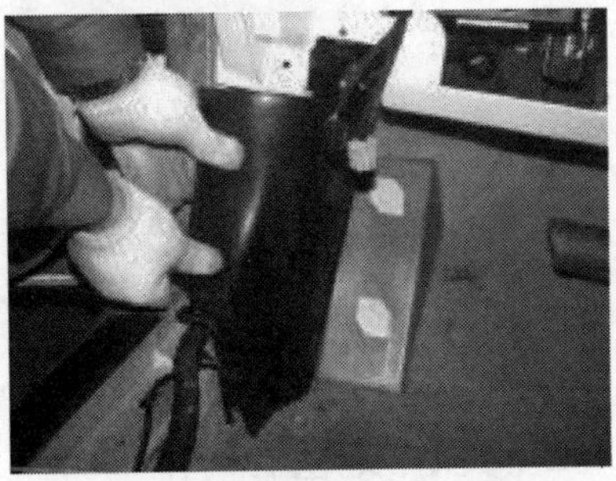

图 2-17-2　撬开踏板上的装饰盖

图 2-17-3　拆下踏板上固定螺栓

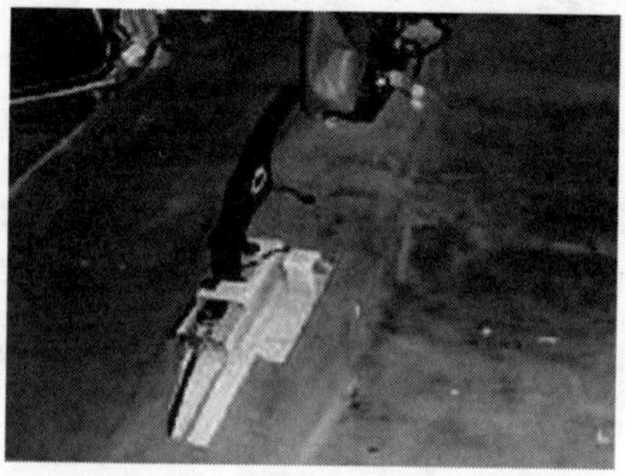

图 2-17-4　将地毯孔中各插件拔下

(8)拆下地毯上的固定卡扣,取出地毯,如图 2-17-5 所示。

(9)安装:

①把地毯放入车内,将中通道旁的地毯压实,把汽车地板各个卡扣孔从地毯孔露出,铺实,如图 2-17-6 所示。

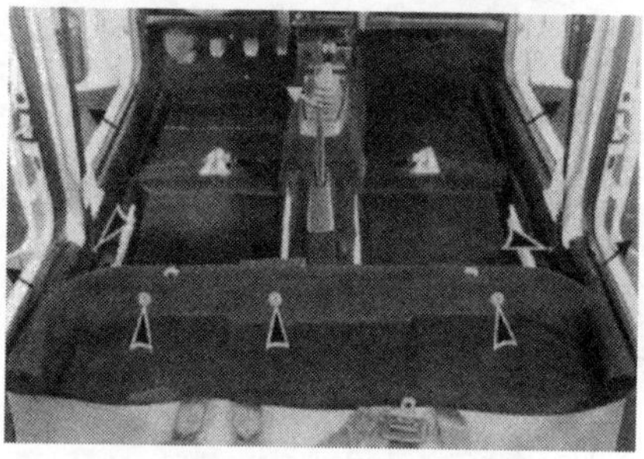

图 2-17-5　拆下地毯上的卡扣

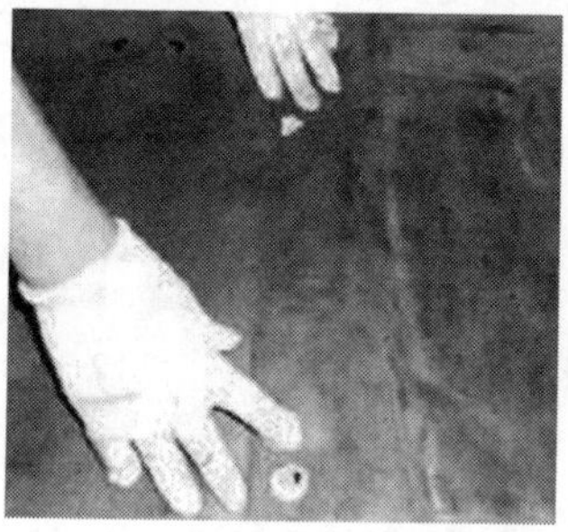

图 2-17-6　露出中通道旁固定孔

②将地毯左中后部沿车底形状铺设,并将左前座椅安装孔露出,铺实;再将地毯右中后部沿车底形状铺设,并将右前后座椅安装孔露出,铺实,如图 2-17-7 所示。

③将地毯后部沿车底铺好,如图 2-17-8 所示。

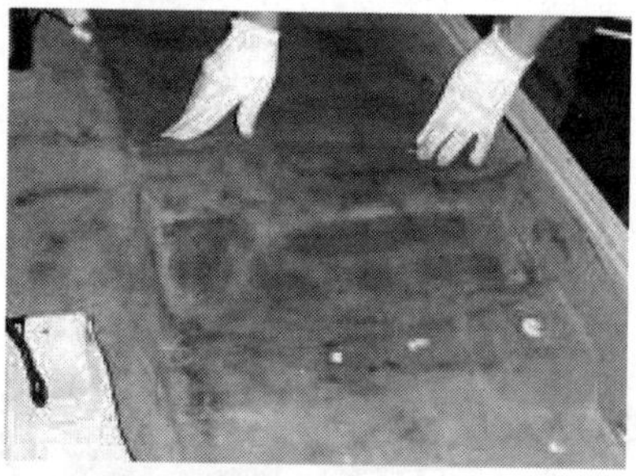

图 2-17-7　露出后座椅安装孔

图 2-17-8　将地毯后部铺好

五、任务评价

1. 自我评价

(1)通过本学习任务的学习,你是否已经清楚以下问题:

①汽车地毯有何作用? ________________

____。

②铺设地毯基本操作如何？____

____。

(2)实训工具设备及其他用品使用情况。

评价：____

____。

(3)实训过程完成情况。

评价：____

____。

(4)工作着装是否规范？

评价：____

____。

(5)在实训中你是否意识到安全防护的问题并提醒其他同学注意？是否出现了不规范的情况？是如何处理的？

评价：____

____。

(6)7S管理。能否积极主动参与工作现场的清洁和整理工作？

评价：____

____。

(7)在完成本学习任务的过程中，你是否主动帮助过其他同学？并和其他同学探讨操作过程中出现的有关问题？具体问题是什么？结果是什么？

评价：____

____。

(8)通过本学习任务的学习，你认为哪些方面还有待进一步改善？

评价：____

____。

(9)在进行本学习任务的学习过程中，你是从本教材的“资料收集”中收集还是从其他方面进行收集与操作相关的内容？有何收获？

评价：____

____

____。

(10)在本学习任务中你遇到的困难是什么？如何解决的？

评价：____

____

____。

签名：__________　　　　__________年____月____日

2. 小组评价

小组评价见表2-17-1。

小　组　评　价　　　　表2-17-1

序　号	评　价　项　目	评价情况
1	学习态度是否积极主动	
2	是否服从教学安排	
3	是否达到全勤	
4	着装是否符合要求	
5	是否合理规范的使用仪器和工具、设备	
6	是否按照安全和规范的规程操作	
7	是否遵守学习、实训场地的规章制度	
8	是否积极主动地和他人合作、探讨问题	
9	是否能保持学习、实训场地整洁	
10	团结协作情况	

签名：__________　　　　__________年____月____日

3. 教师评价

____

____。

六、学习拓展

地毯分类

1. 按地毯用途分

1)汽车主地毯

适用于汽车主机厂的一级配套厂，即汽车地毯成型厂。

2)汽车行李舱地毯

适用于汽车主机厂的一级配套厂，即生产行李舱盖的汽车内饰件厂。

3)汽车脚垫地毯

适用于生产汽车脚垫的生产厂家。

2. 按材料性质分

1)尼龙簇绒地毯

尼龙簇绒地毯面料是以尼龙纱线为主料,无纺布为辅料机织而成的平割簇绒地毯,是高档汽车的主地毯、行李舱地毯、脚垫地毯材料。

2)丙纶簇绒地毯

丙纶簇绒地毯面料是以丙纶纱线为主料,无纺布为辅料机织而成的平割簇绒地毯,是中高档汽车的脚垫地毯材料。

3)针刺地毯

复合针刺地毯面料是将热塑性弹性体与针刺地毯复合的地毯,是中高档汽车的脚垫地毯材料。

学习任务18 顶棚的拆装

学习过程

一、任务要求

(1)按正确操作方法更换汽车顶棚。

(2)更换后符合安全技术要求。

二、资料收集

汽车顶棚主要包括车顶衬板、遮阳板、室内后视镜、衣帽钩、拉手和车顶灯等。与汽车顶棚拆装有关的有车顶装饰、立柱装饰等,如图2-18-1所示。

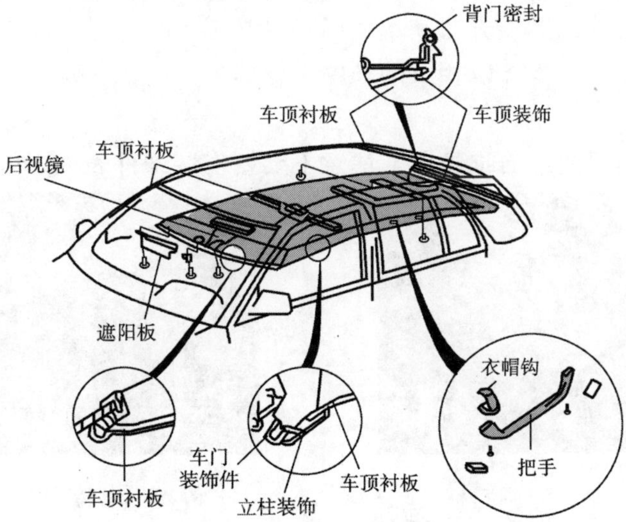

图2-18-1 汽车顶棚及附件

三、任务准备

1. 准备工具

十字螺丝刀、一字螺丝刀、套筒扳手和工具车等。

2. 安全检查

检查操作场地,消除不安全因素;清洁场地。

四、任务实施

1. 遮阳板拆装

(1)拉开固定螺钉装饰盖,用十字螺丝刀拆下遮阳板两颗固定螺钉,取下遮阳板,如图 2-18-2 所示。

(2)安装。参考拆卸步骤以相反的顺序进行。

2. 乘客拉手拆装

(1)用一字螺丝刀撬开拉手固定螺钉装饰盖,如图 2-18-3 所示。

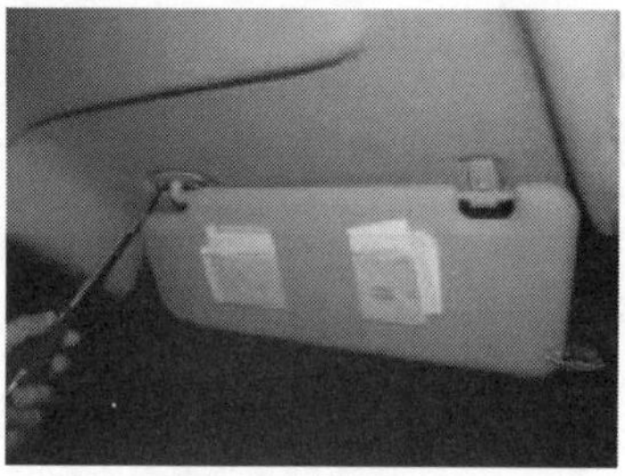

图 2-18-2　拆卸遮阳板

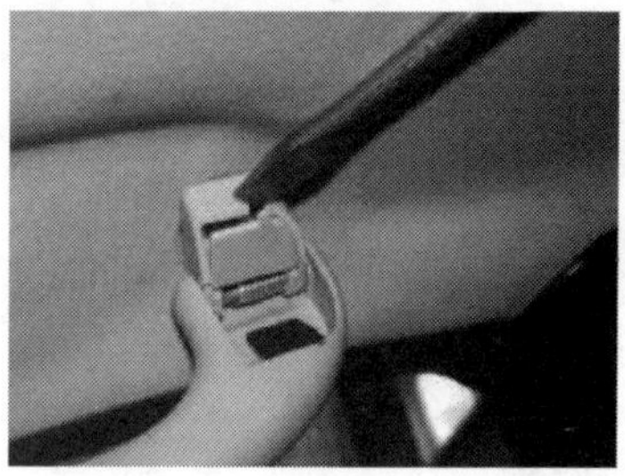

图 2-18-3　撬开螺钉装饰盖

(2)用十字螺丝刀卸下固定螺钉,如图 2-18-4 所示。

(3)取下拉手。

(4)所有车顶拉手的拆装方法基本相同。

(5)安装。参考拆卸步骤以相反的顺序进行。

3. 前顶灯拆装

(1)用一字螺丝刀撬开前顶灯罩。注意不要划伤装饰件表面,如图 2-18-5 所示。

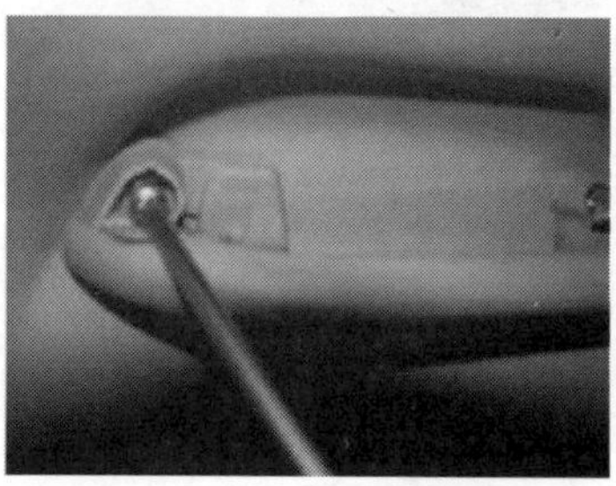

图 2-18-4　卸下固定螺钉

图 2-18-5　撬开前顶灯罩

(2)拆下前顶灯固定螺栓,如图 2-18-6 所示。

(3)拔下前顶灯电器插件,如图 2-18-7 所示。

图2-18-6 拆下顶灯固定螺栓

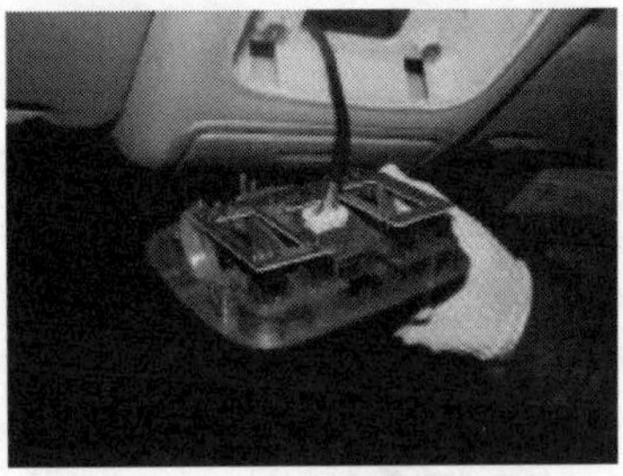

图2-18-7 拔下前顶灯插件

(4)取下前顶灯总成,如图2-18-8所示。

(5)安装步骤。参考拆卸步骤以相反的顺序进行。

4. 后顶灯拆装

(1)用一字螺丝刀撬起顶灯装饰盖边缘。注意:不要划伤装饰件,如图2-18-9所示。

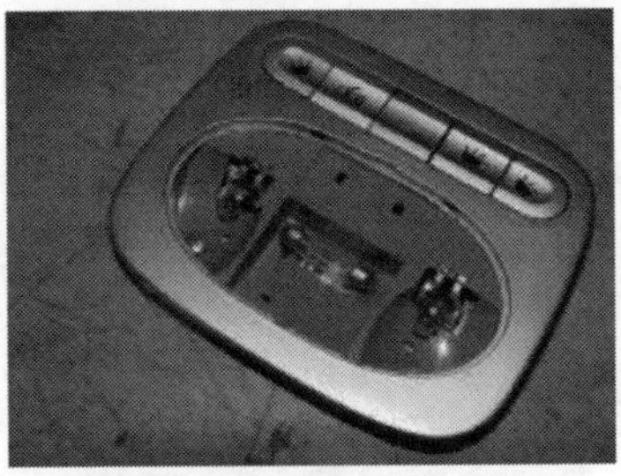

图2-18-8 取下前顶灯总成

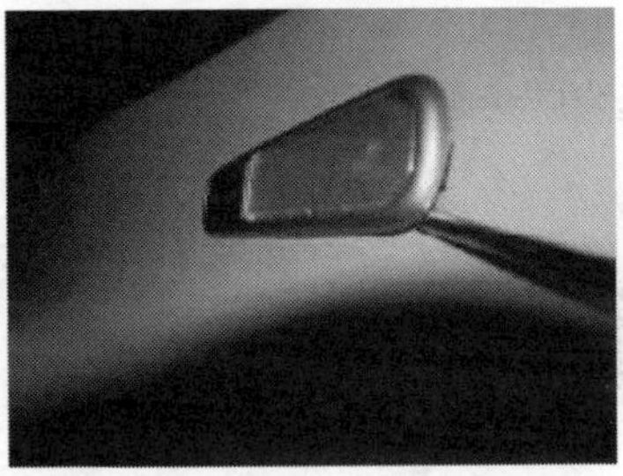

图2-18-9 撬起后顶灯装饰盖边缘

(2)拔下后顶灯电器插件。

(3)取下后顶灯。

(4)安装步骤。参考拆卸步骤以相反的顺序进行。

5. 后固定座拆装

(1)用一字螺丝刀将装饰盖撬起。注意:不要划伤装饰件,如图2-18-10所示。

(2)用一字螺丝刀拆下固定座螺钉,取下固定座,如图2-18-11所示。

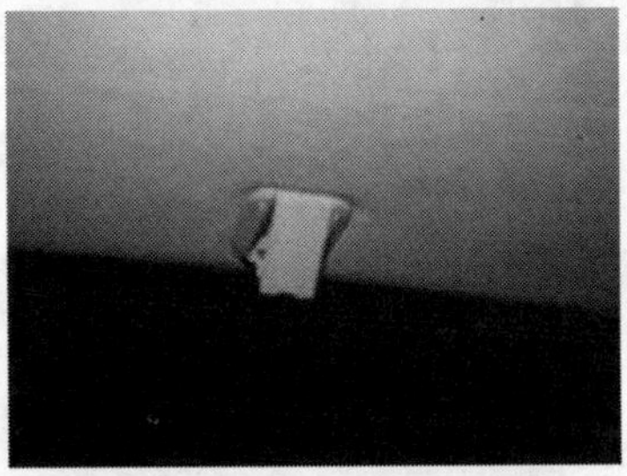

图2-18-10 将装饰盖撬起

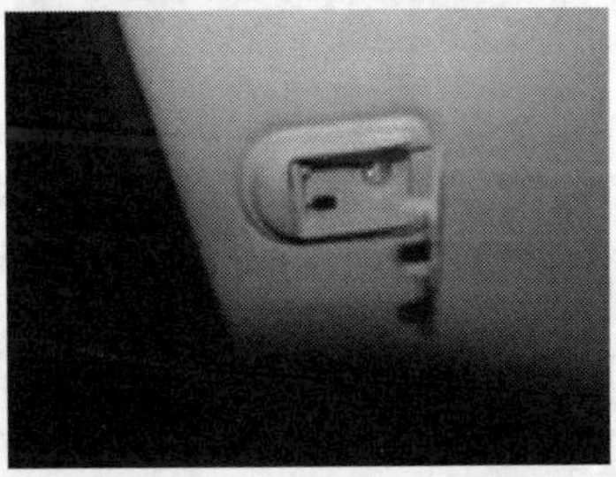

图2-18-11 拆下固定座螺钉

(3)安装步骤。参考拆卸步骤以相反的顺序进行。

6. A柱护板拆装

(1)拆下左A柱护板上装饰盖。

(2)用十字螺丝刀拆下A柱护板螺钉;如图2-18-12所示。

(3)取出左 A 柱护板,如图 2-18-13 所示。

(4)右 A 柱护板拆装参照左 A 柱护板拆卸方法。

(5)安装步骤。参考拆卸步骤以相反的顺序进行。

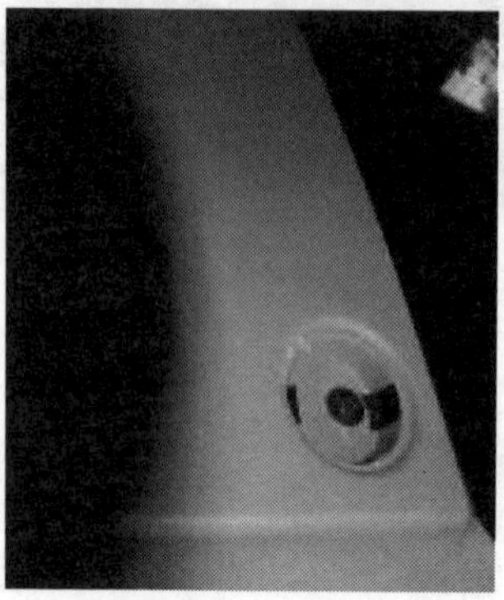

图 2-18-12　拆下 A 柱护板螺钉

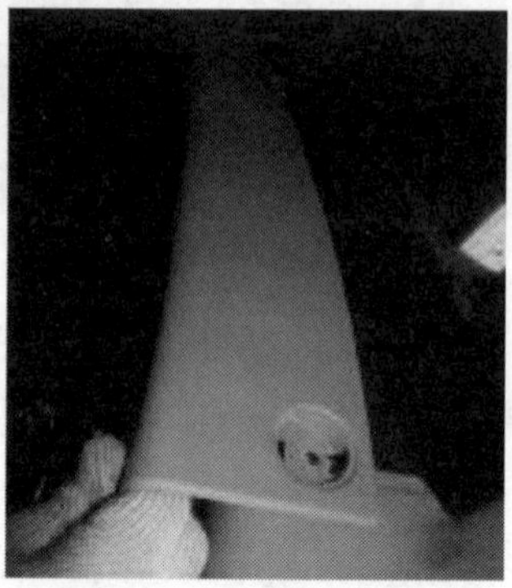

图 2-18-13　取出左 A 柱护板

7. B 柱护板拆装

(1)拆下右 B 柱下护板(参见本项目“安全带的拆装”)。

(2)用十字螺丝刀卸下右 B 柱上护板固定螺钉,取下 B 柱上护板,如图 2-18-14 所示。

(3)左 B 柱护板拆卸参照右 B 柱护板拆卸。

(4)安装步骤。参考拆卸步骤以相反的顺序进行。

8. C 柱护板拆装

(1)用一字螺丝刀将右 C 柱护板装饰盖撬起。注意:不要划伤装饰件,如图 2-18-15 所示。

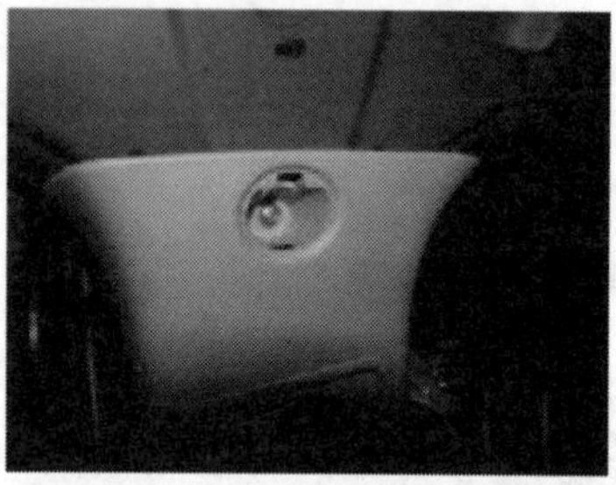

图 2-18-14　拆下护板固定螺钉

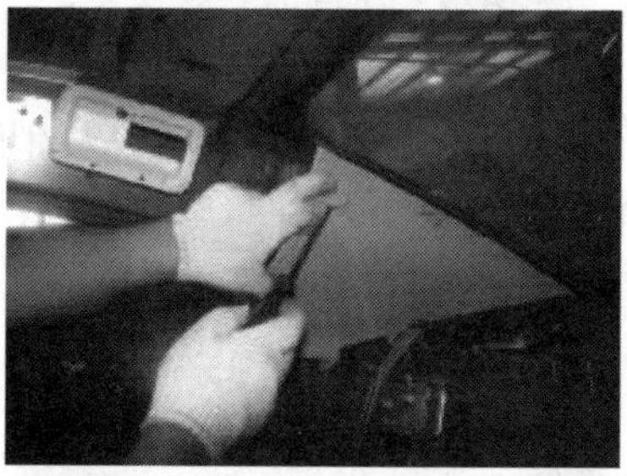

图 2-18-15　将 C 柱护板装饰盖撬起

(2)用十字螺丝刀拆下各个位置的固定螺钉,如图 2-18-16 所示。

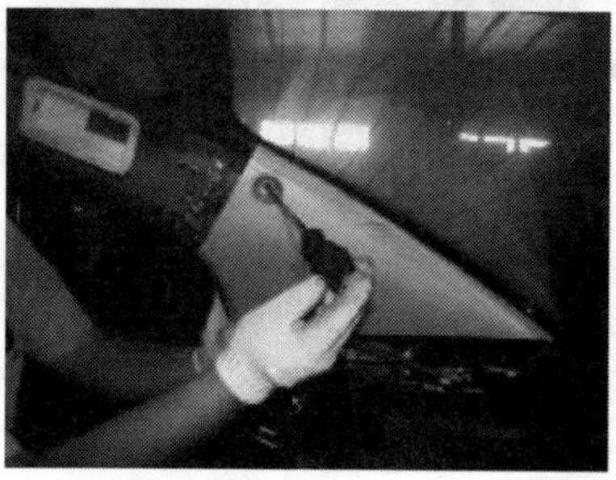

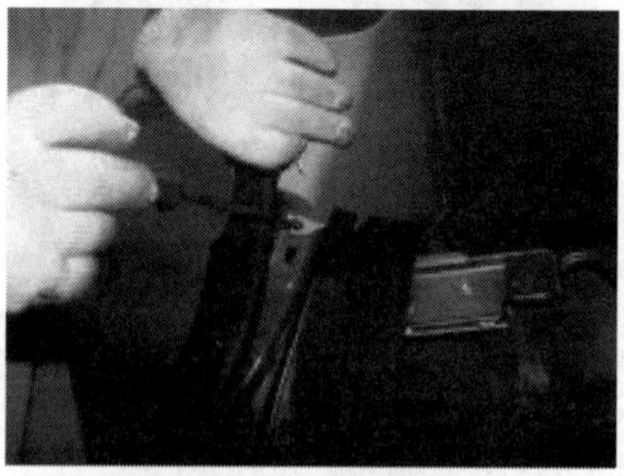

图 2-18-16　拆下各个位置的固定螺钉

(3)取下 C 柱护板总成。

(4)左 C 柱护板拆装参照右 C 柱护板拆卸方法。

(5)安装步骤。参考拆卸步骤以相反的顺序进行。

9. 顶棚的拆装

(1)拆下左、右前遮阳板。

(2)拆下前顶灯。

(3)拆下后顶灯。

(4)拆下车内全部乘客扶手。

(5)拆下 A、B、C 柱护板。

(6)拆下顶棚所有卡扣或固定螺钉,如图 2-18-17 所示。

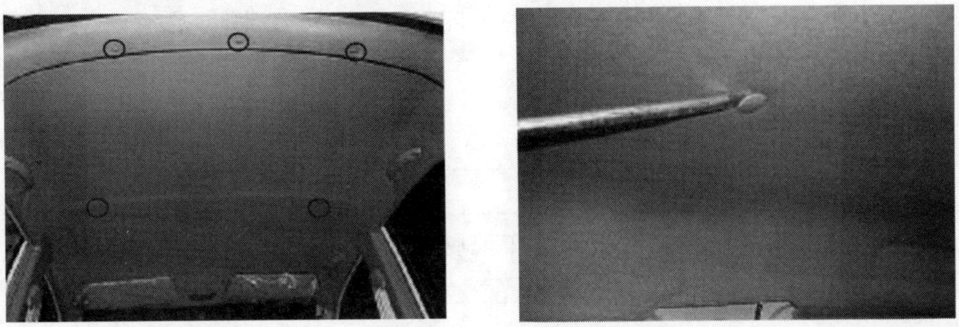

图 2-18-17　拆下顶棚所有卡扣或固定螺钉

(7)小心取下顶棚。

(8)安装步骤。参考拆卸步骤以相反的顺序进行。

五、任务评价

1. 自我评价

(1)通过本学习任务的学习,你是否已经清楚以下问题:

①与汽车顶棚拆装相关的附件有哪些?____。

②汽车顶棚拆装时有哪些注意事项?____。

③简述汽车顶棚拆装的基本步骤。____。

(2)实训工具设备及其他用品使用情况。

评价:________________________________

____

____。

(3)实训过程完成情况。

评价:____

____

____。

(4)工作着装是否规范?

评价:____

____

____。

(5)在实训中你是否意识到安全防护的问题并提醒其他同学注意?是否出现了不规范的情况?是如何处理的?

评价:____

____

____。

(6)7S 管理。能否积极主动参与工作现场的清洁和整理工作?

评价:____

____

____。

(7)在完成本学习任务的过程中,你是否主动帮助过其他同学?并和其他同学探讨操作过程中出现的有关问题?具体问题是什么?结果是什么?

评价:____

____

____。

(8)通过本学习任务的学习,你认为哪些方面还有待进一步改善?

评价:____

____

____。

(9)在进行本学习任务的学习过程中,你是从本教材的"资料收集"中收集还是从其他方面进行收集与操作相关的内容?有何收获?

评价:____

____

____。

(10)在本学习任务中你遇到的困难是什么?如何解决的?

评价:____

____

____。

签名：____________　　　　　　　　　　　　________年____月____日

2. 小组评价

小组评价见表2-18-1。

小　组　评　价　　　　　　　　　　　　表2-18-1

序　号	评　价　项　目	评价情况
1	学习态度是否积极主动	
2	是否服从教学安排	
3	是否达到全勤	
4	着装是否符合要求	
5	是否合理规范的使用仪器和工具、设备	
6	是否按照安全和规范的规程操作	
7	是否遵守学习、实训场地的规章制度	
8	是否积极主动地和他人合作、探讨问题	
9	是否能保持学习、实训场地整洁	
10	团结协作情况	

参与评价的同学签名：____________　　　　　　________年____月____日

3. 教师评价

____

____。

六、学习拓展

汽车顶棚全景图如图2-18-18所示。

图2-18-18　汽车顶棚全景

学习任务19　仪表板的拆装

学习过程

一、任务要求

(1)按正确操作方法更换汽车仪表板。

(2)更换后符合技术要求。

二、资料收集

1. 仪表板结构

仪表板也叫仪表台,它是汽车上的主要内饰件,结构形状十分复杂。仪表板的器件按其功能一般划分为驾驶操控区和乘用功能区两部分,驾驶操控区即主仪表区,指操控车辆行驶的有关功能区,一般在转向盘前面,如仪表及仪表罩、灯光开关、刮水器开关等;乘用功能区即副仪表区,一般在仪表板的中、右部,包括空调操纵机构面板、音响控制面板、手套箱(杂物箱)等。如图2-19-1所示。

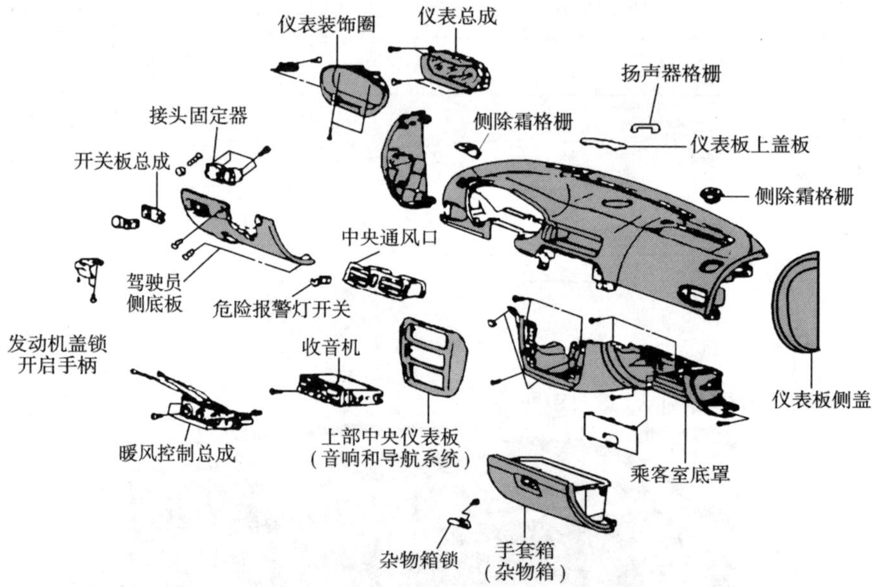

图2-19-1　仪表板结构

2. 仪表板分类

目前使用的仪表板按其材料可分为硬质仪表板和软质仪表板;按其结构可分为整体式仪表板和组合式仪表板;组合式仪表板又可分为上、下分块式仪表板,左、右分块环抱式仪表板,左、中、右分块式仪表板,中置式仪表板等。硬质仪表板常用于轻、小型货车和大货车、客车上使用，一般采用PP、PC、ABS、ABS/PC等一次性注射成型；软质仪表板由表皮、骨架材料、缓冲材料等构成，主要用在乘用车上。

3. 仪表板拆装注意事项

1）仪表板拆卸注意事项

（1）拆电器件前要断开电瓶负极。

（2）拆装过程中，要特别注意掌握合适的力度，禁止野蛮操作。

（3）在内饰件拆装的过程中，要注意保护装饰件表面不被划伤。

（4）佩带必要的劳保用品，以免发生意外事故，安全第一。

2）仪表板安装注意事项

（1）仪表板双风口与空调出风口接口应吻合，不允许有安装不到位、漏风现象，不允许仪表板风道与仪表板横梁、蒸发器等附件干涉、影响仪表板安装、导致仪表板及其附件安装不到位现象。

（2）仪表板与前风窗玻璃不应发生干涉和影响其安装，与前风窗玻璃间隙要均匀。

（3）仪表板与车身两侧的间隙均匀一致且能满足门洞密封条的装配。

（4）手套箱开关应轻松灵活，无干涉、卡滞或锁不紧现象。

（5）中央出风口通道盖板安装应牢固可靠，和副仪表板本体、扶手箱两侧配合间隙小于0.5mm，且间隙均匀。

（6）副仪表板前端、中部，扶手箱后部，中央出风口盖板中间及后部的固定螺栓的紧固力矩应遵从维修手册要求。

三、任务准备

1. 准备工具

十字螺丝刀、一字螺丝刀、套筒扳手和工具车等。

2. 安全检查

检查操作场地，消除不安全因素；清洁场地。

四、任务实施

1. 拆装仪表板附件

1）拆装中央控制面板

（1）拆下副仪表板及附件。

（2）用手将副仪表装饰盖掀起，如图2-19-2所示。

（3）使用十字螺丝刀拆下中控面板与仪表板本体上部固定螺钉，如图2-19-3所示。

（4）使用十字螺丝刀拆下杯托与仪表板本体固定螺钉，如图2-19-4所示。

（5）拔下双跳开关、后盖开启开关、空调控制器控制开关插件等，取下中控面板，如图2-19-5所示。

（6）安装步骤。参考拆卸步骤以相反的顺序进行。

图 2-19-2 掀起副仪表装饰盖

图 2-19-3 拆下中控面板固定螺钉

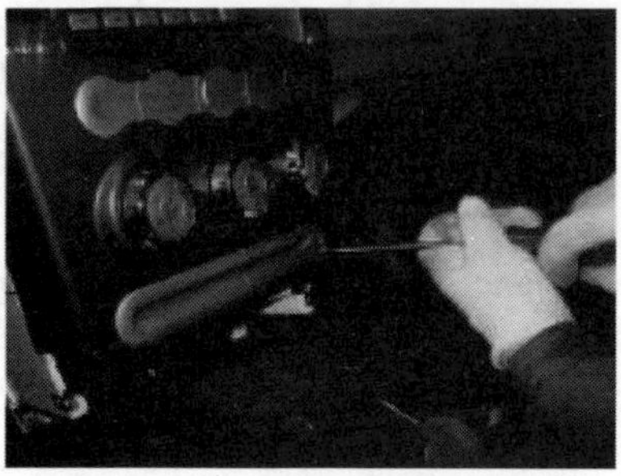

图 2-19-4 拆下杯托固定螺钉

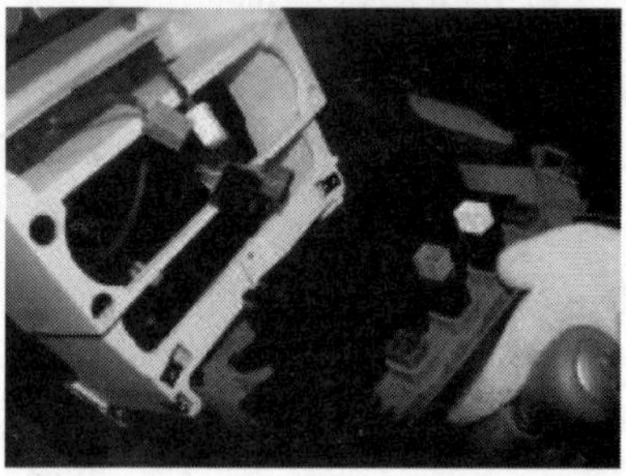

图 2-19-5 拔下电器插件

2)拆装音响主机(CD/DVD)

(1)拆下中控面板。

(2)使用套筒扳手拆下 CD/DVD 上固定螺栓。

(3)小心取出 CD/DVD 机。注意 CD/DVD 机后面有电器连接,如图 2-19-6 所示。

(4)拔下 CD/DVD 机后面电器插件和收音机天线,如图 2-19-7 所示。

图 2-19-6 小心取出 CD 机

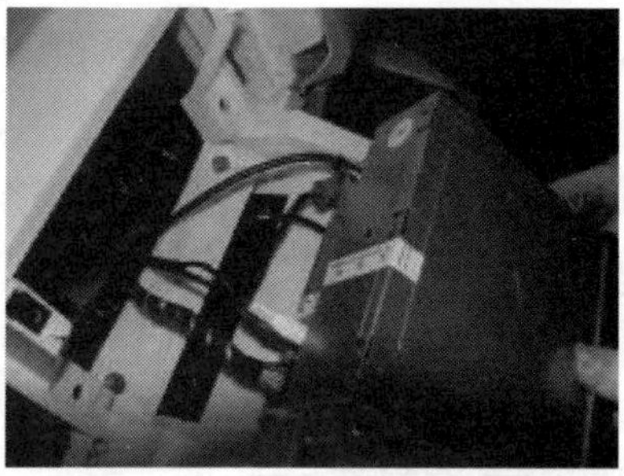

图 2-19-7 拔下 CD 插件和天线

(5)安装步骤。参考拆卸步骤以相反的顺序进行。

3)拆装副仪表

(1)使用十字螺丝刀拆下副仪表面板螺钉如图 2-19-8 所示。

(2)掀起副仪表面板,拔下副仪表和阳光传感器插件并取下副仪表,如图 2-19-9 所示。

(3)安装步骤。参考拆卸步骤以相反的顺序进行。

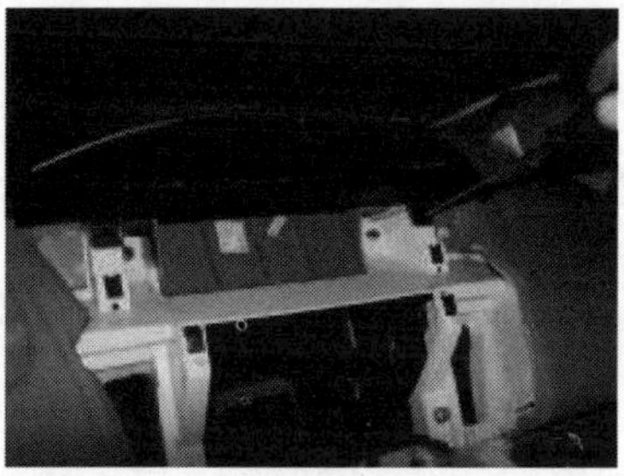

图2-19-8　拆下副仪表面板固定螺钉

图2-19-9　取下副仪表

4)拆装手套箱

(1)用螺丝刀拆下手套箱与仪表板上部连接螺钉,如图2-19-10所示。

(2)用螺丝刀拆下手套箱与仪表板下部连接螺钉,如图2-19-11所示。

图2-19-10　拆下上部连接螺钉

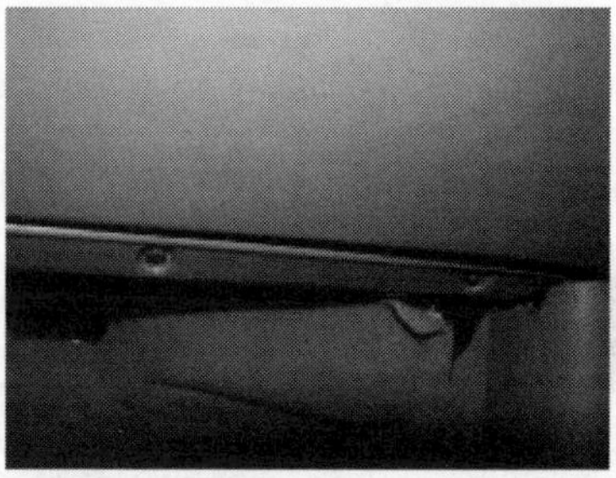

图2-19-11　拆下下部连接螺钉

(3)拔下手套箱灯线束插件,取下手套箱,如图2-19-12所示。

(4)安装步骤。参考拆卸步骤以相反的顺序进行。

5)拆装组合仪表

(1)使用十字螺丝刀拆下组合开关装饰罩。

(2)使用十字螺丝刀拆下组合仪表装饰盖螺钉,取出组合仪表装饰盖,如图2-19-13所示。

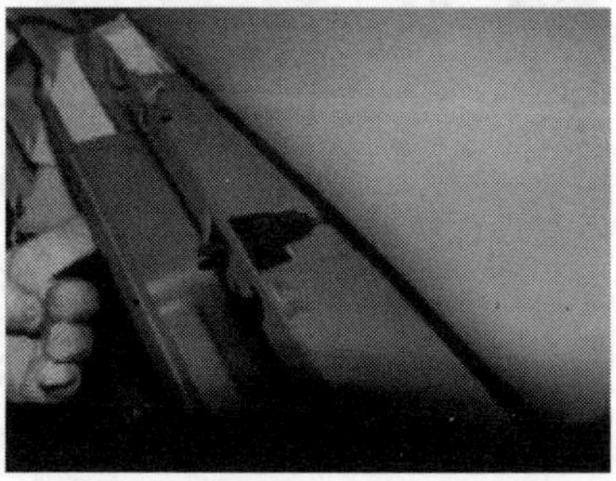

图2-19-12　拔下线束插件取下手套箱

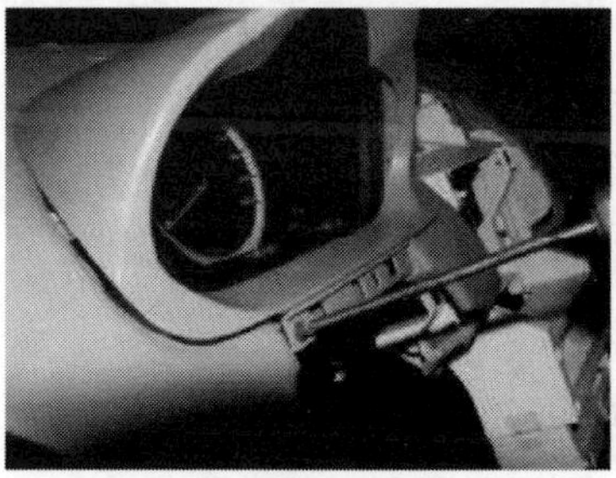

图2-19-13　拆下仪表装饰盖

(3)用十字螺丝刀拆下组合仪表与仪表板固定螺钉,如图2-19-14所示。

(4)拔下组合仪表线束插件,取出组合仪表。

(5)安装步骤。参考拆卸步骤以相反的顺序进行。

图 2-19-14　拆下仪表固定螺钉

2. 拆卸仪表板总成

(1)拆下转向管柱总成。

(2)拆下手套箱(参照本项目“手套箱的拆卸”)。

(3)拆下扶手箱和副仪表板(参照本项目“扶手箱和副仪表板的拆卸”)。

(4)拆下中控面板(参照本项目“中控面板的拆卸”)。

(5)拆下 CD/DVD 机(参照本项目“CD/DVD 机的拆卸”)。

(6)拆下组合仪表(参照本项目“组合仪表的拆卸”)。

(7)拆下 A 柱上、下护板。

(8)拆下仪表线束与室内地板线束、左右前门线束、前舱线束、发动机电喷线束等线束连接的插件。

(9)用一字螺丝刀拆下仪表板两侧装饰盖,如图 2-19-15 所示。

(10)用套筒拆下仪表板横梁两侧连接车身螺栓,如图 2-19-16 所示。

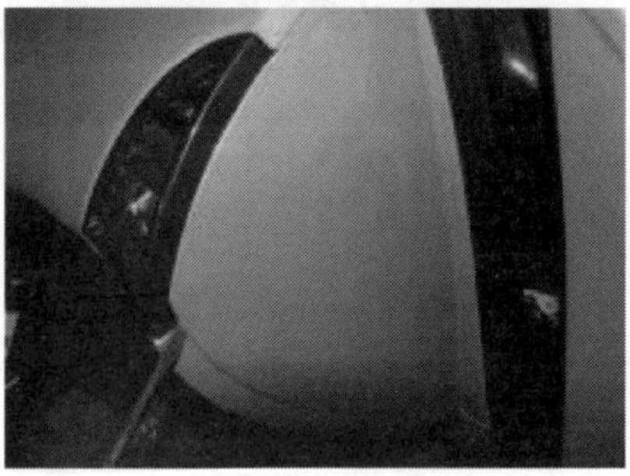

图 2-19-15　拆下仪表板两侧装饰盖

图 2-19-16　拆下仪表板两侧螺栓

(11)用套筒拆下仪表板横梁中部支架连接车身螺栓,如图 2-19-17 所示。

(12)用套筒拆下仪表线束搭铁螺母,然后取出搭铁线,如图 2-19-18 所示。

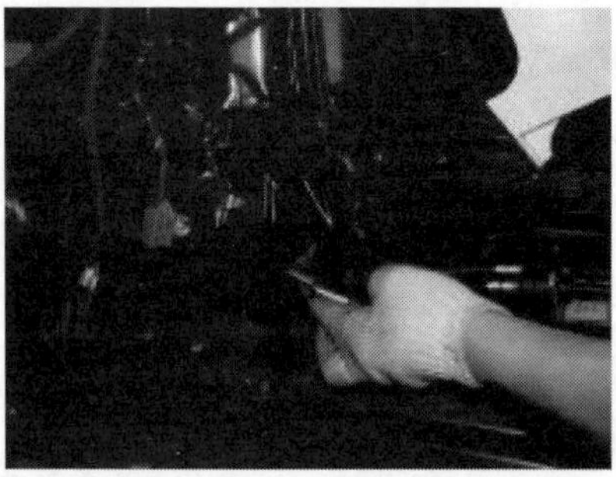

图 2-19-17　拆下中部固定螺栓

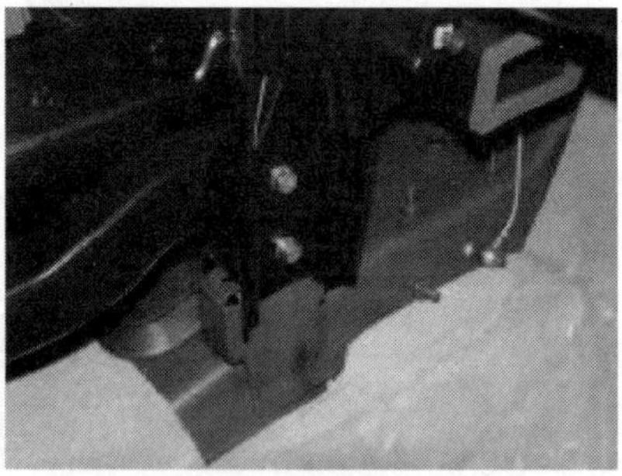

图 2-19-18　拆下仪表线束搭铁线

(13)用套筒拆下另一侧仪表线束搭铁螺母,然后取出搭铁线,如图 2-19-19 所示。

(14)取下仪表板总成,如图 2-19-20 所示。

(15)安装仪表板步骤。参考拆卸步骤以相反的顺序进行。

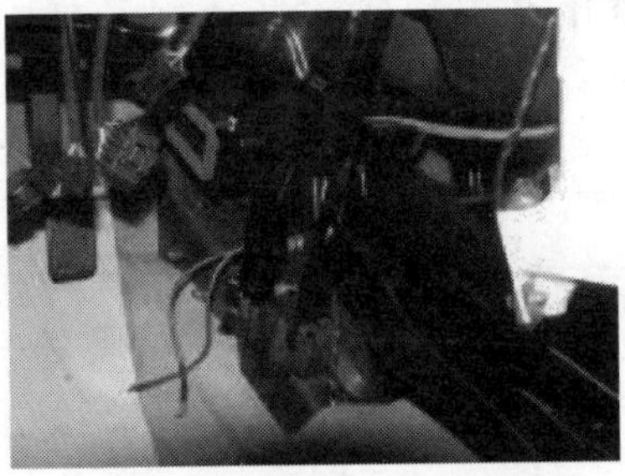

图2-19-19　拆下另一侧搭铁线

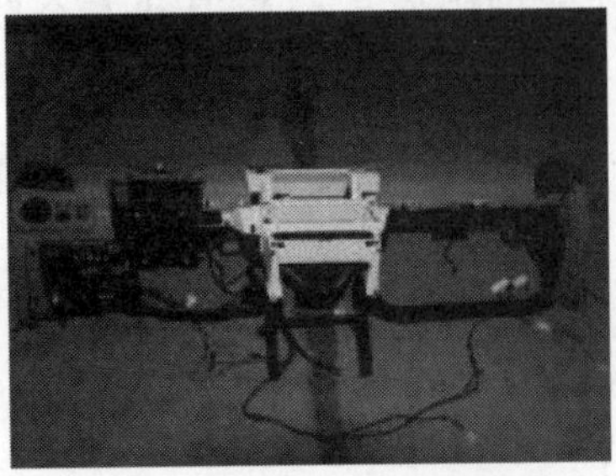

图2-19-20　取下仪表板总成

五、任务评价

1.自我评价

(1)通过本学习任务的学习,你是否已经清楚以下问题:

①拆装仪表板有哪些相关附件?______________________________

____

____。

②拆卸仪表板有哪些注意事项?______________________________

____

____。

③安装仪表板有哪些注意事项?______________________________

____

____。

④简述拆装仪表板的基本步骤。______________________________

____

____。

(2)实训工具设备及其他用品使用情况。

评价:____

____

____。

(3)实训过程完成情况。

评价:____

____

____。

(4)工作着装是否规范?

评价:____

____

____。

(5)在实训中你是否意识到安全防护的问题并提醒其他同学注意？是否出现了不规范的情况？是如何处理的？

评价：____

____

____。

(6)7S 管理。能否积极主动参与工作现场的清洁和整理工作？

评价：____

____

____。

(7)在完成本学习任务的过程中，你是否主动帮助过其他同学？并和其他同学探讨操作过程中出现的有关问题？具体问题是什么？结果是什么？

评价：____

____

____。

(8)通过本学习任务的学习，你认为哪些方面还有待进一步改善？

评价：____

____

____。

(9)在进行本学习任务的学习过程中，你是从本教材的“资料收集”中收集还是从其他方面进行收集与操作相关的内容？有何收获？

评价：____

____

____。

(10)在本学习任务中你遇到的困难是什么？如何解决的？

评价：____

____

____。

签名：______________　　　　　　　　　　　　　　________年____月____日

2. 小组评价

小组评价见表 2-19-1。

小　组　评　价　　　　表 2-19-1

序　号	评　价　项　目	评价情况
1	学习态度是否积极主动	
2	是否服从教学安排	
3	是否达到全勤	

续上表

序　号	评　价　项　目	评价情况
4	着装是否符合要求	
5	是否合理规范的使用仪器和工具、设备	
6	是否按照安全和规范的规程操作	
7	是否遵守学习、实训场地的规章制度	
8	是否积极主动地和他人合作、探讨问题	
9	是否能保持学习、实训场地整洁	
10	团结协作情况	

参与评价的同学签名：＿＿＿＿＿＿　　＿＿＿＿年＿＿月＿＿日

3. 教师评价

＿＿

＿＿。

六、学习拓展

豪华仪表板如图2-19-21所示。

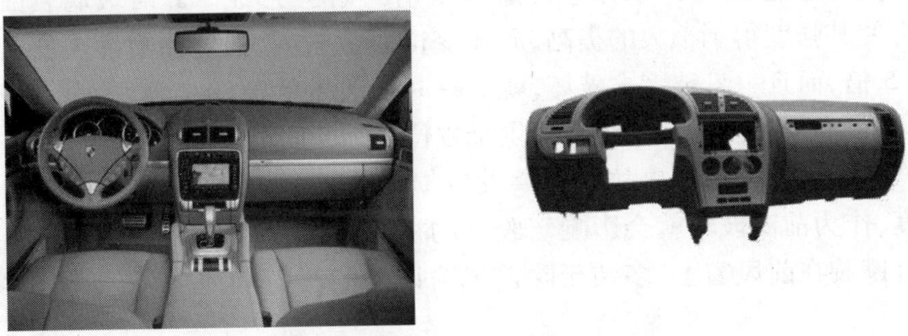

图2-19-21　豪华仪表板

学习任务20　汽车玻璃的拆装

学习过程

一、任务要求

(1)能正确区分各种玻璃特点和应用。

(2)能正确拆装汽车玻璃。

(3)能安全拆装汽车玻璃。

二、资料收集

汽车玻璃经历了由平板型向曲面型、普通型向强化型、全钢化向局部钢化、钢化玻璃向夹层玻璃、三层夹层向多层夹层的发展过程。在我国,有关汽车安全玻璃的标准在1980年前后开始公布和实施,如对汽车安全玻璃抗冲击、抗磨性能、光学性能要求,耐辐射、耐高温、耐潮湿要求,汽车用安全玻璃厚度、尺寸、弯曲度、吻合度、外观质量等标准要求。

汽车用玻璃的主要产品有以下种类:

1. 普通平板玻璃

这种玻璃是由石英砂、纯碱、长石和石灰石等原料组成。其最大的缺点就是易碎,即强度差,一旦发生交通事故,撞碎的玻璃片往往是尖棱状的,容易造成人员伤亡。

2. 车用安全玻璃

GB 7258—2004《机动车运行安全技术条件》规定:机动车门窗必须使用安全玻璃,使用的安全玻璃应符合 GB 9646 的要求。汽车的前风窗玻璃应采用夹层玻璃或部分区域钢化玻璃,其他车窗可采用钢化玻璃。总之,不能使用普通平板玻璃和有机玻璃。

(1)钢化玻璃

钢化玻璃,是将普通硅玻璃先加热使其达到软化温度时(一般约600℃左右),然后向玻璃两面同时急速吹送冷风,用急冷进行所谓"风淬"形成。此时玻璃表面冷硬所形成的压应力使其强度得到很大的提高,质地变得非常坚固,强度和耐冲击能力要比普通玻璃高3~5倍,而且一旦被撞击破坏,就会瞬时变成带钝边的小碎块,大大减轻对人员的伤害,具备较高的安全性和给乘客提供全方位清晰无阻的良好视线。

但当汽车发生意外撞击事故使玻璃发生损坏时,钢化玻璃会形成许多细密条纹而失去透明度,作为前窗玻璃就会影响驾驶员的视线。如图2-20-1a)所示。所以,全钢化玻璃不适合镶装在前风窗上,多装于除前风窗以外的车身其他部位,如侧车窗、后风窗及车门等。

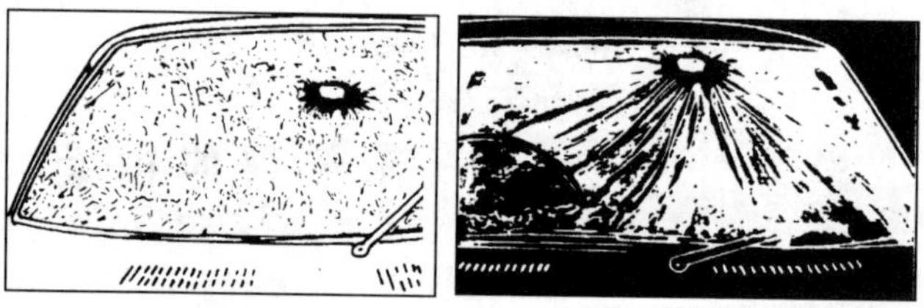

a)全钢化玻璃　　b)半钢化玻璃

图2-20-1　钢化玻璃

(2)半钢化玻璃

为了消除钢化玻璃的上述缺陷,将用于前风窗玻璃部分淬火,就形成了半钢化玻璃、局部钢化玻璃。与全钢化玻璃的处理工艺有所不同,半钢化玻璃是通过控制同一块玻璃的局部获得不同的冷却程度来实现半钢化目标的。

对于前风窗玻璃,在驾驶员的主要视线范围内不作淬火处理,其余部分则与全钢化玻璃相同,钢化与非钢化部分具有圆滑地过渡。在汽车发生碰撞事故时,能在驾驶员前面保留较大的玻璃片,从而使驾驶员的视线得到保证。如图 2-20-1b)所示。

(3)夹层玻璃

夹层玻璃是针对淬火玻璃存在的不完善之处而产生的,它是迄今为止最适合于用作前风窗的安全玻璃。夹层玻璃是用两块或三块薄玻璃板,中间夹入聚丙烯酸甲酯或聚乙酸酯透明薄膜粘接成为一体,形成夹层式的安全玻璃。由于夹层玻璃中间的透明胶层能与玻璃取得一样的曲率,故透明度并不受影响。

夹层玻璃的抗弯强度虽不及钢化玻璃那样高,但其弹性比钢化玻璃优越得多,而且还具备了钢化玻璃所没有的其他特性,即当车辆发生碰撞时,它的抗冲击能力和抵抗变形能力较强。当玻璃受到重击破损时,几层粘接起来的玻璃也不会像钢化玻璃那样倾刻变成许多小碎片,而是由中间夹层将破碎的玻璃仍然粘接在一起,几乎没有玻璃碎片飞溅出来。许多试验和实践都证明,夹层玻璃用于汽车的前风窗,可以十分有效地减轻汽车发生碰撞事故时对人员的伤害。如图 2-20-2 所示。

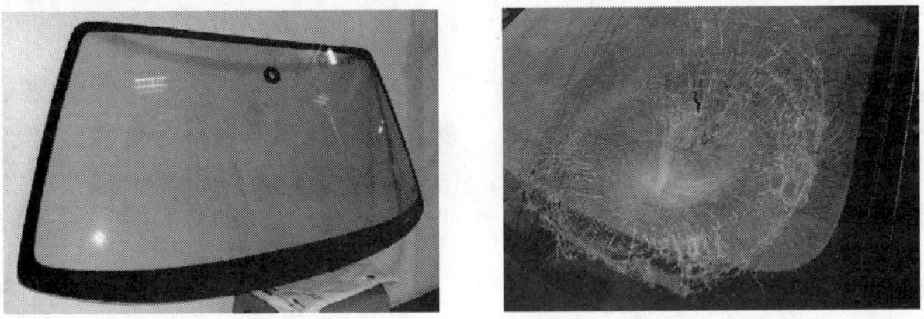

图 2-20-2 汽车前风窗玻璃(夹层玻璃)

(4)特殊功能的玻璃

另外还有一些类型和结构特点比较特殊,具有特殊应用的特殊玻璃产品,具体的类型及特点见表 2-20-1 所示。

特殊功能玻璃类型及特点 表 2-20-1

类 型	结构、性能特点及应用
单面透视玻璃	在普通玻璃上用真空涂抹法加上一层金属铬、铝或铱的薄膜制成。这种玻璃可把投射来的光线大部分反射回去,用在汽车上,使车内从里向外可视性好,车外却无法透视车内
控制风窗玻璃	这种玻璃具有雨点传感作用,其传感器可测出雨点,然后自动打开风窗玻璃上的刮水器,并根据雨量的大小变化,随时改变刮水器速度
控制阳光的玻璃	这种玻璃能挡住多达 84% 的太阳能,可以在汽车所有车窗关闭和阳光直接暴晒情况下,使车内保持凉爽
导电玻璃	在普通玻璃表面涂上一层氧化钛、氧化锂之类的薄膜而制成。这种玻璃通过微量的电流,会发生热量,使附在车窗上的冰霜立即融化,以保证车内人员的视线
显示器系统玻璃	这种玻璃可以作为显示器系统,未来汽车路线指南、方位图等都可以从仪表板后面投射到汽车前风窗玻璃上,这样驾驶员不用看仪表,只需正视前方,就可以看到玻璃上显示的各种需要的信息,既方便又安全

三、任务准备

本任务以汽车挡风玻璃拆装为主介绍汽车玻璃的拆装方法及步骤。车门玻璃的拆装作为拓展知识内容学习。

1. 工位准备。根据操作需要,把工位周围的物品整理,保证有充分的操作空间,并清洁地板。

2. 工具准备。准备吸盘、割胶工具(如钢丝割具、切割刀等)、工作手套、玻璃放置台架、玻璃清洁剂、玻璃胶、打胶枪等。

3. 设备准备。准备实习用的轿车。

四、任务实施

挡风玻璃的固定方式有两种,即胶粘法固定和橡胶条法固定,如图 2-20-3 所示。

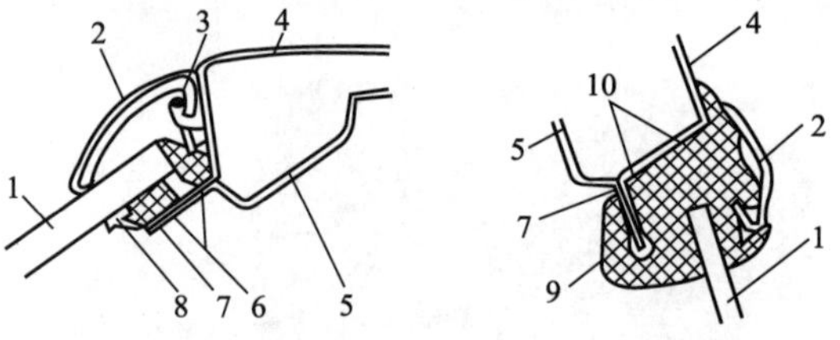

a)胶粘法固定　b)橡胶条法固定

图 2-20-3　挡风玻璃固定方式

1-玻璃;2-镶条;3-卡扣;4-顶盖;5-上框;6-胶粘剂;7-框缘;8-防水胶条;9-密封胶条;10-填充胶

1. 胶结法挡风玻璃的拆装

(1)拆卸

①拆下雨刮器、风口盖板、前柱内饰板、两侧前支柱饰板,装有收音机天线,也应将其拆除。

②拆下前滴水条、挡风玻璃压条。

③在顶棚的前方和玻璃的连接处贴上保护胶带;用盖布保护发动机罩。

④在仪表板和玻璃的连接处贴上保护胶带。

⑤用利刃将整个窗口周围边缘的填缝割除。

⑥切割玻璃胶结层。

切割玻璃胶结层有多种方法,可用钢丝绳,也可以用气动或电动切胶机来切割。建议切割玻璃胶结层时要尽可能多地保留原来胶层,因为它与车身的连接一般都非常可靠。如图 2-20-4 所示。

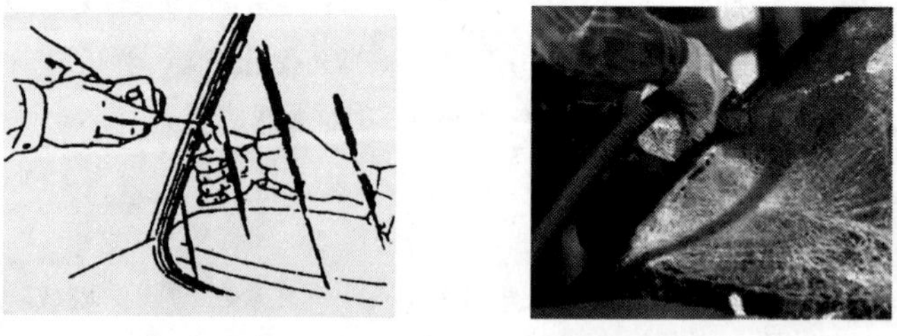
a)用钢丝切割　b)用动力工具切割

图 2-20-4　分离挡风玻璃的方法

用钢丝绳切割,需两人合作。在挡风玻璃的转角处,用较尖的铁器穿透强力胶到驾驶室内,然后穿进切割钢丝,钢丝两头系上光滑的手柄方便拉动;里外的修理人员配合,顺着玻璃边缘进行拉锯式切割。

⑦切割完成后,小心地把玻璃取下放到安全的地方。建议用玻璃双吸把拿取玻璃。

(2)安装

①清理玻璃及窗口。

如果是用旧玻璃,必须认真清除上面的旧胶层和其他污物,然后用玻璃清洁剂清洁玻璃。用吹气枪等工具把安装玻璃窗口周边清理干净。如图 2-20-5 所示。

图 2-20-5　清理玻璃及窗口

②用利刃把可利用的旧胶层削平。如图 2-20-6 所示。

③试安装玻璃,对正后在玻璃和窗口边缘做记号,方便正式安装。如图 2-20-7 所示。

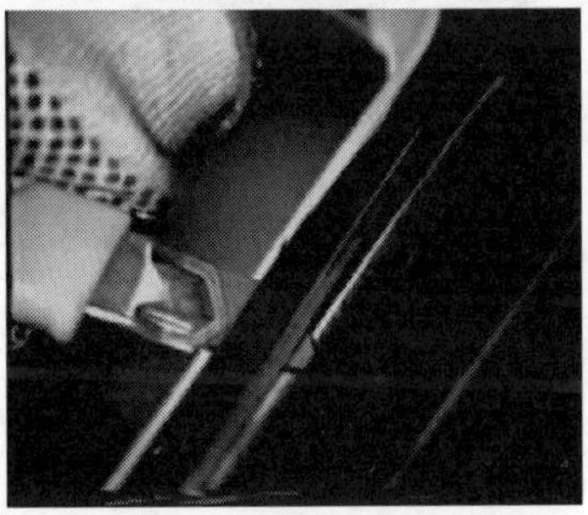

图 2-20-6　削平旧胶层

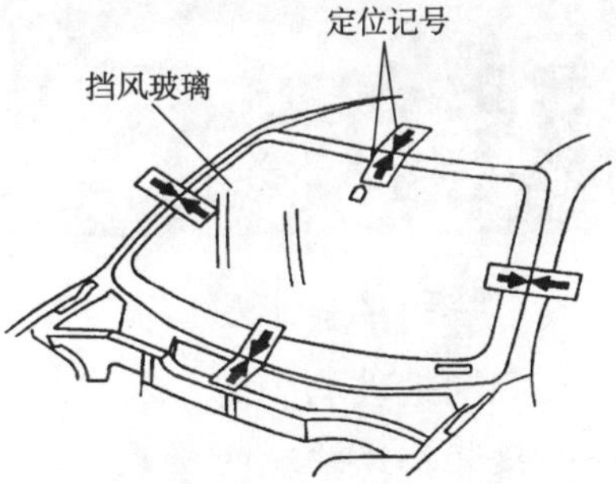

图 2-20-7　做安装记号

④用不含铅质的汽油或其他专用清洁剂,洗净玻璃在车身部分上的两面周边的接触位置,干燥后在这两面涂上玻璃底漆。如图 2-20-8 所示。

⑤在玻璃上套上橡胶防水条。如图 2-20-9 所示。

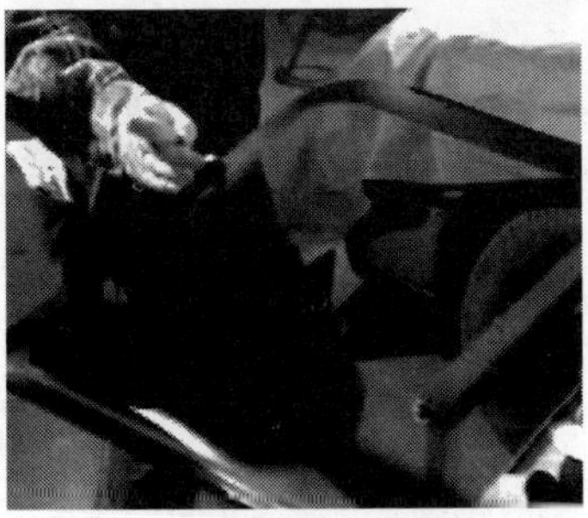

图 2-20-8　涂玻璃底漆

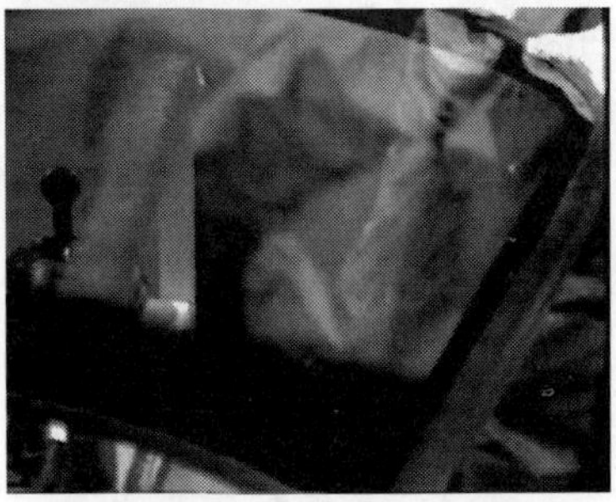

图 2-20-9　安装橡胶防水条

⑥按照规定位置安放隔片。如图 2-20-10 所示。

⑦在窗口边缘涂上玻璃强力胶。如图 2-20-11 所示。

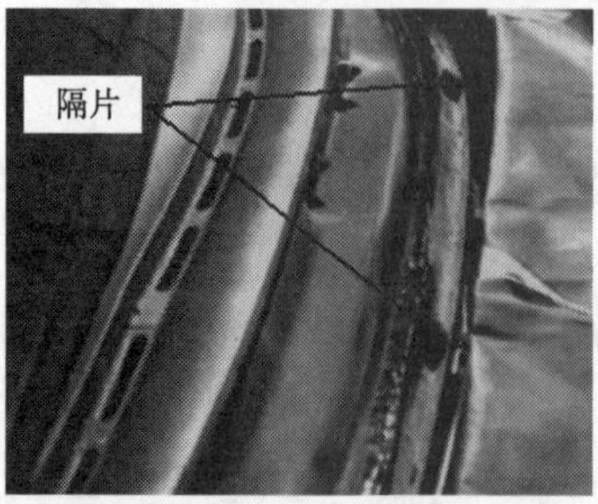

图 2-20-10　安放隔片

图 2-20-11　在窗口边缘涂胶

⑧两人用真空吸把小心把玻璃搬到汽车上进行安装。对着刚才的记号就非常容易放正。如图 2-20-12 所示。

⑨压平玻璃,并把多余的玻璃胶擦干净。如图 2-20-13 所示。

图 2-20-12　安装玻璃

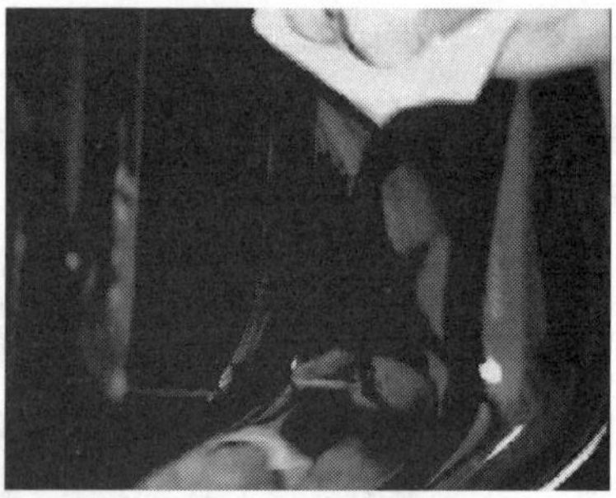

图 2-20-13　清理多余的玻璃胶

⑩用胶带在四周把玻璃固定。

2. 橡胶条法镶装挡风玻璃的拆装

(1)拆卸

①把风窗玻璃装饰条、刮水器和后视镜等拆下。

②分离橡胶密封条。分别在车外和车里,利用包好布的一字螺丝刀沿橡胶密封条周围插入橡胶和窗口凸缘之间将它们分离。如图 2-20-14 所示。如果橡胶密封条不再用,直接用利刃割断更快捷。

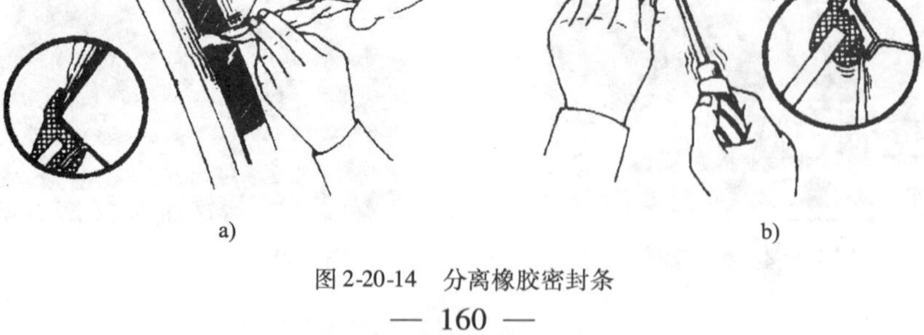

图 2-20-14　分离橡胶密封条

③在车内将玻璃轻轻推出，橡胶密封条也会被带出，把玻璃放在安全位置。

(2)安装

①清理玻璃边缘和窗口。

②把橡胶密封条安装在玻璃上，并把尼龙软线埋入它的凸缘槽中。如图 2-20-15 所示。

③在橡胶密封条凸缘和窗口边缘上涂上肥皂水。如图 2-20-16 所示。

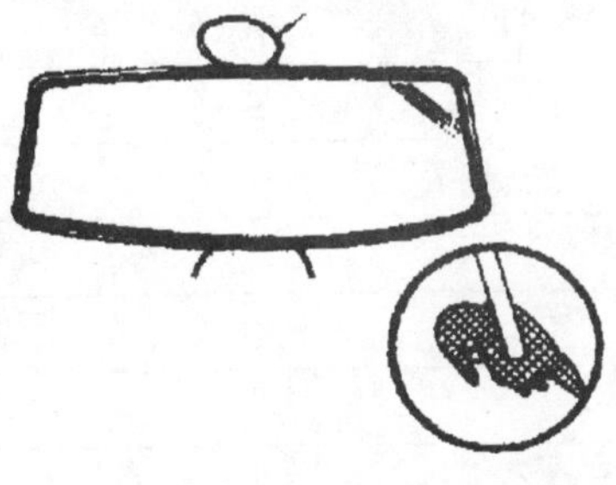

图 2-20-15　把尼龙软线埋入橡胶条中

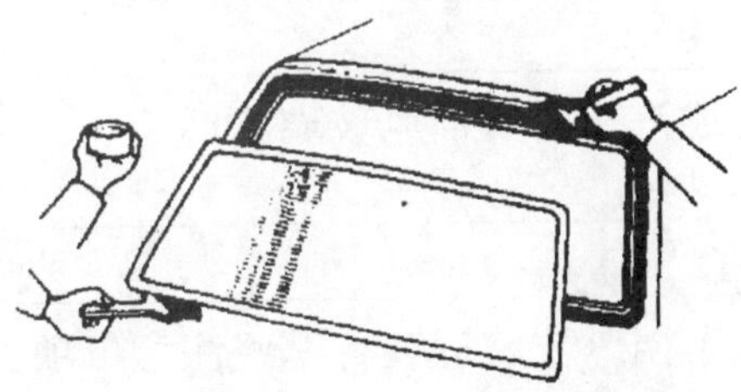

图 2-20-16　在玻璃和窗口上涂肥皂水

④安装挡风玻璃。车外的人压住玻璃，车里的人在玻璃下边缘缓慢拉动尼龙软线，就能把风窗玻璃镶装好。如图 2-20-17 所示。

⑤用手撑轻轻拍打玻璃，使其贴合紧密。

⑥用胶带纸沿橡胶密封条四周粘贴保护。如图 2-20-18 所示。

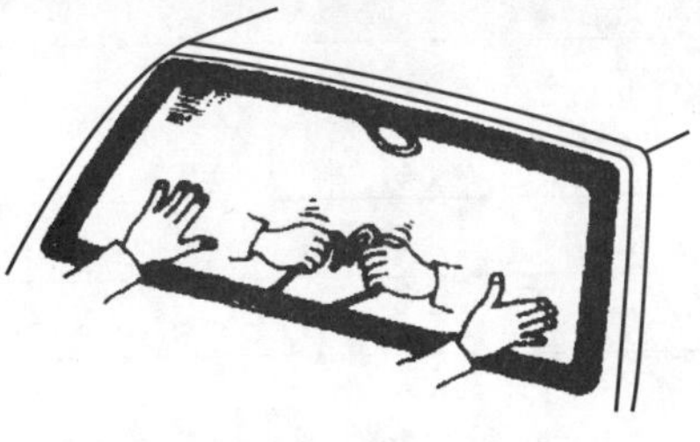

图 2-20-17　轻拍玻璃拉动尼龙线

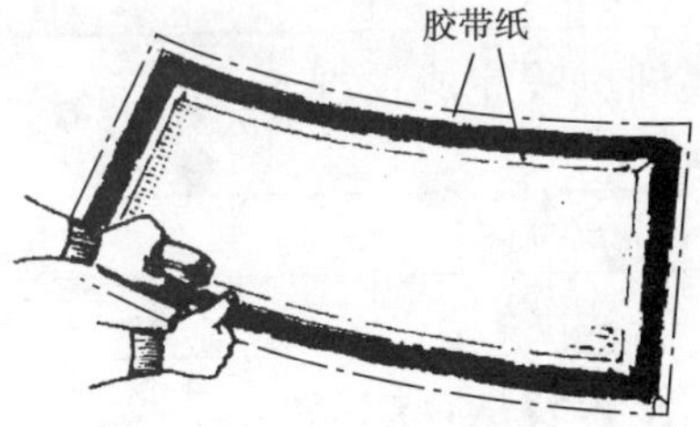

图 2-20-18　贴胶带纸

⑦在规定范围内涂抹密封胶。如图 2-20-19 所示。

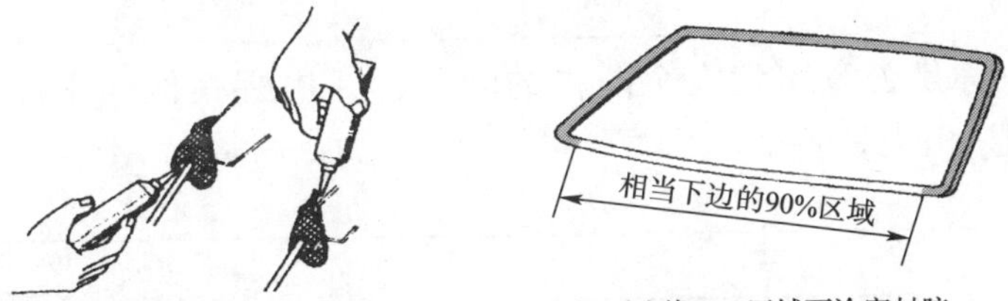

a)沿橡胶条两边加涂密封胶　　b)下边缘90%区域不涂密封胶

图 2-20-19　涂密封胶

五、任务评价

1. 自我评价

(1)通过本学习任务的学习，你是否已经清楚以下问题：

①汽车玻璃有什么作用？ ______

____。

②汽车上使用玻璃种类有哪些？____

____

____。

③请简单介绍你认识的汽车用玻璃特点。____

____

____。

④简述汽车前后挡风玻璃的拆装步骤。____

____

____。

⑤汽车挡风玻璃拆装有哪些注意事项？____

____

____。

(2)实训工具设备及其他用品使用情况。

评价：____

____

____。

(3)实训过程完成情况。

评价：____

____

____。

(4)工作着装是否规范？

评价：____

____

____。

(5)在实训中你是否意识到安全防护的问题？并提醒其他同学注意？是否出现了不规范的情况？是如何处理的？

评价：____

____

____。

(6)7S 管理。能否积极主动参与工作现场的清洁和整理工作？

评价：____

____

____。

(7)在完成本学习任务的过程中，你是否主动帮助过其他同学？并和其他同学探讨操作过程中出现的有关问题？具体问题是什么？结果是什么？

评价：____

____

____。

(8)通过本学习任务的学习，你认为哪些方面还有待进一步改善？

评价：____

____

____。

(9)在进行本学习任务的学习过程中，你是从本教材的“资料收集”中收集还是从其他方面进行收集与操作相关的内容？有何收获？

评价：____

____

____。

(10)在本学习任务中你遇到的困难是什么？如何解决的？

评价：____

____

____。

签名：____________　　　　　　　　　　　________年____月____日

2. 小组评价

小组评价见表2-20-2。

小 组 评 价　　　　表2-20-2

序号	评 价 项 目	评价情况
1	学习态度是否积极主动	
2	是否服从教学安排	
3	是否达到全勤	
4	着装是否符合要求	
5	是否合理规范的使用仪器和工具、设备	
6	是否按照安全和规范的规程操作	
7	是否遵守学习、实训场地的规章制度	
8	是否积极主动地和他人合作、探讨问题	
9	是否能保持学习、实训场地整洁	
10	团结协作情况	

参与评价的同学签名：____________　　　　　________年____月____日

3. 教师评价

____

____。

六、学习拓展

汽车车门玻璃的拆装步骤

（1）检查。检查车身表面有无划痕、凹凸变形、受损，检查车门装饰条有无老化、断裂现象，检查内装饰有无损坏，检查车门开启是否顺畅、门锁、铰链是否完好、车门玻璃升降情况是否正常等。并做好记录和请客户签字确认。提醒客户保管好贵重物品。如图 2-20-20 所示。

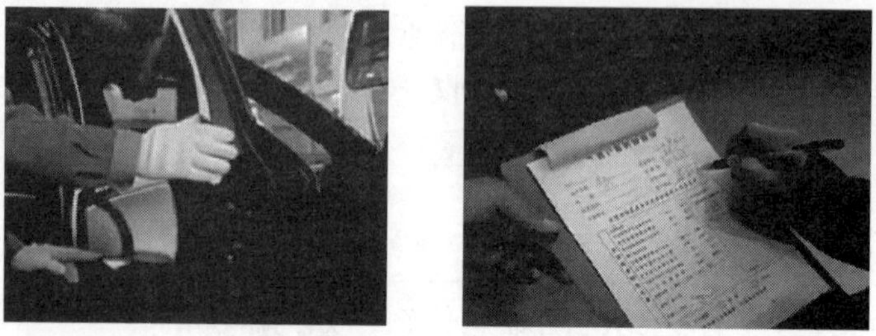

图 2-20-20　检查

（2）拆卸车门附件。如把手、装饰条、装饰板、防尘布等，拆卸时注意保护好相关的电气插件、导线、线束和卡扣，拆卸后清洁各种附件及摆放整齐。如图 2-20-21 所示。

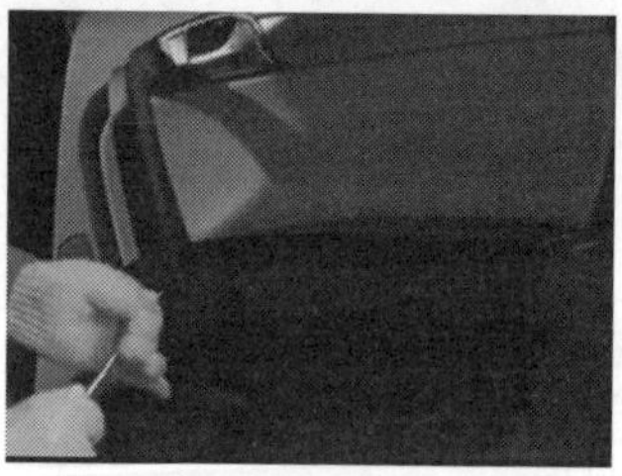

a)拆卸把手

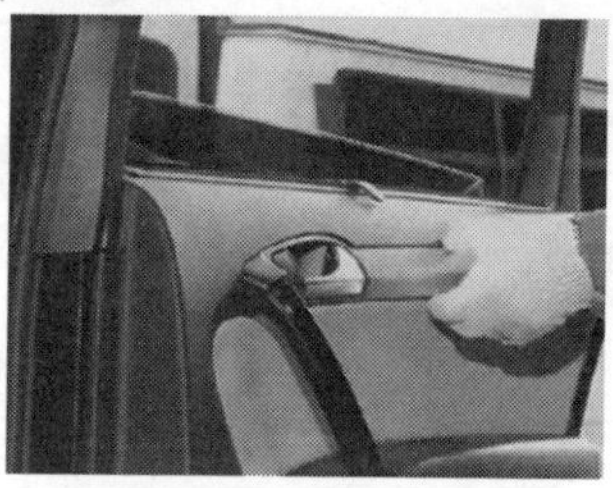

b)拆卸装饰条

c)拆卸内装饰板

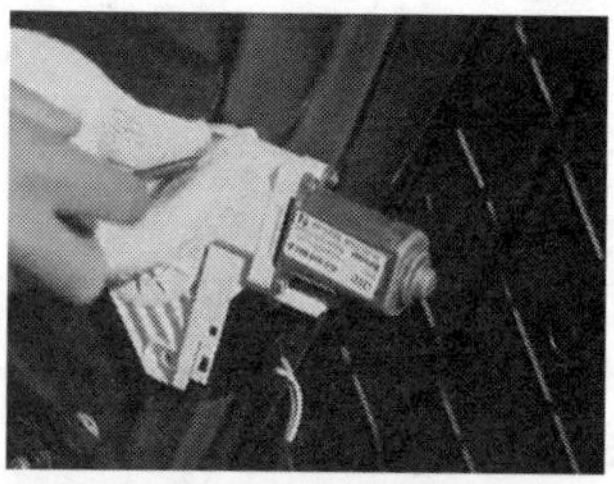

d)拆卸升降电机

e)拆卸盖板

f)将附件清洁并整齐摆放

图 2-20-21　拆卸车门附件

(3)取出车门玻璃。先拆除固定车门玻璃的两个螺栓,再小心取出玻璃,放置安全地方。如图2-20-22所示。

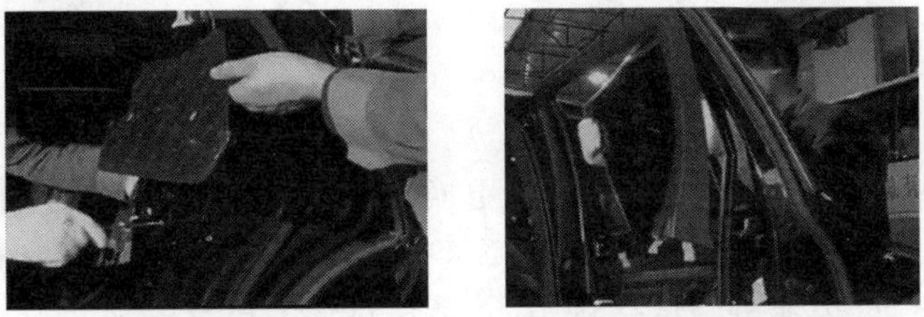

a)拆除固定玻璃螺栓　　b)取出玻璃

图2-20-22　取出车门玻璃

(4)检查玻璃升降器和托架。

(5)清理清洁。用吸尘器、清洁刷清理车门装饰条、装饰板安装位置、车门内各空间。如图2-20-23所示。

(6)确认更换玻璃型号,并进行仔细检验。图2-20-24所示。

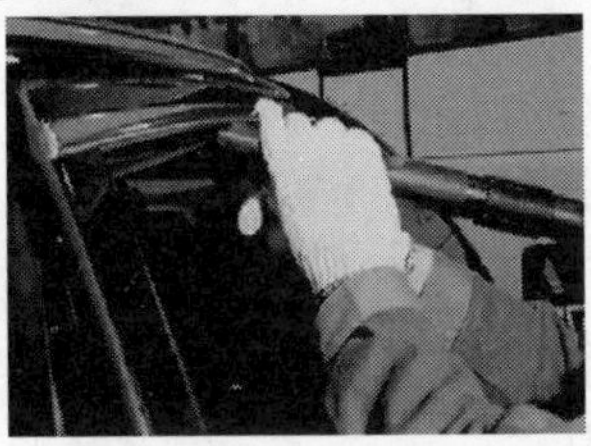

图2-20-23　清理清洁

图2-20-24　确认更换玻璃型号

(7)安装玻璃。安装前先清洁干净车门玻璃,然后将玻璃小心放置车门玻璃槽内,调整好安装孔位后用螺栓及软垫圈固定。如图2-20-25所示。

a)清洁干净待安装玻璃　　b)将玻璃小心放置槽内

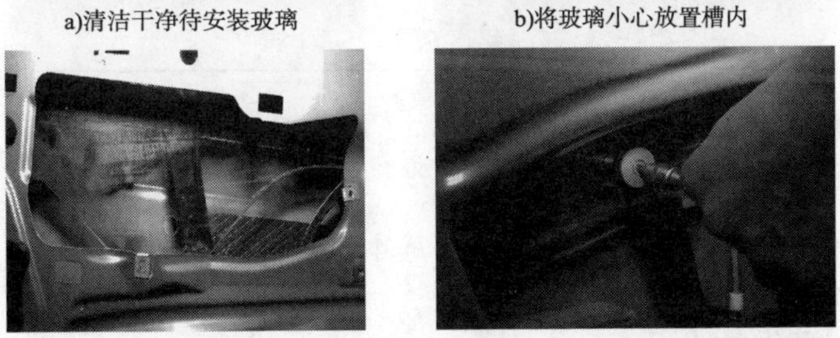

c)调整好安装孔位　　d)固定玻璃

图2-20-25　安装玻璃

(8)附件安装。要求安装流程合理,把拆卸的把手、装饰条、装饰板、升降电机等按照拆卸的相反顺序安装到位。

(9)检验。对升降器、门锁进行调试,保证车门玻璃升降正常、车门开启顺畅。

学习项目3 车身焊接

情景描述

当车身,特别是钢质车身,要通过切割更换钣件来进行修复时,钣件的重新装配主要是依靠焊接连接的方法来完成,其中主要的焊接连接方式是电阻点焊和气体保护焊的对接焊、搭接焊、塞焊。在焊接时必须按照焊接规范,才能保证修复的车身强度达到原来的程度。

学习目标

知识目标

1. 熟悉焊接安全操作的基本要求;
2. 熟悉手工电弧焊的安全操作规范,并掌握焊接过程中的自我安全防护;
3. 熟练掌握二氧化碳气体保护焊的安全操作规程;
4. 熟悉氩弧焊的技术要求、安全操作规程;
5. 熟悉氧－乙炔焊火焰的种类和焊接、切割技术;
6. 知道电阻点焊、钎焊的概念及焊接方法;
7. 熟悉等离子切割机的操作方法。

技能目标

1. 能熟练地进行焊接设备的安全检查工作;
2. 会手工电弧焊、二氧化碳气体保护焊、氩弧焊、钎焊操作方法;
3. 能熟练掌握氧－乙炔焊的点火、调节、焊接及火焰的熄灭方法;会气焊、气割操作;
4. 能熟练地进行电阻点焊的工作;
5. 能熟练地进行等离子切割工作;
6. 操作过程中保持场地整洁及工量具有序放置,养成良好的职业素养,操作完毕清洁工量具及操作场地。

学习内容

1. 各种焊接作业的安全操作注意事项;
2. 手工电弧焊、二氧化碳气体保护焊的基本操作技术;
3. 电阻点焊和氩弧焊的基本操作技术;
4. 钎焊的基本操作技术;
5. 气焊、气割的操作程序及规范;
6. 等离子切割技术。

建议课时

160 课时

学习任务1　焊接及切割安全操作注意事项

学习过程

一、任务要求

焊接及切割作业安全技术要求。

二、资料收集

1. 焊接及焊接作业安全技术的意义

焊接是金属(或非金属)连接的一种方式,是通过加热或加压,或者两者并用,并且用或不用填充材料,使焊件达到原子间结合的连接方法。金属焊接主要分为熔化焊、压焊和钎焊三种类型。熔化焊主要包括气焊、电弧焊和电渣焊等;压焊主要有冷压焊、爆炸焊、电阻点焊、电阻对焊和闪光对焊等。此外,金属热切割、表面堆焊、喷焊和喷涂等,虽然不属于分离金属的连接,但均是与焊接方法相近或密切相关的金属加工方法,通常也属于焊接研究的范畴。

焊接作业安全技术,主要指焊接作业操作过程中所涉及的人身、设备和生产环境的安全。国家标准《特种作业人员安全技术考核管理规则》(GB 306—85)规定,金属焊接(气割)作业人员为特种作业人员,必须持证上岗。

焊工要与各种易燃易爆气体、压力容器和电机电器接触,同时,在焊接与切割过程中,又会产生有毒气体、有害粉尘、弧光辐射、高频电磁场噪声和射线等。所有这些不安全因素,都有可能成为爆炸、火灾、触电、烫伤等事故发生的原因,不仅危害作业人员的安全与健康,还会使企业财产遭受严重损失,影响生产的顺利进行。所以,必须强调焊接作业中的安全技术,防止不安全因素造成危害。

2. 气焊与气割作业安全技术

气焊与气割作业如图3-1-1所示。

a)气焊　　b)气割

图3-1-1　气焊与气割

1)气焊与气割作业概念

气焊是利用可燃气体(主要是乙炔气)在纯氧中燃烧,使焊丝和母材在接头处熔化,从而形成焊缝的一种焊接方法。

气割是利用可燃气体(乙炔气或液化石油气)在纯氧中燃烧,使金属在高温下达到燃点,然后借助氧气流剧烈燃烧,并在气流作用下吹出熔渣,从而将金属分离开的一种加工方法。

2)气焊与气割用气体

气焊与气割用气体,主要是乙炔、液化石油气和氧气三种。

(1)乙炔:在气焊与气割作业中,主要使用乙炔气体。乙炔气体是使用电石与水发生化学反应制取,化学分子式为 C_2H_2,在常温下是无色气体。工业用乙炔因含杂质硫化氢(H_2S)、磷化氢(PH_3)、氨(NH_3)等,故具有特殊的臭味。乙炔是可燃气体,它与空气混合燃烧时所产生的火焰温度可达 2350℃,乙炔与氧气混合燃烧温度可达 3000 ~ 3300℃,因此,足以迅速溶化金属进行焊接或切割。

乙炔又是一种具有爆炸性危险的气体,当乙炔在空气中的浓度为 2.2% ~81.0% 时,遇明火会产生爆炸。所以在使用过程中,必须经常检查乙炔气体有无泄漏。

(2)液化石油气:液化石油气是石油炼制工业的副产品。其主要成分是丙烷(C_3H_8),大约占 50% ~80%;其余是丙烯(C_3H_6)、丁烷(C_4H_{10})和丁烯(C_4H_8)等。液化石油气在常温下以气态存在,降低一定温度或施加一定压力即变成液体,因此便于装入瓶中储存和运输。液化石油气焊接正在得到逐步推广应用,在气割中已有成熟的技术,气割质量好,也较为经济,缺点是在氧气中燃烧温度仅为 2200 ~2400℃,工作效率低于乙炔。

(3)氧气:在标准状态下,氧气是无色无味无毒气体,分子式为 O_2,密度为 1.43kg/m^3,比空气稍重(空气密度是 1.29kg/m^3);在 -183℃时,氧变成淡蓝色的液体;在 -219℃时,就凝成淡蓝色雪状的固体。氧气本身不能燃烧,是一种活泼的助燃气体,与可燃气体混合燃烧可以得到高温火焰。氧是强氧化剂,有机物与氧发生化学反应时会放出大量的热;增加氧的压力和温度,会使反应显著加快。当压缩的气态氧与矿物油、机油、燃油中细微分散的可燃物质接触时,氧化反应产生的温度能够引燃油蒸气,成为燃烧或爆炸的原因,而且火势很猛、蔓延很快,严重时甚至使用消防器材也无济于事。突然压缩氧气时所放出的热量、摩擦热、金属固体微粒随氧气在管道里高速流动时与管壁的碰撞热及静电火花等,都可能成为燃烧或爆炸的最初因素。因此在使用氧气时,尤其是在压缩状态下,必须注意不要使氧气与油脂等易燃物质相接触。

3)气焊与气割的安全分析

气焊与气割属于明火作业,所使用的氧气、乙炔和液化石油气等都是易燃易爆气体;氧气瓶、乙炔瓶和液化石油气瓶都属于压力容器。在焊接汽车油箱等容器和管道时,还会遇到其他许多易燃易爆气体、液体,如果焊接设备的安全装置有缺陷,或者违反安全操作规程,就可能造成爆炸和火灾。

在气焊与气割火焰的作用下,尤其是气割时氧气射流的喷射,使火星、熔滴和熔渣四处飞溅，容易造成人员灼烫伤；较大的火星、熔滴和熔渣能飞到距操作点5m以外的地方，若引燃易燃易爆物品，可造成火灾和爆炸。高处作业时，还存在高处落下的火星引燃地面可燃物品的危险。

气焊的高温火焰会使被焊金属蒸发成金属烟尘；在焊接铅、铝、铜等有色金属及其他合金时，除了产生有毒金属蒸气，焊剂还散发出氯盐和氟盐的燃烧产物；在黄铜的焊接过程中，还会产生大量锌蒸气。在焊割操作中，尤其是在密闭容器、管道内的焊割操作，会遇到其他生产性毒物和有害气体，这些都可能造成焊工中毒。

4）气焊与气割作业安全规定

（1）在氧气瓶嘴上安装减压器之前，应进行短时间吹除，以防瓶嘴堵塞。

（2）乙炔气瓶嘴部、氧气瓶嘴部和开氧气瓶的扳手上均不得沾有油脂。

（3）乙炔气瓶和氧气瓶均应距明火10m以上；乙炔气瓶与氧气瓶之间的距离也应在5m以上。

（4）乙炔气瓶与焊炬、割炬之间均应有可靠的回火防止器。

（5）乙炔气瓶和氧气瓶均应放置在空气流通的地方，不得在烈日下曝晒，不得靠近火源与其他热源。乙炔气瓶不得安置在空气压缩机、鼓风机和通风机的吸风口附近，也不得安置在高压线和起重机滑线下。

（6）开启乙炔气瓶时，不得猛力敲打，以防止发生火花而引起爆炸。

（7）使用射吸式焊（割）炬前，必须检查喷射情况是否正确。先接好氧气胶管，开启焊（割）炬的氧气手阀，氧气从焊（割）嘴喷出后，再开启乙炔阀，用手指检验乙炔接口是否有吸力，如有吸力，方可接乙炔胶管。

（8）在通风不良的地点或在容器内作业时，焊割炬应先在外面点好火。点火时应开乙炔少许，点燃后迅速调节氧气和乙炔气，按工作需要选取火焰。停火时应先关闭乙炔气，然后再关闭氧气，防止回火和产生烟灰。

（9）在易燃易爆生产区域内动火，应按规定办理动火审批手续。

（10）工作结束后，应将氧气瓶、乙炔气瓶的瓶阀关闭，将减压器和胶管内的残余气体放出。

3. 手工电弧焊作业安全技术

手工电弧焊设备与作业如图3-1-2所示。

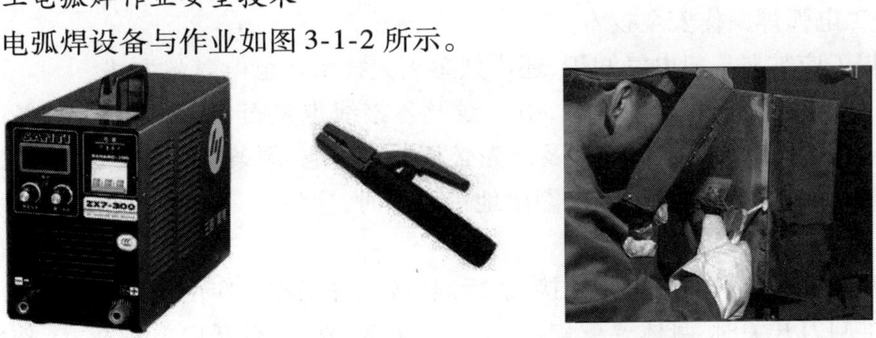

图3-1-2 手工电弧焊设备与作业

1)手工电弧焊的基本原理

手工电弧焊是利用焊条与焊件之间的电弧热,使焊条金属与焊件熔化形成焊缝的一种焊接方法。焊接时,焊件为一电极,焊条为另一电极。电弧是在焊条与焊件之间的空隙内通过外加电压引燃。

2)手工电弧焊的安全分析

由于手工电弧焊机利用的能源是电,同时电弧在燃烧过程中产生高温和弧光,焊条药皮在高温下产生一些有害气体和尘埃,所有这些,都是手工电弧焊操作过程中的不安全因素。

(1)触电:手工电弧焊操作者接触电的机会较多。更换焊条时,焊工要直接接触电极;在容器、管道内或金属构件中焊接时,四周都是导体,焊机的空载电压又高于安全电压。如果电器装置、防护用品有缺陷,或者违反安全操作规程等,都有可能发生触电事故。

(2)弧光和电热伤害:焊接时,电弧产生强烈的可见光和大量不可见的紫外线、红外线,容易灼伤眼睛和皮肤。产生电弧灼伤的情况常见的有两种,一是焊接时电弧灼伤手或身体;二是在焊机带负荷情况下操作焊机开关,短路电弧灼伤手或脸。焊接时也容易发生热体烫伤的现象,主要是熔化的金属飞溅、焊条头或炽热的焊件与身体接触造成的。较长时间的弧光照射眼睛,还会导致电光性眼炎。

(3)有害物质:手工电弧焊时,金属和焊条药皮在电弧高温作用下发生蒸发、冷凝和汽化,产生大量烟尘;同时,电弧周围的空气在弧光强烈辐射作用下,还会产生臭氧、氮氧化物等有毒气体。尤其是氩气保护焊,会产生更多的臭氧。在通风不良的条件下,长期接触这些有害物质,会引起危害健康的多种疾病。特别是在作业环境狭小、通风不良的地方工作,焊接烟尘、有毒气体形成较高的浓度,危害就更大。

(4)火灾与爆炸:一是焊接热源引起周围易燃物质燃烧;二是二次回路通过易燃物质区,由于自身发热或接触不良产生火花引起燃烧;三是燃料容器、管道焊时防爆措施不当引起爆炸。

(5)其他伤害:在清除焊缝熔渣时,由于碎渣飞溅而刺伤或烫伤眼睛,焊接工件放置不稳造成砸伤,登高焊接时不加强防护发生高处坠落等。

3)手工电弧焊操作安全技术

(1)焊工应掌握一般电气知识,还应熟悉灭火技术及触电急救方法。

(2)工作前应检查焊机电源线,引出线及各接线点是否良好;电缆线横越车行道应架空或安置保护盖;焊机二次线路及外壳必须良好接地;焊条的夹钳绝缘必须良好。

(3)下雨天不准露天电焊。在潮湿地带工作时,应站在铺有绝缘物品的地方并穿好绝缘鞋。

(4)移动式电焊机从电力网上接线、拆线、接地等工作均应由电工进行。

(5)推闸刀开关时,身体要偏斜些,要一次推到位,然后开启电焊机;工作完毕或临时停止时,要先关闭电焊机,才能拉断电源闸刀开关。移动电焊机位置,须先停机断电;

如果焊接中突然停电，应立即关闭电焊机电源。

(6)在人多的地方焊接时，应设置遮栏挡住弧光。无遮挡时应提醒周围人员不要直视弧光。

(7)换焊条时应戴好手套，身体不要靠在铁板或其他导电物件上。

(8)清理焊件时，应戴上防护眼镜。

(9)防止弧光灼伤和烫伤：弧光中含有大量的紫外线和红外线以及强烈的可见光，对眼睛和皮肤有强烈刺激作用。焊过的工件不能用手触摸；敲击焊渣时注意方向，并用焊接面罩遮盖，以免烫伤自己及他人。

(10)焊接中发现焊机高热、冒烟、有焦臭味，应立即停止工作、切断电源并报告老师。

4. 气体保护焊作业安全技术

气体保护焊设备与作业如图3-1-3所示。

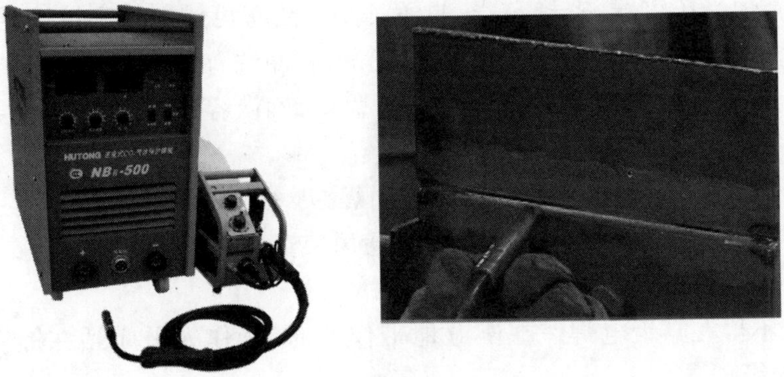

图3-1-3　气体保护焊设备与作业

1)气体保护焊的基本原理

气体保护焊指在进行焊接过程中，用保护气体将电极、电弧区、金属熔池与周围气体隔开，使焊缝不受周围空气的影响，保证焊接质量的一种焊接方法。气体保护焊也属于电弧焊，其电弧温度达到8000℃以上，而且热量集中，在焊接过程中可瞬间熔化金属，熔池较小，产生热量小，焊接变形小，焊接质量较高；对金属材料机械性能影响小，适合高强度钢的焊接。焊缝外表美观，焊接速度快，工作效率高，所以在现代汽车车身修理中被广泛应用。

气体保护焊根据所使用保护气体的不同，可分为惰性气体保护焊(MIG)和活性气体保护焊(MAG)。惰性气体保护焊可以使用氩气、氦气或它们的混合气、氩气与氧气混合气、氩气(75%)和二氧化碳气体(25%)的混合气作为保护气体；活性气体保护焊一般都是使用二氧化碳气体作为保护气体。使用氩气进行保护的通称氩弧焊，使用二氧化碳气体进行保护的通称二保焊。

大多数钢材可以使用二氧化碳气体(CO_2)保护焊进行焊接，而要焊接不锈钢、铝材时，则应使用氩气或氦气作为保护气体的惰性气体保护焊。

2）气体保护焊操作安全技术

（1）作业前，如果使用二氧化碳气体，应预热 15min。开启气瓶阀时，操作人员必须站在瓶嘴的侧面。

（2）作业前，应检查并确认焊丝的进给机构、电线的连接部分、气体的供应系统及冷却水循环系统合乎要求，焊枪冷却水系统不得漏水。

（3）氩气瓶、二氧化碳气瓶宜放阴凉处，其最高温度不得超过 31℃，并应放置牢靠，不得靠近热源。

（4）二氧化碳气体预热器使用的电压，一般有 36V、110V 和 220V，必须正确连接，作业后，应切断电源。

（5）焊接操作及配合人员必须按规定穿戴劳动防护用品，并采取防止触电、火灾等事故的安全措施。

（6）现场使用的电焊机，应设有防雨、防潮、防晒的机棚，并应装设相应的消防器材。

（7）当需施焊受压容器、密封容器、油桶、管道、沾有可燃气体和溶液的工件时，应先消除容器及管道内压力，消除可燃气体和溶液，然后冲洗有毒、有害、易燃物质；对存有残余油脂的容器，应先用蒸汽、碱水冲洗，并打开盖口，确认容器清洗干净后，再灌满清水方可进行焊接。

（8）严禁在已喷涂过油漆和塑料的容器内焊接。

（9）焊接铜、铝、锌、锡等有色金属时，应通风良好，焊接人员应戴防毒面罩、呼吸滤清器或采取其他防毒措施。

（10）雨天不得在露天电焊。在潮湿地带作业时，操作人员应站在铺有绝缘物品的地方，并应穿绝缘鞋。

5. 氩弧焊安全操作技术

钨极氩弧设备与作业如图 3-1-4 所示。

图 3-1-4　钨极氩弧设备与作业

（1）应检查并确认电源、电压符合要求，接地装置安全可靠；检查并确认气管、水管（有水冷装置的焊机）不受外压和无泄漏。

（2）应根据焊件材质性能、尺寸、形状先确定极性，再确定电压、电流和氩气的流量。

（3）安装的氩气减压阀、管接头不得沾有油脂。安装后，应进行试验并确认无故障和漏气。

(4)水冷型焊机在焊接过程中,冷却水应保持清洁,流动正常、流量保持稳定,不得断水施焊。

(5)高频引弧的焊机,其高频防护装置应良好;起弧时不得发生短路,振荡器电源线路中的连锁开关严禁分接。

(6)钍钨棒的打磨处应设有抽风装置,储存时宜放在铅盒内,不得随身携带。钨极粗细应根据焊接厚度确定,更换钨极时,必须切断电源。磨削钨极端头时,操作人员必须戴手套和口罩;磨削下来的粉尘,应及时清除。

(7)焊机附近不宜装置有振动的其他机械设备,不得放置易燃、易爆物品;工作场所应有良好的通风措施;氩气瓶与焊接地点不应靠得太近,并应直立固定放置,不得倒放。

(8)焊接操作及配合人员必须按规定穿戴劳动防护用品;焊接铜、铝、锌、锡等有色金属时,应通风良好,焊接人员应戴防毒面罩、呼吸滤清器或采取其他防毒措施。

(9)雨天不得在露天焊接。现场使用的电焊机,应设有防雨、防潮、防晒的机棚并应装设相应的消防器材。在潮湿地带作业时,操作人员应站在铺有绝缘物品的地方,并应穿绝缘鞋。

(10)焊接结束后,应切断电源,关闭水源和气源。焊接人员必须及时脱去工作服,清洗手脸和外露的皮肤。

6. 等离子切割操作安全技术

等离子切割设备与作业如图3-1-5所示。

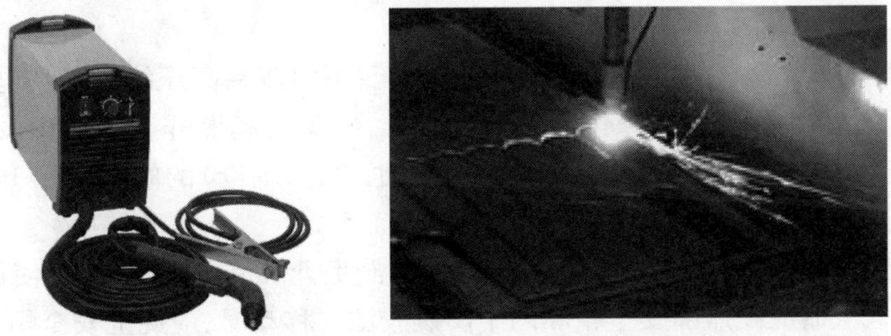

图3-1-5　等离子切割设备与作业

(1)操作者应在熟悉并理解说明书内容后,才允许操作与维修该设备。

(2)切割工件应在通风良好的环境中进行,在通风不良或容器中进行切割时,应另外采取加强通风的有效措施。

(3)设备通电后不得拆卸箱壳及接触带电零件(包括喷嘴)。

(4)更换割炬零件前,必须切断电源总开关。

(5)操作者在工作前应穿戴好工作服、鞋、帽及焊接面罩或焊接眼镜。

(6)切割场地上不应有易燃易爆物品。

(7)操作时应注意保护割炬软管电缆不受伤害,也要注意不使火花损伤塑料、金属表面油漆及其他物体。

(8)设备停用时关闭电源、气源。

(9)应经常检查,保持设备的良好状态,并注意保护接零或保护接地是否良好。

(10)因连续工作时间太长造成主变压器温度超过110℃时,热控保护开关动作,设备将自动关闭,无法启动。应待变压器冷却后方可重新启动。

(11)经常排除过滤减压阀中的积水,操作方法是逆时针旋松最下部螺栓,排除积水后再拧紧。

(12)未进行切割作业时,尽量少按动割炬按钮,以免损坏设备。

三、任务准备

1. 设备准备

准备气焊、电弧焊焊接设备,灭火器,焊接劳保用品等。

2. 安全检查

清洁及清理操作场地及安全区域内易燃易爆物品,并把灭火器安置在操作场地合适位置。

四、任务实施

1. 氧-乙炔气焊、气割实训安全操作技术

1)焊、割前准备

(1)检查橡胶软管接头、氧气表、减压阀等应紧固牢靠,无泄漏。严禁油脂、泥垢沾染气焊工具、氧气瓶。

(2)严禁将氧气瓶、乙炔瓶靠近热源和电闸箱;不得放在高压线及一切电线的下面;切勿在强阳光下曝晒;应放在操作工位的上风处,以免引起爆炸。四周应设围栏,悬挂"严禁烟火"标志,氧气瓶、乙炔气瓶与焊、割炬(也称焊、割枪)的间距应在10m以上,特殊情况也应采取隔离防护措施,其间距也不准少于5m。

(3)氧气瓶应集中存放,在氧气瓶存放处不准吸烟和明火作业,禁止使用无减压阀的氧气瓶。氧气瓶应配瓶嘴安全帽和两个防震胶圈。移动时,应旋上安全帽,禁止拖拉、滚动或吊运氧气瓶;禁止使用带油脂的手套搬运氧气瓶;转运时应用专用小车,固定牢靠,避免碰撞。氧气瓶应直立放置,设支架稳固,防止倾倒;横放时,瓶嘴应垫高。

(4)乙炔气瓶使用前,应检查防爆和防回火安全装置。

(5)按工件厚度选择适当的焊炬和焊嘴,并确认手阀无漏气。

(6)氧气和乙炔胶管有不同要求,不准互换使用。使用新软管时,应先排除管内杂质、灰尘,使管内畅通。不得将橡胶软管放在高温管道和电线上,或将重物或热的物件压在软管上,更不得将软管与电焊用的导线敷设在一起。

(7)安装减压器时,应先检查氧气瓶阀门接头,保证没有油脂,并略开氧气瓶阀门出气口,关闭氧气瓶阀门时,须先松开减压器的调压螺丝。

(8)检查焊(割)炬射吸性能时,先接上氧气软管,将乙炔软管与焊、割炬脱离开后,即可打开乙炔阀和氧气阀,再用手指轻按焊炬上乙炔进气管接口,如手感有轻微吸力,

才能接上乙炔管路。如发现氧气从乙炔接头中倒流出来，应立即修复，否则禁止使用。

(9)检查设备、焊炬、管路及接头是否漏气时，应涂抹肥皂水，观察有无气泡产生，禁止用明火试漏。

(10)焊、割嘴堵塞，可用专用通针将堵塞物清除，禁止用铁丝清理焊、割嘴。

2)气焊、气割安全事项

(1)开启氧气瓶阀门时，禁止用铁器敲击，应用专用工具，开启气瓶阀动作要缓慢，不要面对气体冲出方向。

(2)点火前，缓慢开启焊、割炬阀门，检查喷嘴出口，无气流喷出时不准使用，试气时切忌对准脸部。严禁用烟头点火。

(3)点火时，可先把乙炔调节阀稍为打开后，再打开氧气调节阀，点火后即可调整火焰大小和形状。点燃后的焊炬不能离开手。关火时应先关乙炔阀，再关氧气阀，使火焰熄灭后才能放下焊炬，不准放在地上。

(4)进入容器内焊接时，点火和熄火均应在容器外进行。在焊、割储存过油类的容器时，应将容器上的孔盖完全打开，先将容器内壁用碱水清洗干净，后再用压缩空气吹干，充分作好安全防护工作。

(5)氧气瓶压力指针应灵敏正常，瓶中氧气不许用尽，必须预留余压，至少要留0.1～0.2MPa的氧气，拧紧阀门，瓶阀处严禁沾染油脂，瓶壳处应注上“空瓶”标记。乙炔瓶照此规定执行。

(6)焊、割作业时，不准将橡胶软管背在背上操作，禁止用焊、割炬的火焰作照明。氧气、乙炔软管需横跨道路和轨道时，应在轨道下面穿过或吊挂过去，以免被车轮辗压破坏。

(7)焊、割嘴外套应密封性好，如发生过热时，应先关乙炔阀，再关氧气阀，浸水冷却。

(8)发生回火时，应迅速关闭焊、割炬上的乙炔调节阀，再关闭氧气调节阀，可使回火很快熄灭。如紧急时(仍不熄火)，可弯折并握紧乙炔软管，阻止乙炔气体供应，再关闭氧气阀和乙炔阀门，待火焰熄灭后再打开氧气调节阀，吹出焊、割炬内的残留余烟和碳质微粒，才能再作焊、割作业。

(9)如发现焊炬出现爆炸声或手感有振动现象，应快速关闭乙炔阀和氧气阀，待焊炬冷却后再继续作业。

(10)进行高空焊割作业时，应使用安全带，高空作业处的下面，严禁站人或工作，以防物体下落砸伤。

3)气焊、气割作业结束后的安全事项

(1)关闭气瓶阀套上安全帽，将气瓶放置在规定地点。

(2)定期对受压容器、压力表等安全附件送检。

(3)短时间停止气割(焊)作业时，应关闭焊、割炬阀门。离开作业场所前，必须熄灭焊、割炬，关闭气门阀，排出减压器压力，放出管中余气。

(4)如发现乙炔软管在使用中脱落、破裂、着火时,应立即熄灭焊、割炬火焰,再停止供气,必要时可折弯软管以熄火。

(5)如发现氧气软管着火时,应迅速关闭氧气瓶阀门,停止供氧,但不准用折弯软管办法熄火。

(6)熄灭焊炬火焰时,应先关闭乙炔阀门,再关闭氧气阀门;熄灭割炬则应先关切割氧,再关乙炔和预热氧气阀门,然后将减压器调节螺丝拧松。

2. 手工电弧焊、气体保护电弧焊、氩弧焊实训安全操作技术

(1)焊接实习前须经安全知识教育及专业知识培训,在实习教师指导下方能上岗操作实习。

(2)焊工的工作服、手套、绝缘鞋应保持干燥,实习操作前应检查焊接面罩玻璃是否夹紧、有无漏光现象。

(3)工作前要认真检查焊接电缆是否完好,有无破损、裸露,无问题才能使用。不可将电缆放置在焊接电弧附近或炽热的金属上,避免高温烧坏绝缘层,同时,也应避免碰撞磨损。

(4)焊钳应有可靠的绝缘,中断工作时,焊钳要放在安全的地方,防止焊钳与焊件之间产生短路而烧坏弧焊机。

(5)更换焊条时,不仅应戴好手套,同时应避免身体与焊件接触。

(6)弧焊设备的接线、检查和修理应由电工进行,焊工不得私自拆修。

(7)弧焊设备的外壳必须接零或接地,而且接线应牢靠,以免由于漏电而造成触电事故,接地线不得裸露。

(8)推拉电源闸刀时,应戴好干燥的手套,不要面对闸刀,以免推拉时,可能发生短路电弧而灼伤脸部。

(9)在潮湿的地方工作时,应用干燥的木板或橡胶片等绝缘物作垫板,阴雨天严禁室外作业。

(10)工作地周围应放置遮光屏,以免弧光扰乱及伤害其他工作人员;无遮栏时应提醒周围人员不要直视弧光。多台焊机同时工作时,相互之间应有足够距离,必要时要用屏护装置隔开。

(11)焊接区10m内不得堆放易燃、易爆物,注意红热焊条头的堆放。

(12)工作中发现手工电弧焊机有漏电等异常现象时,应立即切断电源,报告老师找电工修理,设备维修必须在断电条件下进行。

(13)焊接完毕后应关掉焊机,如焊机温度过高时,应使用风扇冷却,实习结束后,必须关掉焊机及各级电源,收好工具,清理场地。

五、任务评价

1. 自我评价

(1)通过本学习任务的学习,你是否已经清楚以下问题:

①气焊与气割的安全技术有哪些？________________________________

____

____。

②手工电弧焊的安全技术有哪些？________________________________

____

____。

③气体保护焊的安全技术有哪些？________________________________

____

____。

④钨极氩弧焊安全技术有哪些？__________________________________

____

____。

⑤等离子切割安全技术有哪些？__________________________________

____

____。

⑥把各种焊接设备的空载电压和工作电压与安全电压联系起来想一想，有什么启发？____

____

____。

(2)实训工具设备及其他用品使用情况。

评价：____

____

____。

(3)实训过程完成情况。

评价：____

____

____。

(4)工作着装是否规范？

评价：____

____

____。

(5)在实训中你是否意识到安全防护的问题并提醒其他同学注意？是否出现了不规范的情况？是如何处理的？

评价：____

____

____。

(6)7S 管理。能否积极主动参与工作现场的清洁和整理工作？

评价：____

____

____。

(7)在完成本学习任务的过程中，你是否主动帮助过其他同学？并和其他同学探讨操作过程中出现的有关问题？具体问题是什么？结果是什么？

评价：____

____

____。

(8)通过本学习任务的学习，你认为哪些方面还有待进一步改善？

评价：____

____

____。

(9)在进行本学习任务的学习过程中，你是从本教材的“资料收集”中收集还是从其他方面进行收集与操作相关的内容？有何收获？

评价：____

____

____。

(10)在本学习任务中你遇到的困难是什么？如何解决的？

评价：____

____

____。

签名：____________　　　　　　　　________年____月____日

2. 小组评价

小组评价见表 3-1-1。

小　组　评　价　　　　表 3-1-1

序　号	评　价　项　目	评 价 情 况
1	学习态度是否积极主动	
2	是否服从教学安排	
3	是否达到全勤	
4	着装是否符合要求	
5	是否合理规范的使用仪器和工具、设备	
6	是否按照安全和规范的规程操作	
7	是否遵守学习、实训场地的规章制度	

续上表

序 号	评 价 项 目	评价情况
8	是否积极主动地和他人合作、探讨问题	
9	是否能保持学习、实训场地整洁	
10	团结协作情况	

参与评价的同学签名：＿＿＿＿＿＿ ＿＿＿＿年＿＿月＿＿日

3. 教师评价

＿＿。

六、学习拓展

1. 典型的焊接事故

1）鸟巢雕塑“祥云玉兔”起火

2011年1月28日，国家体育场西侧50m处，一座正在施工中的塑料雕塑“祥云玉兔”起火。据当事工人称，可能是焊接时飞溅出的火花引燃底座的泡沫材料，致使整体结构起火。如图1-3-6所示。

2）油罐爆炸

2002年11月，某地油库发生爆炸火灾。据调查，原因是由于工人在罐顶进行焊接操作时，焊接区域高温引起油罐内油蒸汽爆炸，导致火灾发生。爆炸情景如图3-1-7所示。

图3-1-6 焊接火灾(1)

图3-1-7 焊接火灾(2)

3）上海高层住宅楼特大火灾

2010年11月，上海市中心胶州路一栋28层住宅楼失火。据调查，火灾是由工人焊接时火花溅落到易燃的装修材料上引起的。爆炸情景如图3-1-8所示。

4）装载危险品的罐车爆炸

罐体的前部飞出，将车头打趴在地上，飞出的后部将一栋两层小楼冲垮一半。据调查，爆炸的罐车当时正在现场焊补罐体。爆炸情景如图3-1-9所示。

图 3-1-8　焊接火灾(3)

图 3-1-9　焊接火灾(4)

2. 电弧焊机的电压

电弧焊机包括手工电弧焊焊机、气体保护焊焊机(包括 MAG、MIG、钨极氩弧焊 TIG)、电阻点焊机和等离子切割机等。电弧焊机的电压见表 3-1-2。

电弧焊机的电压　　表 3-1-2

设备 电压	手工电弧焊焊机	气体保护焊焊机	电阻点焊机	等离子切割机
空载电压(V)	60~80	17~75	6~18	150~400
工作电压(V)	25~45	15~42	2~20	80 以上

1)输入电压

由电源插座提供的电压,有 220V 和 380V 两种。

2)空载电压和工作电压

焊机电路接通,但还没有工作时两电极之间的电压叫空载电压。焊机工作时,两个电极之间的电压叫工作电压。

学习任务 2　手工电弧焊

学习过程

一、任务要求

焊缝、焊点强度达到要求,焊缝、焊点规格达到要求。

二、资料收集

1. 手工电弧焊的基本原理

手工电弧焊就是用手工操作电焊条进行焊接的电弧焊方法,简称手弧焊,它利用焊机提供的焊接电流在电焊条与焊件之间产生的电弧的热量,使焊条金属与母材熔化形成焊缝。手工电弧焊原理如图 3-2-1 所示,焊条熔化和焊缝形成的过程如图 3-2-2 所示。

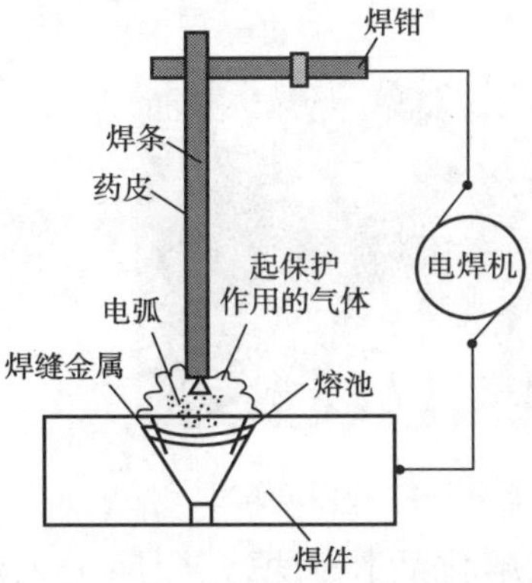

图 3-2-1　手工电弧焊原理图

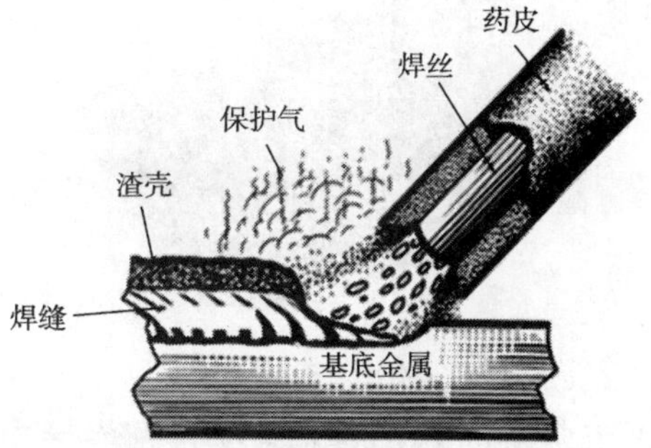

图 3-2-2　焊条熔化及焊缝形成过程

焊接时，被焊金属为一电极，焊条为另一电极，被焊金属称为焊件或母材。焊接时因电弧的高温和吹力作用使焊件局部熔化，在被焊金属上形成一个椭圆形充满液体金属的凹坑，这个凹坑称为熔池，随着焊条的移动熔池冷却凝固后形成焊缝。焊缝表面覆盖的、主要是由熔化的焊条药皮形成的黑色渣壳称为熔渣。焊条熔化末端到熔池表面的距离称为电弧长度。从焊件表面至熔池底部距离称为熔透深度。

2. 焊接电弧

1）焊接电弧的概念

焊接电弧是由焊接电源供给的、在电极与焊件间气体介质中产生的强烈而持久的放电现象。焊接电弧温度高达5730～7730℃，能有效地将电能转变为热能、光能和机械能，从而熔化金属并进行焊接。

2）焊接电弧的产生过程

在焊接时，通常先将焊条的末端与焊件表面相接触．然后很快地将焊条拉开，使之保持3～4mm的间隙，电弧就在这个间隙中引燃了。这是由于焊条与焊件接触瞬间造成短路，产生很大的电流，某些接触点上的电流密度非常大，产生大量的电阻热，使接触部分的金属温度急剧升高而熔化，甚至部分发生蒸发。当稍微提开焊条的瞬间，大量电流只能从熔化金属的细颈处通过，则电流密度进一步增大，电阻热使得细颈处的液态金属温度猛烈升高，致使两极间液态金属迅速分开。此时由于强大的短路电流及金属蒸气的存在，焊条端部的温度已升得很高，在热能和电场力的作用下，带电的高温空气、金属和焊条药皮的蒸气发生电离，这时便出现了电子放射。由于电离和电子放射的综合作用，电弧便被引燃了。

焊接电弧在电焊条与焊件之间维持稳定燃烧的条件有两个：一是焊机保持正常工作状态，即持续向电焊条和焊件供电；二是电焊条熔化末端与焊件间保持合适的距离，即电弧长度不能太短或者太长。

3. 电焊条

1）电焊条的作用

电焊条是指涂有药皮的供手工电弧焊用的熔化电极，简称焊条，如图3-2-3所示。

电焊条燃烧如图 3-2-4 所示。

图 3-2-3　电焊条

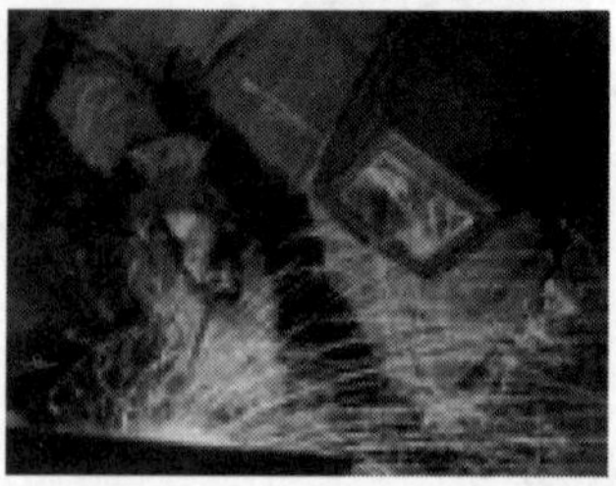

图 3-2-4　电焊条燃烧

手工电弧焊时，焊条既作为电极传导电流，又在熔化后作为填充金属进入熔池，与母材金属熔合形成焊缝金属。焊条的药皮熔化后成为熔渣，起着隔离空气、清除杂质、保护熔池、补充合金元素的作用。由此可知，焊条不但影响电弧的稳定性，还直接影响焊缝金属的化学成分和力学性能。

2）焊条的组成

焊条由焊芯和药皮组成。

焊芯：被药皮包裹着的焊条金属芯称为焊芯，是通过特殊冶炼而成的钢丝。

药皮：指压涂在焊芯上的涂层。药皮通常是由各种矿石粉、铁合金粉和有机物、化工产品等混合而成。

3）焊条的规格

焊条以焊芯的直径为公称直径，根据焊芯材质和直径决定焊条的长度。不同类别焊条的规格及相应焊接参数见表 3-2-1 和表 3-2-2。

焊条直径选择的参考数据　　表 3-2-1

焊件厚度（mm）	2	3～5	6～12	<12
焊条直径（mm）	2.5	3.2	4.0	5.0

焊接工艺参数　　表 3-2-2

焊条直径（mm）	1.6	2.5	3.2	4.0
焊接电流（A）	25～40	50～85	80～130	160～210

4. 手工电弧焊机

常用的手工电弧焊机有旋转式直流弧焊机、整流式直流弧焊机和交流弧焊机三种。

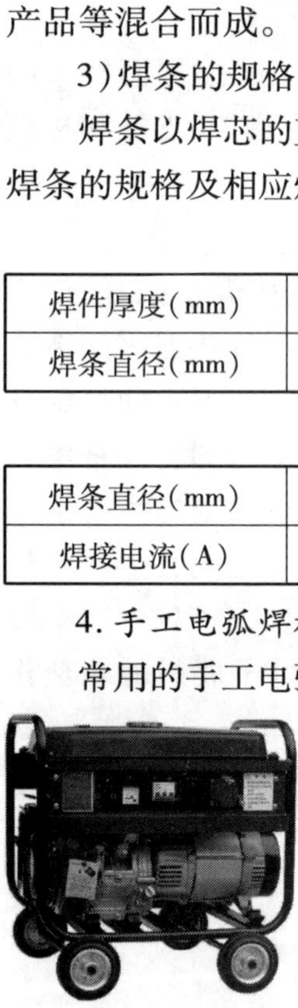

图 3-2-5　内燃直流弧焊机

旋转式直流弧焊机是一种专供电弧焊用的特殊类型的发电设备，由发电机和原动机两部分组成。原动机可以是电动机或内燃机，在工厂中常见的是用电动机驱动。直流弧焊机除了具有产生直流电的功能外，还具有满足焊接工艺所要求的性能。内燃直流弧焊机如图 3-2-5 所示。

整流式直流弧焊机由主变压器、整流器组、调节装置和冷却风扇等装置组成。这类焊机由于多采用硅整流元件进行整流，又称为硅整流焊机。

交流弧焊机主要有动铁芯式、同体式和动圈式三种。

上述三种手工电弧焊机，一般用途时常使用交流电弧焊机。下面重点介绍交流电弧焊机及辅助设备。

1）交流弧焊机的基本组成

交流电弧焊机是一个结构特殊的铁芯磁式降压变压器。焊机内部铁芯由两侧的静铁芯和中间的动铁芯组成，外部有机壳、提手、焊机开关和接线柱。

辅助组成部分有焊机电源线、焊接电缆线、电焊钳、地线夹，配套器具有焊接面罩、电焊条和焊工手套。基本组成如图3-2-6所示。

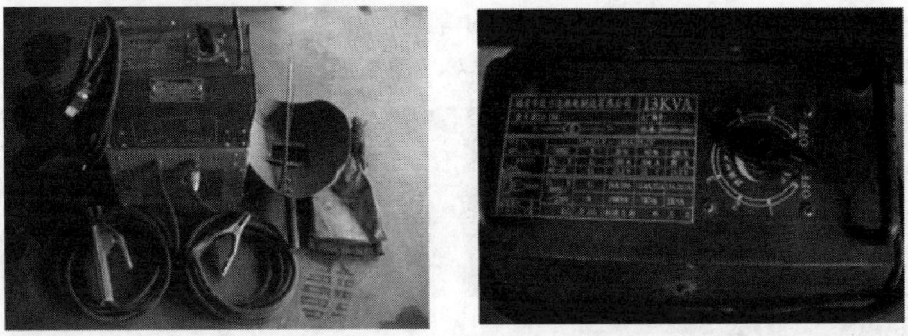

图3-2-6　交流电弧焊机及配件

2）交流弧焊机电流输入与输出端

交流电弧焊机通常使用220V和380V两种输入电流，焊机侧面上有相应的接线端和标识，如图3-2-7所示；在相对的侧面上有电流输出端，分别是焊钳电缆和地线电缆的接头，也有相应的接线标注。各电缆端头用接线耳夹紧，并用螺母紧固在接线端头上。如图3-2-8所示。

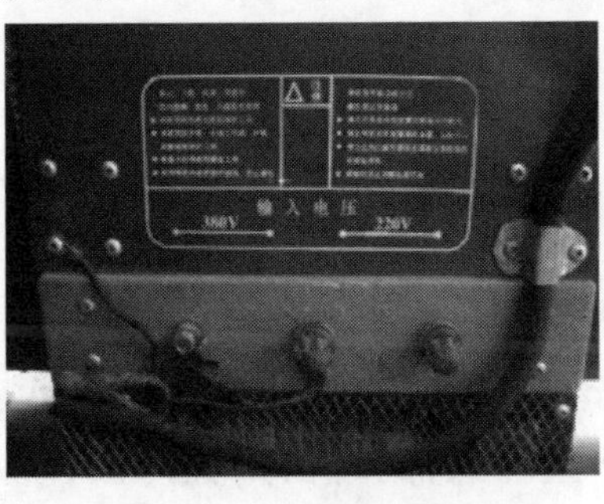

图3-2-7　电流输入端

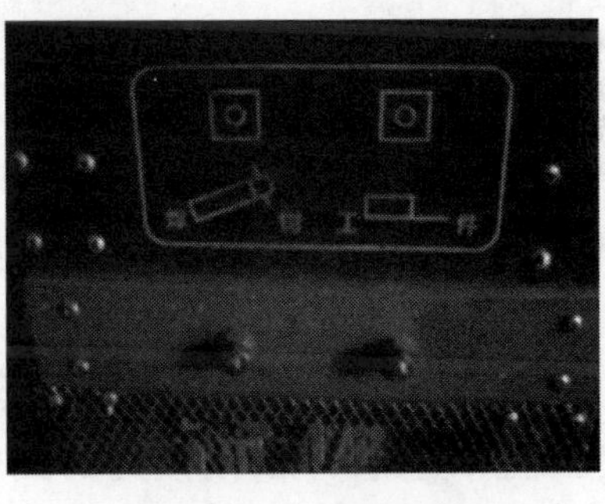

图3-2-8　电流输出端

使用前，必须确认输入电压接头间的电压值与电网电压一致。同时，必须确认机壳已经有效接地，如图3-2-7中机壳左侧的电线即为接地线。

5. 手工电弧焊常用工器具

手工电弧焊常用工器具有敲渣锤、手套、面罩与黑玻璃、护目镜等，如图3-2-9所示。

（1）敲渣锤和钢丝刷的作用主要是清理焊缝表面、焊缝层间的焊渣及焊件上的铁锈、油污。锤的两端可根据实际情况磨成圆锥形或扁铲形等。

（2）焊工长皮手套由牛皮制成，具有绝缘、隔热等保护作用。

（3）面罩是用来防止焊接时的飞溅金属、强烈弧光、熔池和焊件的高温对焊工面部及颈部灼伤的一种遮蔽工具，有手持式和头戴式两种。黑玻璃又称护目玻璃，其作用是减弱弧光的强度，并过滤红外线和紫外线，使焊工在操作时既能观察熔池，又能免受弧光灼伤。黑玻璃按其颜色探浅分为6个型号，即7～12号，号数越大，颜色越深。为防止黑玻璃片被飞溅金属损坏，应在黑玻璃片前后各放一块白玻璃，前向的白玻璃片可随时更换。

（4）护目镜为无色平光镜，主要用于防止高温飞溅物溅入眼睛，镜片宜采用树脂制造。

6. 焊接质量检验基础

如图3-2-10所示是不同操作者完成的焊缝。由于操作者听课和训练的认真程度不同，焊缝外观也不一样，除A焊缝成形较好外，其余焊缝存在各种缺陷。

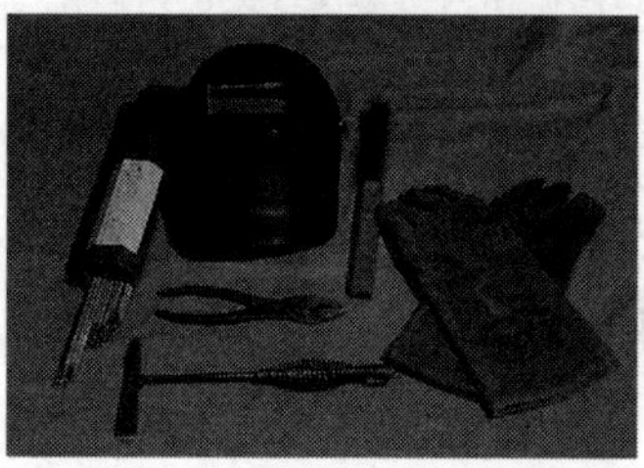

图3-2-9　手工电弧焊常用辅助工器具

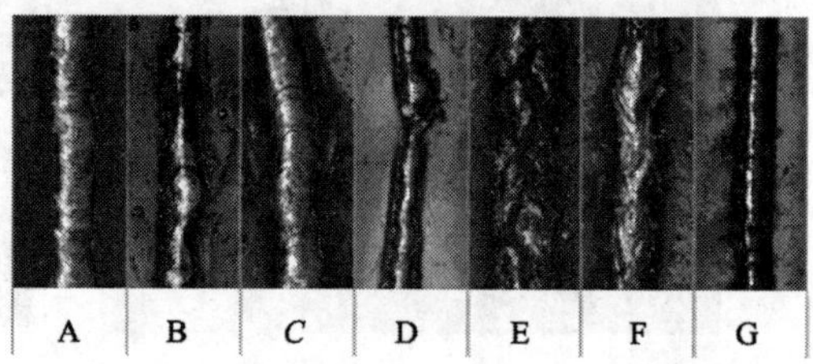

图3-2-10　手工电弧焊焊缝成形质量比较

焊缝中产生的不符合设计或工艺文件要求的缺陷叫焊接缺陷，主要有外形尺寸不符合要求、咬边、塌陷与烧穿、焊瘤、夹渣、未焊透与未熔合、气孔、裂纹等形式。

1）焊缝外形尺寸不符合要求

主要表现为焊缝成形不良，焊缝不直，焊缝太宽、太窄，焊缝表面高低不平，焊波不均匀，焊缝余高过高或过低。

2）咬边

由于焊接规范不正确或者操作工艺不当，熔化形成凹陷或沟槽缺陷称为咬边。咬边减小了焊缝的有效截面，降低了接头的强度。

3）弧坑

焊后在焊缝表面或焊缝背面形成的低于母材表面的局部低陷部分，叫弧坑。弧坑的出现不仅影响焊缝的外观，使该处的强度严重降低，同时在弧坑内很容易产生气孔、夹渣和微小裂纹等缺陷。

4）塌陷

指焊缝金属透过背面而使上面凹陷背面凸出的缺陷，烧穿则是直接将焊件烧透形成孔洞。塌陷与烧穿等缺陷，不仅影响焊缝外观，而且使该处的焊缝强度显著降低，还可能造成根部凸瘤。

5）焊瘤

在焊接过程中，熔化金属流淌到焊缝之外未熔化的母材上所形成的金属瘤叫焊瘤。

焊瘤不仅影响焊缝外表的美观，而且焊瘤覆盖下的母材常有未焊透等缺陷。

6）夹渣

焊后残留在焊缝中且难以甚至无法清除的熔渣，称为夹渣。夹渣对接头的性能影响比较大，因为夹渣多数呈不规则状，会降低焊缝的塑性和韧性，其尖角会引起很大的应力集中，尖角顶点常导致裂纹产生，焊缝中的针形氧化物和磷化物夹渣会使焊缝金属变脆，降低力学性能，氧化铁及硫化铁夹渣容易使焊缝产生脆性。

7）未焊透

母材和焊缝金属之间或焊缝金属相互之间局部未熔合而留下的空隙称为未焊透。熔焊时，焊道与母材之间或焊道与焊道之间未完全熔化结合的部分称为未熔合。在焊接过程中出现未焊透或未熔合等现象，不仅使焊接接头力学性能降低，而且在缺口和端部形成应力集中点，承载后往往会引起裂纹。

8）气孔

在焊接过程中，熔池金属中的气体在金属冷却以前，未能来得及逸出，而在焊缝金属中所形成的孔穴，称为气孔。

9）裂纹

在焊缝或热影响区，因开裂而形成的缝隙称为焊接裂纹。焊接裂纹是一种危害最大的缺陷，不仅降低焊接接头的强度，还会引起应力集中，使焊接结构承载后造成断裂，使产品报废，甚至会引起严重的事故。

三、任务准备

1. 操作前安全检查

（1）确保焊机和工件周围区域干燥，焊接操作区域附近没有易燃物质，必要时把现场的地面打扫干净。现场要准备好灭火器材。

（2）将焊机放置在工件附近，并确定交流电开关的位置以防备突发事件。确保焊机接地良好，检查电缆是否完好无损，电源线、焊把线和地线连接是否牢固后才能送电。

注意：电源电压和焊机所规定的电压应保持一致。

（3）将地线连接到焊件上，设置适当的极性和焊接电流，并根据工作要求，选择适当的焊条。

（4）准备好焊接安全用具（防护面罩、手套和皮鞋等），穿好焊接安全服、帽子、绝缘鞋和手套。焊接开始就应该带防护眼镜，并一直与防护面罩一起使用。

（5）通电前焊钳不能放在工作台、焊机及焊件上，以免造成短路。

（6）开启焊机，将焊条夹入焊钳，拿好防护面罩，在试焊板上进行划擦或敲击，确认焊机能够进行正常的起弧工作。

2. 焊接电流的判断

焊接电流选择经验公式

$$IH = (30 \sim 50)d$$

式中：d——焊条直径，单位为毫米，mm。

IH——电流，单位为安培，A。

先根据经验公式确定一个数值，再进行实地调试。大电流虽然能提高工作效率，但过大会出现咬边、焊瘤、烧穿等焊缝缺陷；过小不但会降低工作效率，还会造成夹渣、未焊透等缺陷，以上两者都会使焊接接头的机械性能下降。电流参数是否合适主要按以下表现判断：

(1)电流偏大时，焊接爆裂声、飞溅大。薄板焊接时易产生烧穿，厚板连续焊接时焊条易发红。

(2)电流偏小时，起弧时易出现粘连现象，熔化的铁水熔合不良，熔渣与铁水难以分辨，会产生未焊透、夹渣等缺陷。

(3)使用合适的电流焊接，焊缝过渡好，飞溅少，焊缝或焊点成形良好。

四、任务实施

1. 引弧操作要领

1)操作姿势

一般采用蹲姿或站姿，两脚分开与肩同宽，自然下蹲，将身体重心放在两腿之间，如图 3-2-11 所示。

图 3-2-11　手工电弧焊蹲式操作姿势

2)引弧方法

常用的手工电弧焊引弧方法有以下两种：

(1)划擦法引弧，适应于初学者，方法如同划火柴，焊条的滑行长度不得超过 10mm。

(2)直击法引弧，适应于熟练者，方法是将焊条直接碰击工件，出现弧光后迅速垂直提起焊条，完成引弧动作。这种方法不易掌握，操作时易出现粘焊条现象，所以要进行多次练习。

两种方法都是使焊条末端与工件表面接触形成短路，然后迅速将焊条向上提起一段距离(2 ~4mm)，即可引燃并保持稳定的电弧。应当注意，焊条不能提得太高，否则电弧易熄灭。两种引弧方法如图 3-2-12 所示。

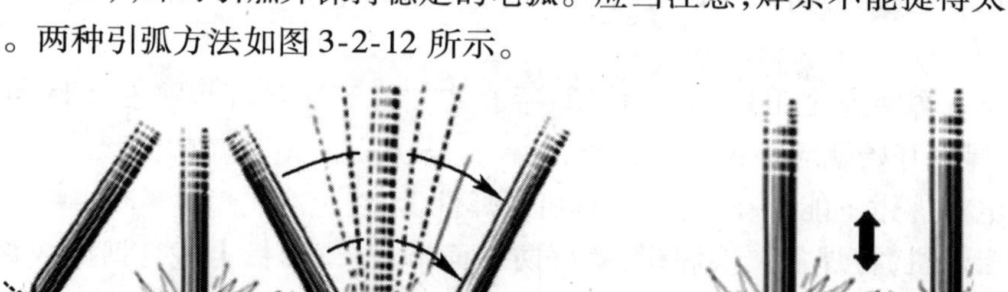

图 3-2-12　划擦法与直击法

操作方法：调节好焊接电流后，用焊接面罩遮挡住面部，将焊条对准工件按划火柴的方法划擦工件的某处使其引燃电弧，待掌握之后再练习直击引弧法。当两种方法都掌握好后再练习定点点焊，也就是在工件上预先指定好某点的位置进行点焊操作，这个方法主要是训练引弧及焊接位置的准确性。

引弧时的注意事项：引弧前，如果焊条端部有药皮套筒，可以用戴着手套的手将套筒去除，这样引弧就较为快捷。焊条末端与工件接触时间不能太长，以免焊条粘连在焊件上。若在引弧时发生粘焊条现象应立即左右大范围摆动电焊条，使焊条端部与焊件脱离。如还不奏效，应立即将焊钳与工件脱开，以免烧毁焊机。

2. 点焊操作要领

需要注意的是，在进行点焊操作前，应先用与焊件同厚度的废板进行焊接电流的调节与确认，以便得到合适的焊接工作电流。

1）引弧的操作步骤

（1）握紧焊把：将右手虎口对准焊钳夹缝，使用拇指控制焊条夹柄，用其余手指以抓握方式握紧手柄。

（2）夹持焊条：右手拇指压下焊条夹柄、打开焊钳，左手拿起焊条，将焊条夹紧在焊条槽里，如图 3-2-13 所示。

（3）使用焊接面罩：左手拿起电焊面罩，高度以墨镜片与眼睛平齐为准，眼睛、墨镜片与焊件应在同一直线方向上。

（4）引弧准备：将焊条靠近焊件，焊条与焊件成 70° ~ 80°夹角，并与焊件保持 10mm 高度的距离。

（5）引弧操作：右手上臂紧贴大腿外侧，用面罩挡住眼睛，从右手手腕处发力，使用划擦法或直击法起弧。操作规范如图 3-2-14 所示。

图 3-2-13 夹持焊条的操作

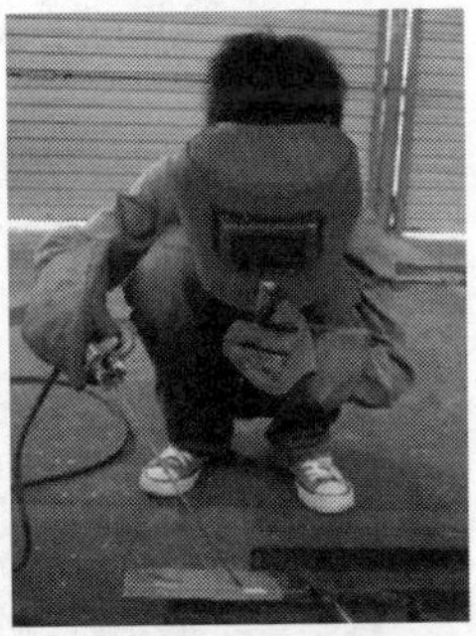

图 3-2-14 准备动作

（6）在焊接工作点引弧成功后压低电弧，通过焊接面罩进行观察，使电弧长度保持在 4mm 以内。判断方法为焊条前端与焊件有碰触感、电弧集中无飘散现象、熔化的铁水与覆盖在熔池表面的熔渣之间有清晰的分界线。焊接电弧长度判断如图 3-2-15 所示。

（7）摆动或者不摆动，保持电弧在起弧点原地燃烧 0.5 ~ 1s 后，手腕发力向上提起电焊钳，焊条熔化末端与焊件间的距离超过 10mm 时，电弧熄灭。焊件上的熔池冷却、凝固，在工件上形成一个直径 5 ~ 8mm、厚度 1 ~ 1.5mm 的焊点。这样就完成了一次点焊的操作动作。

（8）将焊条向焊接方向平移2～3mm，进行下一次点焊操作，形成一个与上一个焊点部分重叠的新焊点。重复以上动作，直到形成一条长度不小于100mm的焊缝。

（9）依据以上方法，依次在平、立、横、仰位置上练习点焊操作技术，各位置点焊操作的手法相同，关键是要调整并保持好焊条的角度。

2）平对接/平搭接点焊操作训练

采用蹲式操作，焊件平放在高于地面100mm的位置，焊条与焊件保持垂直状态或向焊接前进方向倾斜10°～20°，如图3-2-16所示。

图3-2-15　焊接电弧

图3-2-16　平对接/平搭接点焊操作

3）立对接/立搭接点焊操作

立焊操作比平焊操作困难，主要原因是溶池及熔滴在重力作用下易下淌，飞溅物较多、操作时如果不按照规定穿戴劳保用品，易被高温飞溅物烫伤。蹲式操作时由于有依托，较易掌握，也较省力，故采用蹲式操作姿势。操作时大臂可轻轻地贴在肋部、大腿、膝盖等位置，随着焊条的熔化和缩短，胳膊自然前伸，起到调节作用。焊件位置与操作者的眼睛等高，焊条与焊件的左右两侧成90°夹角、与铅垂线方向成75°～85°夹角，如图3-2-17所示。

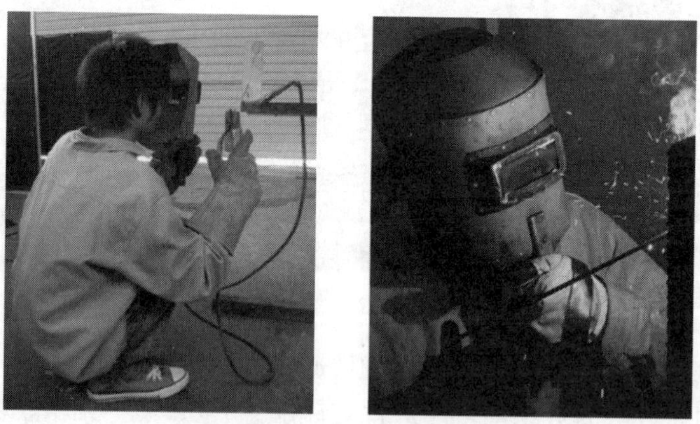

图3-2-17　立对接/立搭接点焊操作

4）横对接/横搭接点焊操作

横焊操作时，由于熔化金属受重力作用，有下淌倾向，使焊点上边出现咬边，下边出现焊瘤、熔合不良、未焊透、夹渣等缺陷。施焊时应从左侧向右侧施焊，为克服重力作用的影响,要保持合适的焊条角度和运条方法,采用较小的焊条直径和焊接电流,短弧焊接,以保证焊接质量。焊接时,焊件位置与操作者的眼睛等高,焊条与铅垂线方向成75°~85°夹角、向焊接方向倾斜5°~10°,如图3-2-18所示。

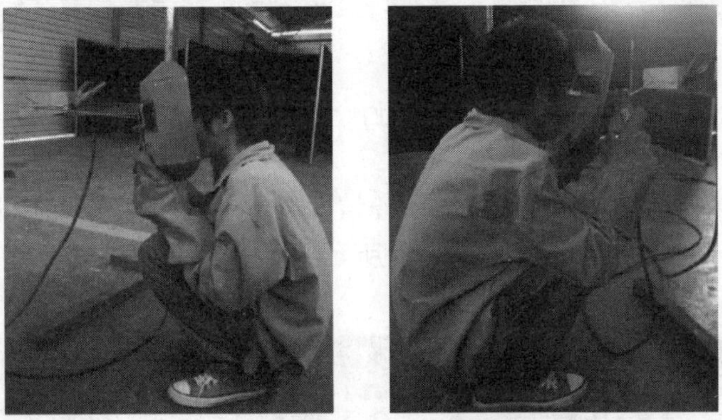

图3-2-18 横对接/横搭接点焊操作

5)仰对接/仰搭接点焊操作

仰焊的难度最大。由于重力作用,熔化金属与熔渣坠落倾向很大,同时重力会阻碍熔滴过渡,因此一定要进行短弧操作。焊接电流一般比平焊时小10%~15%,同时还应注意控制熔池体积和温度,电弧停留时间要短一点。操作时,视线要选择最佳位置,下蹲并保证上半身稳定,要由远而近地运条。焊件位置在操作者的头顶斜上方200mm处,焊条向焊接方向倾斜5°~10°,如图3-2-19所示。

3. 操作项目要求

1)单点点焊操作训练

每组训练时,要求每人在焊件上完成8到10个焊点的操作,各焊点之间的距离为20×20mm。图3-2-20所示为敲去表面熔渣后的焊点效果。

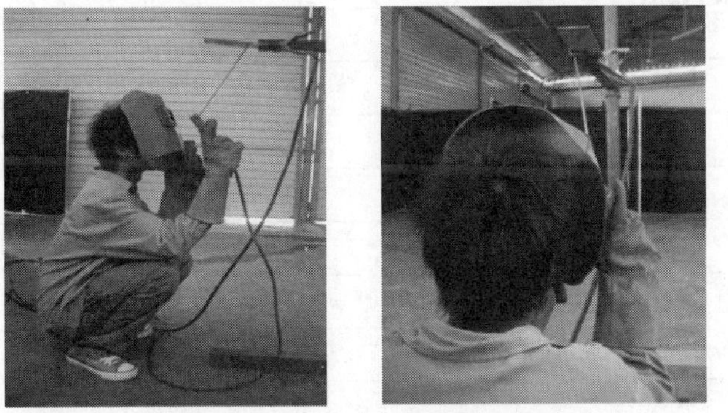

图3-2-19 仰对接/仰搭接点焊操作

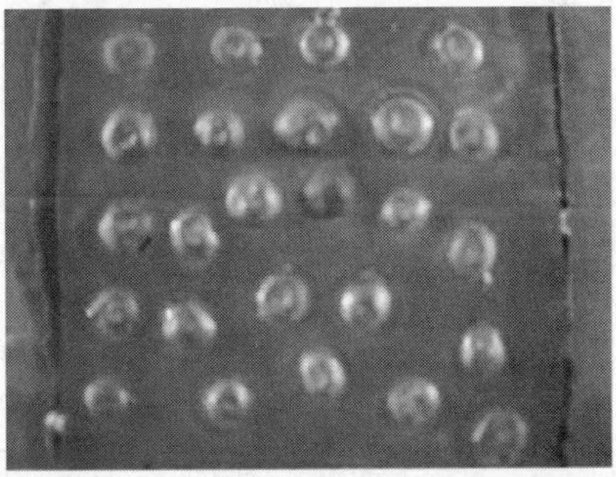

图3-2-20 手工电弧焊点焊训练操作效果

2)对接/搭接点焊操作训练

使用两件100×40×2mm的工件进行平、立、横、仰位置的对接/搭接点焊操作,要求单面焊双面成型,效果如图3-2-21所示。

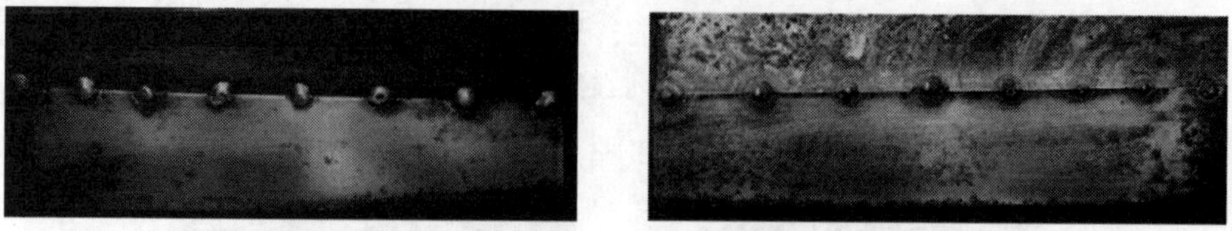

a)正面　　b)背面

图 3-2-21　工件点焊操作效果

3)连续点焊操作训练

点焊操作训练完成后,可根据教学任务情况安排焊缝成型训练,即通过连续的点焊及移动,使焊点形成一段焊缝。图 3-2-22 所示即为连续点焊形成的正、背面焊缝,单面焊双面成型。

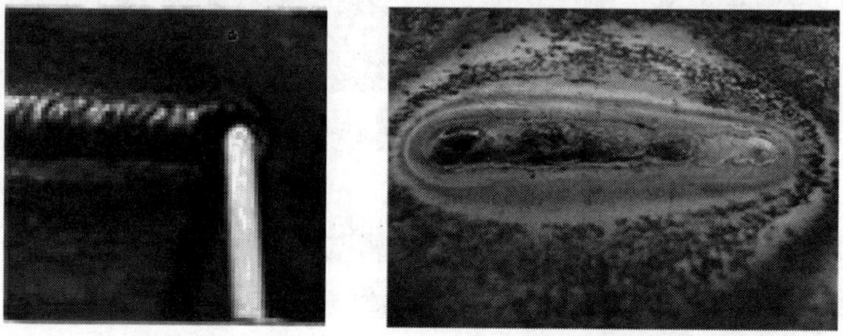

a)正面　　b)背面

图 3-2-22　连续点焊形成的焊缝(单面焊双面成型)

五、任务评价

1. 自我评价

(1)通过本学习任务的学习,你是否已经清楚以下问题:

①什么叫手工电弧焊?其有何应用特点?____。

②手工电弧焊的焊机有哪些?____。

③手工电弧焊的引弧方法有哪些?如何操作?____。

④手工电弧焊的劳保用品有什么?____。

⑤按照焊接位置来分,手工电弧焊有几种焊接方法?________________

____

____。

⑥如何实现单面焊双面成型？____

____

____。

(2)实训工具设备及其他用品使用情况。

评价：____

____

____。

(3)实训过程完成情况。

评价：____

____

____。

(4)工作着装是否规范？

评价：____

____

____。

(5)在实训中你是否意识到安全防护的问题并提醒其他同学注意？是否出现了不规范的情况？是如何处理的？

评价：____

____

____。

(6)7S 管理。能否积极主动参与工作现场的清洁和整理工作？

评价：____

____

____。

(7)在完成本学习任务的过程中，你是否主动帮助过其他同学？并和其他同学探讨操作过程中出现的有关问题？具体问题是什么？结果是什么？

评价：____

____

____。

(8)通过本学习任务的学习，你认为哪些方面还有待进一步改善？

评价：____

____

____。

(9)在进行本学习任务的学习过程中，你是从本教材的“资料收集”中收集还是从其他方面进行收集与操作相关的内容？有何收获？

评价：____

____

____。

(10)在本学习任务中你遇到的困难是什么？如何解决的？

评价：____

____

____。

签名：____________　　　　　　　　　________年____月____日

2. 小组评价

小组评价见表3-2-3。

小　组　评　价　　　　　　　　表3-2-3

序　号	评　价　项　目	评价情况
1	学习态度是否积极主动	
2	是否服从教学安排	
3	是否达到全勤	
4	着装是否符合要求	
5	是否合理规范的使用仪器和工具、设备	
6	是否按照安全和规范的规程操作	
7	是否遵守学习、实训场地的规章制度	
8	是否积极主动地和他人合作、探讨问题	
9	是否能保持学习、实训场地整洁	
10	团结协作情况	

参与评价的同学签名：____________　　　________年____月____日

3. 教师评价

____

____。

六、学习拓展

手工电弧焊有什么应用特点？

手工电弧焊，简称手弧焊，设备简单，操作方便灵活，适应性强。它适用于厚度2mm以上的各种金属材料和各种形状结构的焊接，尤其适于结构形状复杂、焊缝短或弯曲的焊件和各种不同空间位置的焊缝焊接。

学习任务3 钎 焊

学习过程

一、任务要求

焊接符合规范，强度符合要求。

二、资料收集

1.钎焊在汽车上的应用

车身制造时各种焊接方法及其位置如图3-3-1所示，铜钎焊常用在车身立柱和车顶连接处。铜钎焊在车身上的应用主要是为了增加强度和彻底密封，钎焊在汽车维修中还常用在水箱的锡焊上。

2.钎焊的基本原理及分类

钎焊是采用与焊件金属不同而熔点较低的钎料作为填充金属，加热熔化钎料并渗入焊件接缝隙内，使焊件牢固地连接起来的一种方法，如图3-3-2所示。

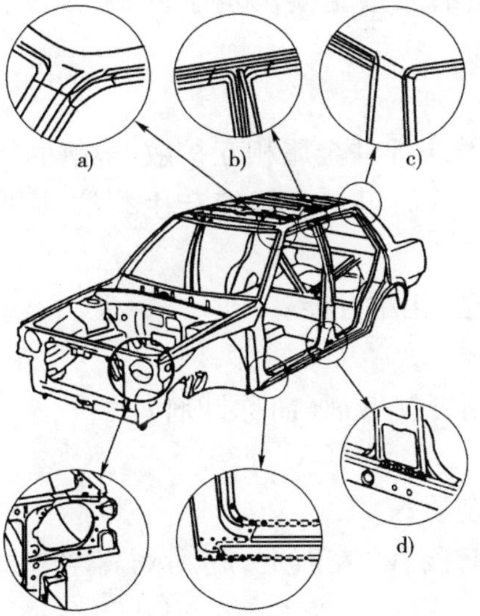

图3-3-1 车身制造时各种焊接方法及其位置
a)、b)、c)铜钎焊；d)气体保护焊；e)、f)点焊

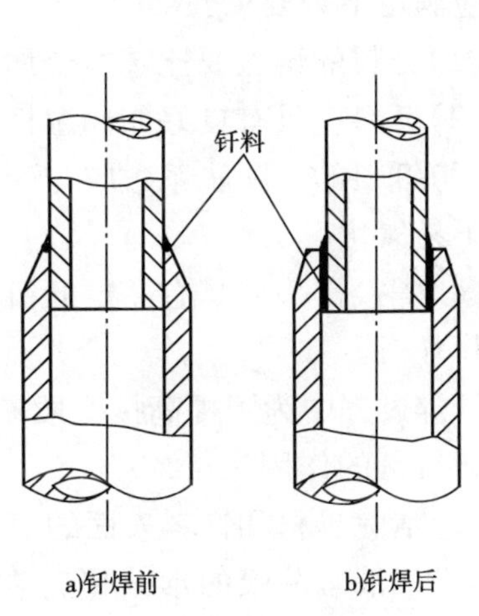

图3-3-2 钎焊示意图

根据钎料的熔点是否高于450℃，钎焊分为硬钎焊和软钎焊。根据热量的钎焊可分为火焰钎焊、电热钎焊和电弧钎焊等。如图3-3-3所示。

a)火焰钎焊

b)电热钎焊

c)电弧钎焊

图 3-3-3　典型的钎焊方法

3. 钎料

钎焊所用的填充金属称为钎料。钎焊接头的质量主要决定于钎料，因此在选用钎料时应满足下列要求：

(1)钎料的熔点要比基本金属低。

(2)钎料应具有良好的润湿性、流动性，以及与焊件金属相互扩散、溶解的能力。

(3)钎料的热膨胀系数应与焊件金属相近，从而可避免焊缝产生裂纹，同时还要求钎料不易氧化。

(4)焊接接头应具有一定的机械性能和物理、化学性能。

4. 钎剂

钎焊过程中为了提高接头质量，一般还使用钎焊熔剂(简称钎剂)。

1)钎剂的作用

(1)清除母材和钎料表面的氧化物及其他杂质；

(2)以液态薄膜的形式覆盖在工件金属和钎料的表面上，起到隔离空气的保护作用，保护钎料及焊件不被氧化；

(3)改善液态钎料对工件金属的浸润性，增大钎料的填充能力。

2)钎剂的分类

钎剂通常分为软钎剂、硬钎剂两大类，软钎剂用于烙铁钎焊，硬钎焊熔剂用于火焰钎焊。

常用软钎剂有磷酸水溶液(只限于300℃以下使用，是钎焊含 Cr 不锈钢或锰青铜的适宜钎剂)和松香(只能用于300℃以下钎焊表面氧化不严重的金、银、铜等金属)等。

常用硬钎剂有硼砂、硼酸(活性温度高,均在800℃以上,只能配合铜基钎料使用,去氧化物能力差,不能去除Cr、Si、Al、Ti等的氧化物)、KBF_4(氟硼酸钾,熔点低,去氧化能力强,是熔点低于750℃银基钎料的适宜钎剂)等。

5. 钎焊前清理和焊后清洗

1)焊前清理

(1)钎焊前,必须仔细地清除焊件表面的氧化物、油脂、脏物及油漆等,因为熔化了的钎料不能润湿未经清理的零件表面,也无法填充接头间隙。油污可用有机溶剂去除,常用的有机溶剂有酒精、四氯化碳、汽油。

(2)清除氧化物:表面的氧化物可用机械方法、化学浸蚀法和电化学浸蚀方法进行。

机械方法清理时可采用锉刀、金属刷、砂纸、砂轮等去除焊件表面的氧化膜。但铜和铜合金、铝和铝合金的表面不宜用机械清理法;化学浸蚀法常用的化学熔剂是稀盐酸,广泛用于清除焊件表面的氧化物,但要防止表面的过度浸蚀。化学浸蚀完成后还应在冷水或热水中洗净,并加以干燥。

2)焊后清洗

钎剂残渣大多数对钎焊接头起腐蚀作用,也妨碍对钎缝的检查,需清除干净。

由有机酸及盐组成的钎剂,一般都溶于水,可采用热水洗涤。由无机酸组成的软钎剂溶于水,可用热水洗涤。含松香的活性钎剂残渣可用异丙醇、酒精、三氯乙烯等有机溶剂除去。

硬钎焊用的硼砂和硼酸钎剂残渣不溶于水,很难去除,一般用喷砂去除。

6. 钎焊的过程

1)钎料的放置及钎焊接头的形成

将表面清洗好的工件以搭接型式装配在一起,把钎料放在接头间隙附近或接头间隙之间。当工件与钎料被加热到稍高于钎料熔点、低于工件熔点时,钎料熔化并借助毛细管作用被吸入和充满固态工件间隙,液态钎料与工件金属相互扩散溶解,冷凝后即形成钎焊接头。

2)钎料的润湿与铺展

钎焊时,熔化的液体钎料只有很好地润湿母材表面后才能填满钎缝。影响钎料润湿母材的主要因素有:

(1)钎料和母材的成份:若钎料与母材在固态和液态下均不发生物理或化学作用,则他们之间的润湿作用就很差,如铅与铁。若钎料与母材能相互溶解或形成化合物,则认为钎料能较好地润湿母材,例如银对铜。

(2)钎焊温度:随着钎焊加热温度的升高,由于钎料表面张力下降等原因会改善钎料对母材的润湿性,但钎焊温度不能过高,否则会造成钎料流失、晶粒长大等缺陷。

(3)母材表面氧化物:如果母材金属表面存在氧化物,液态钎料往往会凝聚成球状,不与母材发生润湿。所以,钎焊前必须充分清除氧化物,才能保证良好的润湿作用。

(4)母材表面粗糙度:当钎料与母材之间的润湿作用较弱时,母材表面粗糙的沟槽起到了特殊的毛细作用,可以改善钎料在母材上的润湿与铺展。

(5)钎剂:钎焊时,使用钎剂可以清除钎料和母材表面的氧化物,改善润湿作用。

3)钎料的毛细流动

钎焊时,液体钎料要沿着间隙去填满钎缝,由于间隙很小,如同毛细管,所以称之为毛细流动。毛细流动能力的大小,决定钎料能否填满钎缝间隙。影响液体钎料毛细流动的因素很多,主要有钎料的润湿能力和接头间隙大小等,如钎料对母材润湿性好,接头有较小的间隙,都可以得到良好的钎料流动与填充性能。

4)钎料与母材的相互作用

液态钎料在毛细填隙过程中与母材发生相互物理化学作用,这些相互作用对钎焊接头的性能影响很大,它们可以分为两种:

(1)母材向钎料的溶解:钎焊时,一般都发生母材向液体钎料的溶解过程,可使钎料成分合金化,有利于提高接头强度。但母材的过度溶解会使液体钎料的熔点和粘度升高,流动性变差,往往导致不能填满钎缝间隙,同时可能使母材表面因过分溶解而出现凹陷等缺陷。

(2)钎料组织向母材扩散:钎焊时,也出现钎料组织向母材的扩散,扩散以两种方式进行:一种是钎料组织向整个母材晶粒内部扩散,在母材毗邻钎缝处的一边形成固溶体层,对接头不会产生不良影响。另一种是钎料组织扩散到母材的晶粒边界,常常使晶界发脆,尤其是在薄件钎焊时比较明显。

7. 钎焊的安全操作注意事项

(1)烙铁钎焊时,应注意检查电缆线是否完好、是否存在漏电危险。

(2)氧-乙炔火焰钎焊时的安全规定与气焊操作安全规定一致,务必遵守。

(3)在钎焊前清洗金属焊件时,如果采用含有有机溶剂、酸类和碱类等化学物品的清洗剂,在清洗过程中会挥发出有毒的蒸气,因此要求工作场地通风良好,同时操作前应佩戴防护眼睛,以保证操作者的安全。

三、任务准备

以氧-乙炔火焰钎焊为例介绍钎焊的方法。用氧-乙炔混合燃烧的火焰进行加热的钎焊方法,具有加热温度较低、焊件应力和变形小、易保证焊件尺寸、可连接不同金属及金属与非金属等独有特点。

1. 工位准备

工具设备及用品准备:氧-乙炔焊设备、钳子、锉刀、刮刀、砂纸、手套和墨镜等。

钎料和熔剂:钎料选用锡铅钎料(HL603),特点是流动性好、熔点低、焊缝表面光滑。熔剂可选用硼砂,也可以不用。锡焊钎料选用锡铅钎料(HL603),10%~15%稀盐酸水溶液(加锌);铜焊钎料用铜条,熔剂用硼砂。

2. 安全检查

检查气瓶、橡胶管等是否漏气,确保操作区域附近没有易燃、易爆物质,必要时把现场的地面打扫干净、现场准备好灭火器材。

四、任务实施

(1)焊件表面清理:用锉刀、刮刀、砂纸或细钢丝刷等工具去除氧化皮,或者用10% ~15%稀盐酸水溶液浸蚀2~3min去除氧化皮、油污和铁锈,然后用水冲洗,等烘干或晾干后再施焊。操作前注意穿戴必要劳保用品。

(2)穿戴好焊接安全用具(墨镜、手套和工作鞋等)。

(3)开启焊炬,调节好火焰能量,在水平位置上练习钎焊操作技术。

开启气阀、点燃火焰后进行调节,火焰应是中性焰或者是稍微有点还原性质的碳化火焰,不允许用氧化焰焊接。根据焊件厚度选择大小合适的火焰能量,以能够达到将焊件加热到微红的同时顺利熔化钎料为宜。

(4)先用轻微碳化焰的外焰加热工件,焰芯距焊件表面15~20mm。

(5)焊件加热到钎料接近熔化的温度时,将钎剂涂于焊件接头处,并用外焰加热使其熔化。

(6)待钎剂均匀熔化后,立即将钎料与被加热到高温的焊件接触,并使其熔化渗入接头的间隙中,不可只用火焰将钎料熔化成滴状滴入钎缝中。当钎料流入间隙后,为不使其过热,火焰焰芯与工件距离应加大到35~40mm,钎焊温度应高于钎料熔点30~50℃。适当提高钎焊温度有助于焊件与钎料之间相互溶解,但过高会引起钎焊接头过烧,同时应适当控制加热持续的时间。

(7)钎焊黄铜焊件时,应在确定钎料凝固后再移动焊件。

(8)焊后应及时清洗残留的熔剂和熔渣,防止产生腐蚀。

(9)操作结束:操作结束后,关闭焊炬,关闭总气阀,放松调压阀,收拾整理设备和工具,确认场地安全无火种,清洁工位。

五、任务评价

1. 自我评价

(1)通过本学习任务的学习,你是否已经清楚以下问题:

①车身焊接常用哪些方法?____。

②为什么要在车身上使用钎焊?____。

③什么叫硬钎焊、软钎焊?铜钎焊、锡钎焊属于什么类型?____。

④简述铜钎焊的基本操作过程。______________________________

____

____。

⑤钎焊有哪些注意事项？______________________________

____

____。

(2)实训工具设备及其他用品使用情况。

评价：____

____

____。

(3)实训过程完成情况。

评价：____

____

____。

(4)工作着装是否规范？

评价：____

____

____。

(5)在实训中你是否意识到安全防护的问题并提醒其他同学注意？是否出现了不规范的情况？是如何处理的？

评价：____

____

____。

(6)7S 管理。能否积极主动参与工作现场的清洁和整理工作？

评价：____

____

____。

(7)在完成本学习任务的过程中，你是否主动帮助过其他同学？并和其他同学探讨操作过程中出现的有关问题？具体问题是什么？结果是什么？

评价：____

____

____。

(8)通过本学习任务的学习，你认为哪些方面还有待进一步改善？

评价：____

____

____。

(9)在进行本学习任务的学习过程中,你是从本教材的“资料收集”中收集还是从其他方面进行收集与操作相关的内容?有何收获?

评价:____

____

____。

(10)在本学习任务中你遇到的困难是什么?如何解决的?

评价:____

____

____。

签名:____________　　　　　　　　　　________年____月____日

2. 小组评价

小组评价见表3-3-1。

小　组　评　价　　　　表3-3-1

序　号	评　价　项　目	评价情况
1	学习态度是否积极主动	
2	是否服从教学安排	
3	是否达到全勤	
4	着装是否符合要求	
5	是否合理规范的使用仪器和工具、设备	
6	是否按照安全和规范的规程操作	
7	是否遵守学习、实训场地的规章制度	
8	是否积极主动地和他人合作、探讨问题	
9	是否能保持学习、实训场地整洁	
10	团结协作情况	

参与评价的同学签名:____________　　　　________年____月____日

3. 教师评价

____

____。

六、学习拓展

1. 火焰钎焊车刀

工厂车床加工零件用的车刀由刀体和刀刃两部分组成,有些车刀的这两部分是通过铜钎焊在一起的。如图3-3-4所示。

(1)施焊前将焊件接头20mm范围内的铁锈、油污等清理干净。方法是先用气焊火焰轻烧一遍,然后用砂布打磨出金属光泽,最后用毛刷刷一遍,确定焊接处无杂物。

图 3-3-4　焊接车刀

（2）焊接采用铜锌焊条作为钎料，采用硼砂 100 作为焊剂，如图 3-3-5 所示。

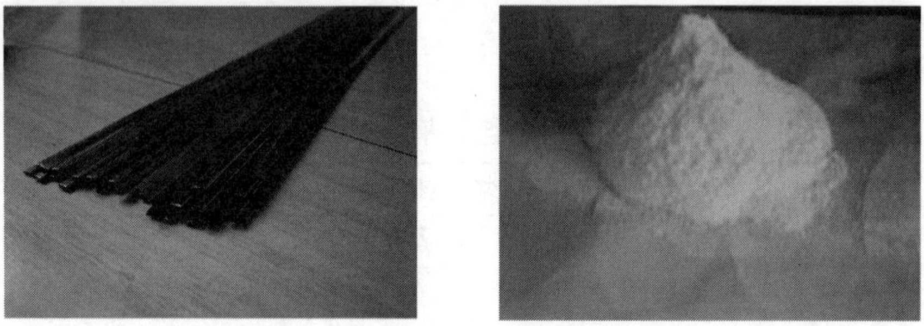

图 3-3-5　钎料与钎剂

（3）预热刀体，焰芯距焊件表面 15 ~ 20mm，用气焊火焰将焊件加热；组刀，把刀刃准确放到刀体上，再充分预热。如图 3-3-6 所示。

图 3-3-6　预热和组刀

（4）焊接。在对刀体预热的同时也将焊条预热，然后趁热将焊条沾上焊剂放到焊缝上。当加热至刀刃和刀体都呈红色时，再用加热的焊条沾上焊剂，当焊剂开始流动并填满间隙时，开始加入焊条。用火焰的焰尖将焊条前端烧熔，并摆动焊嘴，利用火焰将熔滴在工件上铺展开形成焊缝。如图 3-3-7 所示。

焊缝较长时，应一边加热，一边熔化钎料，并随时蘸取焊剂，必要时把焊剂撒在焊接处，以消除焊接过程中焊缝内的氧化物。从焊条的熔化程度可以看出此时的焊接温度，如果液态的熔化金属不流动，说明温度不够，应停止加焊条，继续加温，直到焊条加入时熔化金属流动性非常好且渗入焊缝为最佳。

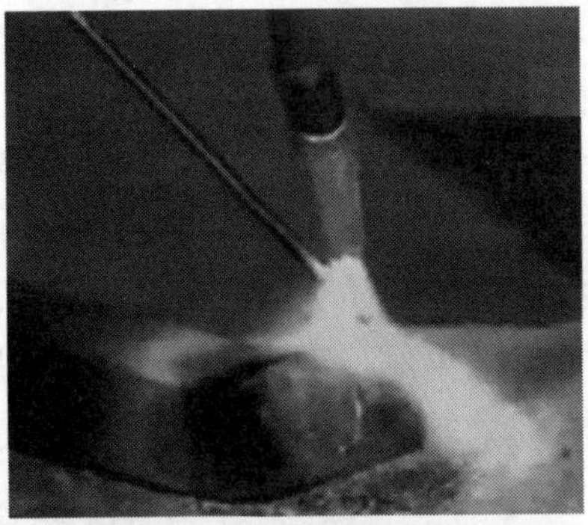

a)预热焊条

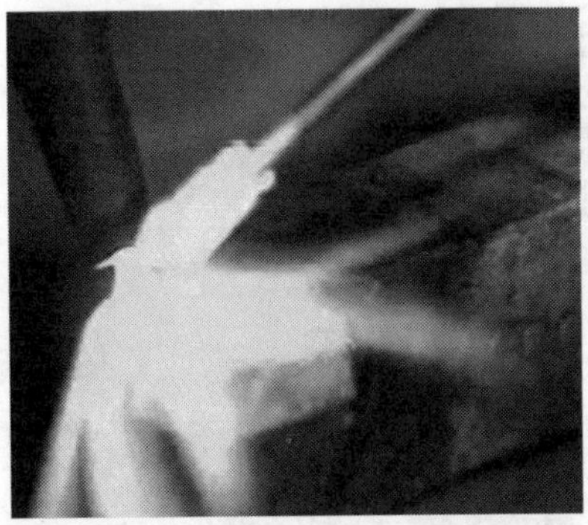

b)加焊剂

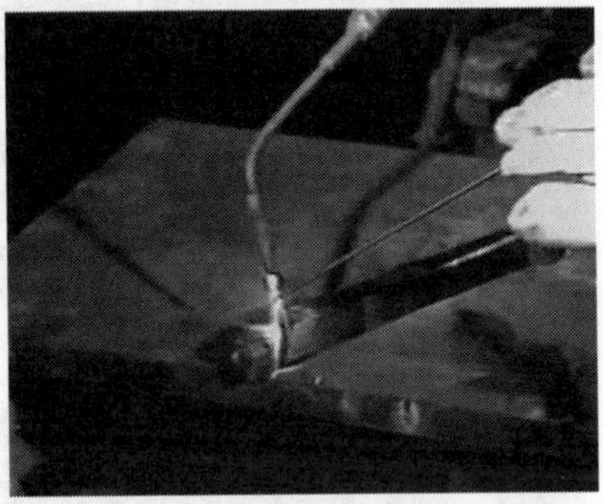

c)增加焊条

d)充分焊接

图 3-3-7　焊接过程

加入焊条时，如果焊缝冒起白烟，焊件出现熔化状态，说明温度过高，此时应停止加入焊条，待焊件温度降至红色时再用焊条沾上焊剂加到焊接处，重新开始焊接，直到整个焊缝形成有饱满的圆根为止。

(5)待焊缝完全冷却后方可移动焊件，以防止接头开裂和位置移动。

2. 汽车水箱的维修

火焰钎焊也常用来维修汽车的水箱，水箱盖与水箱之间的焊接是锡焊，钎料是锡条或锡块，焊剂是 10% ~15% 稀盐酸水溶液(加锌)，其基本操作方法如下：

(1)拆卸水箱盖：拆卸水箱盖之前要先去掉原来的锡焊，然后再其用他工具拆除。用氧 – 乙炔火焰来处理钎焊焊缝，如图 3-3-8 所示。

图 3-3-8　拆卸水箱盖

图 3-3-9　组装水箱

（2）清理水箱和水箱盖：用钢丝刷、砂纸等工具彻底把水箱和水箱盖焊接表面清理干净。

（3）组装水箱：把清理好的水箱和水箱盖重新装配好，如图 3-3-9 所示。

（4）焊接：焊接之前先均匀涂上焊剂，然后先焊接水箱，再焊接水箱保护架。如图 3-3-10 所示。

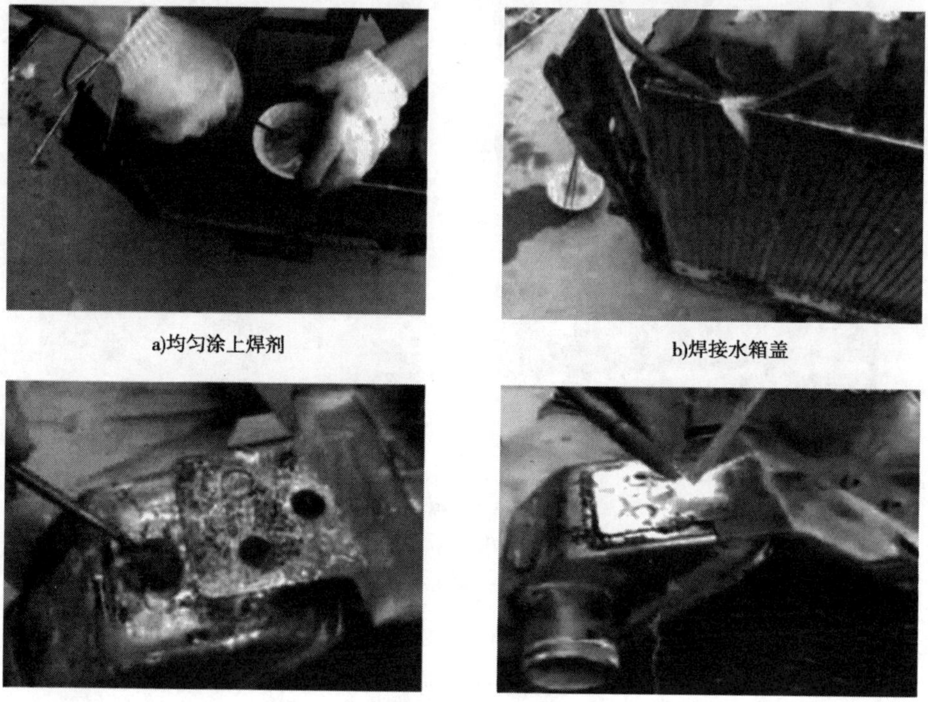

a)均匀涂上焊剂　b)焊接水箱盖

c)焊接水箱保护架

图 3-3-10　锡焊水箱

3. 激光钎焊

为了增加钎焊焊缝的强度和美观性，现在有些车身上已经采用了激光钎焊，如图 3-3-11 所示。

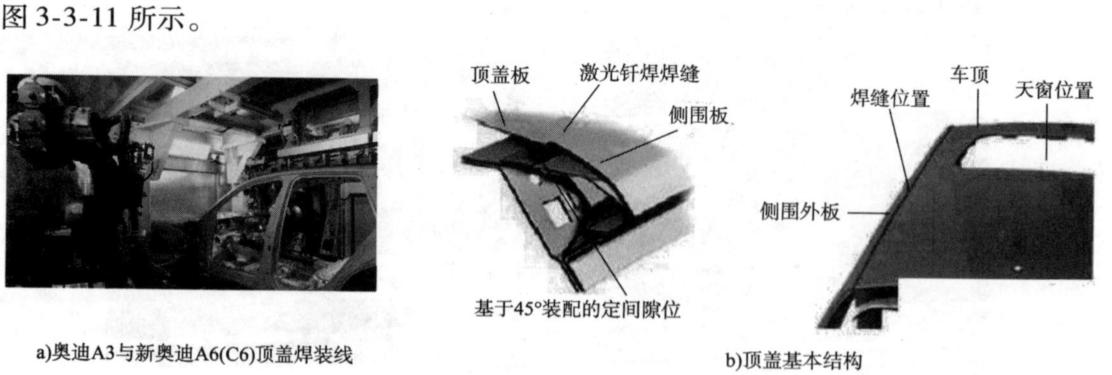

a)奥迪A3与新奥迪A6(C6)顶盖焊装线　b)顶盖基本结构

图 3-3-11　激光钎焊

学习任务4 二氧化碳气体保护焊

学习过程

一、任务要求

1. 工件规格

焊片：厚度 1mm（或 0.8mm），尺寸 100×40mm（无孔），100×40mm（有若干个直径 8mm 的孔）。

材质：低碳钢。

2. 三种焊接形式

1）对接焊

（1）两片焊片对接，对接焊工件之间间隙为 0.5～1mm，如图 3-4-1 所示。

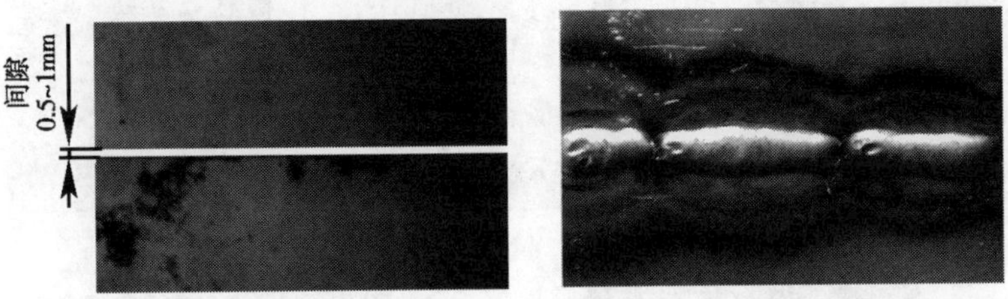

a)对接预留间隙　　b)焊接成型

图 3-4-1　对接焊（无垫板）

（2）两片焊片对接，下面有衬板，在两片焊片的对接缝上进行焊接，三片焊片焊接在一起，对接焊工件之间间隙为 2～3mm，如图 3-4-2 所示。

a)对接　　b)焊缝正面　　c)焊缝背面

图 3-4-2　对接焊（有垫板）

2）搭接焊

一片焊片搭在另一片焊片上，在搭接处进行焊接把两片焊片焊接在一起，如图 3-4-3 所示。

3）塞焊

一片焊片加工有若干个直径 8mm 的孔，叠加在另一片完整的焊片上，通过对孔焊接把两片焊片焊接在一起。如图 3-4-4 所示。

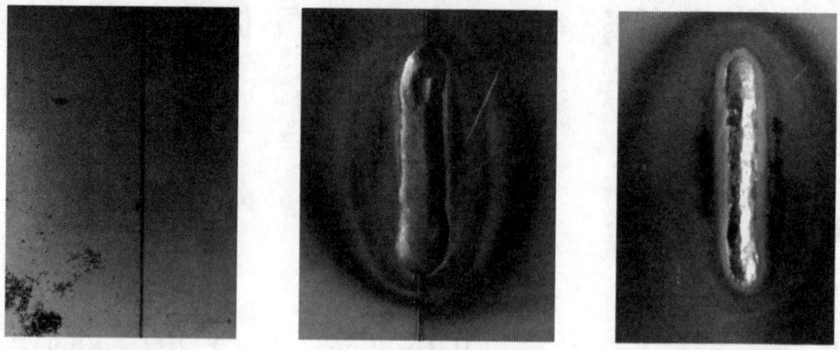

a)搭接　　b)焊缝正面　　c)焊缝背面

图 3-4-3　搭接焊

a)焊件1　　b)焊件2　　c)焊件组合

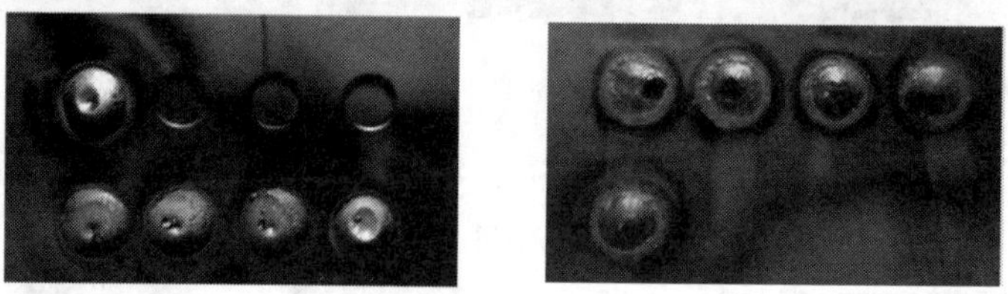

d)焊点正面　　e)焊点背面

图 3-4-4　塞焊

3. 焊接方法

钢板厚度≥1mm，焊接时要求使用连续焊方式；钢板厚度 < 1mm 用连续点焊方式。

4. 焊接技术标准

1）焊接缺陷要求

一次焊接，焊片的焊疤上有熔穿孔、气孔 < 3 个，不正确熔化 < 1mm，咬边长度 < 5mm，飞溅物 < 10 个。

2）焊缝尺寸规格

（1）搭焊和对接焊的焊疤的长度：连续焊：25mm ≤ 焊疤长度 ≤38mm；连续点焊，不定。

（2）搭焊和对接焊的焊疤的宽度：工件正面：5mm≤焊疤宽度≤10mm，

工件背面：焊疤宽度≤5mm。

(3)塞焊的焊疤的直径,工件正面:9mm≤焊疤直径≤12mm;

工件背面:焊疤直径≤9mm。

(4)焊疤高度:正面焊疤最大高度≤3mm;

背面焊疤最大高度≤1.5mm。

二、资料收集

1.二氧化碳气体保护焊的基本原理

用外加气体作为电弧介质并保护电弧和焊接区的电弧焊,称为气体保护电弧焊,简称气保焊或气电焊。焊接过程中,利用从喷嘴流出的气体,在电弧周围形成连续封闭的气体保护层,将空气与焊接区隔绝,使电极端部、弧柱区和熔池金属处于气体保护区内,防止空气及其他有害气体侵入熔滴和熔池,同时有效地促使电弧热量集中、燃烧稳定。

根据焊接时电极是否熔化,气体保护焊可以分为非熔化极气体保护焊和熔化极气体保护焊两类。非熔化极气体保护焊通常使用钨或钨合金作为不熔化的电极、氩气作为外加保护性气体,添加或者不添加填充焊丝进行焊接,如图3-4-5所示;而熔化极气体保护焊常用填充焊丝作为熔化电极、二氧化碳气体作为外加保护气体,如图3-4-6所示。

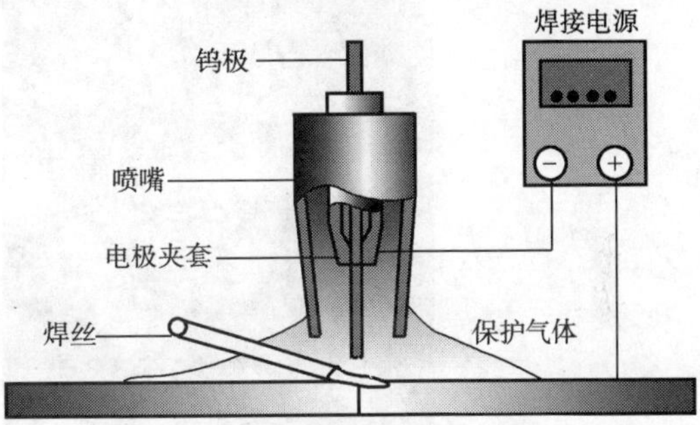

图3-4-5 非熔化极气体保护焊原理

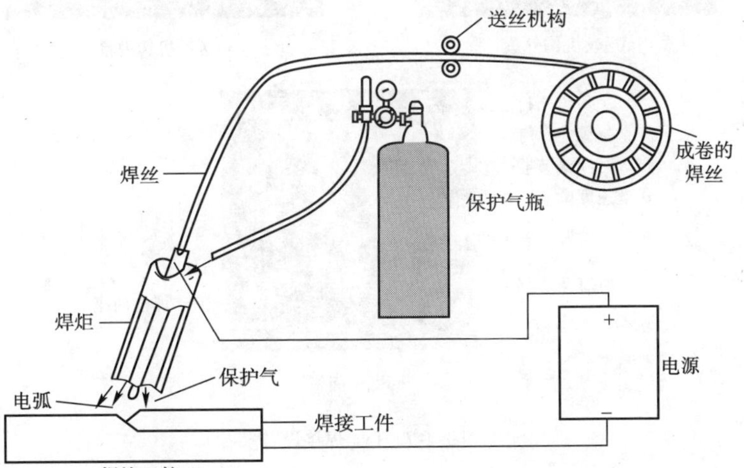

图3-4-6 CO_2气体保护焊原理

二氧化碳气体保护焊是用二氧化碳(CO_2)气体作为保护气体,依靠焊丝与焊件间产生的电弧来熔化金属的一种电弧焊方法,简称CO_2焊。

CO_2焊有自动和半自动两种,手工控制焊枪进行焊接的方法称为半自动二氧化碳气体保护焊。

2. 二氧化碳气体保护焊的特点

优点是操作简单且易掌握、焊接成本低、生产效率高、抗锈能力高、焊接变形小、冷裂倾向小、采用明弧焊、适用范围广；缺点是易产生飞溅、气孔、未熔合等焊接缺陷，焊接时不易观察焊缝熔池，很难用交流电源焊接或在有风的地方施焊，不能焊接容易氧化的有色金属材料。由于 CO_2 焊的焊接过程是在氧化性气氛中进行的，因此冶金反应产生较多的 CO 气体，在电弧的高温下，反应产生的气体急剧膨胀，使熔滴破碎而引起金属飞溅。

现代汽车维修企业中，已经将二氧化碳气体保护焊作为焊接维修的主要技术手段。

3. 二氧化碳气体保护焊焊接设备

二氧化碳气体保护焊设备由焊接电源、焊枪、送丝机构、供气系统、控制系统组成，如图 3-4-7 所示。

a)送丝机构外置

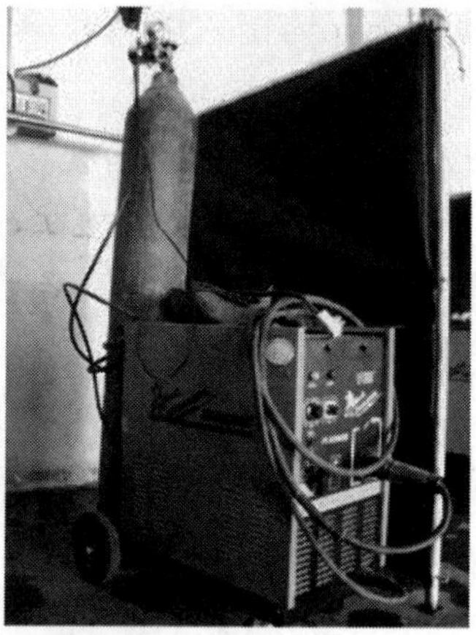

b)送丝机构内置

c)焊机面板

图 3-4-7 CO_2 焊接设备

1) 焊接电源

即二氧化碳气体保护焊焊机，为焊接提供所需的电流和电压。通常使用直流电源进行焊接，使用时应注意焊机上对焊枪、焊件接线位置的提示。

2) 焊枪

焊枪的主要作用是控制焊接回路的接通与断开、送气、送丝及稳定可靠地向焊丝导电，如图 3-4-8 所示。

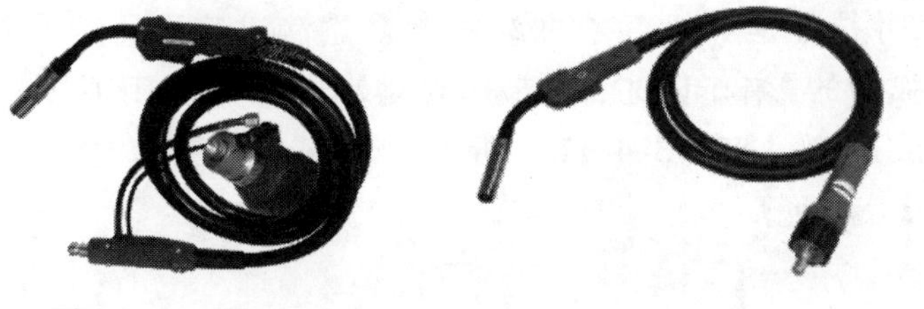

图 3-4-8 二氧化碳气体保护焊焊枪

3）送丝机构

有拉丝式、推丝式和推拉式三种，常用的是推丝式，如图 3-4-9 所示。

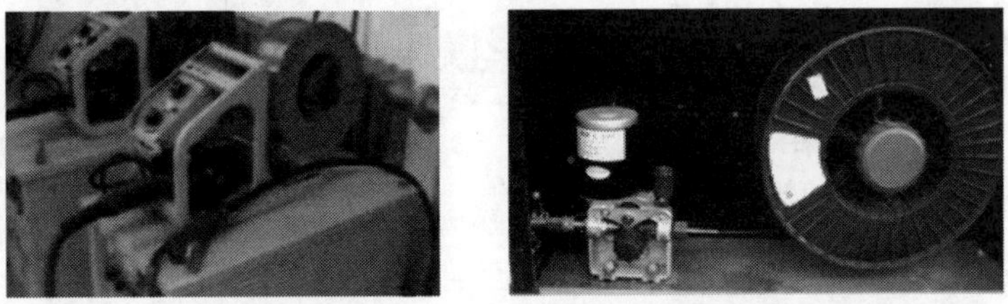

a)外置送丝机构　　b)内置送丝机构

图 3-4-9 送丝机构

4）供气系统

由 CO_2气瓶、预热器、减压器和流量计等组成，如图 3-4-10 所示。预热器的工作电压一般有 36V、110V 和 220V 三种，与焊机配套使用，不得混用以免烧坏。

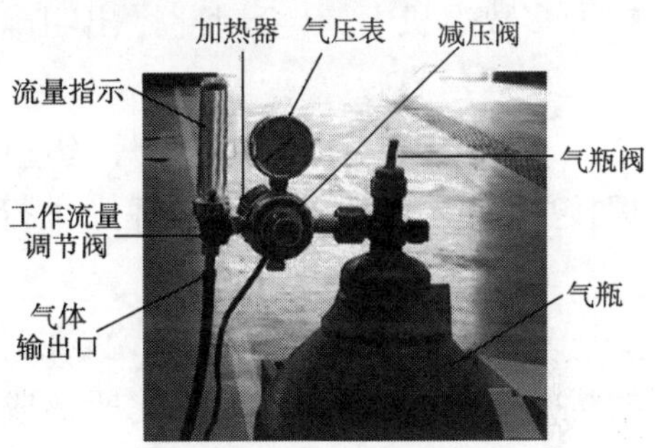

图 3-4-10 CO_2供气系统

5）控制系统

控制系统对供气、送丝和送电进行控制。焊机供气阀、送丝机、焊接电源都安装在焊机壳内部，控制线路通过电缆连接到焊枪手把上的接触式开关，压下开关就接通了这些部件的电路，各部分随即开始工作；松开开关后就切断了电路，各部分就停止工作。

4. 二氧化碳气体保护焊的两种主要熔滴过渡形式

1）短路过渡

在短路过渡过程中，焊丝与金属熔池接触后才会形成熔滴过渡。熔滴过渡时，电弧处在一种间歇状态。当送丝速度大于焊丝的熔化速度时，焊丝接触到熔池形成短路状态，电流迅速增大，通过焊丝的热量迅速增加，同时，焊丝开始变形，在电磁力的作用下焊丝末端形成很细的颈部，最终在电流和电磁力的持续作用下焊丝末端颈部断开，形成熔滴进入熔池。这种过渡形式的热输入量低，熔池凝固较快，变形小，适合全位置和薄板焊接。如图 3-4-11a）所示。

2）滴状过渡

熔化的金属以大颗粒形式穿过电弧形成熔滴过渡，电流比短路过渡状态时的电流大,而且熔滴的尺寸往往是焊丝直径的 2 ~4 倍。熔滴过渡不是沿着电弧的轴线,而是在焊丝末端由于电弧力的影响向上挠曲,最后在熔滴的重力作用下掉入熔池中,或熔滴过大与熔池短路形成过渡。如图 3-4-11b)所示。

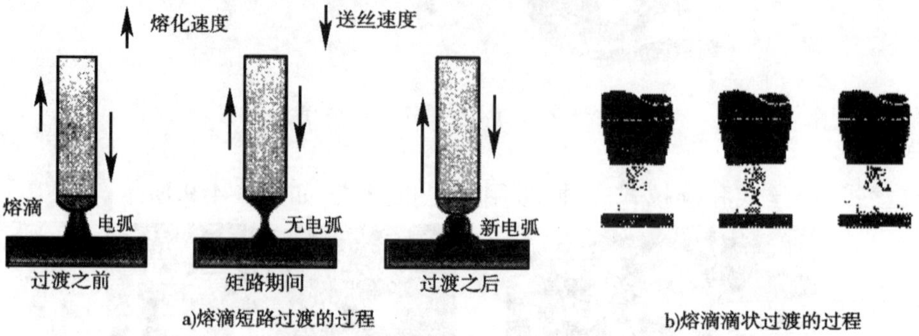

图 3-4-11　熔滴过渡形式

5. 二氧化碳气体保护焊的焊接工艺参数

二氧化碳气体保护焊的规范参数包括电源极性、焊丝直径、电弧电压、焊接电流、气体流量、送丝速度、焊丝伸出长度等。

1)电源极性

二氧化碳气体保护焊焊接一般材料时,采用直流反接,即焊枪接正极、焊件接负极。在大多数焊机上,都会对此做出明确的标识。

2)焊丝直径

二氧化碳气体保护焊的焊丝直径一般根据焊件厚度和焊接位置选择。在汽车维修焊接中,常采用 ϕ0.8mm 的焊丝进行焊接。

3)电弧电压和焊接电流

对于一定直径的焊丝来说,在二氧化碳气体保护焊中,采用较低的电弧电压,较小的焊接电流焊接时,焊丝熔化所形成的熔滴把母材和焊丝连接起来,呈短路状态称为短路过渡。大多数二氧化碳气体保护焊工艺都采用短路过渡焊接。当电弧电压较高、焊接电流较大时,熔滴呈小颗粒飞落称为颗粒过渡。ϕ0.6 ~1.2mm 的焊丝主要采用短路过渡,随着焊丝直径的增加,飞溅颗粒的数量就相应增加。当采用 ϕ1.6mm 的焊丝时,飞溅就会非常严重。

焊接电流与电弧电压是关键的工艺参数。为了使焊缝成形良好、飞溅减少、减少焊接缺陷,电弧电压和焊接电流要相互匹配,通过改变送丝速度来调节焊接电流。飞溅最少时的典型工艺参数和生产所用的工艺参数范围详见表 3-4-1。

在小电流焊接时,电弧电压过高,金属飞溅将增多;电弧电压太低,则焊丝容易伸入熔池,使电弧不稳。在大电流焊接时,若电弧电压过大,则金属飞溅增多,容易产生气孔;电压太低,则电弧太短,使焊缝成形不良。

焊接电流和电压的调节是通过焊机面板上的“电流调节器”旋钮来实现的,档位数字越大,焊接时的电流和电压就越大。如图 3-4-7 所示。

典型工艺参数和生产所用的工艺参数　　表3-4-1

参数 直径	典型工艺参数		生产工艺参数		短路过渡参数	
焊丝直径(mm)	电弧电压(V)	焊接电流(A)	电弧电压(V)	焊接电流(A)	电弧电压(V)	焊接电流(A)
0.8	17～18	80～100	18～22	60～120	18～20	75～120
1.0	18～19	100～120	18～24	80～160	19～21	110～160
1.2	19～20	120～140	18～26	100～260	20～22	150～210
1.6	20～22	140～180	20～28	160～300	21～23	200～250

4)气体流量

气体流量应根据焊接电流、焊接速度、焊丝伸出长度及喷嘴直径来选择,直径≤1mm的焊丝相应流量为5～15L/min,直径≥1mm焊丝相应流量为15～25L/min。

气体流量的调节方法为:逆时针方向打开气瓶上的总阀,然后逆时针打开流量计上的气体出口阀。流量计管内的小浮球对应的管壁上的数字,就是气体流量数值,需要加大就逆时针转动出口阀手轮,需要减小就顺时针转动出口阀手轮。

5)送丝速度

CO_2焊接时,必须选用与焊接电流、电压相匹配的送丝速度,才能获得稳定的焊接过程,并控制焊缝的良好成形,可通过面板上的"送丝速度调节器"旋钮进行调节。旋钮对应的速度值数字越大,焊接时的送丝速度就越快。如图3-4-7所示。

6)焊丝伸出长度

焊丝伸出长度是指焊接时焊丝伸出导电嘴的长度,它取决于焊丝直径。一般焊丝伸出长度以焊丝直径的10倍且不长于15mm为宜,如图3-4-12所示。

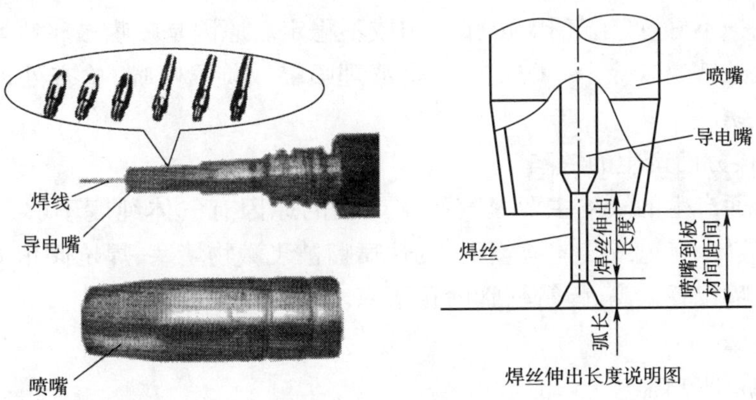

图3-4-12　焊丝伸出长度

6.焊接参数的判断与调节

1)合理焊接规范的主要特征

(1)焊缝成形好。

(2)焊接过程稳定,飞溅小。

(3)焊接时听到稳定而均匀的“噼啪”声音。

(4)焊接时看到焊机的电流表、电压表的指针稳定,摆动小。

2)调整合理焊接规范的步骤

(1)根据工件厚度、焊缝位置,选择焊丝直径、气体流量、焊接电流和送丝速度。

(2)在试板上试焊,根据选择的焊丝直径,细心调整焊接电流和送丝速度。

(3)根据试板上焊缝成形情况,适当调整焊接电流、送丝速度、气体流量,尽量调整到最佳焊接规范值。

(4)在工件上正式焊接过程中,应注意焊接回路接触电阻引起的电压降,及时调整焊接电压,确保焊接过程稳定。

图3-4-13　焊嘴防堵剂

7. 防堵剂

合理使用焊嘴防堵剂,可以有效避免飞溅物附着在喷嘴内壁导致喷嘴短路或保护气体流动不畅通,如图3-4-13所示。

8. 常见焊接缺陷的产生原因及防止方法

1)常见焊接缺陷的产生原因

(1)因设备原因产生的缺陷主要有以下几种:

①送丝不均匀。原因是焊丝盘制动轴太松或太紧、V形槽太小或磨损太大、压紧轮压力太大或太小。防止方法是调整送丝轮及机构。

②焊丝打弯,送丝不畅。原因是进丝嘴孔太大、太小,或进丝嘴与送丝轮间距离太大,弹簧软管内径太大、太小或被脏物堵住,软管太短或太长。

③接触点经常变化、电弧不稳、焊缝不直。原因是导电嘴磨损或孔径太大,防止方法是检查导电嘴后进行更换。

④气体保护不好、产生气孔、电弧不匀或不稳定。原因是喷嘴被飞溅堵死或松动、地线松动或接触处铁锈未除净。防止方法是清理喷嘴或旋紧喷嘴,检查处理地线松动,清除工件上的铁锈。

(2)因焊接方面产生的缺陷

因焊接方面产生的缺陷主要是气孔。产生的原因有气体纯度不够、水冷式焊枪漏水、没有保护气体、有风或气体流量不合适、喷嘴被飞溅物堵塞、焊枪倾角太大、焊丝伸出长度太大或喷嘴位置太高、弹簧软管内孔堵塞。

2)防止方法

(1)加热保护气体。

(2)加强熔池的保护,采取有效的防风、避风措施,并选择合适的气体流量。

(3)经常清理导电嘴表面和喷嘴内壁的附着物,保持导电嘴表面和喷嘴内壁清洁。

(4)注意保持焊枪倾角以及喷嘴与焊件之间的距离。

(5)注意检查焊丝伸出的长度及位置。

(6)养成良好的定期保养设备习惯。

9. 各种位置焊接的操作要领

1)平焊(平敷焊/平对接焊/平搭接焊)操作要领

平焊一般采用蹲位、左向焊法。焊接时,焊枪作直线运动,不作左右摆动。焊枪向焊接方向的移动应缓慢、稳定,操作要点与手工电弧焊点焊操作相同。采用断弧焊方法焊接薄板时,每一个焊点完成后,焊枪移动的距离应尽量保持均匀,以保证焊缝的连续性。

(1)平焊(平敷焊/平对接焊/平搭接焊)的操作姿势:平焊常用站姿、坐姿、半蹲及深蹲等四种姿势,一般采用深蹲姿态,操作姿势如图 3-4-14 所示。

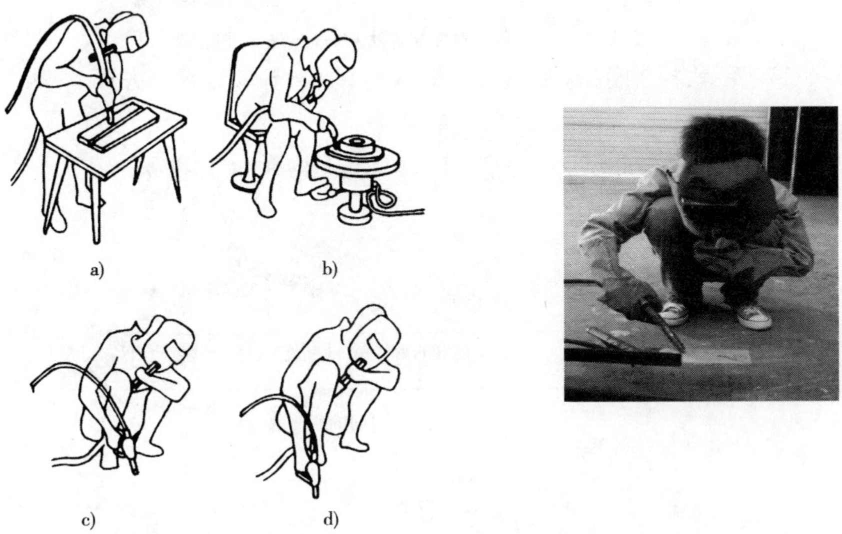

图 3-4-14　平焊的操作姿势

(2)平焊(平敷焊/平对接焊/平搭接焊)的焊枪角度:平焊操作时可以采用左向焊法或者右向焊法。平焊焊枪角度如图 3-4-15 所示。焊枪角度对左向焊法和右向焊法焊缝影响如图 3-4-16 所示。

(3)平焊(平敷焊/平对接焊/平搭接焊)的操作要领:

①控制电弧及焊点。首先调试好焊接工艺参数,然后在焊件左端焊缝起始处引燃电弧,经过 0.5~1s 的时间形成第一个焊点,然后松开开关熄弧。重复此动作并开始向右焊接,焊枪在焊缝方向从左向右小幅度移动,不做两侧的横向摆动。在焊接和移动过程中,要严格保持焊枪喷嘴与焊件之间的距离,不要随意抬起焊枪,以保证焊丝伸出长度不变,同时使焊缝获得良好、持续的气体保护。

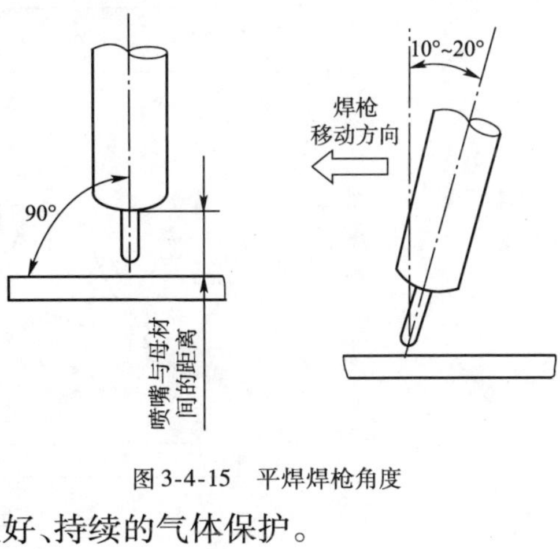

图 3-4-15　平焊焊枪角度

②控制熔池的大小。熔池的大小决定背部焊缝的宽度和余高,要求焊接过程中严

格控制熔池直径。若熔池太小，则根部熔合不好；若熔池太大，则根部焊道变宽和变高，容易引起烧穿和产生焊瘤。要求焊接过程中仔细观察熔池大小，并根据熔池直径的变化、工件温度的变化情况，及时调整焊接时间和焊接速度。施焊中要保持熔池直径不变，才能熟练地掌握单面焊双面成型操作技术，获得宽窄与高低均匀的背部焊道。

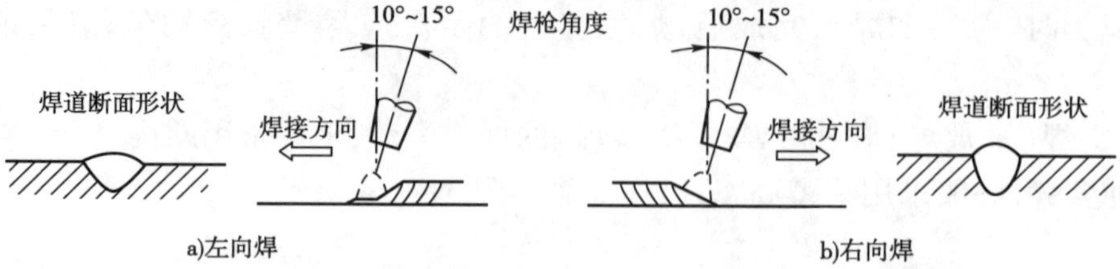

图 3-4-16 焊枪角度对左向焊法和右向焊法焊缝影响

如图 3-4-17 所示，控制熔池大小及焊缝成型的要点有以下三方面。

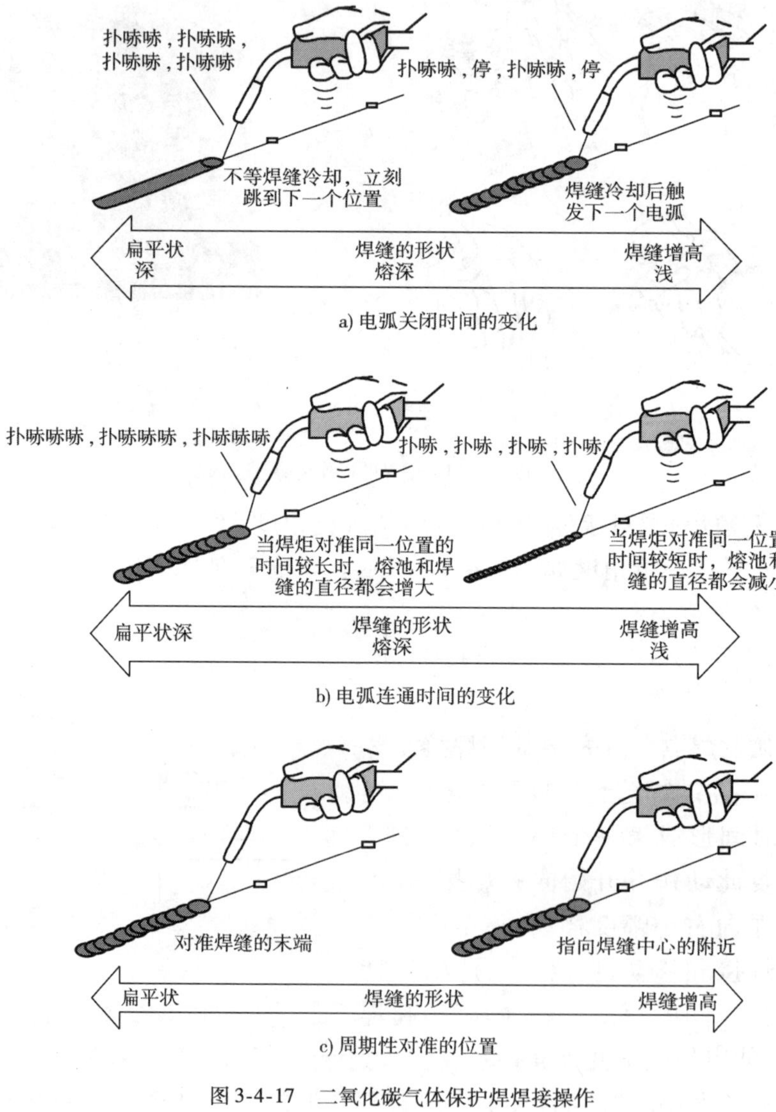

图 3-4-17 二氧化碳气体保护焊焊接操作

a.控制好每一次焊接的持续时间。焊接持续时间长,则焊点面积大、熔池温度高,容易导致焊件被烧穿;时间短,则熔池来不及成型,导致背面焊缝不成形。

b.控制好两次焊接之间的时间间隔。间隔时间太短会使焊件温度过高,导致焊件烧穿;间隔时间太长会使焊件温度太低,导致起弧不顺利,焊点熔合不良。

c.控制好每次焊点完成后的移动距离。移动距离太小会导致焊缝堆积过高、焊丝回烧损坏导电嘴;移动距离太大会导致焊缝连续性差,甚至不能形成完整的焊缝。

③保证焊缝两侧的熔合。焊接过程中注意观察焊件表面的熔合情况,依靠电弧在焊件表面的停留,保证两焊件熔化并与熔池边缘熔合在一起。

④控制喷嘴的高度。焊接过程中,始终保持喷嘴与焊件表面有 5 ~ 8mm 的距离,并确保焊丝伸出长度适宜。

2)立焊(立敷焊/立对接焊/立搭接焊)操作要领

(1)立焊(立敷焊/立对接焊/立搭接焊)操作姿势:一般采用蹲姿或站姿,姿势与手工电弧焊时相同,使用头戴式面罩时,可以采用双手握枪的操作动作。如图 3-4-18 所示。

(2)立焊(立敷焊/立对接焊/立搭接焊)的焊枪角度:CO_2立焊与手工电弧焊不同,有向上立焊和向下立焊两种方法,焊枪角度如图 3-4-19 所示。一般采用向下立焊的焊接方法。

图 3-4-18　立焊操作方法

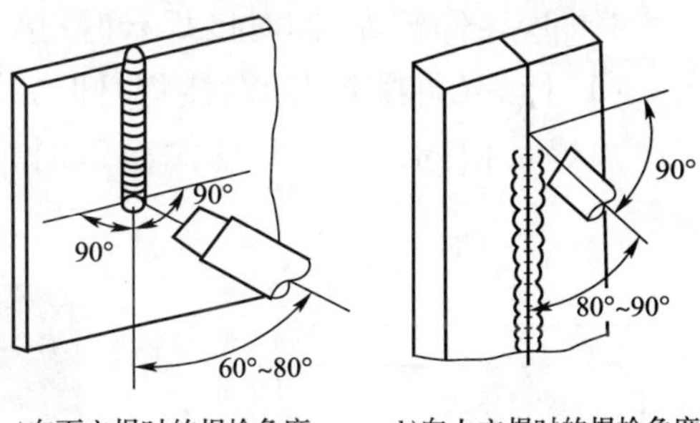

a)向下立焊时的焊枪角度　b)向上立焊时的焊枪角度

图 3-4-19　立焊方法

(3)立焊(立敷焊/立对接焊/立搭接焊)的操作要领:

①控制电弧及焊点。首先调试好焊接工艺参数,然后在焊件起焊端焊缝起始处引燃电弧,经过 0.5 ~ 1s 的时间形成第一个焊点,然后松开开关熄弧。重复此动作并开始向上或向下焊接,焊枪在焊缝方向上作小幅度移动,不做左右方向上的摆动。

②控制熔池的大小、保证焊缝两侧的熔合、操作要求等与平焊相同。

③控制喷嘴的高度。焊接过程中,始终保持喷嘴与焊件表面有 4 ~ 5mm 的距离,并确保焊丝伸出长度不超过 10mm。

3)横焊(横敷焊/横对接焊/横搭接焊)操作要领

(1)横焊(横敷焊/横对接焊/横搭接焊)操作姿势:一般采用蹲姿或站姿,姿势与立焊相同,使用头戴式面罩时,可以采用双手握枪的操作动作,如图 3-4-20 所示。

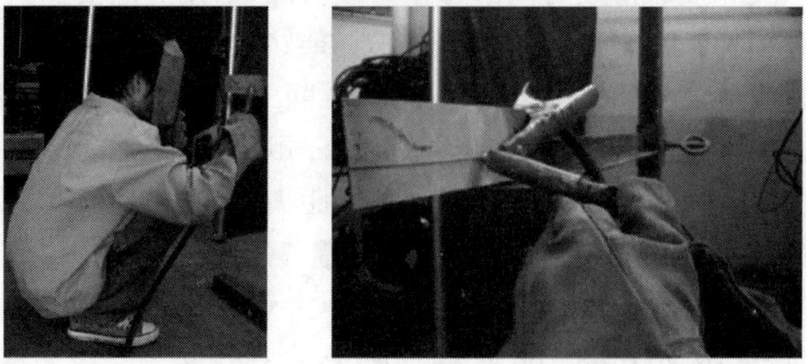

图 3-4-20　横焊操作方法

（2）横焊（横敷焊/横对接焊/横搭接焊）的焊枪角度：横焊时，一般厚板采用左焊法，薄板采用右焊法，焊枪角度如图 3-4-21 所示。

（3）横焊（横敷焊/横对接焊/横搭接焊）的操作要领：

①控制电弧及焊点。首先调试好焊接工艺参数，然后在焊件右端焊缝起始处引燃电弧，经过 0.5～1s 的时间形成第一个焊点，然后松开开关熄弧。重复此动作并开始向左焊接，焊枪在焊缝方向上作小幅度移动，不做上下方向上的摆动。

②控制熔池的大小、保证焊缝两侧的熔合、控制喷嘴的高度等操作要求与立焊时相同。

4）仰焊（仰敷焊/仰对接焊/仰搭接焊）操作要领

（1）仰焊（仰敷焊/仰对接焊/仰搭接焊）操作姿势：一般采用蹲姿或站姿，姿势与手工电弧焊时相同，使用头戴式面罩时，可以采用双手握枪的操作动作。如图 3-4-22 所示。

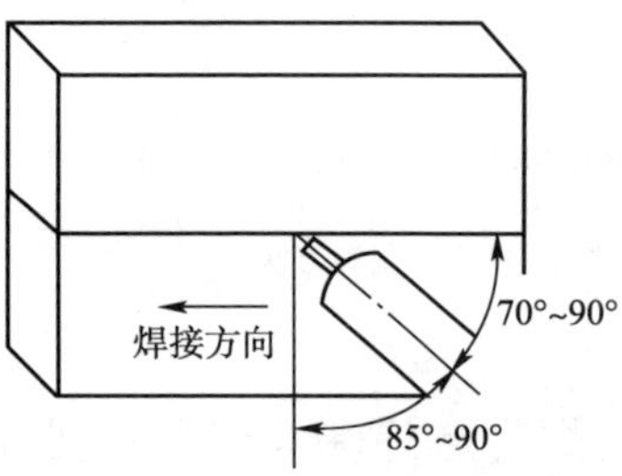

图 3-4-21　横焊时焊枪的角度

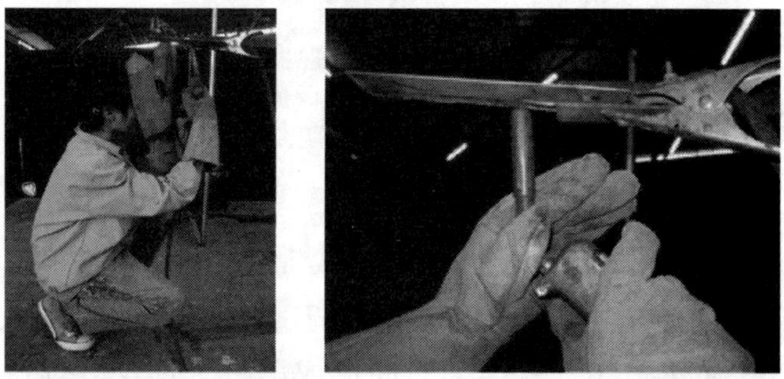

图 3-4-22　仰焊操作方法

（2）仰焊（仰敷焊/仰对接焊/仰搭接焊）的焊枪角度：仰焊时一般采用从远端到近端的焊法，焊枪角度如图 3-4-23 所示。

（3）仰焊（仰敷焊/仰对接焊/仰搭接焊）操作要领：

①控制电弧及焊点。首先调试好焊接工艺参数，然后在焊件远端焊缝起始处引燃电弧，经过 0.5～1s 的时间形成第一个焊点，然后松开开关熄弧。重复此动作并开始向近端焊接，焊枪在焊缝方向上作从远向近的小幅度移动，不做左右方向上的摆动。

②控制熔池的大小、保证焊缝两侧的熔合、控制喷嘴的高度与立焊相同。

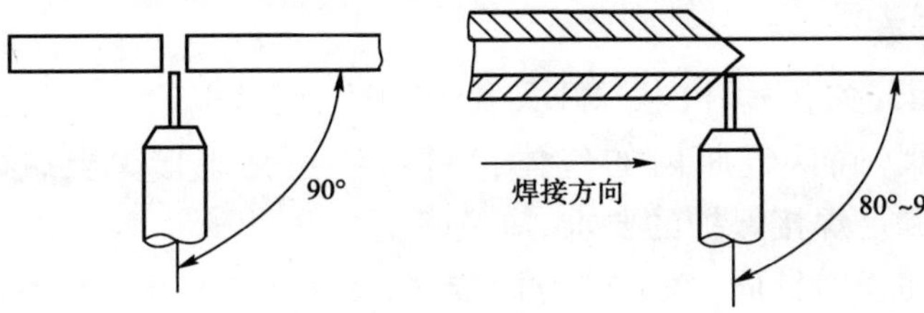

图3-4-23 平面仰焊时焊枪的角度与位置

5)塞焊操作要领

在汽车钣金修理中，CO_2塞焊用来代替汽车制造厂所用的点焊，可用于结构件任何电阻点焊部位的焊接维修。塞焊焊件的强度很高，适用于承载的结构件，也可用于外围装饰板和薄板件的焊接维修。塞焊是点焊的一种形式，基本上为透孔点焊，即塞焊之前需要先在外侧焊板上钻或冲出孔来。焊接时应将两焊板夹紧，焊枪应垂直于焊板正面，将焊丝插入孔内，短暂地按下开关激发电弧，维持电弧1～2s并绕孔边画圆，以便焊丝在孔内形成熔池，然后松开开关，让熔池在气体保护范围内冷却凝固。

(1)塞焊操作姿势与焊枪角度：可采用蹲姿或站姿，平、立、横、仰塞焊时的焊枪角度与相应位置对接焊、搭接焊相同。

(2)塞焊的操作要领：

①控制电弧及焊点。首先调试好焊接工艺参数，然后在塞孔中部引燃电弧，经过1～2s的时间并绕孔边画圆形成焊点，最后松开开关熄弧。

②焊接操作。塞焊孔径一般为5～10mm。塞焊孔较大时，焊枪应沿孔缘缓慢地作圆周移动，呈空心圆形式进行填充；对于小塞焊孔，焊接时焊枪最好对准孔的中心固定不动；在进行塞焊时，应将焊枪与焊件母材靠近些，一般距离不超过10mm，这样可以改善焊接质量，使焊点能熔透到下层钢板，并在焊点处背面有圆形凸起，保证焊接质量。

三、任务准备

1. 工位准备

工具设备准备：CO_2气体保护焊机、大力钳、手锤、尖嘴钳、划针、钢直尺等。

材料用品准备：焊件、废焊件、防堵剂、焊接手套、焊接面罩、棉纱手套、色笔等。

2. 安全检查

(1)将焊机放置在工件附近，并确认焊机上的电源开关的处于关闭状态。确保焊机有效接地，检查电缆是否完好无损，检查电源线、焊把线和地线连接处，确保牢固后才能送电、开启焊机电源。

注意：焊机所规定使用的电压应与电网电压一致。

(2)确保焊机和工件周围区域干燥，且没有易燃物质，必要时把现场的地面打扫干净。现场准备好灭火器材。

3. 设备检查

(1)穿戴工作手套。

(2)打开配电箱开关,将焊机电源开关置于“开”,调整电流和送丝速度。

(3)打开气瓶阀,确认气瓶内的气体存量可供正常焊接。当瓶内气体压力小于0.1MPa时,将不能满足焊接保护的要求,应及时更换。

将流量调节旋钮逆时针向“OPEN”方向旋转,确认流量指示管内的浮球可以升降。

(4)按一下焊枪开关,检查送气、送丝是否正常。确认正常后,松开送丝机构的加压螺杆,逆时针转动焊丝盘,收回焊丝以避免浪费。

(5)如果送丝速度不稳定,应检查送丝轮的丝槽宽度是否与丝径吻合、加压螺杆压力是否合适。调整压力时,视焊丝直径大小,以送丝时焊丝无被卡现象为宜。如图3-4-24所示,使用直径0.8mm的焊丝时,加压螺杆调整到5和6之间即可。

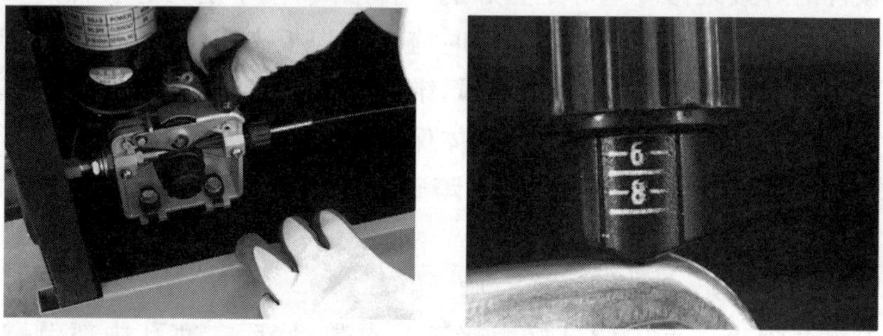

图3-4-24　调整加压螺杆

四、任务实施

1. 接地线(搭铁)

在合适位置将地线与焊件连接好。

2. 调节气体流量

调节CO_2气体流量约为10~15L/min,如图3-4-25所示。

图3-4-25　调整工作气体流量

3. 调整焊接参数

根据工件厚度适当调整焊接电流和送丝速度;根据焊接方法调整点焊时间,不是进行点焊时,点焊时间调为“0”,如图3-4-26所示。

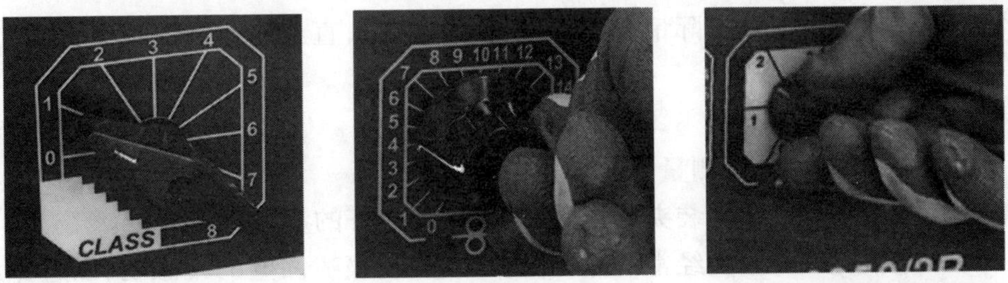

a)调整电流　　b)调整送丝速度　　c)调整点焊时间

图 3-4-26　调整参数

4. 试焊

(1)按要求穿戴焊接安全服、绝缘鞋和手套。

(2)清洁试焊的焊件(在车身修复中一般用废件试焊),有必要时敲平以方便焊接,如图 3-4-27 所示。

(3)调整焊接台架固定焊件的横臂高度,立焊时一般与自己肩膀同高。

(4)使用大力钳、C 型钳等夹具将焊件夹紧,然后按焊接位置要求固定在焊接台架横臂上。如图 3-4-28 所示为立焊时的固定方法。

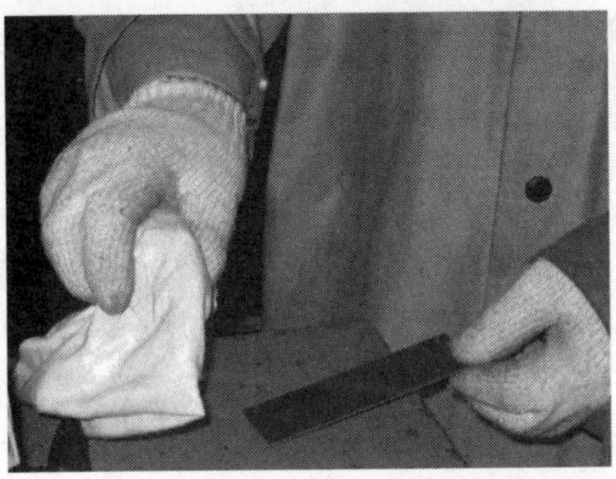

图 3-4-27　清洁焊件

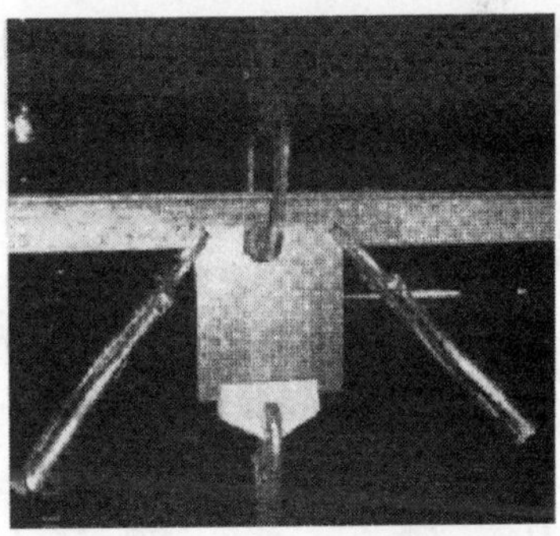

图 3-4-28　焊件固定

(5)清理焊枪,焊丝伸出喷嘴 3 ~ 5mm,并把过长的焊丝剪去,如图 3-4-29 所示。

(6)拿好或者戴好防护面罩,将喷嘴靠近焊件,焊丝对准焊缝,压下焊枪开关,开始试焊。喷嘴与工件间的距离控制在 5mm 以内,如图 3-4-30 所示。

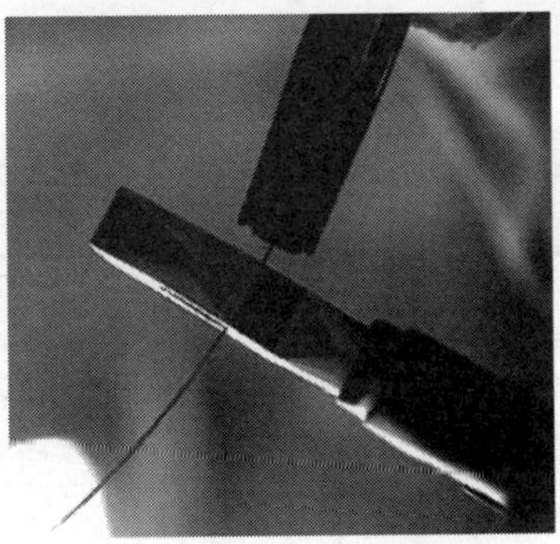

图 3-4-29　剪去过长的焊丝

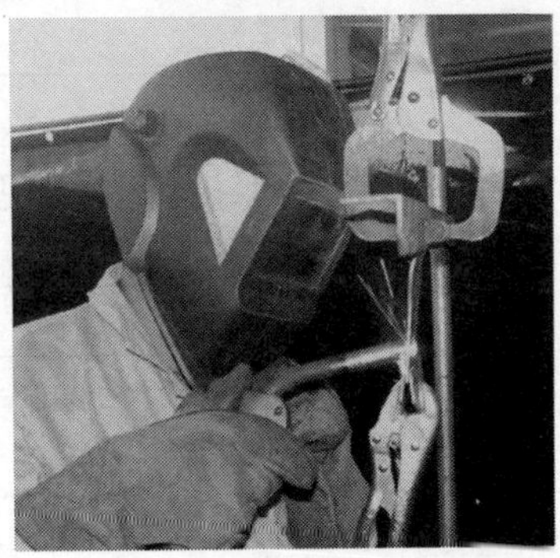

图 3-4-30　焊接

(7)试焊期间,要根据实际情况多次进行参数调整,直至得到符合要求的焊缝为止。

5. 正式焊接

(1)清洁焊件。

(2)按要求对焊片进行测量、划线。

(3)如试焊一样,把焊件装夹好,利用试焊后调节好的参数进行焊接。

(4)在焊接过程中,应当经常清除黏附在导电嘴、喷嘴内壁的飞溅物,以避免焊嘴被堵塞而导致的焊缝缺陷,清理后并涂抹一些防堵剂。

6. 焊接结束

松开焊枪开关,焊接电弧停止,焊接操作结束。此时不能马上提起焊枪,应保持焊接时的状态2s左右,以保护收弧处。

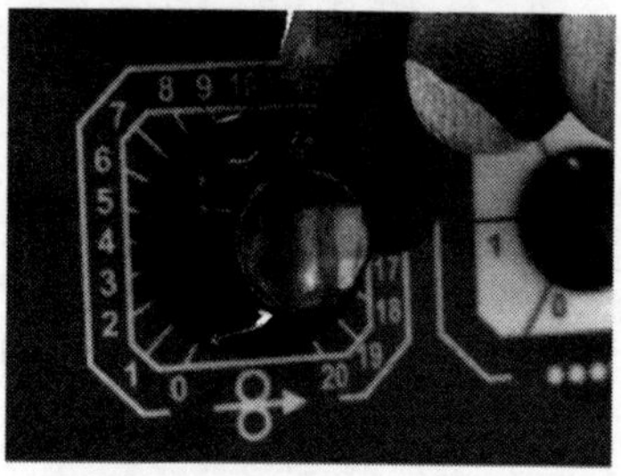

图3-4-31　将送丝速度调"0"

7. 关闭气源

焊接完毕后,应先关闭CO_2气源总阀,将送丝速度调整为"0",放尽减压器及焊机供气阀内的剩余气体,再关闭焊机电源和减压器工作阀门,如图3-4-31所示。

8. 清理现场

收回焊枪和地线并整理好,及时清理操作现场。

五、任务评价

1. 自我评价

(1)通过本学习任务的学习,你是否已经清楚以下问题:

①CO_2气体保护焊有何优缺点? ____

____

____。

②在车身修理中,CO_2气体保护焊常用哪些焊接方式? ______________________

____

____。

③CO_2气体保护焊有哪些重要的焊接参数需要十分熟悉? ____________________

____

____。

④为什么说CO_2气体保护焊是在现代车身钣金修理中用得最广泛的一种焊接? ____

____

____。

⑤比较氧-乙炔焊火焰温度,说明为什么CO_2气体保护焊适用在现代车身修理中。

____

____

____。

⑥常用的 CO_2 气体保护焊破坏性试验有哪些？如何操作？____。

⑦简述 CO_2 气体保护焊的焊接原理。____。

⑧为什么 CO_2 气体保护焊也要单面焊双面成型？____。

(2)实训工具设备及其他用品使用情况。

评价:____。

(3)实训过程完成情况。

评价:____。

(4)工作着装是否规范？

评价:____。

(5)在实训中你是否意识到安全防护的问题并提醒其他同学注意？是否出现了不规范的情况？是如何处理的？

评价:____。

(6)7S 管理。能否积极主动参与工作现场的清洁和整理工作？

评价:____。

(7)在完成本学习任务的过程中,你是否主动帮助过其他同学？并和其他同学探讨操作过程中出现的有关问题？具体问题是什么？结果是什么？

评价:____。

(8)通过本学习任务的学习,你认为哪些方面还有待进一步改善？

评价：____

____

____。

(9)在进行本学习任务的学习过程中，你是从本教材的“资料收集”中收集还是从其他方面进行收集与操作相关的内容？有何收获？

评价：____

____

____。

(10)在本学习任务中你遇到的困难是什么？如何解决的？

评价：____

____

____。

签名：____________　　　　　　　　________年____月____日

2. 小组评价

小组评价见表 3-4-2。

小组评价　　　　表 3-4-2

序号	评价项目	评价情况
1	学习态度是否积极主动	
2	是否服从教学安排	
3	是否达到全勤	
4	着装是否符合要求	
5	是否合理规范的使用仪器和工具、设备	
6	是否按照安全和规范的规程操作	
7	是否遵守学习、实训场地的规章制度	
8	是否积极主动地和他人合作、探讨问题	
9	是否能保持学习、实训场地整洁	
10	团结协作情况	

参与评价的同学签名：____________　　　　________年____月____日

3. 教师评价

____

____。

六、学习拓展

CO_2气体保护焊的破坏性试验要求

(1)搭接焊撕裂破坏后，在上面的焊片上必须有与焊疤长度相等的缺口，如图 3-4-32 所示。

(2)对接焊撕裂破坏后,在下面的焊片上必须有与焊疤长度相等的孔,如图3-4-33所示。

(3)塞焊扭曲破坏后,在下面的焊片上必须有直径≥9mm的孔,如图3-4-34所示。

图3-4-32 搭焊撕裂破坏

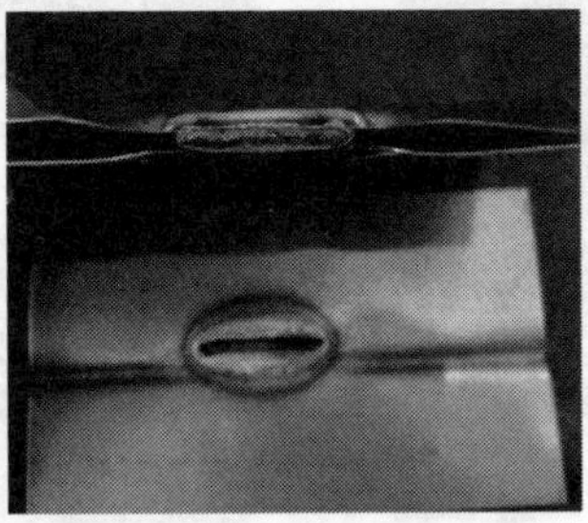

图3-4-33 对接焊撕裂破坏

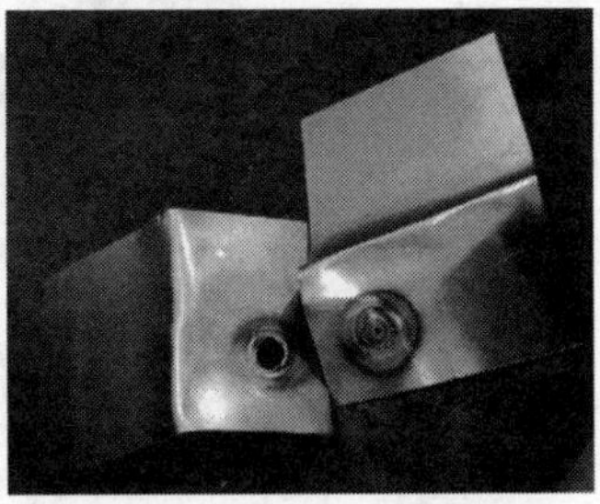

图3-4-34 塞焊扭曲破坏

学习任务5 氩弧焊

学习过程

一、任务要求

安全操作,焊缝达到强度要求。

二、资料收集

1. 氩弧焊的工作原理及应用

1)工作原理

氩弧焊分为熔化极氩弧焊和非熔化极氩弧焊。熔化极氩弧焊类似CO_2气体保护焊,操作时把二氧化碳气体换成氩气就行;非熔化极氩弧焊指电极不熔化的氩弧焊,常见的有钨极氩弧焊,在此只介绍非熔化极氩弧焊。

非熔化极氩弧焊是电弧在非熔化极(通常是钨极)和工件之间燃烧,氩气在焊接电弧周围形成一个保护气罩,使钨极端头,电弧和熔池及已处于高温的金属不与空气接触,能防止氧化和吸收有害气体。氩气是一种惰性气体,不与金属起化学变化,能充分保护金属熔池不被氧化,焊缝不易生成气孔,能获得较高的焊缝质量,如图3-5-1所示。

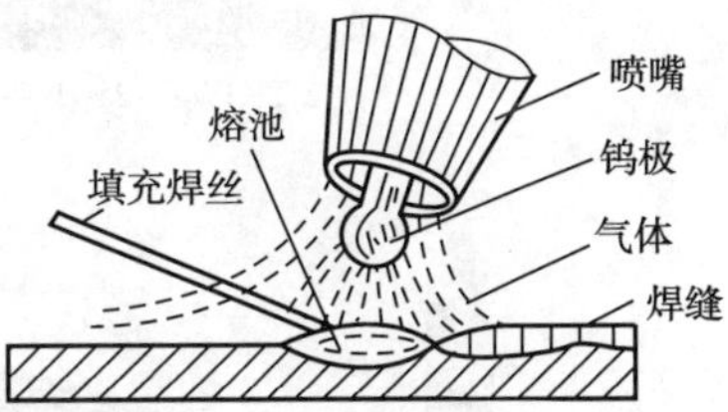

图3-5-1 氩弧焊的工作原理

2)氩弧焊的应用

氩弧焊适用于焊接易氧化的有色金属(铜)和合金钢(目前主要用铝、镁、钛及其合金和不锈钢的焊接);适用于单面焊双面成形,如打底焊和管子焊接。

钨极氩弧焊还广泛应用于日常生活中的不锈钢防盗网、薄钢板铁门等物品的焊接，如图 3-5-2 所示。

图 3-5-2　氩弧焊在日常生活中的应用

2. 氩弧焊的特点

1）优点

保护效果好，焊缝质量高；焊接变形和应力小；易观察、易操作；电弧稳定，焊后不用清渣；易控制熔池尺寸；可焊的材料范围广。

2）缺点

设备成本高；氩气电离势高，引弧困难；氩弧焊产生的紫外线是手弧焊的 5～50 倍，生成的臭氧对焊工有危害，要加强保护；焊接时需有防风措施。

3. 钨极氩弧焊设备

钨极氩弧焊设备包括主电路系统、焊枪、供气系统、冷却系统和控制系统等，有些氩弧焊机有水冷系统，如图 3-5-3 所示。

a)TIGWS-125(小功率)

b)佳士 WSM-400(水冷)

c)氩弧焊/手弧焊机

d)氩气瓶

e)钨电极

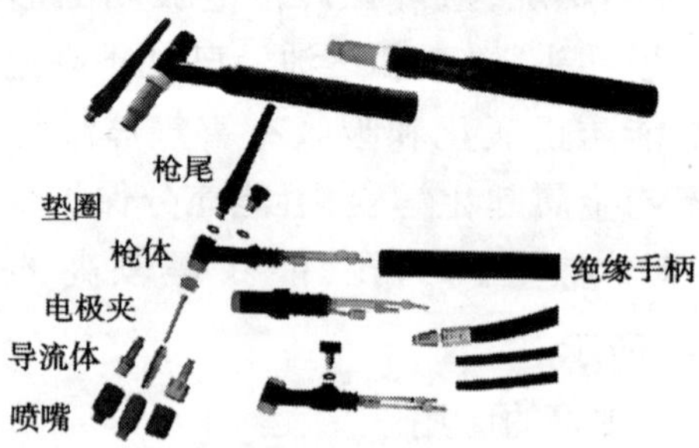

f)各种氩弧焊枪及其组成

图 3-5-3　钨极氩弧焊设备

4. 氩弧焊焊接参数

1)钨极直径

钨极直径主要按焊件厚度、焊接电流的大小和电源极性来选择。如果钨极直径选择不当,将造成电弧不稳,钨棒烧损严重和焊缝夹钨等现象。

2)焊接电流

当钨极直径选定后,再选择合适的焊接电流。焊接电流主要根据工件的厚度和空间位置选择、过大或过小的焊接电流都会使焊缝成型不良或产生焊接缺陷。焊接电流调节旋钮在设备面板上,如图3-5-4所示。

3)电弧电压

电弧电压由弧长决定,电压增大时,熔宽稍增大,熔深减小。选用范围一般是10~24V。

4)氩气流量

主要根据钨极直径和喷嘴直径来选取,通常在3~20L/min范围内。氩气流量的调节阀如图3-5-5所示。

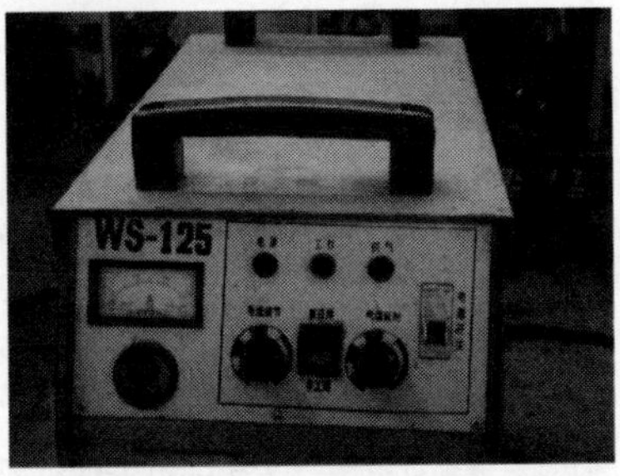

图3-5-4　焊接电流调节位置

图3-5-5　氩气流量调节阀

5)焊接速度

应选择合适的焊接速度,焊接速度过快,会使保护层可能偏离钨极和熔池,效果差;焊接速度过慢,易烧穿焊件。焊接速度加快时,氩气流量要相应加大。

6)喷嘴直径

增大喷嘴直径的同时,应增大气体流量。一般钨极氩弧焊喷嘴直径以5~14mm为佳。

7)喷嘴与焊件的距离

喷嘴和焊件的距离越小,保护效果越好。但过小,不便观察,一般为5~15mm。

8)钨极伸出长度

通常焊接对接焊缝时,钨极伸出长度为3~6mm较好;焊角焊缝时,钨极伸出长度为7~8mm较好。

对于厚度较小焊件,采用小焊丝的氩弧焊焊接参数可以参考表3-5-1。

薄板氩弧焊焊接参数　　表3-5-1

焊丝直径(mm)	钨极直径(mm)	喷嘴直径(mm)	钨极伸出长度(mm)	喷嘴至焊件距离(mm)	焊接电流(A)	氩气流量(L/min)
1~2	1~2	5~10	3~8	5~12	20~80	4~6

5. 氩弧焊常见的质量问题

氩弧焊常见的质量问题有：烧穿、下凹、背面成型差、氧化物、弧坑、表面粗糙等质量问题。

三、任务准备

主要以平焊为例介绍氩弧焊操作方法。

1. 工位准备

工具：焊接面罩、手套、手锤、锉刀、钢丝钳、钢丝刷、钢尺等。

材料：两块 100mm × 40mm × 1mm 的低碳钢板和不锈钢板，低碳钢焊丝和不锈钢焊丝。

2. 安全检查

检查所使用的电线、电缆有无破损，焊机、电源插座有无接触不良等现象，检查其他工具是否有不安全因素。如果存在问题，必须先处理好，才能继续下一步工作。

四、任务实施

1. 调节氩气工作流量

逆时针方向打开氩气瓶总阀门，逆时针方向打开工作流量阀调节气流量。

2. 调节焊接工作参数

打开氩弧焊电源开关，调节焊接电流等参数。

3. 引弧和定位焊

对于焊缝较长的工件，需要在工件适当位置进行定位焊。工件两端引弧并进行定位焊，弧长约为 4 ~7mm，坡口外预热 4 ~5s，如图 3-5-6 所示。

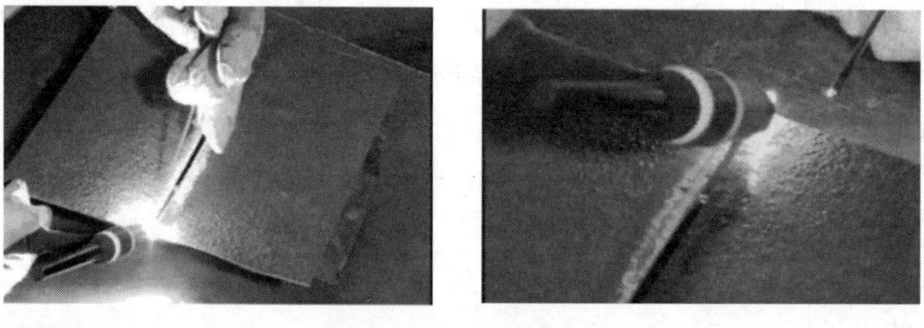

图 3-5-6　引弧和定位焊

4. 焊接

（1）喷嘴与工件角度 70° ~80°；焊丝与工件角度 15° ~20°；喷嘴与工件距离 2mm。预热引弧处，当定位焊缝左端形成熔池并出现熔孔后开始送丝。如图 3-5-7 所示。

（2）焊枪角度较小，电流较小，当焊接速度和送丝过快，出现焊缝下凹或烧穿现象，因此焊丝送入要均匀，焊枪要平稳、速度要一致；同时要密切注意焊接熔池的变化，随时调节工艺参数，保证背面成型良好。

（3）当熔池增大，焊缝变宽，并出现下凹时，说明熔池温度过高，应减小焊枪与工件的角度，加快焊接速度；当熔池减小时，说明熔池温度过低，应增大焊枪与工件的角度，减慢焊接速度。

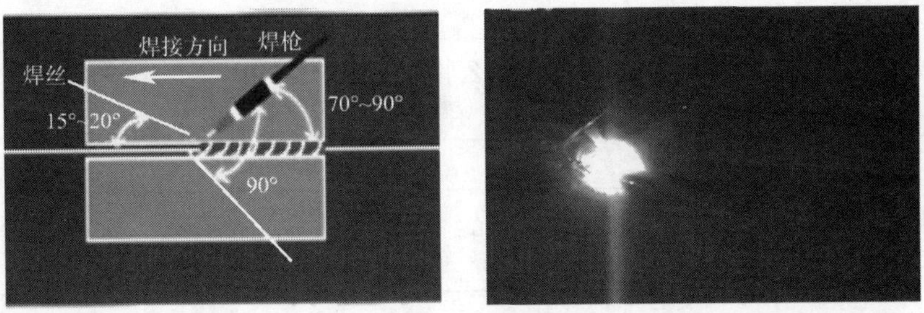

图3-5-7　焊接

5. 焊缝接头

当更换焊丝或暂停焊接时，焊缝需要接头。这时松开焊枪按钮开关，并停止送丝，但焊枪仍需对准熔池进行保护，待其完全冷却后方可移开焊枪，如图3-5-8所示。

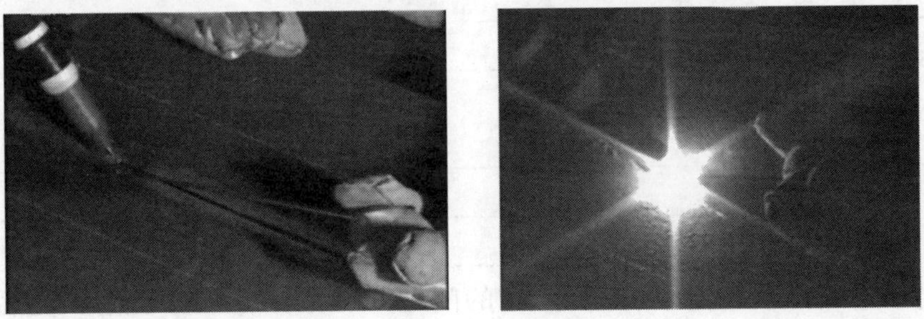

图3-5-8　焊缝接头方法

进行接头前，应先检查熄弧处弧坑质量，如无氧化物等缺陷，可直接进行接头；如有缺陷，将其前端打磨成斜面，在弧坑右侧15～20mm处引弧，弧坑处形成熔池后，继续填丝焊接。

6. 收弧

当焊至工件末端时，应减小焊枪与工件的夹角，切断控制开关。停弧后，氩气延时10s关闭。

7. 焊后清理检查

焊接结束后，关闭焊机（切断电源，关闭气源），用钢丝刷清理焊缝表面；用肉眼检查表面是否有气孔、裂纹、咬边等缺陷；用焊缝量尺测量外观成型尺寸。

五、任务评价

1. 自我评价

（1）通过本学习任务的学习，你是否已经清楚以下问题：

①什么叫氩弧焊？____

____

____。

②与氧-乙炔焊相比,氩弧焊有什么优势?____
____
____。

③氩弧焊在日常生活中常用来焊接什么物品?______________________________________
____
____。

(2)实训工具设备及其他用品使用情况。

评价:____
____
____。

(3)实训过程完成情况。

评价:____
____
____。

(4)工作着装是否规范?

评价:____
____
____。

(5)在实训中你是否意识到安全防护的问题并提醒其他同学注意?是否出现了不规范的情况?是如何处理的?

评价:____
____
____。

(6)7S 管理。能否积极主动参与工作现场的清洁和整理工作?

评价:____
____
____。

(7)在完成本学习任务的过程中,你是否主动帮助过其他同学?并和其他同学探讨操作过程中出现的有关问题?具体问题是什么?结果是什么?

评价:____
____
____。

(8)通过本学习任务的学习,你认为哪些方面还有待进一步改善?

评价:____
____
____。

(9)在进行本学习任务的学习过程中,你是从本教材的“资料收集”中收集还是从其他方面进行收集与操作相关的内容?有何收获?

评价:____

____

____。

(10)在本学习任务中你遇到的困难是什么?如何解决的?

评价:____

____

____。

签名:__________ ______年____月____日

2. 小组评价

小组评价见表3-5-2。

小 组 评 价 表3-5-2

序 号	评 价 项 目	评 价 情 况
1	学习态度是否积极主动	
2	是否服从教学安排	
3	是否达到全勤	
4	着装是否符合要求	
5	是否合理规范的使用仪器和工具、设备	
6	是否按照安全和规范的规程操作	
7	是否遵守学习、实训场地的规章制度	
8	是否积极主动地和他人合作、探讨问题	
9	是否能保持学习、实训场地整洁	
10	团结协作情况	

参与评价的同学签名:__________ ______年____月____日

3. 教师评价

____

____。

六、学习拓展

1. 氩弧焊在车身焊接中的应用

随着铝车身或者车身铝焊件的增多,氩弧焊将会发挥更大的作用,因为氩弧焊非常适宜铝合金的焊接;现代车身修理禁止用氧－乙炔焊焊接,车身覆盖件焊补的工作可以由氩弧焊来完成;氩弧焊在车身钎焊方面也是一个很好的热源,可以实现电弧钎焊。

2. 氩弧焊其他位置焊接技巧

1)横焊

引弧时先不加焊丝,待熔化形成熔滴时,将焊丝轻轻地向熔池里送一下,填充焊丝的同时,焊枪小幅度做横向摆动并向左均匀移动。

2)立焊

引弧时先不加焊丝,待熔化形成熔滴时,可填丝焊接。在整个施焊过程中,应保持等速送丝,焊丝端部始终处于氩气保护区内。

3)仰焊

引弧时先不加焊丝,待熔化形成熔滴时,可填丝焊接。在送焊丝时,应有意识地将焊丝往根部"推",以避免焊缝根部产生凹坑。

学习任务6 氧-乙炔焊

学习过程

一、任务要求

(1)焊缝尺寸符合要求。

(2)焊透,符合工件强度要求。

(3)焊缝平整度达到要求,美观。

二、资料收集

1. 氧-乙炔焊的工作原理

氧-乙炔焊是利用氧气和乙炔气体按一定比例均匀混合燃烧的热量,把金属加热熔化,焊接在一起的焊接方法。

2. 氧-乙炔焊设备各部分名称,如图3-6-1所示。

1)氧气瓶

氧气瓶是一种储存和运输氧气的高压容器,瓶内最高压力一般为15MPa,如图3-6-2所示。

2)乙炔瓶

乙炔瓶是一种储存和运输乙炔的压力容器,瓶内工作压力一般为1.5MPa,如图3-6-3所示。

3)乙炔回火防止器

乙炔回火防止器的作用是当焊炬或割炬发生回火时,可防止火焰倒流入乙炔发生器或乙炔瓶内,或阻止火焰在乙炔管道内燃烧,从而保障乙炔发生器或乙炔瓶等安全。乙炔瓶必须安装回火防止器,一般安装在乙炔压力表后接管处。回火防止器外形如图3-6-4所示。

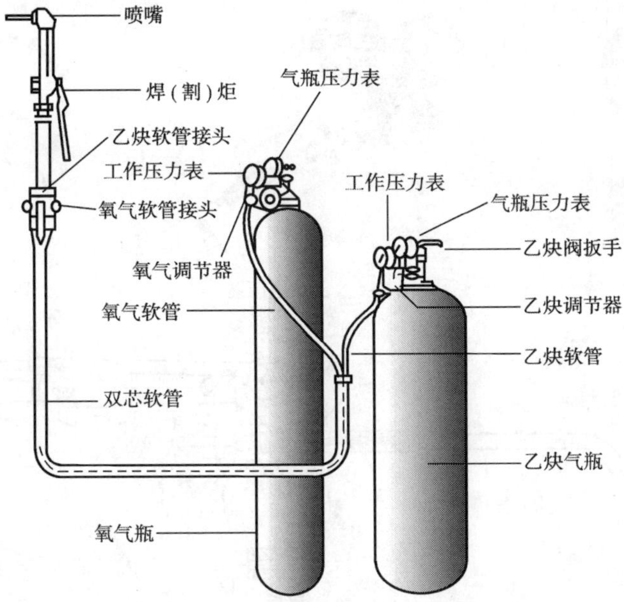

图 3-6-1　氧－乙炔焊设备组成示意图

图 3-6-2　氧气瓶

图 3-6-3　乙炔瓶

图 3-6-4　乙炔回火防止器

4)减压器

它的作用是把储存在气瓶内较高压力的气体降为低压力气体。氧气的工作压力一般要求为 0.4MPa,如图 3-6-5 所示;乙炔的工作压力一般为 0.04MPa,如图 3-6-6 所示。

5)焊炬的作用、型号、结构与工作原理

(1)焊炬的作用:它的作用是将可燃气体和氧气按一定比例均匀混合,以一定的速度从喷嘴喷出,形成一定能率、一定成分、一定形状适合焊接要求和稳定燃烧的火焰。

(2)焊炬的型号:国产常用的焊炬型号有 H01－6、H01－12、H01－20、H02－1,如图 3-6-7 所示。焊嘴号码有 1、2、3、4、5。

(3)焊炬的结构:射吸式焊炬主要由主体、乙炔调节阀、氧气调节阀、喷嘴、射吸管、混合气管、焊嘴、手柄、乙炔管接头和氧气管接头组成,如图 3-6-8 所示。

图 3-6-5　氧气减压器

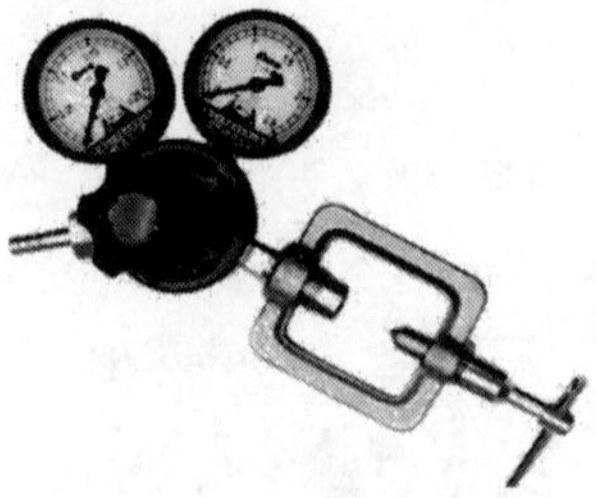

图 3-6-6　乙炔减压器

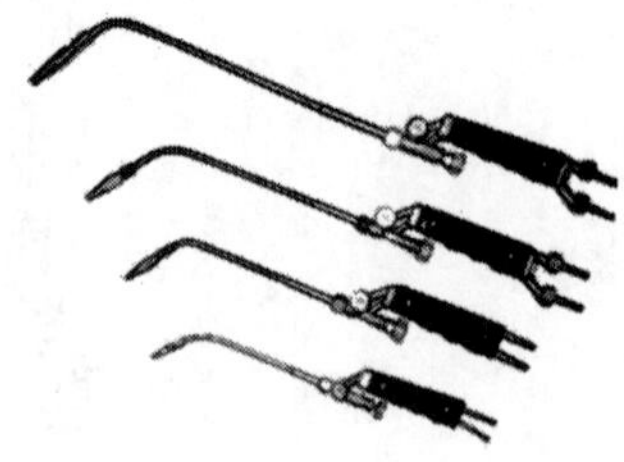

图 3-6-7　各种型号的焊炬

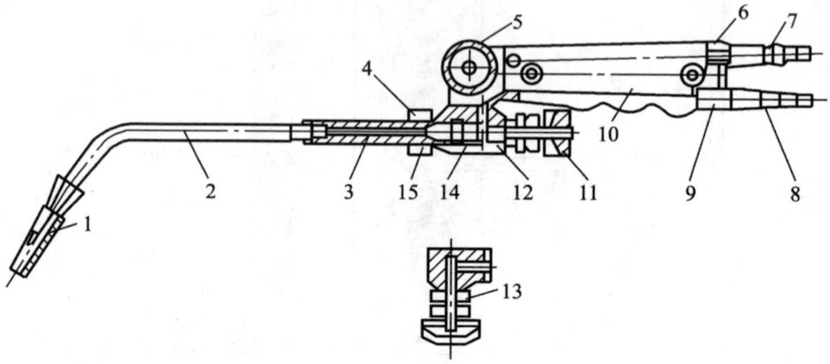

图 3-6-8　射吸式焊炬的结构

1-焊嘴;2-混合气管;3-射吸管;4-射吸管螺母;5-乙炔调节阀;6-乙炔进气管;7-乙炔管接头;8-氧气管接头;9-氧气进气管;10-手柄;11-氧气调节阀;12-主体;13-乙炔阀针;14-氧气阀针;15-喷嘴

(4)焊炬的工作原理:先打开氧气调节阀,再开乙炔调节阀,并按一定的比例与氧气混合,经射吸管,混合气管从焊嘴喷出。

3. 氧 - 乙炔火焰

1)氧 - 乙炔火焰种类

按氧气与乙炔混合比不同,可得到三种不同性质的火焰:中性焰,也称标准火焰,氧气与乙炔比例为 1:1,如氧气有杂质,则比例为 1. 1:1 ~ 1. 3:1;碳化焰,也称还原焰,氧气与乙炔比例小于 1:1;氧化焰,氧气与乙炔比例大于 1:1。各种火焰如图 3-6-9 所示。

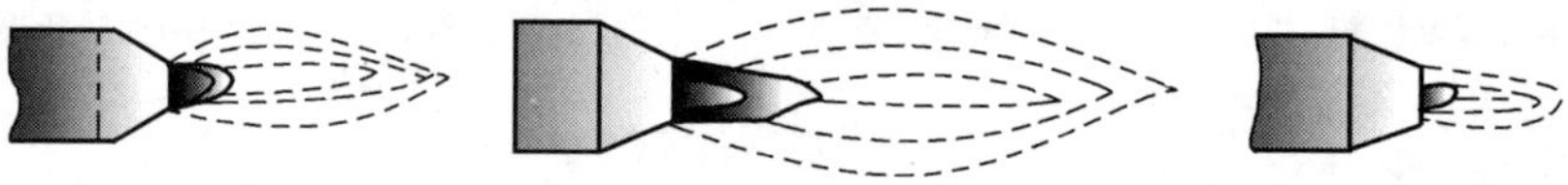

a) 中性焰　b) 碳化焰　c) 氧化焰

图 3-6-9　氧 - 乙炔火焰

氧 - 乙炔焊火焰的特性见表 3-6-1。

2)氧 - 乙炔焰的点火、调节和熄灭方法

(1)点火:应先将焊炬上氧气调节阀稍微打开,然后再稍打开乙炔调节阀,待混合气从焊嘴喷出,即可点火。点火时要注意安全,拿火源的手从焊嘴侧后面接近焊嘴,不可将手正对着焊嘴,也不可将焊嘴指向他人或可燃物。点火时如果火焰冲出很远后自己熄灭,说明乙炔气开得过大;如果出现连续的"放炮"现象,说明乙炔不纯或乙炔量不够。

氧－乙炔火焰的特性　　表3-6-1

种类 颜色 区域和用途	中性焰	碳化焰	氧化焰
焰芯	色蓝白而明亮	呈蓝白色	呈蓝紫色(淡蓝色)
内焰	呈蓝白色，轻微闪动，中等长，难分辨	呈淡蓝色，最长，与内外焰分明	呈淡紫色，最短，已看不清
外焰	淡橘红色	呈橘红色	呈蓝紫色
火焰用途	适用焊接低、中碳钢，纯铜、青铜等	适用焊接高碳钢、铸铁等	适用焊接黄铜、镀锌铁皮、锰钢等
火焰用途	中性焰和轻微氧化焰适用于焊接不锈钢、铝及其合金		

(2)调节火焰：点火后，根据氧－乙炔火焰的特性，将氧气调节阀和乙炔调节阀适当开大或缩小，得到中性焰；在中性焰基础上再增加氧气量或者减少乙炔量，便得到氧化焰，氧气流量较大时会并发出“嘶嘶”声；在中性焰基础上减少氧气量或者增大乙炔量，使外焰明显伸长便得到碳化焰。

如果火焰形状歪斜或发出“吱吱”声，说明焊嘴粘有杂质，应立即熄灭，清除干净焊嘴。

(3)熄灭火焰：应先关闭乙炔调节阀，再关闭氧气调节阀。如果关火时出现“碳黑烟”，那是因为先关闭氧气调节阀，后关闭乙炔调节阀，使乙炔燃烧不充分造成的。

4. 氧－乙炔焊相关参数

(1)焊丝直径与工件厚度的关系：焊件的厚度越厚，焊丝的直径越大。如表3-6-2所示。

焊丝直径与工件厚度的关系　　表3-6-2

工件厚度(mm)	1.0～2.0	2.0～3.0	3.0～4.0	5.0～10	10～20
焊丝直径(mm)	1.0～2.0 或不加焊丝	2.0～3.0	3.0～4.0	3.0～4.0	5.0～6.0

(2)焊接钢材厚度和焊嘴型号的关系：工件的厚度越厚，焊嘴就越大。如表3-6-3所示。

焊接钢材厚度和焊嘴型号的关系　　表3-6-3

焊嘴型号	1	2	3	4	5
工件厚度(mm)	<1.5	1～3	2～4	4～7	7～11

(3)焊嘴与工件的夹角关系，如图3-6-10所示：工件的厚度越厚，夹角就越大。如表3-6-4所示。

(4)焊件厚度与倾角的关系：焊件厚度越大，倾角越大，溶池的温度越高。如图3-6-11

所示。

焊嘴与工件的夹角关系　　表 3-6-4

夹角(°)	30	40	50	60
工件厚度(mm)	1 ~ 3	3 ~ 5	5 ~ 7	7 ~ 10

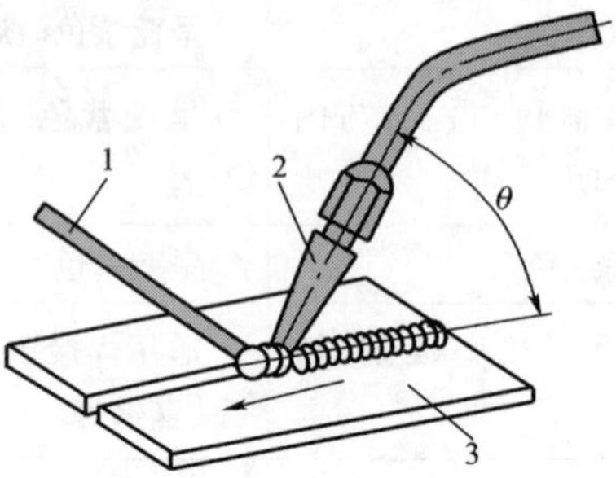

图 3-6-10　氧 - 乙炔焊

1-焊丝;2-焊嘴;3-工件

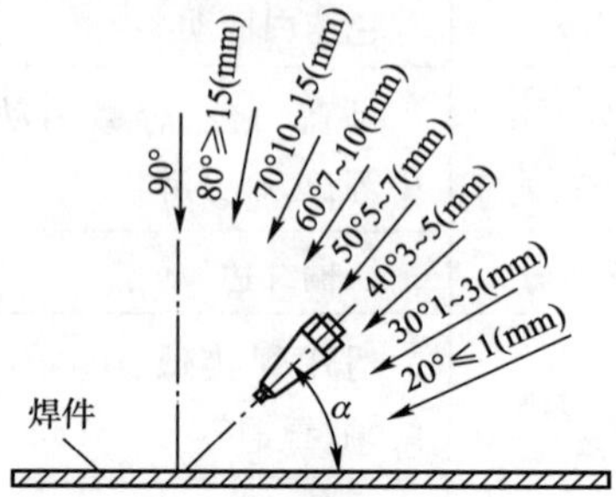

图 3-6-11　焊件厚度与倾角的关系

5. 操作技巧

按氧 - 乙炔焊技术要求,要根据实际工作情况,正确选择操作焊嘴角度、火焰高度、加热温度、焊接速度和焊丝加入方法。

1)焊嘴角度

焊嘴与工件的夹角为 40°左右。刚开始,起焊预热时,倾角大些,为 80° ~ 90°。当熔池温度高时,倾角减小些,为 20° ~ 30°。

2)火焰高度

焰芯的端部离工件表面 3 ~ 4mm,此时温度高,加热快,机械性能好。

3)加热温度

加热温度能使工件金属加热到溶化,形成溶池。加热温度要合适,太高易烧穿焊件,太低不能熔化金属,影响焊接。

4)焊丝加入

形成溶池后,加入焊丝,焊丝位于焰芯前 2 ~ 4mm。

5)焊接速度

根据焊接的宽度要求而定,控制焊接速度,使溶池宽度一样,均匀地向前移动。

6)焊嘴的运动方式,如图 3-6-12 所示。

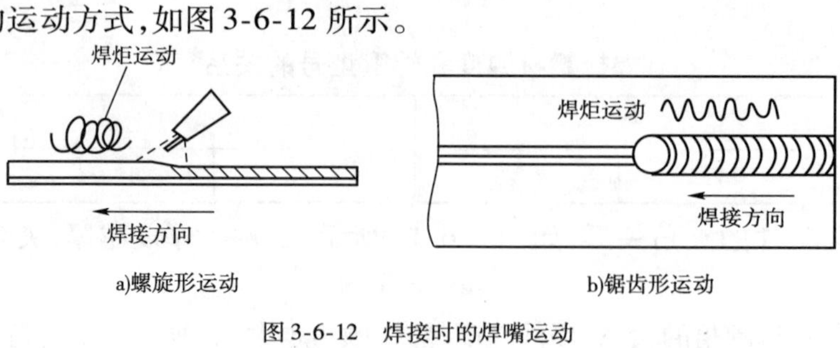

图 3-6-12　焊接时的焊嘴运动

焊嘴和焊丝的运动包括以下三个动作：

①沿焊缝方向移动，不断熔化焊件及焊丝，以形成焊缝；

②焊嘴沿焊缝做小范围横向锯齿形摆动或螺旋形画圈，充分加热焊件并控制焊缝的宽度；

③焊丝在垂直焊缝的方向上不断向下送进，以调节熔池热量和焊丝的填充量。

6. 氧－乙炔焊常见的缺陷

氧－乙炔焊常见缺陷有：未焊透、焊穿、裂纹、焊瘤、气泡、凹坑、错边等缺陷和余高、宽度尺寸不符合要求等质量问题。

三、任务准备

1. 工位准备

(1)准备好墨镜、打火机、铁皮剪刀、焊工手套、手锤、锉刀、钢丝钳、活动扳手、通针、钢丝刷、钢尺等工具。

(2)剪好两块 100×40×1mm 铁皮，或者可利用的废钢板。

2. 安全检查

(1)仔细检查气瓶送气管道有无磨损、扎伤、刺孔、老化裂纹、堵塞，连接是否严密；检查焊炬及氧气表、乙炔表是否正常，连接处是否紧密。发现有上述情况应及时修理或更换。焊接中，也应经常检查各部位工作是否正常。

(2)夏季应将气瓶放置阴凉处。

(3)氧气和乙炔气瓶与明火作业点应符合安全距离。

(4)工作地点附近不得有易燃易爆物品。

(5)工作场地要保持整齐清洁，克服杂乱无章的现象。

四、任务实施

1. 气焊基本操作步骤

(1)按规定穿戴好墨眼镜、工作服、工作鞋、手套等。

(2)打开氧气瓶和乙炔瓶，调节气体压力。

①逆时针转动打开氧气瓶总阀开关，顺时针转动打开氧气减压器工作阀开关，调整压力到0.4MPa。

②逆时针转动打开乙炔瓶总阀开关，顺时针转动打开乙炔减压器工作阀开关，调整压力到0.04MPa。

(3)点火：将焊炬氧气调节阀稍微打开，然后再稍稍打开乙炔调节阀，待混合气从焊嘴喷出，即可点火。

(4)调节焊接火焰为中性焰：将氧气调节阀逐渐开大，使火焰的内外焰、焰芯轮廓明显，火焰则为中性焰。

(5)试火：用相同材质的材料进行焊接，调节合适的火焰能率。

(6)焊接:根据要求进行各种焊接。

(7)熄火:焊接工作完成后,先关闭乙炔阀门,再关闭氧气阀门。

(8)关气及整理:

①关闭乙炔气:先关闭乙炔瓶总阀,再在焊炬上放掉管路中乙炔气,然后关闭焊炬及乙炔压力表上工作阀门;

②关闭氧气:先关闭氧气瓶总阀,再在焊炬上放掉管路中氧气,然后关闭焊炬及氧气压力表上工作阀门。

把乙炔气和氧气开关取下,放到工具柜中;把橡胶管和焊炬整理好;清洁工位。

2. 各种位置焊接的操作技术要点及注意事项

1)平焊

气焊平焊方法如图3-6-13所示。

(1)将两块100×40×1mm铁皮工件对/塔接,定位焊接两端,如图3-6-14所示。

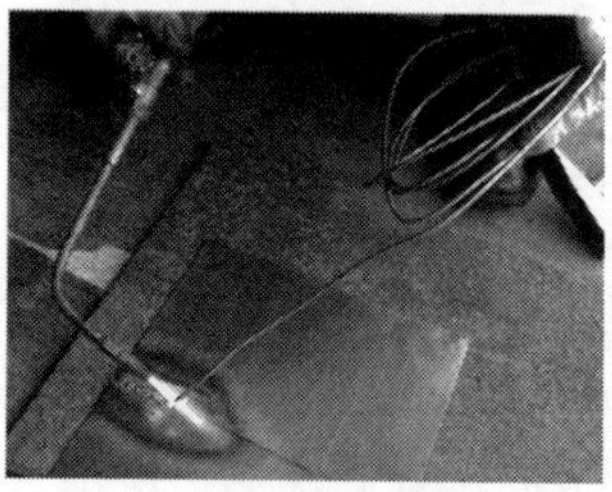

图3-6-13 平焊

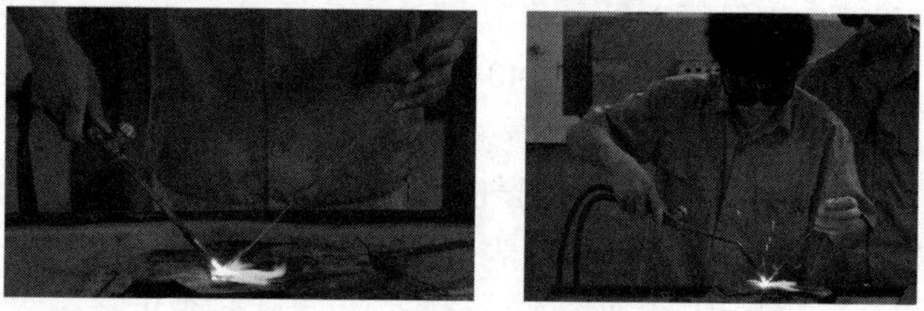

图3-6-14 先定位焊接两端

(2)用小锤镐击焊接工件,敲平变形的工件。

(3)采用左向焊法,从右往左方向焊接。起焊时,先预热,火焰焰芯与工件表面保持3~4mm,焊嘴与工件倾角大些,一般为80°~90°;焊接过程中,当焊接处熔化形成熔池后,焊嘴与工件倾角小些,一般为30°~40°,如图3-6-15所示。

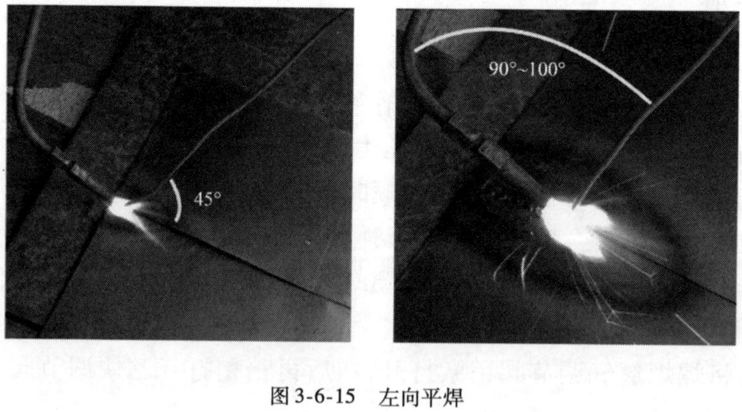

图3-6-15 左向平焊

(4)当焊接处熔化并形成熔池后,把焊丝加入熔池内,焊丝位于焰芯前2~4mm,焊丝与焊嘴夹角约为90°~100°。

(5)焊接速度要保持焊缝处的宽度一样,均匀向前移动。

(6)当焊丝粘在熔池边沿时，不要用力扳动焊丝，可将焊嘴移向粘住位置，集中加热粘住的地方，使焊丝脱离。

(7)在焊接过程中，当发现熔池突然变大时，加大焊接速度；当焊件即将被烧穿时，应迅速抬高火焰，并多加焊丝，将穿孔填满，再继续焊接。

(8)当发现熔池过小或不能形成熔池，焊丝熔滴凸起不能与焊件熔合时，应降低焊接速度，焊嘴倾角增大，待形成正常熔池后再向前焊接。

(9)当发现熔池有气泡，出现火花飞溅或熔池沸腾现象时，应调整火焰性质，调为中性焰，然后再继续焊接。

(10)当熔池内液态金属被吹出，应调整火焰与熔池的距离或调整火焰的火力小些。

(11)收尾时，焊嘴与工件倾角20°~30°，适当多填一些焊丝。

2)横焊

气焊横焊方法如图3-6-16所示。

(1)使用火力小些的火焰：先关小氧气调节阀，再关小乙炔调节阀。目的是既保证焊透，又不能使熔池金属下淌。

(2)焊嘴应向上倾斜，与焊件的夹角保持65°~75°。利用火焰吹力托住熔池金属。

(3)为防止火焰烧手，可将焊丝前端50~100mm处弯成45°~60°角，手持的一端宜垂直向下。

(4)焊接薄板时，焊嘴一般不作摆动，但焊丝要始终浸在熔池中。

3)立焊

气焊立焊方法如图3-6-17所示。

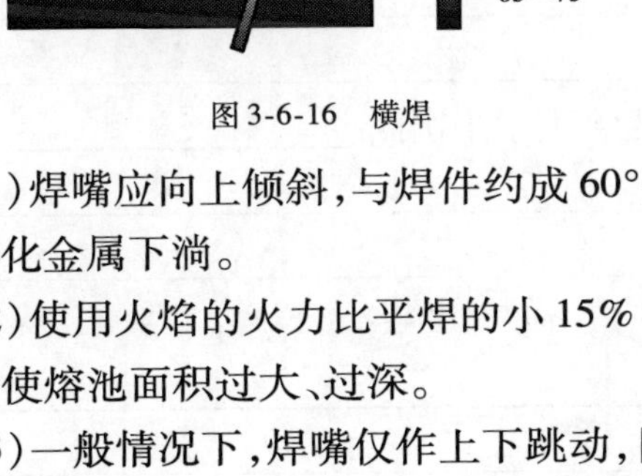

图3-6-16　横焊

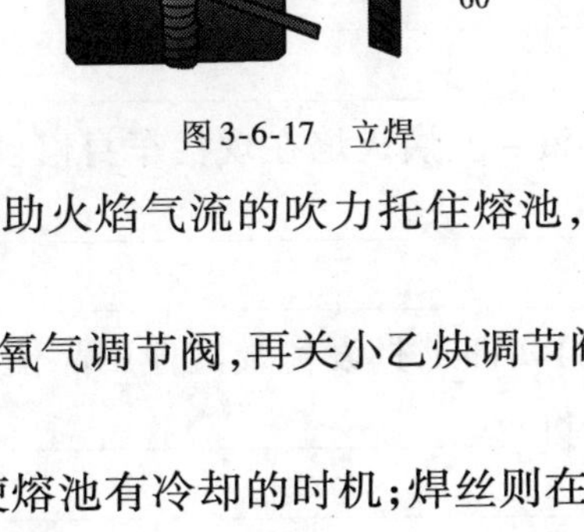

图3-6-17　立焊

(1)焊嘴应向上倾斜，与焊件约成60°夹角，借助火焰气流的吹力托住熔池，目的是不使熔化金属下淌。

(2)使用火焰的火力比平焊的小15%：先关小氧气调节阀，再关小乙炔调节阀，目的是不要使熔池面积过大、过深。

(3)一般情况下，焊嘴仅作上下跳动，目的是使熔池有冷却的时机；焊丝则在火焰气流范围内作环形运动，将熔化金属一层层均匀地堆起来。

(4)若操作不当，造成熔池金属下淌，应立即将火焰向上提起，待熔池温度降低后，再继续进行焊接。

4)仰焊

气焊仰焊方法如图3-6-18所示。

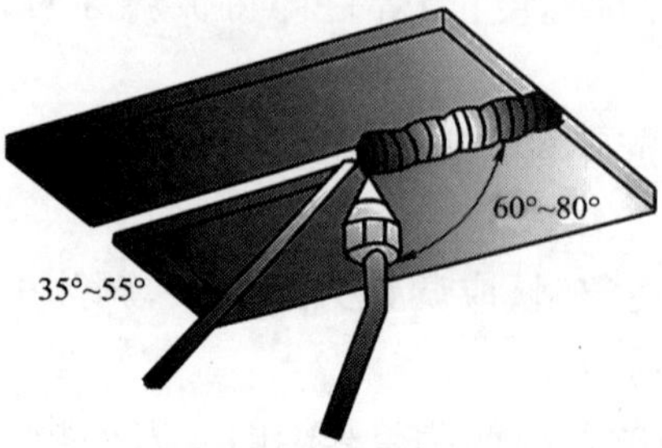

图3-6-18 仰焊

(1)使用火焰的火力小些:先关小氧气调节阀,再关小乙炔调节阀。温度过高,熔化金属容易下坠,甚至滴落;温度过低,就会出现未熔透或夹渣等缺陷。

(2)选用较细的焊丝,利用薄层堆敷。当焊接开坡口或较厚焊件时,宜采用多层焊。第一层焊要焊透;第二层(或最后一层)主要使焊缝两侧熔合良好,形成均匀整齐的波纹焊缝。多层焊是仰焊中防止熔池金属下坠的有效方法。

(3)对接接头仰焊时,焊嘴与焊件夹角60°~80°,焊丝与焊件夹角为35°~55°左右。用焊丝挡住部分火焰,使熔池保持适当的温度。焊嘴可作不间断的扁圆形左右摆动,焊丝应作月牙形(或锯齿形)运动,并将其始终浸在熔池内。

(4)仰焊时应注意操作姿势,防止飞溅的金属微粒和熔滴烫伤脸部及身体。

五、任务评价

1. 自我评价

(1)通过本学习任务的学习,你是否已经清楚以下问题:

①氧-乙炔火焰在现代车身修理中的具体操作有哪几个步骤?____。

②氧-乙炔焊接要注意哪些安全事项?____。

③为什么现代车身不能用氧-乙炔火焰来进行焊接和切割?____。

④氧-乙炔火焰在现代车身修理中主要起到什么作用?____。

(2)实训工具设备及其他用品使用情况。

评价:____。

(3)实训过程完成情况。

评价:____

____

____。

(4)工作着装是否规范?

评价:____

____

____。

(5)在实训中你是否意识到安全防护的问题并提醒其他同学注意?是否出现了不规范的情况?是如何处理的?

评价:____

____

____。

(6)7S管理。能否积极主动参与工作现场的清洁和整理工作?

评价:____

____

____。

(7)在完成本学习任务的过程中,你是否主动帮助过其他同学?并和其他同学探讨操作过程中出现的有关问题?具体问题是什么?结果是什么?

评价:____

____

____。

(8)通过本学习任务的学习,你认为哪些方面还有待进一步改善?

评价:____

____

____。

(9)在进行本学习任务的学习过程中,你是从本教材的"资料收集"中收集还是从其他方面进行收集与操作相关的内容?有何收获?

评价:____

____

____。

(10)在本学习任务中你遇到的困难是什么?如何解决的?

评价:____

____

____。

签名:______________　　　　　　　　　　　　　______年_____月_____日

2. 小组评价

小组评价见表3-6-5。

小 组 评 价 表3-6-5

序 号	评 价 项 目	评 价 情 况
1	学习态度是否积极主动	
2	是否服从教学安排	
3	是否达到全勤	
4	着装是否符合要求	
5	是否合理规范的使用仪器和工具、设备	
6	是否按照安全和规范的规程操作	
7	是否遵守学习、实训场地的规章制度	
8	是否积极主动地和他人合作、探讨问题	
9	是否能保持学习、实训场地整洁	
10	团结协作情况	

参与评价的同学签名:____________ ________年____月____日

3. 教师评价

____

____。

六、学习拓展

1. 氧－乙炔火焰在现代车身修复中的作用

氧－乙炔火焰在以往的以低碳钢为主制造的车身,广泛应用于对车身的焊接和切割;但以高强度为主的现代汽车车身,不能再利用氧－乙炔火焰来进行焊接和切割,取而代之的是气体保护焊和等离子切割设备。原因是氧－乙炔火焰的温度只有3300℃左右,在对焊件进行焊接和切割时,加热时间太久,容易使工作区域之外的金属受到高温热量的影响,导致高强度材料内部组织改变,严重降低其强度;而气体保护焊和等离子切割设备电弧产生的温度非常高,气体保护焊电弧可达到10000℃以上,等离子切割电弧温度可达到30000℃以上,能在瞬间把车身焊件焊接好或者切割下来。

氧－乙炔火焰在现代车身修理中主要起到对金属加热的作用,但必须注意是在不得已的情况下使用,而且必须严格控制好加热温度。一是用于金属收缩方面,二是用于焊件产生了皱褶变形时解除应力方面。

2. 修复汽车翼子板裂纹

如果确实知道材料是低碳钢或者车身维修手册允许,可以采用气焊对汽车翼子板裂纹进行焊接修复。修复步骤如下:

(1)用氧－乙炔焊修复车身钣金件时,应选用HO－06型焊炬配以3号焊嘴,使用直径为2～2.5mm的低碳钢焊丝,火焰调整为中性焰。

(2)施焊前将裂纹变形的金属板复位、对齐。

(3)焊接。

①如果是通长裂纹,先将端部固定焊上一点。对裂纹的焊接遵循“由内向外”的原则,即从裂纹的止点起焊,逐渐将焊道引向裂纹的另一端。操作顺序、要领如下图3-6-19所示,其中的数字表示“暂焊”顺序。

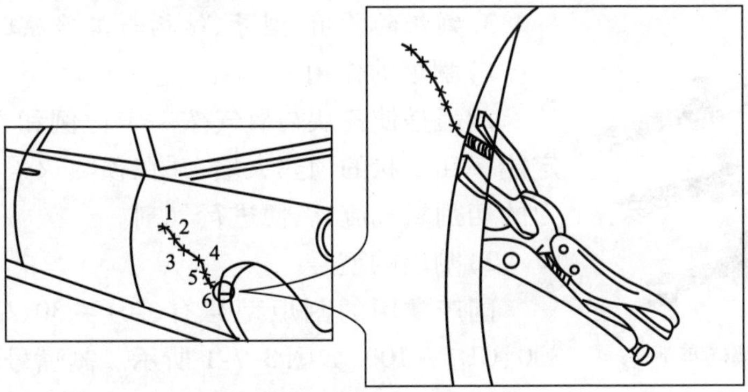

图3-6-19　汽车翼子板裂纹的焊接

②当裂纹较短时,可沿裂纹走向一次焊到边缘。当裂纹较长时,也应按50mm的间距先行定位焊接。

(4)焊接过程中,如发现构件裂纹两侧的金属板件错位,应借助锤子、垫铁等工具将其敲平、理齐。

(5)在一块较大金属板上焊接单一裂缝时,可以用湿布或湿棉纱等围住焊缝后再施工,防止氧-乙炔焊对周围金属产生热影响。

(6)焊接修补后于焊缝的内侧垫上垫铁,用平锤沿焊缝轻轻敲击一遍,以消除焊接造成的残余内应力。

学习任务7　气　　割

学习过程

一、任务要求

(1)严格按照气焊及气割安全操作技术要求进行。

(2)切割口平整,焊渣少。

二、资料收集

1. 气割的工作原理

气割是利用可燃气体与氧气混合燃烧的火焰热能将工件切割处预热到一定温度后开始燃烧,再利用切割氧流把燃烧后的金属氧化物吹掉,从而实现切割的一种加工工艺方法。

注意:金属的气割过程实质是铁在纯氧中的燃烧过程,而不是熔化过程。

2. 气割设备

气割的设备与气焊基本相同,都有氧气瓶、乙炔瓶、回火防止器等,只要把气焊的焊炬换为割炬即可进行气割工作,它们的连接方法也一样。

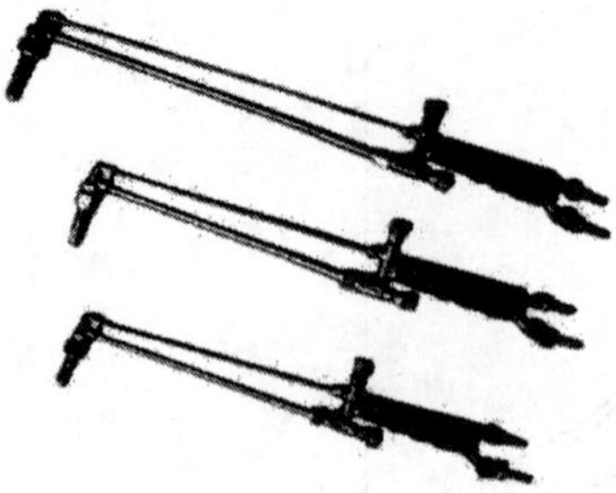

图 3-7-1 各种型号的割炬

3. 割炬的作用、型号、结构与工作原理

1)割炬的作用

割炬是使乙炔与氧气按一定比例和方式混合,形成一定能率和形状的预热火焰,并在预热火焰中心喷出较高压力的切割氧气流,以便进行气割。

2)割炬的型号

国产常用的割炬型号有 G01 – 30、G01 – 100、G01 – 300、GD1 – 100,如图 3-7-1 所示。割嘴号码有 1、2、3、4。

3)割炬的结构

射吸式割炬主要由主体、乙炔调节阀、预热氧气调节阀、切割氧气调节阀、喷嘴、射吸管、混合气管、切割氧气管、割嘴、手柄、乙炔管接头和氧气管接头等组成,如图 3-7-2 所示。

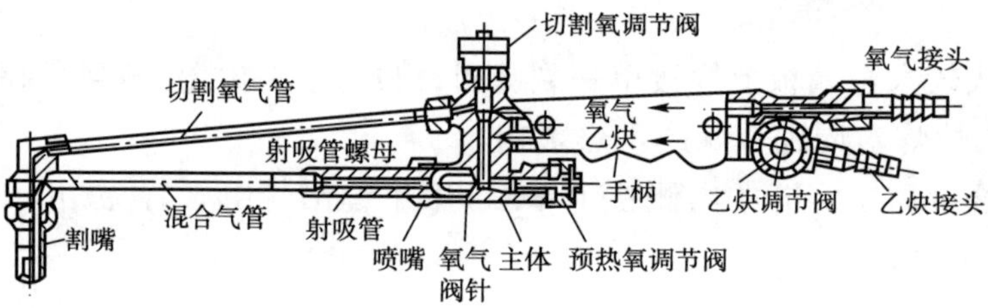

图 3-7-2 割炬的结构

4)割炬的工作原理

气割时,先稍打开预热氧气调节阀,再开乙炔调节阀并立即点火,然后增大预热氧气流量,调节成正常火焰后,对割件进行预热,待割件的起割处预热到燃点后,随即开启切割氧气调节阀,此时高速氧气流将起割处金属剧烈氧化并吹除,随着割炬的移动,完成气割过程。

4. 气割参数

1)气割气体压力

被割工件越厚,割炬型号、割嘴型号、气体压力均应增大。如表 3-7-1 所示。

气割参数关系 表 3-7-1

板材厚度(mm)	割炬型号	割嘴号码	氧气压力(MPa)	乙炔压力(MPa)
4.0	G01 – 30	1	0.3 ~ 0.4	0.03
4 ~ 10	G01 – 30	1 ~ 2	0.4 ~ 0.5	0.04

2）气割速度

割件越厚，气割速度越慢；相反，割件越薄，则气割速度越快。

3）预热火焰

应采用中性焰或轻微氧化焰。

4）割嘴与工件间的倾斜角

割嘴与工件间的倾斜角度关系，如表3-7-2所示。

割嘴与工件间倾斜角度关系　　表3-7-2

板材厚度（mm）	小于4	4～20	20～30	大于30
倾斜角（°）	25～45	20～30	90	前倾20～30

5）割嘴与工件表面的距离

气割薄板时，割嘴与工件表面的距离可以大一些。一般选择火焰焰芯离工件表面距离在3～5mm的范围。如图3-7-3所示。

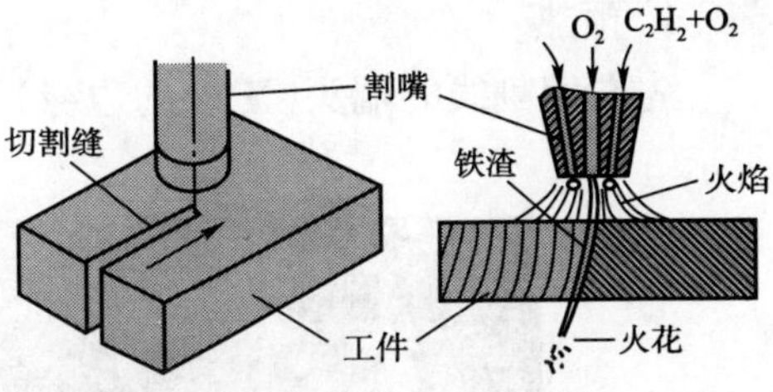

图3-7-3　割嘴与工件表面的距离

5. 气割常见缺陷

气割常见缺陷有：割不穿、黏渣、变形、边缘熔化、表面粗糙、割缝不整齐等。

三、任务准备

1. 工位准备

（1）焊接前准备好墨镜、手套、工作服、打火机、凿子、手锤、锉刀、钢丝钳、活动扳手、卡子、钢丝刷、通针、钢尺、工作台等工具。

（2）准备好切割材料。

2. 穿戴好劳保用品

主要穿戴墨镜、手套、工作服等。

四、任务实施

1. 打开氧气瓶和乙炔瓶，调节气体压力

（1）逆时针转动打开氧气瓶总阀开关，顺时针转动打开氧气减压器工作阀开关，调整压力到0.3～0.4MPa。

（2）逆时针转动打开乙炔瓶总阀开关，顺时针转动打开乙炔减压器工作阀开关，调整压力到0.03～0.04MPa。

2. 点火

气割时，先稍打开预热氧气调节阀，再开乙炔调节阀，并立即点火。

3. 调节火焰

点火后，增大预热氧气流量，调节成中性焰或轻微氧化焰。

4. 调整气割姿势

(1)双脚成八字形蹲在工件切割线一侧,脚跟着地蹲稳,右臂先靠住右膝盖,左臂悬空在两膝之间,保证移动割炬方便。

(2)右手握住割炬把手,并用拇指和食指把住下面的预热氧氧调节阀,便于随时调整预热火焰,并可在回火时及时切断氧气。左手拇指和食指把住切割氧气调节阀。其余手指托住射吸管,保持割炬端平,并掌握好移动方向。

(3)上身不能弯得太低,呼吸要均匀,眼睛注视割嘴和割件,重点要注视割口前面的割样线。为便于观察,通常从右向左切割。

气割操作姿势如图 3-7-4 所示。

5. 气割

1)预热

先在切割线的端头(工件的边缘)预热,使其温度达到燃烧温度(呈红色),如图 3-7-5 所示。

图 3-7-4　气割操作姿势

图 3-7-5　预热

2)切割

慢慢开启切割氧气调节阀,当看到氧化铁渣被切割氧气流吹掉,便逐渐加大切割氧气流,待听到割件下面"啪啪"的声响,说明工件已被割穿。在切割过程中,割炬移动要均匀。薄钢板切割的速度要尽可能快,如图 3-7-6 所示。

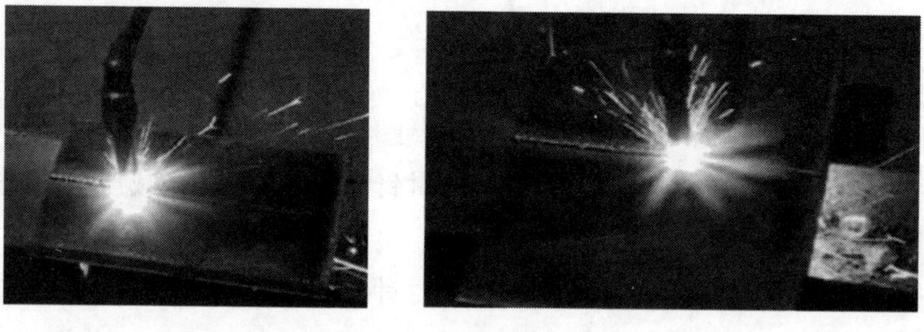

图 3-7-6　切割

3)移位

气割较长割线时,一次割 300 ~ 500mm 后,需移动操作位置。此时关闭切割氧气调节阀,将割炬火焰离开工件后,再移动身体位置。若续割薄板时,可先开切割氧气调节阀,再将割炬的火焰对准续割处切割。

4）终割

（1）气割临近终点时，割嘴应向气割方向后倾一定角度，使钢板下部提前割穿，并注意余料下落位置，然后将钢板全部割穿，这样收尾的割缝较平整。

（2）气割完毕后，应迅速关闭切割氧气调节阀，并将割炬拿起，再关闭乙炔调节阀，最后关闭预热氧气调节阀。

6. 回火处理

气割过程中，若发现有爆鸣及回火，应迅速关闭切割氧气调节阀和预热氧气调节阀；如果割炬内还在发生"嘘嘘"的声响，立即关闭乙炔调节阀。这些现象主要原因：割嘴过热或割嘴被氧化铁熔渣堵住了。

五、任务评价

1. 自我评价

（1）通过本学习任务的学习，你是否已经清楚以下问题：

①气焊与气割安全特点是什么？____

____

____。

②气割操作时要注意哪些安全事项？______________________________________

____

____。

③气割时什么时候打开高压氧气阀？______________________________________

____

____。

④汽车钣金维修时可以用气割切割车身吗？为什么？__________________________

____

____。

（2）实训工具设备及其他用品使用情况。

评价：____

____

____。

（3）实训过程完成情况。

评价：____

____

____。

（4）工作着装是否规范？

评价：____

____

____。

(5)在实训中你是否意识到安全防护的问题并提醒其他同学注意？是否出现了不规范的情况？是如何处理的？

评价：____

____

____。

(6)7S管理。能否积极主动参与工作现场的清洁和整理工作？

评价：____

____

____。

(7)在完成本学习任务的过程中，你是否主动帮助过其他同学？并和其他同学探讨操作过程中出现的有关问题？具体问题是什么？结果是什么？

评价：____

____

____。

(8)通过本学习任务的学习，你认为哪些方面还有待进一步改善？

评价：____

____

____。

(9)在进行本学习任务的学习过程中，你是从本教材的“资料收集”中收集还是从其他方面进行收集与操作相关的内容？有何收获？

评价：____

____

____。

(10)在本学习任务中你遇到的困难是什么？如何解决的？

评价：____

____

____。

签名：______________　　　　　　　　　　________年____月____日

2. 小组评价

小组评价见表3-7-3。

小　组　评　价　　　　表3-7-3

序　号	评　价　项　目	评价情况
1	学习态度是否积极主动	
2	是否服从教学安排	

续上表

序 号	评 价 项 目	评价情况
3	是否达到全勤	
4	着装是否符合要求	
5	是否合理规范的使用仪器和工具、设备	
6	是否按照安全和规范的规程操作	
7	是否遵守学习、实训场地的规章制度	
8	是否积极主动地和他人合作、探讨问题	
9	是否能保持学习、实训场地整洁	
10	团结协作情况	

参与评价的同学签名：____________ ________年____月____日

3. 教师评价

____

____。

六、学习拓展

气割操作安全事项

(1)气割前，应清除工件表面的污垢、油漆、氧化皮等。工件应垫高、垫平，距离地面一定高度，以利于氧化铁渣吹出。切勿在离水泥地面很近的位置气割，防止被燃烧的水泥瀑溅伤人。

(2)气割前，应仔细检查气瓶送气管道有无磨损、扎伤、刺孔、老化裂纹、堵塞，连接是否严密，发现有上述情况应及时修理或更换；检查割炬及氧气表、乙炔表是否正常，连接处是否紧密。

(3)割炬通道应经常保持清洁、光滑、孔道内的污物及黏附在割嘴表面的金属微粒应随时通针清除干净。

(4)回火时，应先关闭切割氧气调节阀和预热氧气调节阀，然后关闭乙炔调节阀；停止工作时，先关闭切割氧气调节阀，然后关闭乙炔调节阀及预热氧气调节阀。

(5)切割时应按规定穿戴好个人防护用品。

(6)夏季应将气瓶放置阴凉处。

(7)氧气和乙炔气瓶与明火作业点应符合安全距离。

(8)工作地点附近不得有易燃易爆物品。

(9)切割中应经常检查各部位工作是否正常，切割完毕，应按规定关好各种开关。

(10)工作场地要保持整齐清洁，克服杂乱无章的现象。

学习任务8　电阻点焊

学习过程

一、任务要求

1. 按正确操作方法进行电阻点焊的练习

2. 焊点符合技术要求

1）作业要求

划线进行 2 片或 3 片焊接，在重叠处焊接 10 个焊点，数据单位为毫米（mm），如图 3-8-1 所示。

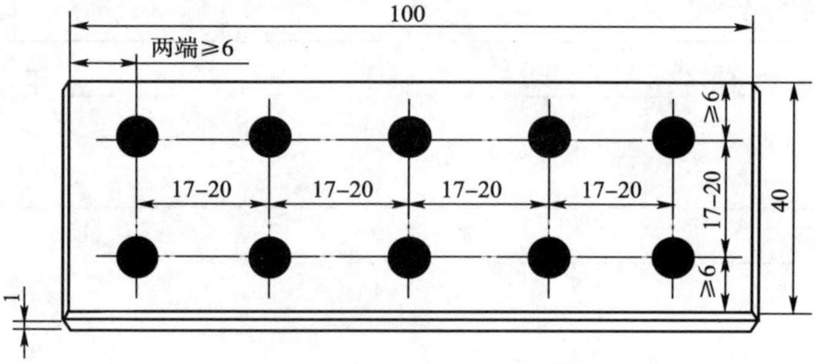

图 3-8-1　焊件划线图

2）焊接技术要求

（1）焊片的焊点上有熔穿孔 <1mm、气孔 <1mm、飞溅物≤3 个、焊点外圈要连续、焊点颜色不能变蓝。

（2）焊点直径 >4mm。

（3）经扭曲破坏试验后，工件上有≥4mm 的孔洞。

（4）经撕裂破坏试验后，工件上有≥5mm 的孔洞。

二、资料收集

1. 电阻点焊的应用

电阻点焊是承载式车身在制造中应用最广泛的焊接方法，在一部汽车的车身部件里有几千个电阻点焊点，占车身全部焊接部位的 90% 以上，约有 10% 为利用其他方法的焊接点。电阻点焊在车身修复中也能很好地完成许多部位的焊接，如图 3-8-2 所示。

2. 电阻点焊的概念及原理

电阻点焊简称点焊，属于压力焊，它是利用焊钳两极之间低压电流流过两块金属产生的电阻热和焊接电极的挤压力来实现金属板材的焊接。

电阻点焊有低电压高电流的电特性，焊接时的工作电压只有 10V 左右，甚至只有

2~5V,而工作电流往往达到7000A以上,所以焊接时要注意保护好电极头和电阻点焊机,输入电流要达到40A以上。

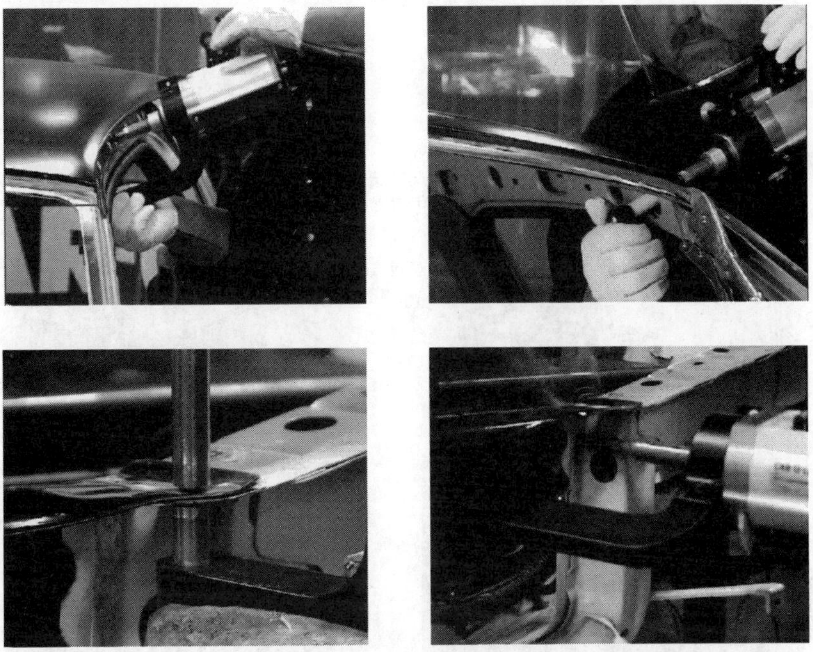

图3-8-2 电阻点焊的应用

3. 电阻点焊机的组成

专业电阻点焊机有挤压式和气动式两种,它们除了施加压力的方法不同,其他方面都一样。挤压式电阻点焊机利用施力杠杆施加压力,气动式电阻点焊机利用气动泵。

气动电阻点焊机主要由变压器、时间和电流控制器、气动装置及焊钳组成。焊钳也叫焊枪,有电极臂和电极头与其配合使用。汽车钣金修理用的电阻点焊机,也能轻而易举的做车身修复机的工作,所以也会配备修理凹陷用的配件,如图3-8-3所示。

4. 电阻点焊质量影响因素

在使用电阻点焊焊机时,压力、电流和焊接时间这三个参数必须相互协调,才能保证焊接的质量和足够的焊接强度。

1)压力

压力太大会使焊钳电极压入焊件熔化部位,使压痕过深,焊件变薄,降低了焊接质量;压力太小会产生焊接飞溅,使焊接部出现裂纹和气孔。压力的开、关、大、小,可以通过调压阀来控制。压力与焊接强度关系如图3-8-4所示。

2)电流

在焊接时,焊接电流流过电极,流入金属焊件,在被挤压处产生很高的温度,能使金属瞬间熔化并熔合在一起。电流太大,容易造成焊点被"烧糊",也容易产生焊接飞溅;电流太小,电阻热产生的温度低,焊点金属的熔合程度差,焊点强度达不到要求。

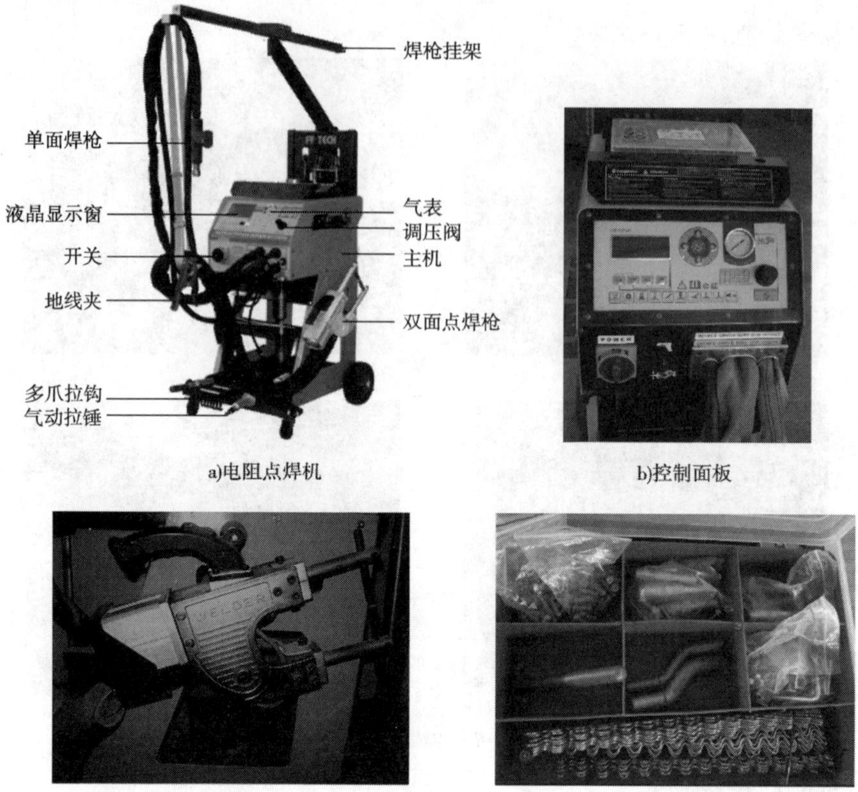

a)电阻点焊机　b)控制面板

c)焊枪　d)配件

图 3-8-3　电阻点焊机的组成

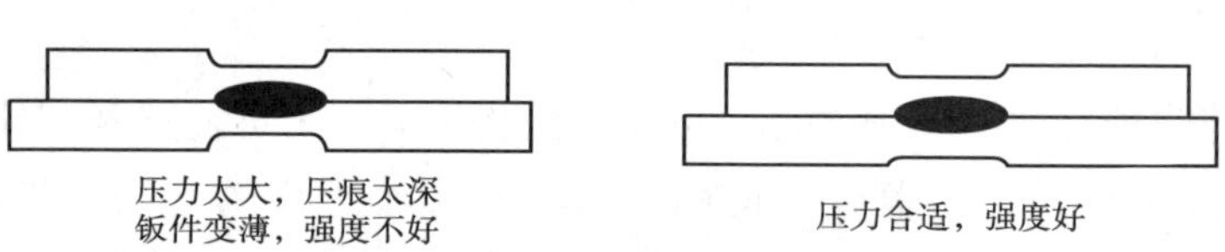

图 3-8-4　压力与焊接强度关系

3)焊接时间

焊接时间太短,焊点的熔合程度不足,达不到强度要求;时间过长会使焊点过小,外形变差,也会产生“烧糊”现象。

5. 电阻点焊的相关参数

1)电极头直径

一般情况,电极头直径增大,焊点直径就减小,反之电极头直径减小,焊点直径就增大。但电极头小到一定的程度,焊点尺寸就不会再增大,电极头直径,可按照下面的经验公式来确定。

$$D = 2T + 3$$

式中:D——电极头直径,mm;

T——焊接的焊件厚度，mm。

2）焊点数量

因为车身修理厂用的电阻点焊机功率一般都比汽车制造厂的要小，因此在车身修理中进行的电阻点焊，焊点数量应当比原有焊点多30%，如图3-8-5所示。特别是在去除原来电阻点焊焊点的焊件上，用电阻点焊焊修时，为了保证连接焊件的强度，更加要注意焊点的数量。

3）焊点最小间距和边缘距离

焊点间距是指两个电阻点焊焊点熔核之间的距离。焊点间距减小，焊点数就增加，焊件连接强度也会增强。但当焊点间距小到一定程度后继续减小，焊件的连接强度就不会再增大，因为电流被前面的焊点分流，严重削弱了焊接电流，不能保证有足够的电阻热来产生足够的温度熔化金属，如图3-8-6所示。

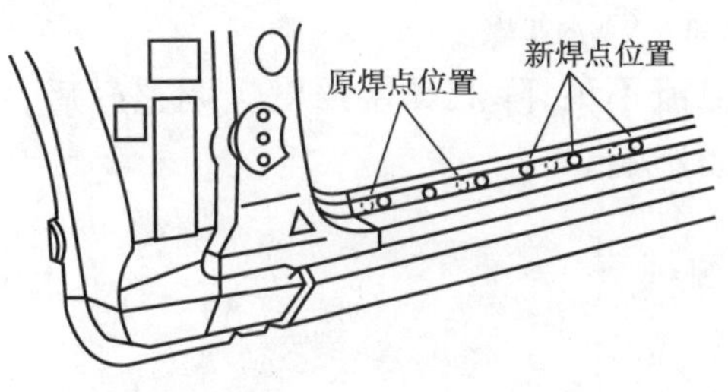

图3-8-5　焊点数量

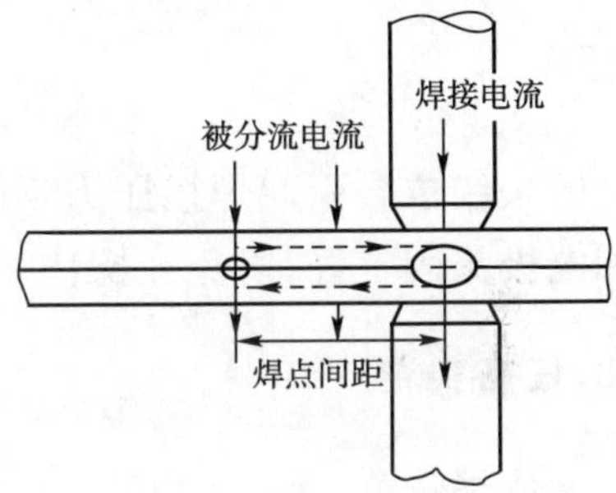

图3-8-6　分流电流

边缘距离是指电阻点焊焊点离焊件边缘的距离。边缘距离太小，容易引起焊件变形，也无法保证焊接强度。焊点间距和边缘距离的选择如表3-8-1所示。

焊点间距和边缘距离的选择（单位：mm）　　表3-8-1

板厚 t	焊点间距 S	边缘距离 P
0.4	≥11	≥5
0.8	≥14	≥5
1.0	≥17	≥6
1.2	≥22	≥7
1.6	≥30	≥8

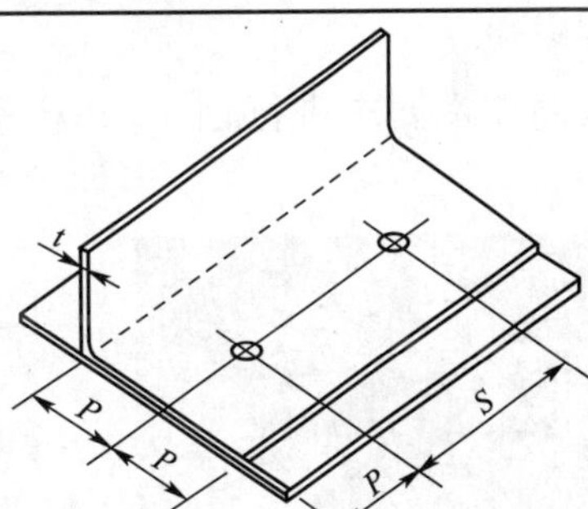

三、任务准备

1. 准备工作

清洁场地，准备好焊接工具和用品，做好安全检查。

2. 正确选择电极臂和电极头

根据车身修理需要使用电阻点焊的具体部位，正确选择合适形状和长度的电极臂和电极头,只有这样才能对这些部位进行电阻点焊,并且方便地进行操作。

3. 正确调整电极臂和电极头

在调整时,首先调整电极臂,使它安装在焊钳上时尽可能伸出短一些,这样可以使焊接压力最大、最稳。调整电极头时,要使上下两个电极头相互对准在同一轴线上,可用一孔径与电极头吻合的套筒辅助快速调整,如图 3-8-7 所示。

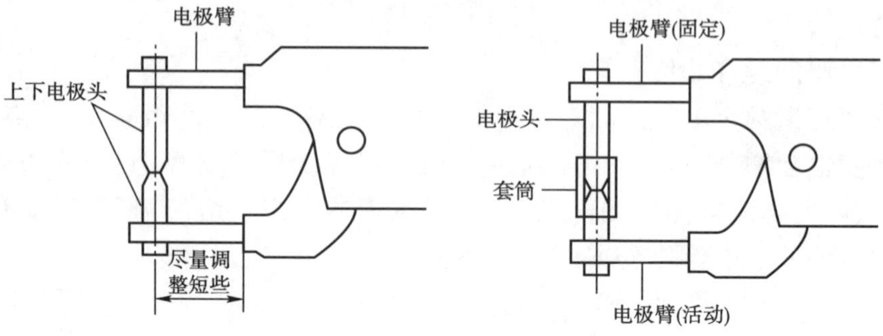

图 3-8-7 电极臂和电极头的调整

电极头错位会引起焊接压力不够,造成电流不足,降低焊接强度。调整好后,要把电极臂和电极头固定好,以免在操作时因松动而影响焊接。

四、任务实施

1. 清洁焊件

把焊接部位表面上的涂料、铁锈、油污及其他影响到电流强度的污物彻底去除干净。如果焊件是镀锌钢板,锌层应该保留,如图 3-8-8 所示。

注意:在钣金修理时,对普通钢板进行电阻点焊前,除锈、除油后,在焊接部位先喷涂透焊防腐涂料(导电漆),如图 3-8-9 所示。

2. 划线

按照技术要求进行划线,并注意焊点最小间距和边缘距离应符合要求,如图 3-8-10 所示。

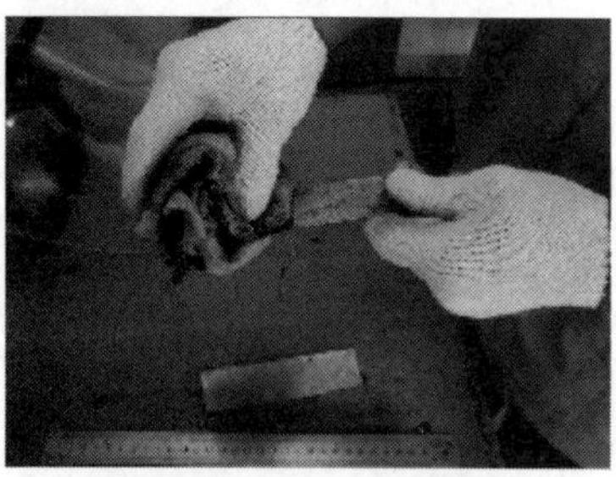

图 3-8-8 清洁焊件

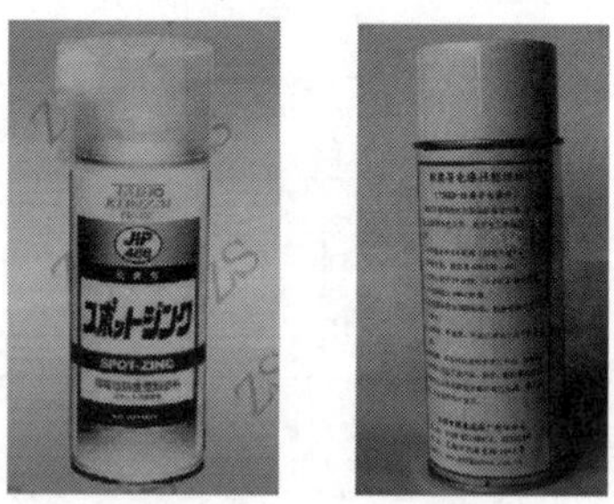

图 3-8-9 透焊防腐涂料

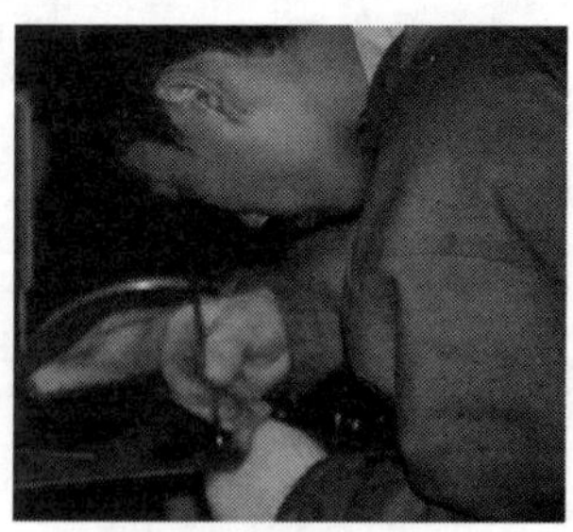

图 3-8-10 划线

3. 固定焊件

把两块或三块焊件表面整平,叠加起来并根据要求调整相对位置,使用大力钳夹紧,消除它们之间的间隙。如果焊件间存在间隙,会使电流导通不良,焊接强度降低。然后根据焊接位置是平焊、立焊还是仰焊，将焊件装夹到焊接工作台架的横臂上，如图3-8-11所示。

4. 功能选择和参数调节

汽车钣金修理用的电阻点焊机是多功能的设备，应根据操作类型选择相应的功能。根据焊件的厚度，选择相应的厚度等级并调整好焊接电流、时间、气压的大小等参数。如图3-8-12所示，显示屏显示功能为双面电阻点焊、焊件总厚度为2mm、焊接电流为81%、焊接时间为0.42s。

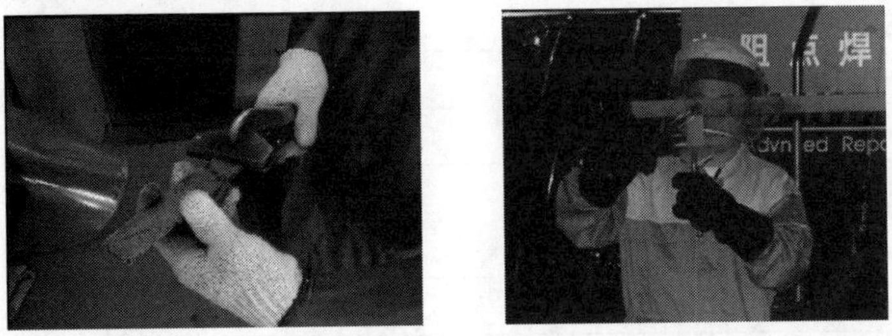

图3-8-11　固定焊件

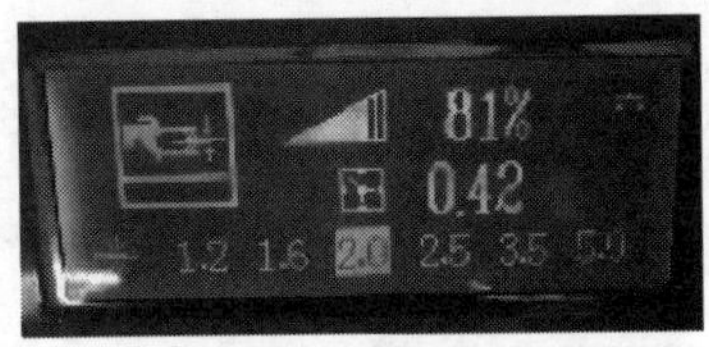

图3-8-12　功能选择和参数调节

5. 焊接

把焊钳电极头放到焊件上，并使固定电极臂上的电极头与焊件接触。电极头与焊件表面保持垂直，否则电流会减弱，导致焊接强度不够。先按下焊钳上的压力开关对焊件施加压力，再按下焊接开关即可焊接。

注意：有些电阻点焊机焊钳上只有一个开关。对于三层或更多层重叠的电阻点焊，应采用多次焊接方法或者增大焊接电流和焊接时间。

根据焊接位置可分为平焊、立焊和仰焊三种，如图3-8-13所示。

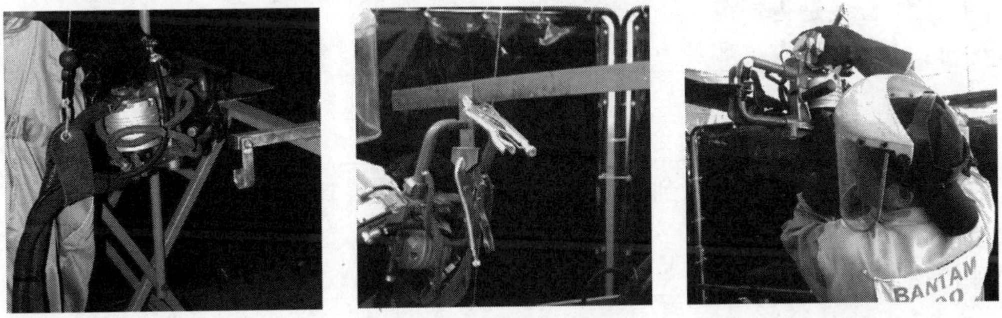

a)平焊　　b)立焊　　c)仰焊

图3-8-13　各种焊接位置

五、任务评价

1. 自我评价

(1)通过本学习任务的学习，你是否已经清楚以下问题：

①电阻点焊的焊接原理是什么？________________

____。

②电阻点焊质量影响因素有哪些？____

____

____。

③阐述电阻点焊工艺的步骤。____

____

____。

④电阻点焊的注意事项有哪些？____

____

____。

⑤电阻点焊的质量检查有哪些？____

____

____。

(2)实训工具设备及其他用品使用情况。

评价：____

____

____。

(3)实训过程完成情况。

评价：____

____

____。

(4)工作着装是否规范？

评价：____

____

____。

(5)在实训中你是否意识到安全防护的问题并提醒其他同学注意？是否出现了不规范的情况？是如何处理的？

评价：____

____

____。

(6)7S 管理。能否积极主动参与工作现场的清洁和整理工作？

评价：____

____

____。

(7)在完成本学习任务的过程中，你是否主动帮助过其他同学？并和其他同学探讨操作过程中出现的有关问题？具体问题是什么？结果是什么？

评价：____

____。

(8)通过本学习任务的学习，你认为哪些方面还有待进一步改善？

评价：____

____。

(9)在进行本学习任务的学习过程中，你是从本教材的"资料收集"中收集还是从其他方面进行收集与操作相关的内容？有何收获？

评价：____

____。

(10)在本学习任务中你遇到的困难是什么？如何解决的？

评价：____

____。

签名：____________ ________年____月____日

2. 小组评价

小组评价见表3-8-2。

小 组 评 价 表3-8-2

序 号	评 价 项 目	评 价 情 况
1	学习态度是否积极主动	
2	是否服从教学安排	
3	是否达到全勤	
4	着装是否符合要求	
5	是否合理规范的使用仪器和工具、设备	
6	是否按照安全和规范的规程操作	
7	是否遵守学习、实训场地的规章制度	
8	是否积极主动地和他人合作、探讨问题	
9	是否能保持学习、实训场地整洁	
10	团结协作情况	

参与评价的同学签名：____________ ________年____月____日

3. 教师评价

____

____。

六、学习拓展

1. 电阻点焊的注意事项

(1)焊接时要注意焊接顺序,不能只沿一条直线一个方向的顺序焊接,应采用如图3-8-14所示的正确焊接顺序进行,这样才能减小焊件的焊接变形。

(2)在转角部位,比如前立柱和中立柱的上角,后翼子板的前上角,前、后窗框的转角处进行电阻点焊时,应该避开转角半径区域进行焊接,否则会因应力集中而产生裂缝,如图3-8-15所示。

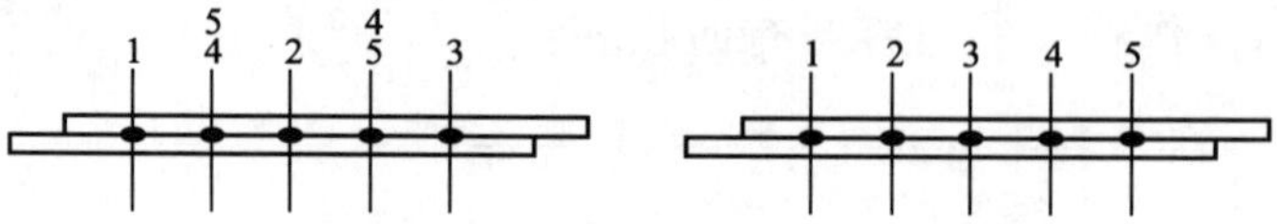

a)正确　　b)错误

图3-8-14　焊接顺序

(3)如果电极头过热变色,应停下来冷却后才能继续焊接。

(4)在进行电阻点焊时,最好先用与所修理的焊件相同的材料进行试焊,通过质量检验合格以后再用相同参数进行所需焊修焊件的焊接。

2. 质量检查

电阻点焊质量的检验,是保证车身修理后汽车安全性能和其他工作性能得到完全恢复的基础,检验方法有外观检验、破坏性试验检验和非破坏性试验检验三种方法。

1)外观检验

(1)良好的焊点表面对于上下焊件凹陷应为同心圆,不能偏斜,焊点直径应与电极头部直径相同,焊点的压痕凹陷深度不得超过焊件板材厚度的一半,如图3-8-16所示。

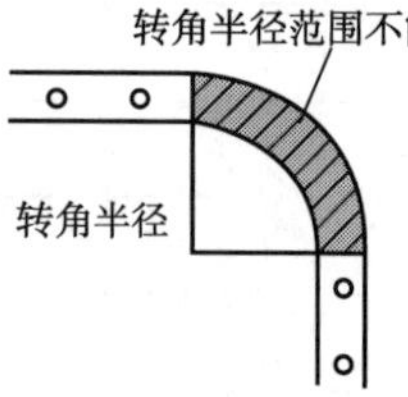

图3-8-15　焊接转角部位的正确方法

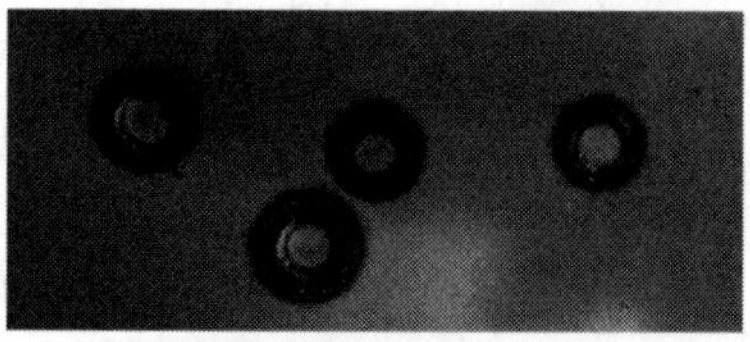

图3-8-16　外观检验

(2)良好的焊点表面不能有气孔和焊接飞溅物。如果手套在焊件表面上擦过时被刮住,则表明飞溅太严重。

(3)在车身修理中,电阻点焊的焊件要整平后才能焊接,不能在原焊点上进行电阻点焊,焊点位置、焊点数量、焊点间距应符合电阻点焊规范,焊点应处于翻边的中间,并且要均匀分布。

2)破坏性试验检验

破坏性试验可以证明良好焊点的焊接强度高于母材的强度,常用方法是拉裂试验和扭转试验。破坏性试验在试焊过程中进行,但试焊的材料必须与待焊的焊件材质相同，厚度相同。

（1）扭转试验：把两块焊件直角交错叠加起来进行试焊，然后施加扭转力，如果有一焊件能从焊点位置整齐断开，呈现与电极头直径相同的孔，另一焊件在焊点位置留有与电极头相同直径的金属圆颗粒，则焊接质量合格；如果两块金属板在电阻点焊位置分离后没有孔或者孔太小，则说明焊接质量较差，如图3-8-17所示

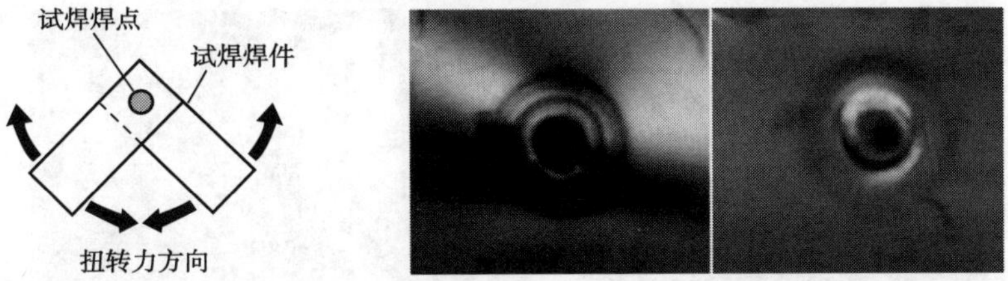

图3-8-17　扭转试验

（2）拉裂试验：将焊好的试件竖着夹紧在台钳上，注意夹紧位置应是紧靠焊点的下方，将扁冲在焊点旁边打入，使两板分离；也可以用大力钳来施加拉力把焊件拉开。合格的焊点应该在两块板中的一块上拉出一个比扭转试验稍大的孔洞来，如图3-8-18所示。

3）非破坏性试验

非破坏性试验是在焊接车身焊件时，就在焊件上进行的方法。用手锤将錾子打入两焊点之间，当焊件厚度约为0.8mm，两层板材之间形成的间隙达到3.2～4.0mm时，焊点保持正常，则说明焊接质量合格；如果两焊点断开，则说明焊接质量有问题。注意试验完毕后要使用手工校正方法将焊件重新整平，如图3-8-19所示。

图3-8-18　拉裂试验

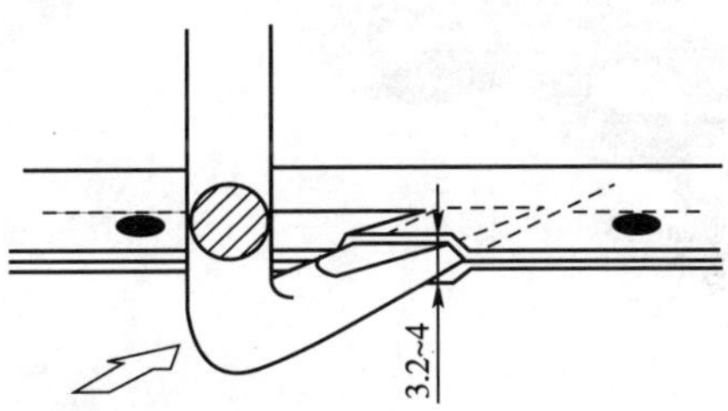

图3-8-19　非破坏性试验

学习任务9　等离子切割

学习过程

一、任务要求

（1）按正确操作方法进行等离子切割工艺练习。

（2）切割的焊件符合车身修复技术要求。

二、资料收集

1. 等离子切割的应用

等离子切割由于切割效率高、损耗低、适用范围广等优点，已广泛应用于工程建设、制造等行业，在汽车钣金修理中应用也越来越广泛，如图 3-9-1 所示。

a)切割焊点

b)切割钣件

图 3-9-1　等离子切割在钣金修理中的应用

2. 等离子切割机的组成

等离子切割机主要由切割电源、切割电缆和割枪、搭铁线和搭铁、过滤减压阀等组成，割枪由保护罩、导电喷嘴、气体分配器、电极和枪体等组成，如图 3-9-2 所示。

a)电源和切割线缆

b)过滤减压阀

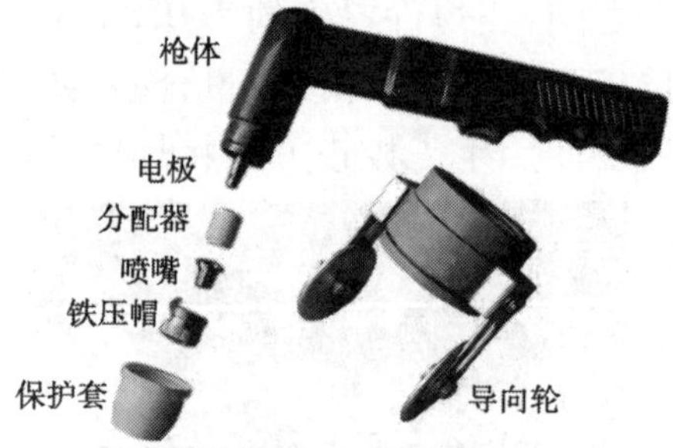

c)割枪结构

d)各种电极和喷嘴

图 3-9-2　等离子切割机的组成

3. 等离子切割机工作技术参数

等离子切割机工作技术参数，如表 3-9-1 所示。

4. 等离子切割的原理

等离子切割是利用极细且高温的等离子弧，使局部金属迅速熔化，再利用高压气流把熔化的金属吹走的金属加工方法。

等离子切割机工作技术参数 表3-9-1

项目 \ 机型	CUT30	CUT40	CUT60	CUT70	CUT100
供电电压(V)	220			380	
喷嘴孔径(mm)	1.0	1.0	1.2	1.3	1.4
气压(kg)	4	4.5	5	5.5	6
切割厚度(mm)	1~8	1~12	1~23	1~25	1~35

通常把未经压缩的电弧称为自由弧,如手工电弧焊、气体保护焊产生的电弧,它的导电气体没有完全电离,电弧的温度在6000℃到8000℃之间。通过气压、电压和磁场的作用,可以把自由弧压缩成等离子弧。等离子弧的导电截面小,能量集中,弧柱中气体几乎全部达到离子状态,电弧温度可高达15000~30000℃,能使金属等物体迅速熔化。

5. 等离子切割的起弧方式

等离子切割一般有两种起弧方式:

1)接触式起弧方式

把与电极针绝缘的喷嘴贴在工件(连接切割电源正端)上,然后把高频高压电流加到联接电源负端的电极针(钨针),使电极针喷出电弧,电弧在电压、气压、磁场作用下形成等离子弧,通过大电流维持等离子弧稳定燃烧,然后稍抬高喷嘴(避免炽热的工件损坏喷嘴),开始切割,如图3-9-3所示。这种切割方式多适用于小功率的切割机。

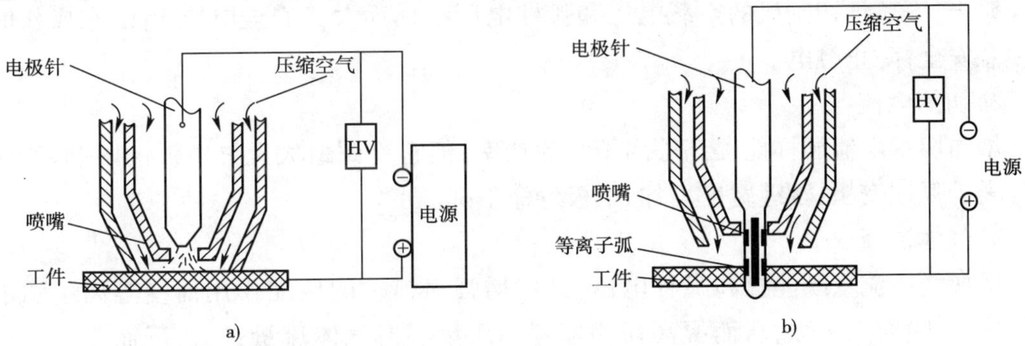

图3-9-3 接触式起弧

2)转移弧式(维弧式)起弧方式

把电源正端通过一定的电阻和继电器开关连接到喷嘴上,使得电极针与喷嘴间形成电弧(由于有电阻限流,电弧较小),然后把喷嘴靠近直接连接电源正端的工件上,极针与工件间便形成能量更大的电弧,电弧被压缩后形成等离子弧,而喷嘴与电源正端的连接被断开,开始切割,如图3-9-4所示。

转移弧式切割方式可以避免电弧在气压的作用下偏离喷嘴中心而损坏喷嘴。此种方式适用于大功率切割机。

警告:在检查等离子切割枪是否接通压缩气时,千万不能用手挡在切割枪口来检查,因为转移弧式(维弧式)起弧方式不用搭铁就能产生电弧。

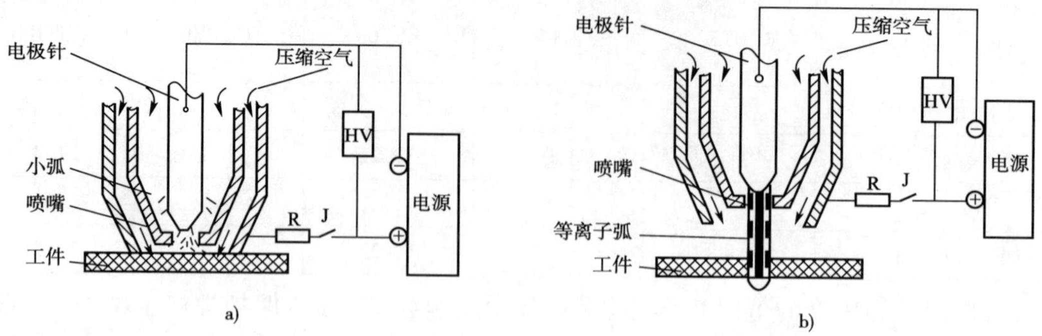

图 3-9-4 转移弧式(维弧式)起弧

6. 等离子切割工艺参数

等离子切割工艺参数,直接影响切割过程的稳定性、切割质量和效果。

1)空载电压和弧柱电压

等离子切割电源,必须具有足够高的空载电压,才容易引弧和使等离子弧稳定燃烧。空载电压一般为 120 ~ 600V,而弧柱电压一般为空载电压的一半。提高弧柱电压,能明显地增加等离子弧的功率,因而能提高切割速度和切割更大厚度的金属板材。弧柱电压往往通过调节气体流量和加大电极内缩量来达到,但弧柱电压不能超过空载电压的 65%,否则会使等离子弧不稳定。

警告:等离子切割机的空载电压和弧柱电压都远远大于安全电压 36V,在操作时务必注意安全,防止触电。

2)切割电流

增加切割电流同样能提高等离子弧的功率,但它受到最大允许电流的限制,否则会使等离子弧柱变粗、割缝宽度增加、电极寿命下降。

3)气体流量

增加气体流量既能提高弧柱电压,又能增强对弧柱的压缩作用而使等离子弧能量更加集中、喷射力更强,从而提高切割速度和质量。但气体流量过大,反而会使弧柱变短,损失的热量增加,使切割能力减弱,严重时会导致切割过程不能正常进行。

4)电极内缩量

所谓内缩量是指电极到割嘴端面的距离,合适的距离可以使电弧在割嘴内得到良好的压缩,获得能量集中、温度高的等离子弧而进行有效的切割。距离过大或过小,会使电极严重烧损、割嘴烧坏和切割能力下降。内缩量一般取 8 ~ 11mm。

5)割嘴高度

割嘴高度是指割嘴端面至被割工件表面的距离。该距离一般为 4 ~ 10mm,小功率设备 1 ~ 2mm。它与电极内缩量一样,距离要合适才能充分发挥等离子弧的切割效率,否则会使切割效率和切割质量下降或使割嘴烧坏。

6）切割速度

以上各种因素直接影响等离子弧的压缩效应，也就是影响等离子弧的温度和能量密度，而等离子弧的温度、能量决定着切割速度，所以以上的各种因素均与切割速度有关。在保证切割质量的前提下，应尽可能地提高切割速度，这不仅能提高生产率，而且能减少被割零件的变形量和割缝区的热影响区域；若切割速度太慢，其效果相反，而且会使粘渣增加，切割质量下降。

三、任务准备

1. 工位准备

设备工具及用品：等离子切割机、待切割的焊件、焊工手套、焊接面罩、划线工具、粉笔等。

2. 安全检查

检查等离子切割设备的电线电缆是否有绝缘层破损现象，设备电源开关是否在关闭位置，割枪是否完好，插座、接头是否接触良好；检查切割区域附近是否有易燃易爆物品。如有问题要先处理好。

四、任务实施

1. 清洁和划线

清洁待切割的焊件，并根据需要划线，如图3-9-5所示。

2. 搭铁

把等离子切割机的搭铁线与待切割的焊件搭接，并检查搭接是否牢靠，如图3-9-6所示。

图3-9-5　划线

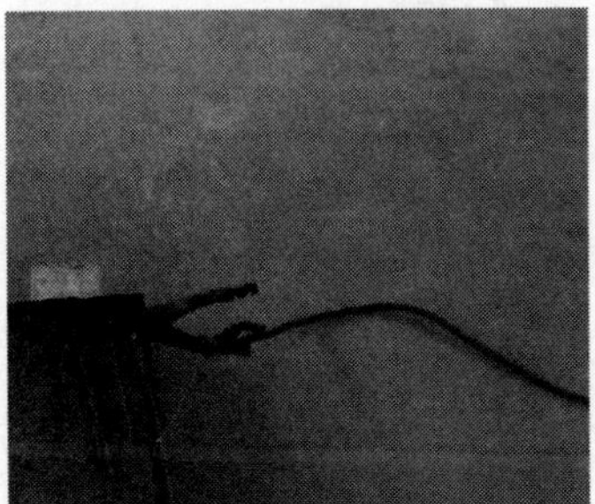

图3-9-6　搭铁（接地线）

3. 接通气路

用气管把等离子切割机的气源接头与高压气源接通，检查管路是否通畅，过滤减压阀的积水过多必须进行排放。

注意过滤减压阀压力表指针是否在0.3～0.4MPa位置，若压力不符，应在气体流动的情况下，调节过滤减压阀压力表上部旋钮，顺时针转动为增加压力，逆时针转则降低，如图3-9-7所示。

4. 接通电源

接通电源后，把等离子切割机的电源开关打开，如图 3-9-8 所示。

5. 选择切割功率

根据工件的厚度，选择相应的切割电流，如图 3-9-9 所示。

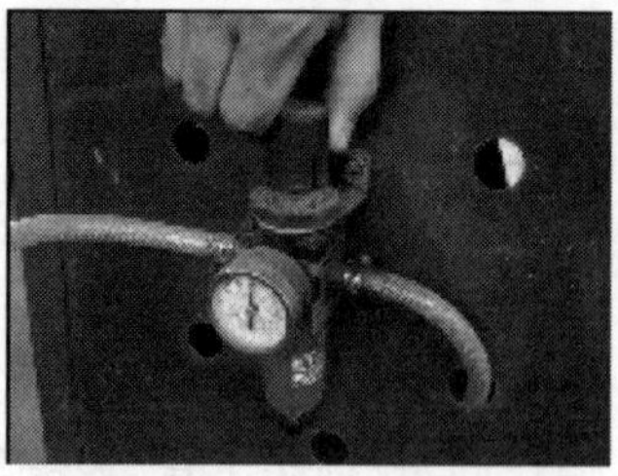

图 3-9-7　调节压力

图 3-9-8　打开开关

图 3-9-9　选择电流

6. 切割

先把割枪喷嘴接触工件，按下开关引弧，然后迅速提起喷嘴并使之与工件之间距离保持 1 ~ 2mm；引弧后一直按下开关，按照划定路线平稳移动，就能进行切割。根据切割位置分为平割、立割和仰割三种，如图 3-9-10 所示。

a)平割

b)立割

c)仰割

图 3-9-10　切割

7. 操作结束

操作结束后，关闭电源和气源，清洁工位和整理工具与设备。

五、任务评价

1. 自我评价

(1) 通过本学习任务的学习，你是否已经清楚以下问题：

①等离子切割机的切割原理是什么？______________________________

____

____。

②等离子切割的工艺参数有哪些？______________________________

____

____。

③等离子切割的工艺流程是什么？______________________________

____

____。

④为什么车身修复中等离子切割机可以切割高强度钢钣件，而氧－乙炔火焰不能？

____

____。

⑤为什么使用等离子切割机特别要注意防止触电？______________________

____

____。

(2)实训工具设备及其他用品使用情况。

评价：____

____

____。

(3)实训过程完成情况。

评价：____

____

____。

(4)工作着装是否规范？

评价：____

____

____。

(5)在实训中你是否意识到安全防护的问题并提醒其他同学注意？是否出现了不规范的情况？是如何处理的？

评价：____

____

____。

(6)7S管理。能否积极主动参与工作现场的清洁和整理工作？

评价：____

____

____。

(7)在完成本学习任务的过程中，你是否主动帮助过其他同学？并和其他同学探讨操作过程中出现的有关问题？具体问题是什么？结果是什么？

评价：____

____

____。

(8)通过本学习任务的学习，你认为哪些方面还有待进一步改善？

评价：____

____

____。

(9)在进行本学习任务的学习过程中，你是从本教材的“资料收集”中收集还是从其他方面进行收集与操作相关的内容？有何收获？

评价：____

____

____。

(10)在本学习任务中你遇到的困难是什么？如何解决的？

评价：____

____

____。

签名：____________　　　　　　　　________年____月____日

2. 小组评价

小组评价见表3-9-2。

小　组　评　价　　　　表3-9-2

序　号	评　价　项　目	评价情况
1	学习态度是否积极主动	
2	是否服从教学安排	
3	是否达到全勤	
4	着装是否符合要求	
5	是否合理规范的使用仪器和工具、设备	
6	是否按照安全和规范的规程操作	
7	是否遵守学习、实训场地的规章制度	
8	是否积极主动地和他人合作、探讨问题	
9	是否能保持学习、实训场地整洁	
10	团结协作情况	

参与评价的同学签名：____________　　　　________年____月____日

3. 教师评价

____

____。

六、学习拓展

1. 等离子切割和气体火焰切割的比较

1)切割材料广泛

等离子切割用于可作为导体的金属切割，如低碳钢、铜、不锈钢和铝材等；气体火焰切割,只能切割可以用氧化技术处理的黑色金属。

2)效率高,成本低

等离子切割可使用压缩空气来进行,使用中无需更换气体。

3)适合高强度钢钣件的切割

等离子弧温度高达15000～30000℃,可以瞬间把切割部位的金属材料加热至燃点进行切割,避免了金属材料对热量的吸收和扩散;而气体火焰切割的火焰温度只有3300℃左右,切割时金属材料有足够的时间来吸收和传递热量,导致切割后钢板内部结构改变,引起机械性能下降。

2. 割枪的安装、维护及零件更换

(1)安装或更换割枪零件时,将割枪头朝上,然后按照“保护罩→导电喷嘴→气体分配器→电极→割枪枪体”的顺序拆卸,按相反顺序装配。安装喷嘴时,要保持与电极的同心度。保护罩要拧紧,喷嘴要压紧,若有松动,不能切割。

(2)合理使用割枪,将喷嘴与工件接触后再引弧;而切割结束时,应先松开手把按钮断弧,再将割枪从工件表面移开,这样可延长零件的使用寿命。当喷嘴因中心孔变大而影响切割质量时应及时更换。

(3)电极中心凹陷深达2mm以上或不能引弧时,可将电极反向安装或更换。

(4)发现保护罩、分配器裂开或严重损坏时应及时更换。

(5)发现割枪枪体绝缘、人造革外套、电缆线绝缘层、气管等部件损坏破裂时,应及时修复或更换。

(6)若要卸下割枪,将人造革外套后退,拆开开关连接接线,向后退出手把,再拆割枪体的连接接头。

(7)有O形密封圈的割枪,在密封圈上涂少许凡士林,可延长密封圈使用时间。

学习项目4　汽车车身修复安全与防腐

情景描述

车身修复工作中，操作人员必须穿戴好必要的劳保用品，做好个人卫生防护，以防工作时产生的噪声、粉尘、焊接弧光、防腐涂料的气味等等对身体的伤害；还要对被修复的车身钣件做好防腐蚀保护啊工作，才能保证车身修复的效果和质量。

学习目标

知识目标

1. 熟悉汽车车身修复车间的环境安全要求；
2. 掌握汽车车身修复人员保护人身安全的方法；
3. 熟悉汽车车身修复工具与设备的使用安全要求。
4. 了解车身修复要进行防腐处理的原因和汽车产生腐蚀原因；
5. 熟悉车身修复防腐处理工艺。

技能目标

1. 能对车身修复的各个钣件进行防腐处理；
2. 能根据汽车防腐要求选择合适的防腐材料；
3. 会各种防腐材料的施工方法。

学习内容

1. 汽车车身修复车间的环境、设备的使用安全要求；
2. 汽车车身修复人员保护人身安全的方法；
3. 汽车产生腐蚀原因及车身修复防腐处理工艺。

建议课时

16 课时

学习任务1　汽车车身修复安全

学习过程

一、任务要求

(1)材料使用符合人体健康、环境安全要求。

(2)设备使用符合电、气等安全。

二、资料收集

1.汽车车身修复车间的环境安全

1)车身修复车间的合理设置

汽车车身修复车间主要是进行事故车辆的检查、零部件拆卸、钣件加工修理、车身测量校正、车身钣件更换,车身装配调整等工作。设立的各工位要合理布置,使每个工位的各项具体工作都能方便快捷地进行。

(1)供电要求:车身修复的焊接工作用电量很大,电路的布置除了要符合电工布线安全规范外,还要特别注意焊接电流的要求。如气体保护焊焊接时的电流必须大于15A,电阻点焊设备的电流必须要40A以上;配电箱中的三孔、四孔的插座要保证接地良好;焊机电源线不能过长,以免引起线路过热损坏。

(2)供气要求:车身修复中常用气动工具,需要使用压缩空气。压缩空气的管路要合理布置,且必须有必要的油、水分离器等过滤装置,保证使用的压缩空气良好的质量和稳定性;各个工位都有压缩空气接口,并且要安装有开关和快速接头;车间使用的压缩空气压力一般为0.5~0.8MPa。

2)消防安全

车身修复车间中有各种易燃物品,焊接和切割金属中产生的飞溅火花,气焊的明火,很容易造成火灾。车间必须配备足够的灭火装置和灭火材料。比如干粉灭火器、防火沙等。灭火器要摆放在车间的固定位置,并要有明显的标志和方便取出;应该定期检查、定期重新加注灭火剂。

(1)车身修复车间防火注意事项:

①车身修复车间禁止吸烟。在车间内也不要随身携带火柴或打火机。

②进行焊接或切割时,注意待修车辆周围及车上的易燃材料,必须让它们远离热源或者得到有效的覆盖;在没有确定容器原来所盛的是什么材料之前,切勿切割或焊接。

③不要在油漆、稀释剂或其他可燃液体或材料周围进行焊接或切割。

④车身修复中一定要断开蓄电池,不要让车辆上的导线短路,造成电气火灾,也避免因为焊接而损坏汽车的电脑控制件;不要在蓄电池周围进行焊接或打磨,以免蓄电池

充电时可能产生的氢气引起爆炸。

⑤在修理靠近燃油管路的钣件，或是靠近油箱的支架和底板损坏需要修理时，应将燃油箱排空后拆下，并将它和汽油放在安全位置。在油箱加油管周围进行作业时，应将其拧紧并盖上湿抹布。

⑥如果不慎发生了火灾，不要慌张，要谨慎处理，及时打火警电话，人要贴近地面，避免吸入烟气，如果过热或烟气过大，要及时离开；在室内发生火灾时，注意不要打开门窗，防止空气流动火势加大。

⑦用户和所有非工作人员，一律不允许进入车间的工作区。

(2)火灾类型：火灾因燃烧物的不同可分为A、B、C、D四种类型。

①A类火灾。指由一般固体可燃物如木材、纸、塑料等引起的火灾。

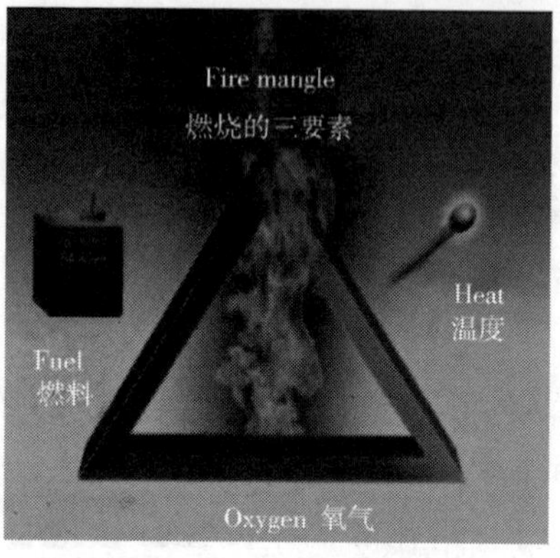

图4-1-1 燃烧的三要素

②B类火灾。指由可燃液体如油、汽油、油漆、溶剂等引起的火灾。

③C类火灾。指由电气设备引发的火灾。

④D类火灾。指由某些可燃金属如铝、镁、钠、钾等引起的火灾。

(3)灭火原理：燃烧的三个基本要素是热量（温度）、易燃物和氧气，如图4-1-1所示。只要使其中的一个要素缺失就能熄灭火焰，防止火灾的发生，防火措施就是这样产生的。

(4)灭火器的使用：作为一个车身修复技术人员，平时就应该熟悉灭火器的操作方法。不同类型的火灾要用不同类型的灭火器来扑灭，但有些灭火器可以扑灭几种类型的火灾，比如干粉灭火器，它可以扑灭易燃物、易燃液体和电气火灾。干粉灭火器及其使用方法如图4-1-2所示。

①站在距离火源2～3m的地方。注意要站在风向的上方，以免被风吹过来的火焰燃到自己。

②握住灭火器，拉下手柄上的安全销。

③将喷嘴对准火焰的根部，挤压手柄，将灭火剂喷入火焰中，将火熄灭。

a)干粉灭火器

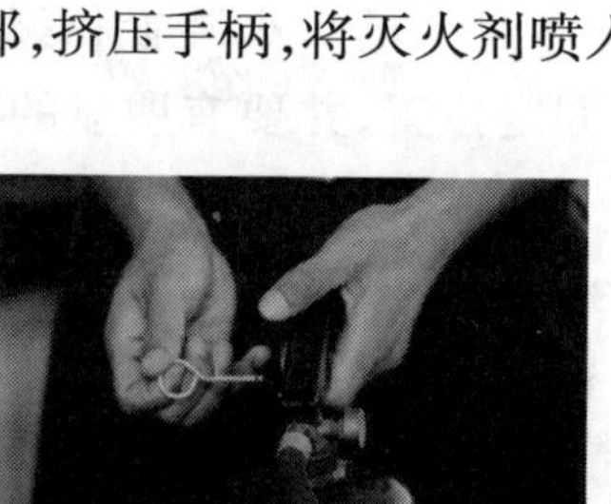

b)拉下安全销

c)对准火焰的根部灭火

图4-1-2 干粉灭火器及其使用方法

3）车间清洁

车间清洁也是环境安全的要求，这是车间所有成员共同的责任。车间清洁不仅能使工作人员有良好的精神状态，提高工作效率，而且在出现火灾或者其他的事故时也能做到及时的施救或撤离。

（1）所有地面应保持清洁、有序。地板上有油、油脂或冷却液，会使人滑倒，必须清理干净。擦净油时，一定要用工业用的吸油剂。

（2）保持地面干燥无水。避免因为带电导线突然落下，使人通过水的接触发生严重的触电事故，如图 4-1-3 所示。

（3）通道和人行走道要保持清洁和有足够的安全间距。避免因通道内堆放混乱导致事故的发生或来不及处理事故。

（4）操作者的工作区要用防滑地板条装修地面，并划分开每个人的工作地段。

图 4-1-3　保持地面干燥无水

4）车间移动车辆和驻车时的安全

（1）谨慎驾驶。必要时二人合作，一人驾驶，一人在车外安全位置指挥；慢速驾驶，并让车窗玻璃始终是开着的，以便驾驶者听到指挥者的警示。

（2）小心观察车辆行驶方向的状况。在车间移动车辆时，应查看各个方向，确保没有障碍物。并要特别注意其他作业的人员是否把他们的腿脚伸到行驶路线上。

（3）安全固定车辆。在对车辆进行作业时应拉起驻车制动器：如果车辆为自动变速器，则应置于驻车挡；如果车辆为手动变速器，则挂入空挡。最好同时用楔形木块垫住轮胎防止车辆移动。

（4）关闭整车电路。点火钥匙应转到关闭位置，因为点火钥匙位于打开位置而变速器又挂着挡，在转动发动机曲轴时，发动机可能会起动。

（5）注意防止管路中的燃油泄漏。为了防止发动机转动时燃油泵工作，要拔掉进油管上的泄压阀。

（6）注意手指远离处于拉伸状态时的弹簧。发动机罩和车门的铰链弹簧非常有力，小心手指不要被弹簧夹伤或割破。

（7）避免接触旋转中的部件。散热器风扇叶片和传动带很容易将手指、头发绞入传动轮，造成手指折断或更严重的伤害。

（8）紧固件要重新适当地安装。所有的螺栓、螺母、锁环以及其他紧固部件对于车辆的安全都至关重要。紧固时必须遵守操作规范，要使用扭力扳手按照要求拧紧悬架、转向系统、车轮的螺母或螺栓。

5）有害气体和灰尘等的控制

汽车车身修复车间，常遭受到有害气体、灰尘等的危害，应制订相应的控制措施来保证通风,减少此类危害。可采取换气系统进行地面抽气,或以强力抽气中心来抽吸修理时的磨料和喷漆场地的灰尘。只有在通风良好的地方运行发动机,才能防止一氧化碳的危害。修理车间最好安装尾气排气系统,利用它排出一氧化碳;如果没有安装,可用直接通往室外的管道系统,通过过滤装置排出室外。

6)应急措施

必要的应急措施对于汽车车身修复车间是很重要的,它可以帮助我们及时处理出现的事件,减少事故的危害程度。

(1)车间应安装有事故报警电话,并有报警电话号码表放在电话旁边的明显位置。这些电话号码应包括医生、医院、消防及警察部门,以便于出现事故时能及时求救。

(2)工作地区应有急救包,供处理轻微伤害用。急救包中应有消毒纱布、绷带、剪子及其他有关物品。

(3)车间应有冲洗眼睛的设备,便于由于不小心被溶剂等腐蚀性液体接触到眼睛时及时冲洗,如图 4-1-4 所示。

7)危险物质的处理

汽车车身修复过程中需用各种稀释剂和涂料,以及经常使用抹布来进行除尘、除油和抹手。这些物质是非常易燃的,属于危险物质。

(1)在任何有可能存在由高度易燃性液体产生的高浓度蒸气的场地上,应对所有火源严加控制和监视,以防火灾。

(2)输送桶装溶剂时,要用专用的泵通过桶上的孔抽送。用散装安全罐分装易燃溶剂时要特别小心,溶剂桶必须接地,并且要用导线将桶与安全罐连接起来,否则产生的静电将引起火花进而导致爆炸,如图 4-1-5 所示。运送溶剂时必须避免溢出。

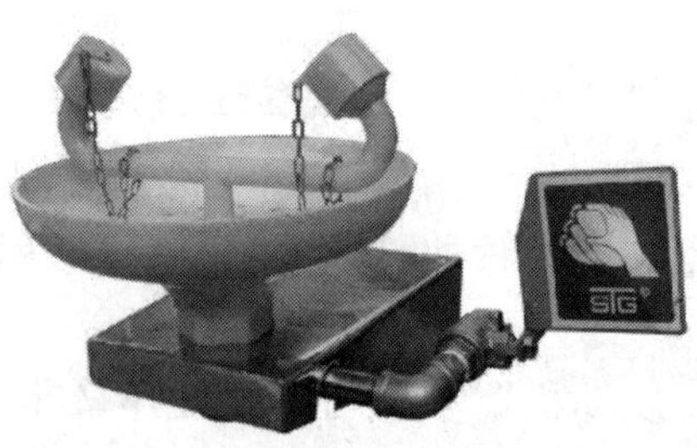

图 4-1-4 冲洗眼睛的设备

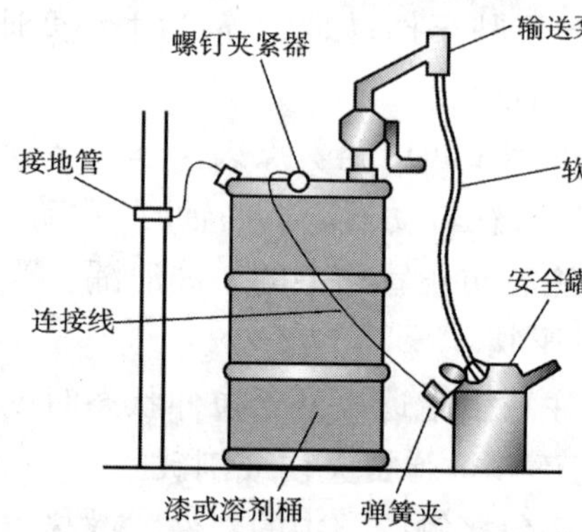

图 4-1-5 用专用的泵抽送溶剂

(3)定期报废或清洗所有空的溶剂容器。这些容器底部残余的溶剂蒸气是重要的火源,切记勿用汽油作清洗剂。

(4)车身溶剂和其他易燃液体,必须存放在经过批准的金属(切勿用木料)柜中,储存室需充分的通风;不能把超过一天用量的漆料放在储存区以外;在没有使用时,所有易燃和易爆液体的桶和管道的连接器必须保持严密封闭。

(5)确保有毒物质不能通过地面进入下水道,或由其他出口流向公用水道。

(6)任何脏污擦拭材料或其他易燃材料必须存放在适当的有金属盖的金属容器内,并应移到建筑物外面安全的地方;用过的纸抹布和别的纸制品也要放在单独有盖的容器内,并应每天清空。

2. 汽车车身修复的人身安全

汽车车身修复人员在工作中必须有很强的个人安全保护意识,通过使用说明书和有关信息掌握各种工具和设备的安全操作规范,在工作场地保持严谨的工作作风,杜绝一切嬉戏打闹。

1)抬起和搬运物品的正确方法

在抬起和搬运物品时,要量力而行,应弯曲膝部而不能弯背和弯腰;重物必须用适当的设备进行提升和移动。抬起和搬运物品的方法如图 4-1-6 所示。

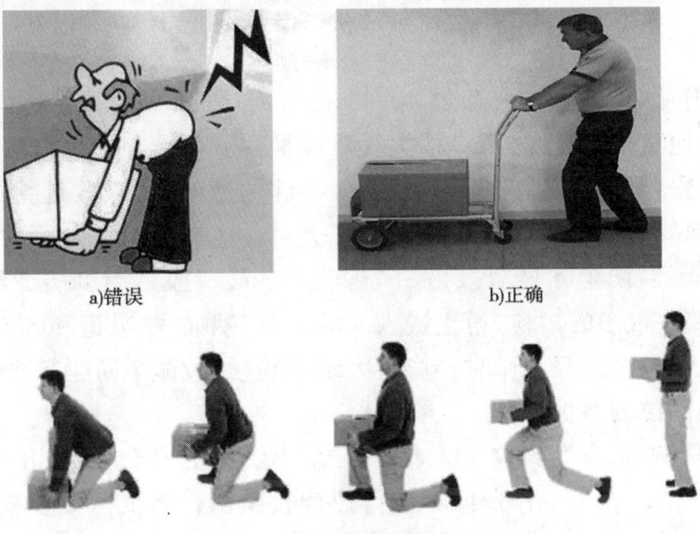

a)错误　b)正确

c)把重物搬起正确姿势

图 4-1-6　抬起和搬运物品的方法

2)呼吸系统的防护

呼吸系统包括呼吸道(鼻腔、咽、喉、气管、支气管)和肺。

在对有色金属或镀层金属(如镀锌钢板)进行焊接时产生的焊接烟尘、在进行打磨抛光时产生的微尘、清洗部件时挥发的溶剂和在喷涂防腐剂时挥发的液滴,都会被吸入呼吸系统中,对人体产生暂时的甚至永久的伤害。在进行这些操作时都应该佩戴呼吸器。各种呼吸器如图 4-1-7 所示。

(1)供气式呼吸器:供气式呼吸器由一个有透明护目镜的兜帽和一个外接气源软管组成。干净可呼吸的空气通过软管从一个单独的气源泵送到面罩或头盔中。

供气式呼吸器是最安全的保护方式,可以隔绝任何有毒气体、蒸气、烟雾以及微尘,建议在喷涂所有类型的底漆、涂料、密封材料和防腐材料时都使用供气式呼吸器。利用喷砂处理旧漆面时也最好使用供气式呼吸器。

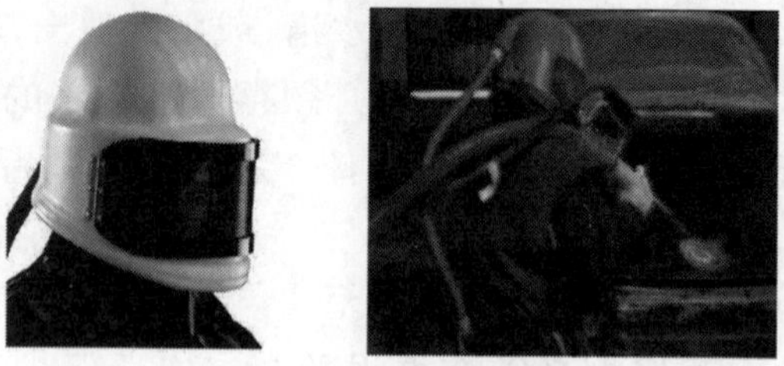

a)供气式呼吸器及喷砂处理

b)滤筒式呼吸器　　c)焊接用呼吸器　　d)防尘呼吸器

图 4-1-7　各种呼吸器

(2)滤筒式呼吸器：滤筒式呼吸器由一个橡胶面罩、预滤器和滤筒组成，能够清除空气中的溶剂和其他蒸气，属于防毒口罩类呼吸保护器。

(3)焊接用呼吸器：焊接用呼吸器由一个特殊的滤筒，来吸收焊接的烟尘。在对镀锌钢材进行焊接时，产生的焊接烟尘和锌蒸气会对人体产生非常大的伤害。

(4)防尘呼吸器：防尘呼吸器只是一个防尘口罩，一般是用多层滤纸制作的廉价过滤器，它能够阻挡空气中的微粒、粉尘进入人的鼻腔、咽喉、呼吸道和肺部。在进行打磨、研磨或用吹风机吹净钣件等工作时会产生大量的粉尘，应佩戴防尘呼吸器。

3)身体其他部位的保护

(1)头部的防护：汽车车身修复人员在工作中要戴上安全帽，防止灰尘或油污的污染，保持头发的清洁。在车下作业或者进行拉伸校正操作时要戴硬质安全帽，防止碰伤头部；头发不要过长。

(2)眼睛和面部的防护：眼睛和面部的防护用品如图 4-1-8 所示。

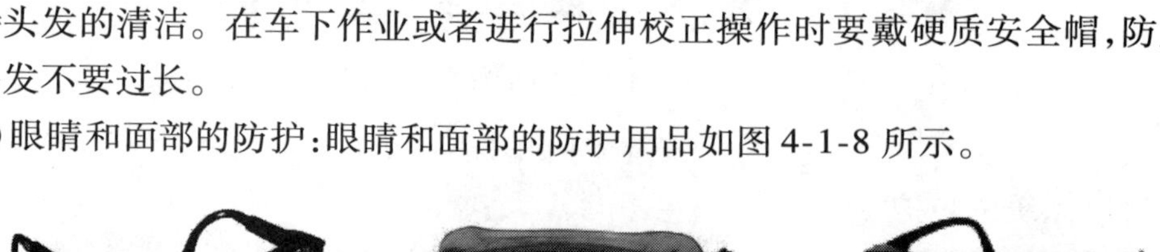

a)普通护目镜　　b)风镜　　c)墨镜

d)焊接眼镜　　e)焊接面罩　　f)防飞溅面罩

图 4-1-8　眼睛和面部的防护用品

汽车车身修复人员在进行锤击、钻孔、磨削和切削等工作时都要求佩戴防护眼镜、风镜、面罩、头盔等眼睛和面部的保护装置。氧－乙炔焊操作时应佩戴戴有深色镜片的“墨镜”；有些工作必须使用防飞溅面罩或头盔保护。在利用金属调理剂处理金属表面时，因调理剂含有磷酸，最好使用防酸碱护目镜，防止调理剂溅沫进入眼睛。

在进行电弧焊、等离子切割时应佩戴焊接专用的焊接护目镜或焊接面罩。焊接面罩能保护面部免受高温、紫外线或熔溶金属的灼伤。

(3)耳的防护：在噪声严重的环境中工作，必须佩戴耳塞或耳罩等耳朵保护装置，例如使用气动錾、气动锯等切割工具、钣件击打、打磨等操作中产生的高分贝噪声都会对耳朵产生伤害。在进行焊接时，耳塞或耳罩还可以避免被飞溅的金属损伤耳朵，如图4-1-9所示。

(4)身体的防护：在进行车身修复工作时，需要穿上规定的工作服，并把扣子扣好。过于宽松的衣服、未扣上扣子的衬衣袖子、悬摆的领带、首饰及悬在外面的衬衣下摆，这样的穿着在车身修复车间都是非常危险的。焊接时必须穿上焊接专用工作服，如图4-1-10所示。

(5)手的保护：根据不同的工作选择相应的手套，以防止手受到伤害。特别是在焊接时，应该戴上皮质的手套，防止被飞溅的金属烧伤。在用化学溶液处理金属表面时、最好用橡胶手套，以免被灼伤，如图4-1-11所示。

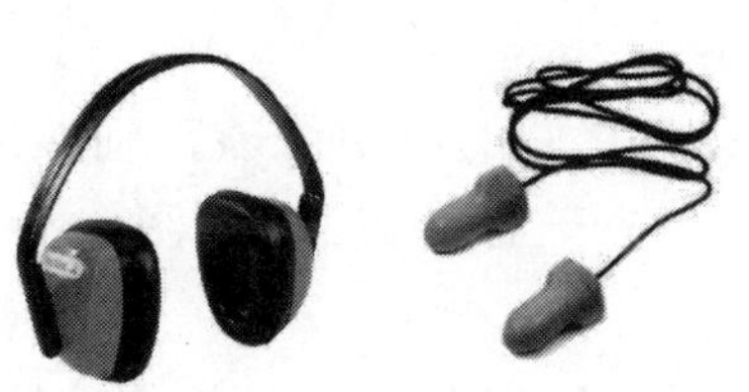

图4-1-9　防噪耳罩和耳塞

图4-1-10　工作服

图4-1-11　手套

在离开工作场地时要彻底洗手，同时建议使用适当的清洁剂，一定不能把稀释剂当清洁剂来用。每天工作结束时可用一种不含硅的护肤膏滋润皮肤。

(6)腿、脚的保护：在进行车身修复工作时，最好穿上有金属脚尖衬垫及防滑鞋底的安全工作鞋。金属衬垫可保护脚趾不受落下物体伤害。如果要长跪在地上进行操作，可以佩戴护膝，如图4-1-12所示。

3. 工具和设备的安全

在进行汽车车身修复时会用到大量的手动、电动、气动工具和校正设备，在使用任何工具前都要充分了解它的使用方法、安全提示及操作规程，避免产生危险。

1)手动工具的安全

(1)手动工具应保持清洁和良好的工作状况，不能粘有润滑脂、机油等，使用完毕和收拾前应将其擦拭干净。

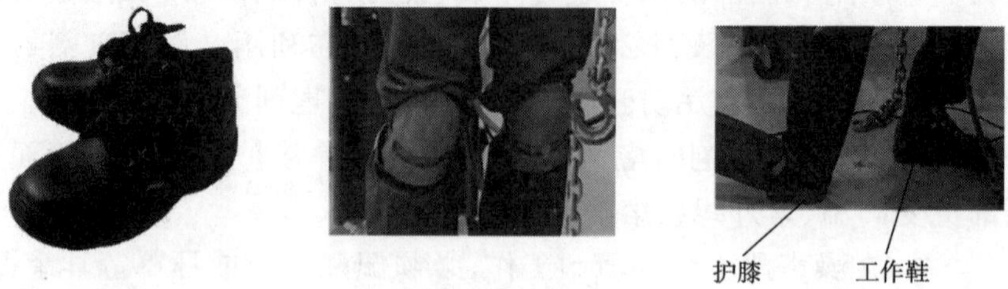

图 4-1-12 腿、脚的保护

(2)手动工具应专物专用,在使用前应检查是否存在裂纹、碎片、毛刺、断齿或其他的情况。如果存在问题,要修理或更换后再使用。

(3)在使用扳手松开或上紧螺栓螺母时,尽量用拉力而少用推力动作,使用推力时必须保持好身体重心,以防跌倒。

(4)在工具柜拿取工具时,不要同时打开多个抽屉以免造成工具柜倾翻事故。

(5)在工作过程中不要把螺丝刀、冲子或其他尖锐的工具放到口袋里,以免刺伤自己或损坏车辆。

(6)保持良好的职业习惯,将所有的零件和工具整齐、正确地放在指定位置,提高工作效率。车底躺板不用时应将其竖起放到安全位置,不能随意放在地上,以免有人踩到摔倒受伤。

2)动力工具和设备的安全

(1)使用电动工具和设备,必须注意安全用电。应确保它们的电源线能正确接地。定期检查电线的绝缘层有无裂缝或裸露出导线,及时更换有破损的电线,如图 4-1-13 所示。

(2)在使用动力工具前要安装好动力工具的护具,如图 4-1-14 所示角磨机的护具。

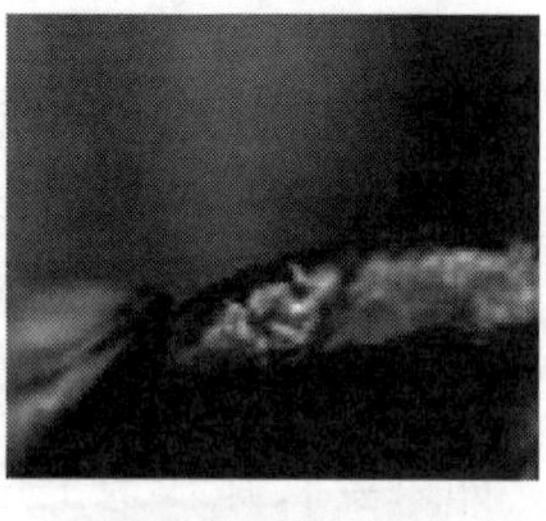

图 4-1-13 电线破损

图 4-1-14 注意安装角磨机的护具

(3)在对工具进行修理和维护之前,先将工具的电源线或空气软管断开。

(4)使用动力工具和设备时不能超出其额定功率。如砂轮或其他转动工具的最大转数和气动工具的额定压力。否则就会损坏工具或设备,也容易造成人员伤害事故。

(5)当用工具进行金属表面或者其他表面打磨修整时,应注意调整好速度,并在转速平稳后才能进行工作;避免由于过热,烧坏了被加工表面,并软化了工具的金属部分。

(6)在用动力工具对小零件进行加工,比如打磨、钻孔工作时,不要一个手拿零件,一个手拿工具操作,否则容易造成对手部的伤害。一定要使用夹紧钳或台钳来同定小零件。

(7)在使用液压设备时,应缓慢施加压力,注意观察,确保安全。在进行车身的拉伸矫正工作时,要站在拉伸链条的侧面,并保持一定距离和戴上全尺寸面罩,防止零件飞出造成伤害。

(8)焊接用的气瓶一定要固定牢靠,防止倾倒产生危险。使用完毕后应关上气瓶顶部的总气阀,避免气体泄漏流失或爆炸。

(9)在利用空气压缩机进行压缩空气时,要调整好压缩机的充气压力,保证不超过警示的极限。

(10)使用吹气枪工作时,压力值应保持在0.5MPa以下。在清洁车门、立柱和其他难以够到的位置时,注意戴上护目镜和防尘口罩。禁止用吹气枪来清洁衣物,更加不能直接对着皮肤吹,因为即使是在较低的压力下,压缩空气也能使灰尘粒子嵌入皮肤,可能造成皮肤发炎。

3)车辆举升机的安全

(1)首先阅读举升机说明书,保证熟悉操作设备的安全规程。

(2)使用前应检查操作手柄是否正常。

(3)检查操作结构是否灵敏有效,液压系统不允许有爬行现象。

(4)待举升车辆驶入后,应将举升机支撑臂和橡胶垫块进行调整,橡胶垫块能对正该车型规定的举升点。支撑臂支车时,四个支角应在同一平面上,支起后四个托架要锁紧。

(5)举升时人员必须离开车辆,有人作业时严禁升降举升机。举升前必须确保车上无人。

(6)举升到需要高度时,必须确保起保险作用的机械锁销已经插入到位,并确保安全可靠才可开始在车底作业。常见举升机机械锁如图4-1-15所示。

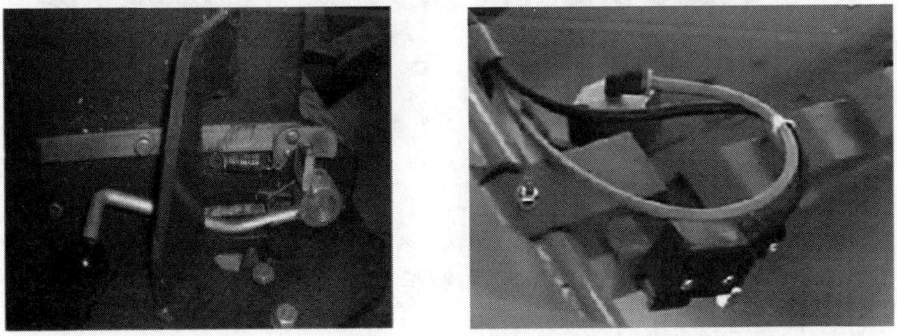

图4-1-15　常见举升机机械锁

(7)举升器不得频繁起落。发现操作机构不灵,电动机不同步,托架不平或液压部分漏油,应及时报修,不得带病操作。

(8)作业完毕应清除杂物,打扫举升机周围以保持场地整洁。

(9)定期(半年)排除举升机油缸积水,并检查油量,油量不足应及时加注相同牌号的压力油;同时应检查润滑、举升机传动齿轮及链条。

三、任务准备

1. 操作准备

先阅读说明书,参阅具体车辆的维修信息,找出推荐的车辆举升点位置,如图4-1-16所示。

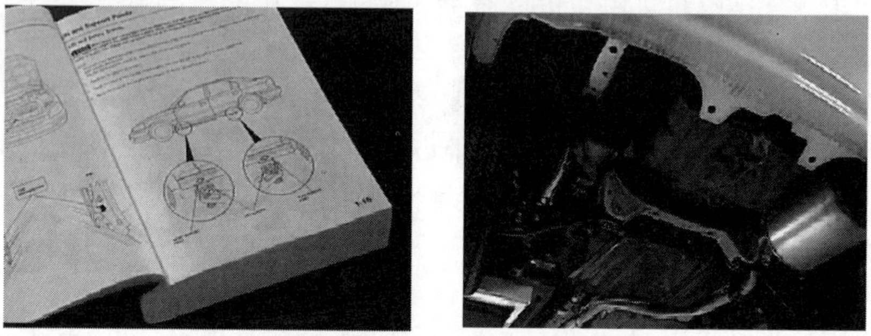

图4-1-16　参阅维修信息找出推荐的举升点位置

2. 安全检查

(1)清洁工位和举升机举升垫,检查有关电源线路及设备电源线路是否正常,有无绝缘层被破坏现象;检查举升机地面固定螺栓是否有松动等,如有松动必须紧固,如图4-1-17所示。

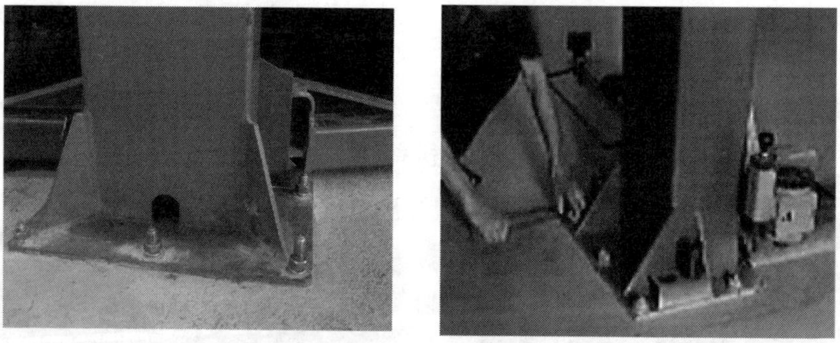

图4-1-17　检查固定螺栓有无松动

(2)检查举升机液压油是否足够。不足应该补足。

(3)检查四个举升垫是否安全可靠。如螺栓松动必须紧固,磨损严重、老化、断裂必须更换等,如图4-1-18所示。

(4)检查机械锁是否正常,如图4-1-19所示。

(5)空载试验。举升车辆必须在空载试验安全的前提下才能进行。

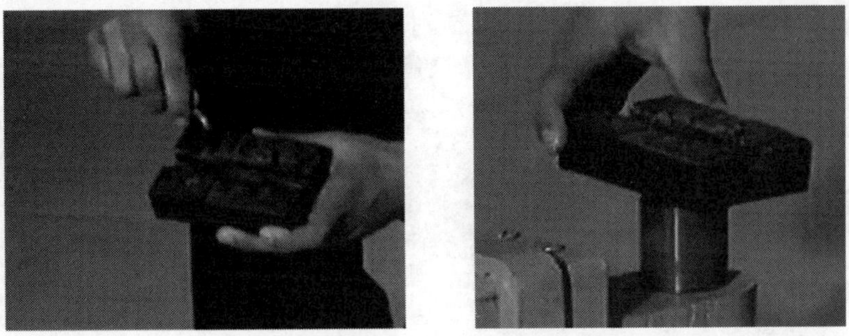

图4-1-18　检查四个举升垫是否安全可靠

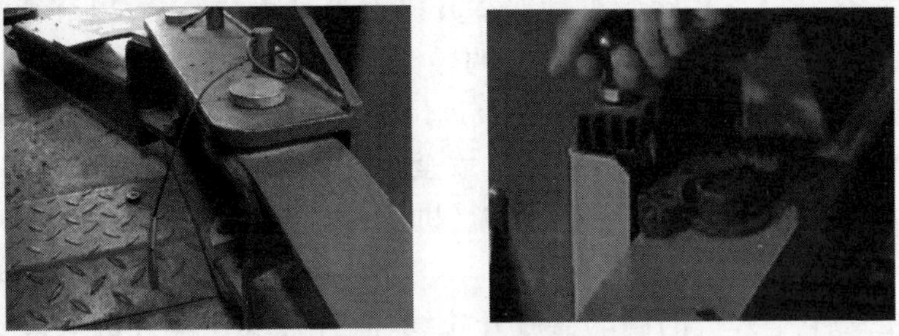

图4-1-19　检查机械锁是否正常

四、任务实施

1. 双柱式举升机的使用

1）上车

上车前再次清理场地，保证无障碍。把汽车开到举升机中合适位置，并挂停车挡（P挡）和拉上手制动器，如图4-1-20所示。

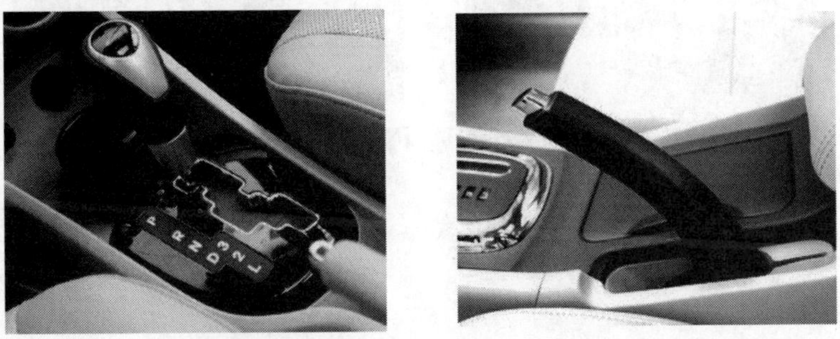

图4-1-20　挂停车挡和拉上手制动器

2）放举升垫

准确把四个举升垫放到汽车上举升点位置，如图4-1-21所示。

3）举升操作

（1）初步举升：按动举升机启动按钮，慢慢升起汽车，当汽车升高到150mm时，松开启动按钮，暂停举升，如图4-1-22所示。

（2）举升检查：在暂停举升时，双手适当用力摇晃一下汽车，如果听到异响，则表明车辆可能没有正确支撑,应降下车辆并重新对正车辆举升点和举升垫。

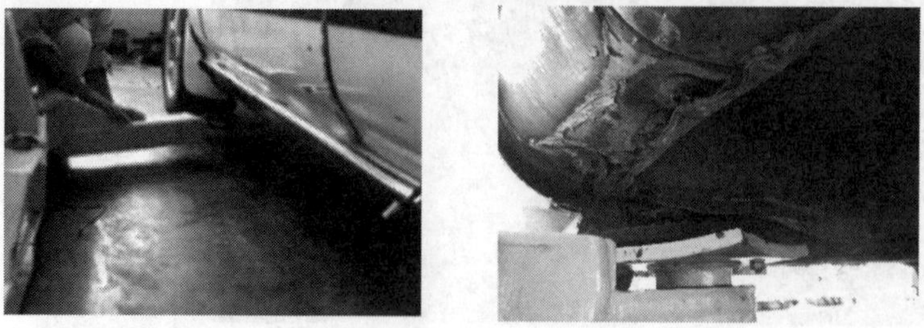

图4-1-21　准确把举升垫放到举升点位置

图4-1-22　启动举升机

(3)继续举升:经检查并确认车辆在举升机上是平衡的,才可以继续举升车辆。按动举升机启动按钮,当汽车升高到所需要的操作位置时,松开启动按钮,停止举升。

(4)安全锁住举升机:车辆举起到所需高度位置后,必须锁住举升机的安全钩,才能在车底下工作,这时即使举升机液压系统失效了,安全钩也能保证举升机和车辆都不会落下。压下手动卸荷阀让举升机下降稍许,使保险装置(机械锁)发挥作用,安全锁住举升机。

4)下降操作

下降时先拉一下举升机的制动器脱开拉线,脱开拉线在举升机两边支柱上各有一根,如拉不动,可先举升一点再拉,使之脱开;拉下手动卸荷阀操纵杆,使举升机下降到需要位置。下降过程中需要停止时,只要松开卸荷阀操纵杆即可,如图4-1-23所示。

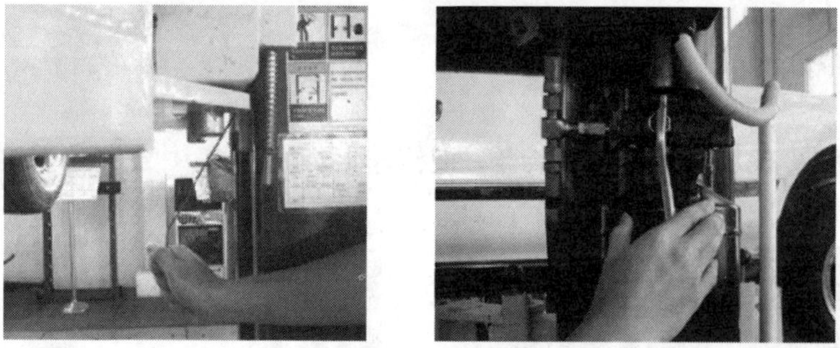

图4-1-23　下降操作

5)汽车的退出

在汽车退出之前,先将四个举升臂从汽车下方转出到最初位置并锁上,然后慢慢地退出汽车。

6)操作结束

操作结束按照7S要求整理工具,清洁工位。

2. 移动式千斤顶的使用

移动式千斤顶有立式和卧式两种,汽车车身修复人员在工作中经常用移动式千斤顶抬起车辆,有时还用卧式千斤顶移动车辆。卧式千斤顶如图4-1-24所示。在此介绍卧式千斤顶正确操作方法。

(1)将车辆停放在平坦坚硬的地面上,并置于驻车挡,然后拉紧紧急制动器并用三角木块塞住车轮。

(2)把千斤顶的支座放置在车身修理手册推荐的汽车上举升点位置，如图4-1-25所示。如果支座放置不正确，可能会使车底的部件凹陷或产生其他损坏，并可能导致车辆从千斤顶上翻落。

图4-1-24　卧式千斤顶

图4-1-25　将支座放在汽车正确的举升点位置

(3)顺时针转动千斤顶手柄，关闭升起支座的液压单向阀，然后上下摇动手柄，缓慢升起车辆。注意不要将身体的任何部位置于车下。

(4)车辆升到足够高度后，将车辆落到支撑架上，利用支撑架支撑。如图4-1-26所示。

(5)车辆修理好后，逆时针慢慢转动手柄松开液压单向阀，让车辆缓慢降下，防止车辆猛然降落，造成损伤。

(6)卧式千斤顶使用的安全注意事项：

①禁止顶起超过千斤顶规定重量范围的物体。如图4-1-27所示，规定值为1.5t。

②车上有人时不能顶起车辆。举升车辆前必须保证车内无人，如图4-1-28所示。

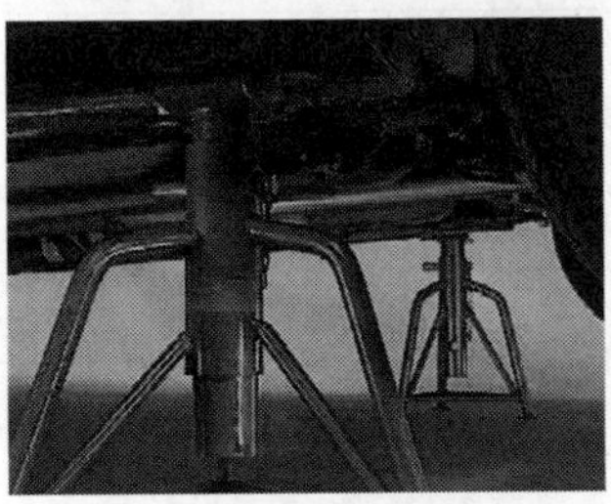

图4-1-26　利用支撑架支撑车辆

图4-1-27　禁止超重

图4-1-28　举升前确保车上无人

③当车辆被千斤顶顶起时，不要摇晃车辆；不要起动发动机。

④在车底作业时，一定要用支撑架将车辆支撑住，而不能单靠液压千斤顶支撑。因为液压系统只能用来升起车辆，而不能用来支撑车辆。

五、任务评价

1. 自我评价

(1)通过本学习任务的学习，你是否已经清楚以下问题：

①汽车车身修复车间的工位一般设立哪些？最重要的是哪个工位？______________

____

____。

②燃烧的三个基本要素分别是什么？______________________________________

____

____。

③火灾因燃烧物的不同分哪几个类型？____

____

____。

④简述干粉灭火器的使用方法。____

____

____。

⑤呼吸器的种类有哪些？分别应用在什么操作工作？____

____

____。

⑥汽车车身修复人员工作手套有哪些？焊接时应该带什么手套？____

____

____。

⑦吹气枪的工作压力应该保持________以下。

A. 0.2MPa　　B. 0.5MPa　　C. 0.1MPa　　D. 0.8MPa

⑧用卧式千斤顶移动车辆的做法，对于液压系统工作特点，是对还是错？为什么？

____

____。

(2)实训工具设备及其他用品使用情况。

评价：____

____

____。

(3)实训过程完成情况。

评价：____

____

____。

(4)工作着装是否规范？

评价：____

____

____。

(5)在实训中你是否意识到安全防护的问题并提醒其他同学注意？是否出现了不规范的情况？是如何处理的？

评价：____

____

____。

(6)7S 管理。能否积极主动参与工作现场的清洁和整理工作？

评价：____

____。

(7)在完成本学习任务的过程中，你是否主动帮助过其他同学？并和其他同学探讨操作过程中出现的有关问题？具体问题是什么？结果是什么？

评价：____

____。

(8)通过本学习任务的学习，你认为哪些方面还有待进一步改善？

评价：____

____。

(9)在进行本学习任务的学习过程中，你是从本教材的“资料收集”中收集还是从其他方面进行收集与操作相关的内容？有何收获？

评价：____

____。

(10)在本学习任务中你遇到的困难是什么？如何解决的？

评价：____

____。

签名：____________　　　　　　________年____月____日

2. 小组评价

小组评价见表4-1-1。

小　组　评　价　　　　表4-1-1

序　号	评　价　项　目	评价情况
1	学习态度是否积极主动	
2	是否服从教学安排	
3	是否达到全勤	
4	着装是否符合要求	
5	是否合理规范的使用仪器和工具、设备	
6	是否按照安全和规范的规程操作	
7	是否遵守学习、实训场地的规章制度	

续上表

序号	评价项目	评价情况
8	是否积极主动地和他人合作、探讨问题	
9	是否能保持学习、实训场地整洁	
10	团结协作情况	

参与评价的同学签名：__________　　　　　　　　________年____月____日

3. 教师评价

____

____。

六、学习拓展

1. 呼吸器的测试和保养

呼吸器的密封是非常重要的，它能防止污染的空气通过滤清器进入人的肺部。使用呼吸器前要检查有无空气泄漏，对呼吸器进行密合度测试，负压和正压都要检查。一般可用如图 4-1-29 所示方法快速检查。

（1）负压测试：用手掌挡住滤筒不给进气，并用力吸气。密合性良好时，面罩部分会随着正常的呼吸而朝向脸部凹陷。

（2）正压测试：用手罩住呼气器，并用力呼气。密合性良好时，面罩部分会鼓出，而空气会随着正常的呼气从面罩溢出。

当使用呼吸器时感觉呼吸困难，或到达更换周期时应更换滤清器；一旦闻到溶剂的味道就应更换滤芯。定期检查面罩，确保没有裂纹或变形。呼吸器应保存在气密的容器内或塑料自封袋内保持清洁。

2. 举升机事故案例

山西大同一位车主将车开进了4S店进行检修。汽车上了举升机后，可能是出于稳妥起见，一位学徒拿了一根铁管支撑着车子，正是这个动作，直接导致了后面的事故发生。因为另一个学徒不知是什么原因正在启动举升机进行降落，一边降落，另一边则因铁管的支撑无法降落，程先生还没来得及作出提醒，就眼睁睁的看着自己的爱车从举升机上摔了下来，如图 4-1-30 所示。

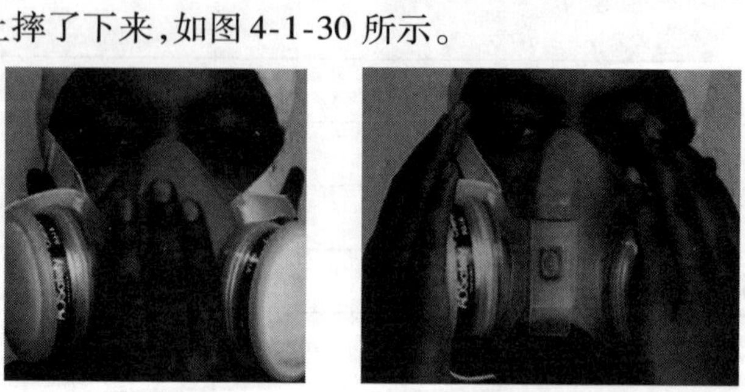

图 4-1-29　呼吸器的密封性检查

图 4-1-30　举升机事故案例

学习任务2　汽车车身修复防腐

学习过程

一、任务要求

(1)按各种防腐材料的施工要求进行操作。

(2)修复后符合车身修复技术要求。

二、资料收集

在承载式车身汽车中,车身钣件不再仅是装饰性的金属板,而是汽车整体承载结构的一部分,这意味着生了锈不再只是不好看的问题,会严重影响汽车的行驶性能和乘员的安全,所以在车身修复中我们必须严格按要求进行汽车各部位的防腐工作。

1. 汽车产生腐蚀的原因

汽车产生腐蚀的原因主要有漆膜毁坏、碰撞损坏和维修加工损坏三方面。

2. 汽车防腐工艺

汽车防腐工艺主要有镀锌、喷漆和涂防腐合成材料等三种。

3. 防腐涂料类型

1)防腐剂

蜡质和油质防腐剂能防止漆面剥落和磨损,能打底、隔音、完全密封汽车表面,防止产生生锈和腐蚀的破坏性后果。防腐剂应当用于底盘和内车身钣件,这样它能渗入接缝和车身钣件缝隙,形成有柔韧性的保护膜。

2)接缝密封胶

接缝密封胶对防止水或泥浆渗入车身钣件接缝,起到阻止毗连表面之间生锈腐蚀的重要作用。汽车车身常见涂密封胶部位如图4-2-1所示。

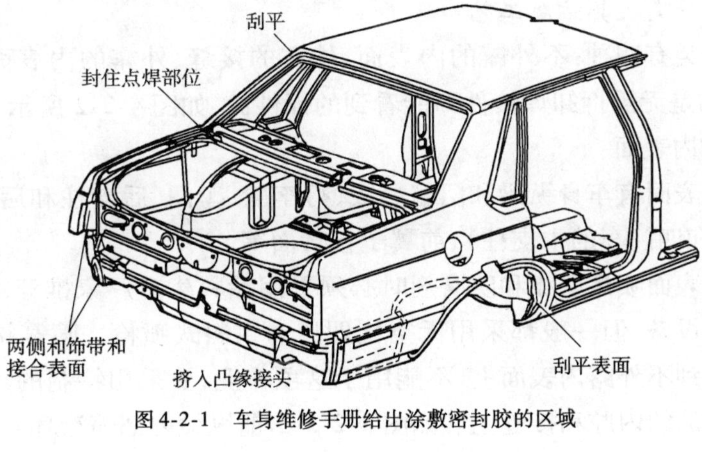

图4-2-1　车身维修手册给出涂敷密封胶的区域

3）透焊防蚀涂料

透焊防蚀涂料，即导电漆，也叫导电涂料。用于钣金件在加工后涂抹不上防腐剂的部位，如焊缝处两块母材之间的部位、电阻点焊时两块金属板之间的位置，这些部位必须提前涂抹上透焊防蚀涂料才能进行预防腐蚀。

4）锈转化剂

这种化学制品能把氧化亚铁（红色）转变成氧化铁（黑色或蓝色）。锈转化剂含有某种类型的乳胶，在转化完成后封闭表面，这为不能完全除去锈迹的部位提供了一种非常有效的补救方法，但不能用它来代替其他防腐用品和进行喷涂。锈转化剂只对致密的、与表面接合得很紧密的锈斑有效，不能用在疏松、起皮的锈斑上。

4. 防腐部位表面准备

表面准备是为车身钣件和其他金属件提供长期腐蚀防护的重要一步。如果表面准备不当（尤其是对裸露金属），则其他维修和涂漆工作都是徒劳的。常规方法通常包括以下三步工艺过程，这个过程也称为金属处理。

1）清除污物

用除蜡除脂剂溶解、洗去油脂和其他表面污物。除蜡除脂剂要用干净白布涂敷。每次处理面积不要过多，约 $0.2 \sim 0.3m^2$ 即可。要将表面充分湿透并保持湿润，趁湿用另一块布对折后擦拭表面，擦去污物。擦干表面时布要经常翻面。

2）用金属表面处理剂处理

目的是作深度清理和镂蚀金属。按标签说明在塑料桶中用水作稀释剂，建议用喷壶喷到金属上，然后用干净水冲掉，用干净布擦干。

3）涂转化涂料

转化涂料在金属表面上生成一层磷酸锌，这是通过化学反应粘结到金属上的，这层锌层是底漆的理想附着面，而且能防止锈在漆膜下慢慢爬开。转化涂料用于镀锌或没有镀层的钢材表面或铝材表面上，对不同的被处理表面一定要正确采用不同的转化涂料。

5. 防腐表面分类及其防腐工艺

防腐表面分类有四种：不外露的内表面、外露的接缝、外露的内表面和外露的外表面。“外露”指的是无需拆卸焊接件即能看到的钣件面，如图 4-2-2 所示。

1）不外露的内表面

不外露的内表面有车身纵梁和门槛总成、行李舱、车门、后支柱和后翼子板、前支柱或前铰链支柱（和四门车的中支柱）、前翼子板背面等。

给不外露内表面喷涂底漆和防腐剂时必须采用涂料生产厂家推荐的设备。虽然有时也建议用虹吸设备，但一般都采用无空气即压力供料式喷枪。喷雾罐和普通喷枪不能将涂料直接喷到不外露内表面上，不能用于这项作业，要采用特制的喷管才能把涂料喷到那些要求喷涂的内腔和接缝上。如图 4-2-3 给前纵梁内部喷涂环氧漆。

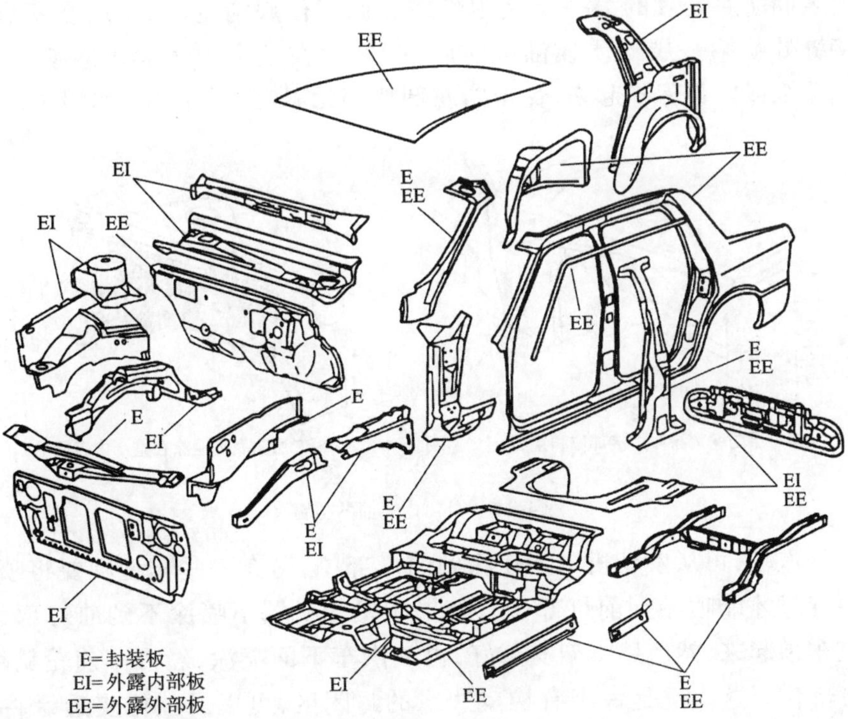

图 4-2-2　车身各种表面

2）外露的接缝

外露的接缝的主要包括后翼子板与轮罩、后翼子板与行李舱地板的接缝。承载式车身防腐保护中常用的接缝密封胶有四种，即稀型密封胶、稠型密封胶、刷涂接缝密封胶、固体接缝密封剂。有时焊接的焊缝也需要密封剂加以密封，如图 4-2-4 所示。

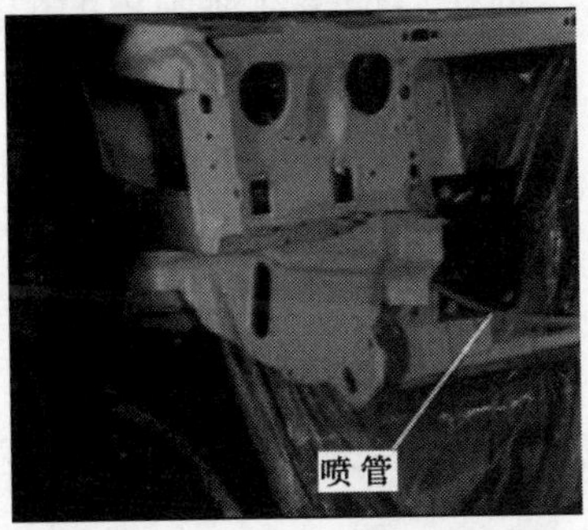

图 4-2-3　给前纵梁内部喷涂环氧漆

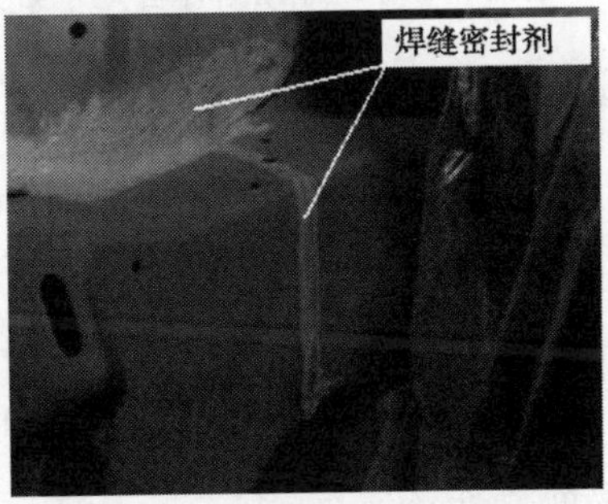

图 4-2-4　接缝密封胶涂施位置

不同的接缝密封胶施工工艺不同，如固体接缝密封剂，用来填补壁板接合处或接缝内较大的缝隙，通常制成长条形用来捻缝，可用手压入缝隙。使用接缝密封胶时一定要按照密封胶生产厂家的说明来操作。

3）外露的内表面

外露的内表面主要包括车厢地板、挡泥板、发动机罩等。

外露内表面防腐处理的第一步是用除蜡除脂剂彻底清洗，晾干后在所有焊接部位和钣件件接缝处喷第一层蜡质或油质防腐剂；然后在整个内表面再遍喷一层防腐剂。周围要用遮盖纸或胶带保护起来，免得防腐剂喷到无需喷涂的部位，如图 4-2-5 所示。

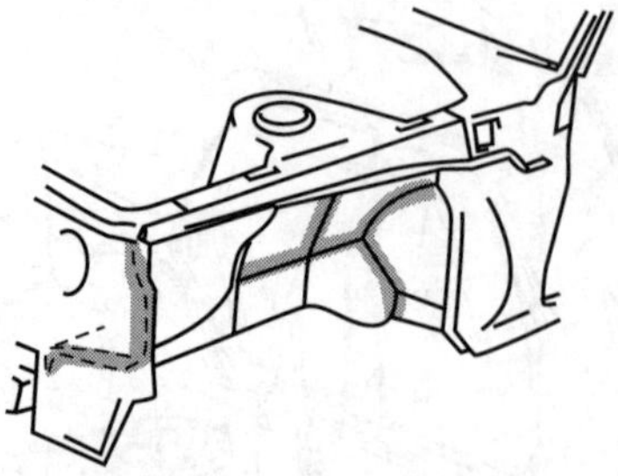

a)第一层防腐剂涂在焊接部位和接缝处

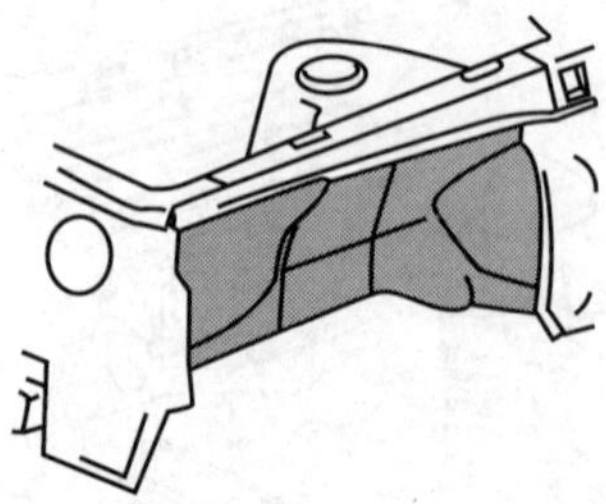

b)第二层防腐剂遍涂在整个内表面上

图 4-2-5　外露内表面的防腐

对于有些汽车，可从发动机罩下喷涂到前灯部位，另有一些车型则要将喷杆从发动机罩下洞中穿过才能喷涂到前灯部位。如果从发动机罩下喷涂不到前灯部位，要先用千斤顶将汽车顶起来，然后用支架支撑好，再从汽车下面喷涂，经汽车前轮舱往前，一直喷涂到前灯部位。这里也是一个有橡皮边缘的封闭区，可以压住橡皮边缘将喷杆插进去，要选用最好的方法，保证覆盖全面。

4）外露的外表面

外露的外表面有两类：一类是镶板，一类是底板。包括翼子板、后翼子板和车门面板等。底板类要用无空气喷涂设备喷涂。

外露外表面受石片划伤的可能性比内表面大，所以转化涂料对这些表面非常重要。转化涂层可以提供良好的漆膜附着力，防止被石片划伤后锈斑在漆膜下面爬行发展。

三、任务准备

1. 工位准备

按照 7S 管理要求清洁场地，准备操作设备、工具以及使用材料。

2. 安全检查

检查各相关电线是否有绝缘层破损现象，气管及其接头是否漏气，插座、接头是否接触不良，保证操作的安全。

四、任务实施

1. 对不外露内表面焊接部位防腐

（1）用除蜡除脂剂清洗不外露内表面。

（2）将透焊防腐底漆仅涂在裸露金属面上，不要涂在面漆、底漆和镀锌面上。

（3）焊接。

(4)焊后清洁:焊后要将焊渣和多余的底漆从接缝区彻底清理干净。注意不能用钢丝刷,因为这会在原底漆上留下划痕,而且这些划痕不一定都能被新底漆填上,底漆可能会“浮”在划痕上,留下很小的空隙,而腐蚀就会从这里开始;建议用塑性磨料清理或用喷砂机喷砂处理,清理一定要彻底。

(5)表面清理干净后涂底漆。通常用二元环氧树脂漆或自镂蚀底漆,自镂蚀底漆上必须涂面漆,要按照底漆生产厂家的建议留出足够的干燥时间。

(6)按生家厂家的说明涂防腐剂,可透过检修孔或观察孔和排水孔涂敷。防腐剂干后(约1h)应把孔清理干净。各位置的观察孔如图4-2-6所示。通过车门观察孔向内部喷涂防腐材料的方法,如图4-2-7所示。

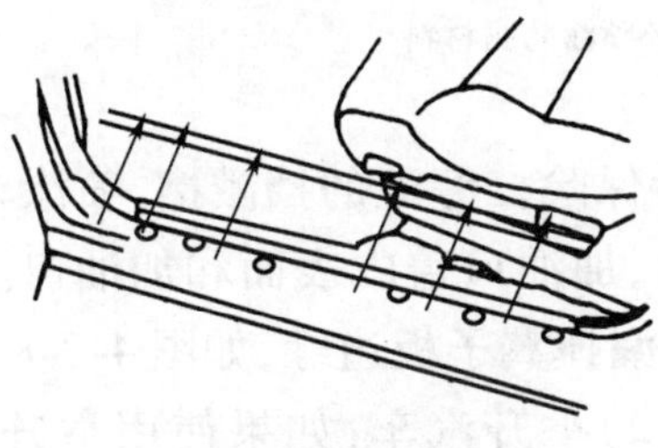
a) 门槛上观察孔

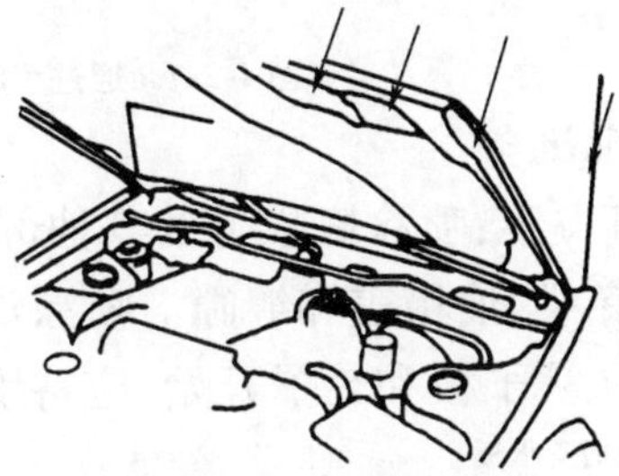
b) 前围板上板的观察孔

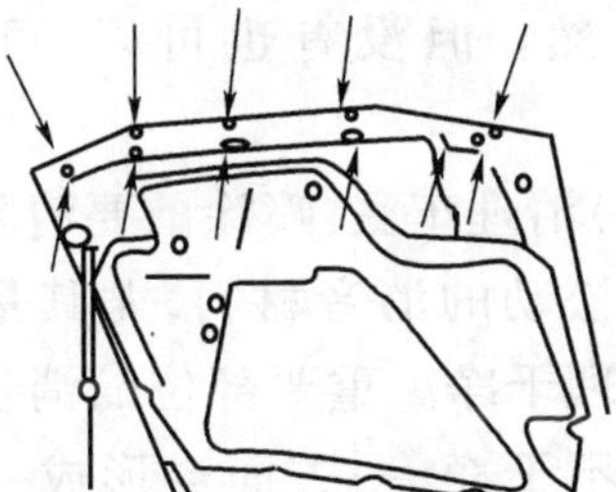
c) 发动机盖上观察孔

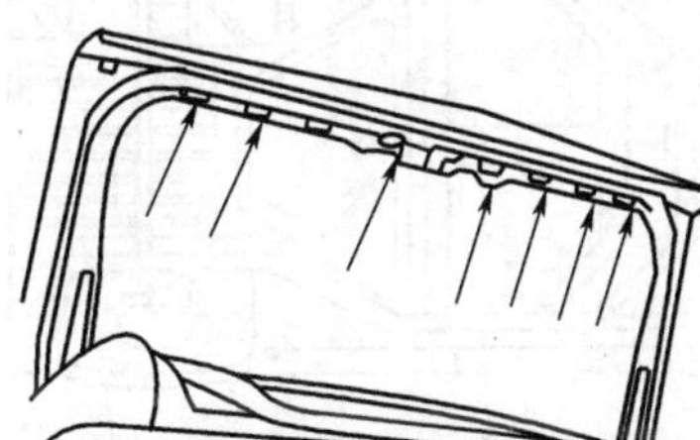
d) 行李舱盖上观察孔

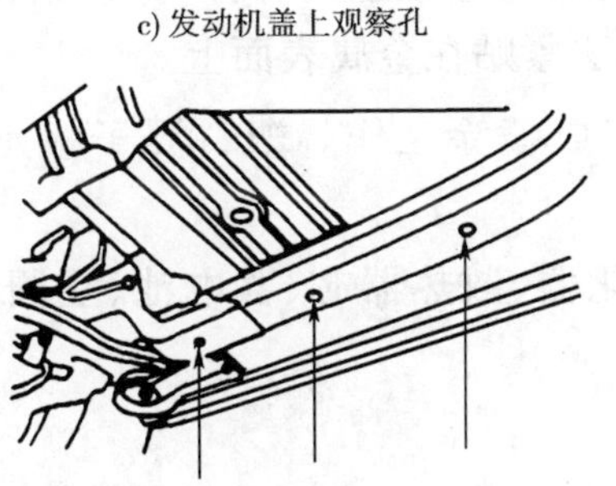
e) 横梁上观察孔

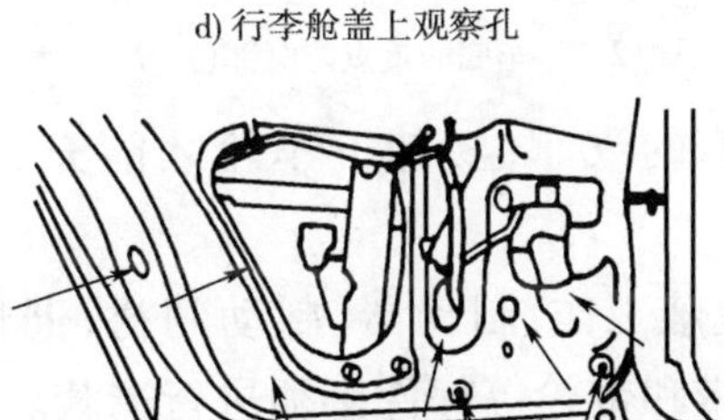
f) 车门上观察孔

图4-2-6　汽车各位置的观察孔

(7)清洁工位和整理工具和设备。

2. 外露外表面防腐

以汽车车底的金属表面为例说明外露外表面防腐的施工步骤。汽车车底的金属表面防腐也称“底盘装甲”。

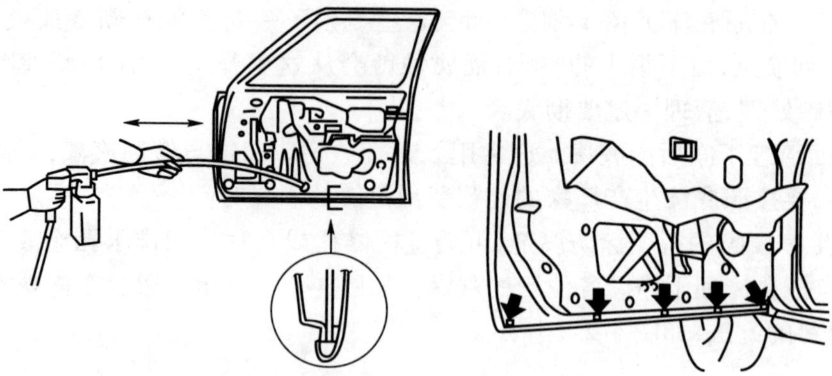

图 4-2-7　通过车门观察孔向内部喷涂防腐材料

1）喷涂前准备

（1）制订方案：喷涂底板上的其他部位和前、后保险杠旁边的挡溅槽，喷涂车厢地板底面、焊缝、底梁、油箱盖和缝隙。喷涂油箱外表面、加油口盖内表面和加油口。给底板涂防腐涂料从翼子板和轮罩开始，应特别注意不要漏掉翼子板边缘，如图 4-2-8 所示。

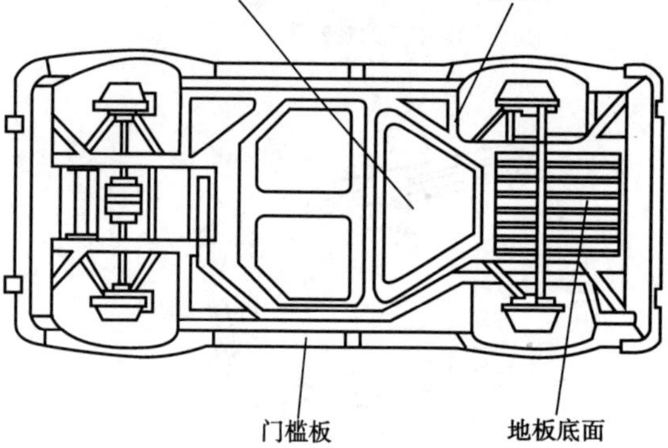

图 4-2-8　车底的重点防腐部位

（2）举升汽车：如果使用举升器，喷涂底板就会很方便，因为举升后，车底的情况一目了然。但没有也可以，可在地板上喷涂。

（3）清理车底：喷涂前要清除车底所有积垢或松动的消音材料，尤其是接缝附近更要清理干净。重要部位的消音材料松动或表面不干净，一方面会形成一个一个的气阱区，导致生锈；另一方面会使防腐涂料无法紧贴在金属表面上。

对于有的汽车，要卸下车轮才能充分地完成喷涂工作。塑料翼子板延长板也应卸下。

（4）遮蔽工作：制动器、制动闸衬，催化转化器、散热器芯、蓄电池、空调冷凝器、风扇、软管、带和带轮等部件必须进行遮蔽。

2）喷涂操作

（1）用除蜡除脂剂清洗。

（2）喷涂金属表面处理剂。

（3）用水漂洗。

（4）涂转化涂料。

（5）用水漂洗，干燥。

（6）涂底漆，建议用自镂蚀底漆。

(7)涂防腐涂料和消音涂料,将汽车恢复到事故前的防腐状态。

(8)用瓷漆稀释剂、溶剂或煤油擦去飞溅的防腐涂料。

3)产品图片及喷涂效果

产品喷涂及效果,如图4-2-9所示。

a)产品

b)喷涂

c)结果

图4-2-9　底盘装甲

4)操作结束

操作结束,清洁工位和整理工具。

五、任务评价

1. 自我评价

(1)通过本学习任务的学习,你是否已经清楚以下问题:

①汽车产生腐蚀的原因有哪些?______________________________

____

____。

②汽车防腐工艺有哪些?______________________________

____

____。

③防腐涂料类型有哪些?______________________________

____

____。

④在车身上外露的外表面指哪些表面?______________________________

____

____。

⑤在车身上不外露内表面指哪些表面?______________________________

____

____。

⑥什么叫底盘装甲?其属于什么类型的防腐涂料?______________________________

____

____。

(2)实训工具设备及其他用品使用情况。

评价：____

____

____。

(3)实训过程完成情况。

评价：____

____

____。

(4)工作着装是否规范？

评价：____

____

____。

(5)在实训中你是否意识到安全防护的问题并提醒其他同学注意？是否出现了不规范的情况？是如何处理的？

评价：____

____

____。

(6)7S 管理。能否积极主动参与工作现场的清洁和整理工作？

评价：____

____

____。

(7)在完成本学习任务的过程中，你是否主动帮助过其他同学？并和其他同学探讨操作过程中出现的有关问题？具体问题是什么？结果是什么？

评价：____

____

____。

(8)通过本学习任务的学习，你认为哪些方面还有待进一步改善？

评价：____

____

____。

(9)在进行本学习任务的学习过程中，你是从本教材的“资料收集”中收集还是从其他方面进行收集与操作相关的内容？有何收获？

评价：____

____

____。

(10)在本学习任务中你遇到的困难是什么？如何解决的？

评价：____

____。

签名：______________　　　　　　　　　　______年____月____日

2. 小组评价

小组评价见表4-2-1。

小　组　评　价　　　　　　　　　　　　表4-2-1

序　号	评　价　项　目	评价情况
1	学习态度是否积极主动	
2	是否服从教学安排	
3	是否达到全勤	
4	着装是否符合要求	
5	是否合理规范的使用仪器和工具、设备	
6	是否按照安全和规范的规程操作	
7	是否遵守学习、实训场地的规章制度	
8	是否积极主动地和他人合作、探讨问题	
9	是否能保持学习、实训场地整洁	
10	团结协作情况	

参与评价的同学签名：____________　　　　　　______年____月____日

3. 教师评价

____

____。

六、学习拓展

1. 底盘装甲是什么

底盘装甲的学名是底盘防撞防锈隔音涂层“UNDERCOATING”(底漆)，一种高科技的粘附性橡胶沥青涂层。其具有无毒、高遮盖率、高附着性，可喷涂在车辆底盘、轮毂、油箱、汽车下围板、行李舱等暴露部位，快速干燥后形成一层牢固的弹性保护层，可防止飞石和沙砾的撞击，避免潮气、酸雨、盐分对车辆底盘金属的侵蚀，防止底盘生锈和锈蚀，保护车主的行车安全。如3M底盘装甲的良好的耐磨性，即使在温度高达148.89℃的情况也不会流动和下垂，同时弹性保护层能够减轻驾驶时道路和轮胎的噪音，提高车主的行车舒适度。

2. 做底盘装甲的重要性

俗话说“烂车先烂底”，终年不见阳光，历经无数坎坷的汽车底盘，腐蚀和损坏的隐患是很大的。现在汽车的底盘都很低，在行驶过程中一些被飞溅起来的沙石不停的撞击底盘,在凹凸不平的路面行驶底盘还有可能被托底;雨雪天底盘易粘结泥块,受到雨水、雪粒的锈蚀,雪后道路上布满具有极强腐蚀的融雪剂,更是对底盘造成致命的摧残,大大缩短汽车的使用寿命。

现在很多新车出厂时,只给汽车底盘喷了一层薄薄底盘涂料(有些是 PVC 材料),有的车甚至连这样的涂料也只是简单的喷一下局部,大部分把防锈漆和镀锌层暴露在外,在日常行驶过程中这样的防腐根本起不了作用。

参考文献

[1] 姚秀驰. 汽车钣金基础. 北京:人民交通出版社,2013.

[2] 冯培林. 汽车钣金维修技术. 北京:化学工业出版社,2012.

[3] 张湘衡. 汽车车身碰撞修复. 沈阳:辽宁科学技术出版,2011.

[4] 顾平林. 汽车碰撞钣金修复技巧与实例. 北京:机械工业出版社 2010.

[5] 张金换,杜汇良,马春生等. 汽车碰撞安全性设计. 北京:清华大学出版社,2010.